NEW AND EXPANDED EDITION

魏玛德国

希望与悲剧

ERIC D. WEITZ

［美］埃里克·韦茨 著　姚峰 译　聂品格 校译

著作权合同登记号 图字：01-2018-4473
图书在版编目（CIP）数据

魏玛德国：希望与悲剧 /（美）埃里克·韦茨著；姚峰译；聂品格校译. — 北京：北京大学出版社，2021.1
（培文·历史）
ISBN 978-7-301-31147-9

Ⅰ.①魏… Ⅱ.①埃… ②姚… ③聂… Ⅲ.①魏玛共和国–历史 Ⅳ.① K516.43

中国版本图书馆 CIP 数据核字 (2020) 第 029657 号

Weimar Germany: Promise and Tragedy, New and Expanded Edition by Eric D. Weitz
Copyright © 2007 by Princeton University Press
All rights reserved. No part of this book may be reproduced or transmitted in any form or by any means, electronic or mechanical, including photocopying, recording or by any information storage and retrieval system, without permission in writing from the Publisher.
Simplified Chinese Edition © 2021 Peking University Press

书　　　名	魏玛德国：希望与悲剧 WEIMA DEGUO：XIWANG YU BEIJU
著作责任者	[美] 埃里克·韦茨（Eric D. Weitz）著　姚峰 译　聂品格 校译
责任编辑	张文华
标准书号	ISBN 978-7-301-31147-9
出版发行	北京大学出版社
地　　　址	北京市海淀区成府路 205 号　100871
网　　　址	http://www.pup.cn　新浪微博：@ 北京大学出版社　@ 阅读培文
电子信箱	pkupw@qq.com
电　　　话	邮购部 010-62752015　发行部 010-62750672　编辑部 010-62750883
印　刷　者	天津联城印刷有限公司
经　销　者	新华书店
	660 毫米 ×960 毫米　16 开本　33 印张　彩插 8　490 千字 2021 年 1 月第 1 版　2022 年 6 月第 3 次印刷
定　　　价	80.00 元

未经许可，不得以任何方式复制或抄袭本书之部分或全部内容。
版权所有，侵权必究
举报电话：010-62752024　电子信箱：fd@pup.pku.edu.cn
图书如有印装质量问题，请与出版部联系，电话：010-62756370

纪念

我的父亲
查理·贝尔·韦茨（Charles Baer Weitz，1919—2011）

我的母亲
雪莉·沃尔科夫·韦茨（Shirley Wolkoff Weitz，1925—2004）

是他们最先让我明白学习的重要性

目　录

魏玛共和国成立一百周年版序言　　i

前　言　　ix

第 1 章　　不利的开局　　1

第 2 章　　漫步城市　　37

第 3 章　　政治世界　　81

第 4 章　　动荡的经济和焦虑的社会　　131

第 5 章　　建设一个新的德国　　173

第 6 章　　声音和图像　　215

第 7 章　　文化和大众社会　　263

第 8 章　　身体和性爱　　315

第 9 章　　右翼的革命和反革命　　351

第 10 章　　魏玛遗产：一个全球视角　　383

结　语　　427

注　释　　435

书目说明　　467

致　谢　　475

索　引　　477

魏玛共和国成立一百周年版序言

近日，我在网上搜了"魏玛"一词。以前我也搜过，大约在《魏玛德国：希望与悲剧》首次出版的 2007 年，当时页面便弹出了数千条相关文章、书籍、网站的链接。其中，有篇文章将魏玛共和国的覆亡归咎于同性恋大行其道，并发出了警告：若不果断清算这些堕落势力，美国将重蹈魏玛的覆辙。另一篇文章从相当不同的角度，赞赏了纽约闹市夜总会"堕落的时尚"，恰恰因为它们呼应了 20 世纪 20 年代柏林的夜生活。而最近（2018 年）这一次检索，所得文章和网页的出处、主题更加奇怪。一家网站的宣传标语是"联合右翼"（Unite the Right）以对抗"魏玛美国"（Weimar America）。另一网站展示了一张照片：一艘燃烧着的船正在下沉，上方是如今耳熟能详的"魏玛美国"字样，旁边还配有一句话——"我们就差恶性通货膨胀"，有了它，美国才能倾覆。

距离 1918—1919 年德国革命和 1919 年 8 月 11 日魏玛共和国成立，已近百年光景，"魏玛"依然在政治和文化的各个领域产生回响。"魏玛"是别样生活方式的鲜明象征，也是道德堕落之骇人警讯。它拉开了第三帝国（Third Reich）的序幕，也预示着"过度"（excessive）民主的危险。从今日之文化、政治冲突出发对过往肆意解读，由此造成这一时代的伟大成就变得晦暗不明；而这些成就构成了《魏玛德国：希望与悲剧》的重要主题。诚然，魏玛德国以失败告终，1933 年 1 月 30 日纳粹党夺取政权，第三帝国也远比当时任何人想象的更加糟糕。但正如我在本书中所言，且一直坚信的，我们不应通过后起的纳粹德国来理解魏玛，如此就严重扭曲了魏玛的历史，以致共和国似乎只是进入第三帝国的垫脚石。

尤其在德国，要对魏玛的成就作全局的认识，实属不易，乃至近乎不可为。11月9日这一天，在20世纪的德国四次成为重要的历史节点，这好比历史变了一个很大的戏法［可与之相提并论的，乃是托马斯·杰斐逊（Thomas Jefferson）和约翰·亚当斯（John Adams）二人都死于7月4日，即美国的独立日］。回溯历史，1989年11月9日，柏林墙倒塌，成千上万的东柏林人越界进入西柏林，标志着德意志民主共和国实际上已经垮台，为德国的统一开辟了道路。1938年11月9日夜——史称"水晶之夜"（Reichskristallnacht），又称"碎玻璃之夜"（Night of Broken Glass）——政府策划了针对犹太人的大规模迫害行动，成千上万的犹太人在此事件中遭到殴打，后又被押往集中营，他们的家园、商铺、教堂遭人洗劫和毁坏。1923年11月9日，在所谓的"啤酒馆政变"（Beer Hall Putsch）中，阿道夫·希特勒第一次企图夺取权力。1918年11月9日则是德国革命的高光时刻，全国各地数以千计的陆军士兵、水兵、工人在城市和乡镇游行示威，德皇威廉二世被迫于当天退位。社会民主党人菲利浦·谢德曼（Philipp Scheidemann）站在柏林的议会大厦（Reichstag）阳台上，宣布德意志共和国成立。几百米外的皇宫阳台上，前社会民主党人、现德国共产党人卡尔·李卜克内西（Karl Liebknecht）宣布成立社会主义共和国。

与两大民主成就如影随形的，则是两桩最恶劣的事件，二者拉开了德国历史上第三帝国和纳粹大屠杀的序幕。尽管如此，我们还是应有所兼顾，既要铭记纳粹统治带来的灾难和犹太人遭受的迫害，也要肯定德国的进步和民主传统（自18世纪晚期以来，进步和民主的传统已成为德国历史的一部分，并通过1918—1919年德国革命和魏玛共和国而开花结果）。然而，11月9日在德国一直都悄无声息，人们甚至不会在这一天庆祝德国统一。政府将10月3日——这一天，德国正式统一——定为国庆日。相关主题演讲必不可少，学校也会讲授相应的课程。但是，无论 10 月 3 日还是 11 月 9 日，德国都没有像法国的巴士底日、美国的独立日（或世界其他地方的很多类似节日）那样举办民众庆祝活动。

人们应该在德国和世界其他地方庆祝 1918—1919 年德国革命和魏玛共和国的成立，二者皆是硕果累累。大致在革命期间，被动员起来的民众迫使德皇威廉二世以及统治德国诸邦的王侯（无论当时还是现在，德国都施行联邦制）退位。德意志帝国在 1870—1871 年由奥托·冯·俾斯麦（Otto von Bismarck）缔造，是世家大族及其治下领地的联盟。此时，帝国大势已去，在陆军士兵、水兵、男女工人——他们大量走上街头，游行示威，要求结束一战，在德国建立开放和更民主（有时是社会主义）的制度——的巨大压力下被推翻了。他们采取的行动、建立的机构（如工兵代表会）无论历时多么短暂，都赋予了普通民众以目标感与成就感，也赋予他们力量，用以塑造自己身处其下的政治秩序。他们有些人想要建立社会主义民主制度，这一宏愿未能实现。但是，8 小时工作制，矿工的 6 小时工作制，已成为普遍的做法。这些进步成果虽在 1924 年因恶性通货膨胀而有所倒退，但一直都是产业工人普遍认可的标准，至今依然如此。

革命仍在进行中，社会民主党人掌控的政府宣布为制宪会议举行选举。宪法起草者离开了柏林这个实已处于内战的城市，去往较为宁静的小镇魏玛。魏玛在德国历史上享有崇高的地位。18 世纪晚期至 19 世纪初，这里孕育了璀璨的德国文化。歌德（Goethe）、席勒（Schiller）、赫尔德（Herder）、费希特（Fichte）等众多人士长期居住于此，在魏玛大公的资助下，创作诗歌和戏剧，撰写哲学论著，从事科学研究。1919 年 1 月至 8 月间，宪法在这个地位尊崇的小镇起草，因此共和国以魏玛命名。

这部宪法为德国人创造了对当时而言最民主的条件，将自美国、法国和拉美革命以来所有奉入建国宪法的政治权利都写入其中，如言论、集会和出版自由，人身和财产安全，法律面前人人平等。宪法规定了普选权，承认工会组织，工人有权参与制定与工资和劳动条件相关的规定。

毫无疑问，并非一切都那么甜美和光明。有关工人参与权的法律条文，取决于政治和经济领域的权力平衡。共和国成立的最初几年，工人的影响力较大，随后几年却急转直下。1919年、1921年和1923年，国家安全部队和右翼民兵组织对激进的工人实施了残酷镇压。在立法保障性别平等方面，共和国也几乎无所作为。尽管如此，在20世纪20年代，《魏玛宪法》(Weimar Constitution)仍是世界上最民主的宪法之一，也许堪称举世无双。

宪法的意义不只是特定的措辞和施加的约束。与革命相仿，宪法的民主精神渗入了文化和社会，促成了魏玛生机勃勃的创造精神，且延续至今。作家、艺术家、作曲家以及那些活跃的工人，都相信自己正在创造一个更开放、更进步的新世界，一个现代的世界。贝尔托·布莱希特(Bertolt Brecht)等很多人开拓的新戏剧形式；约翰·哈特菲尔德(John Heartfield)和汉娜·赫希(Hannah Höch)的拼贴艺术；设计出现代主义建筑杰作的，不只是瓦尔特·格罗皮乌斯(Walter Gropius)，还有埃里克·门德尔松(Erich Mendelsohn)、布鲁诺·陶特(Bruno Taut)等(如今)相对不太知名却同样令人振奋、独具匠心的建筑师；托马斯·曼(Thomas Mann)的小说；凯绥·珂勒惠支(Käthe Kollwitz)的雕塑；马丁·海德格尔(Martin Heidegger)的哲思；瓦尔特·鲁特曼(Walter Ruttmann)和比利·怀尔德(Billy Wilder)等制片人的电影作品——后者和许多人一样，日后在好莱坞成就了辉煌的事业。以上只是造就魏玛德国的创造精神的几个例子。这些人大多一战前就开始了创作活动，但促使他们跻身于20世纪最伟大创造者行列的，正是全面战争的灾难，并辅以革命以及魏玛的民主。所有这些人，无论是声名卓著的名流，还是不温不火的人物，都在各自的作品中苦苦思索现代性的意义，思索现代性改善人们生活的可能性，还思索现代性的阴暗面相(以异化及战争中生命的浩劫为标志)。尽管如今存在通行的理解,但魏玛文化绝不只有一面,绝不只是恐惧、灾难和身体的创伤。魏玛文化也意味着创造一个更好的,有时带有乌托邦色彩的未来。

这样的期望显然体现于门德尔松那高耸的爱因斯坦塔(Einstein Tower),也体现于一系列覆盖全国的社会福利措施。公共住房——现代且(就当时而言)时尚,最重要的是,每套公寓配有自来水、室内卫生间、可供取暖和烹饪的天然气——极大改善了那些有幸入住者的居住环境。公共卫生诊所提供各类医护和咨询服务,尤其在性爱方面。关于性开放(包括同性恋)的新观念盛行一时。反犹运动四起,但犹太人的生活依旧多姿多彩。国家官僚机构和军队大多不对犹太人开放,但这是德国历史上犹太人在商业、文化和社会上获得空前多机遇的时期。

以上是魏玛德国的一些成就。可以肯定的是,共和国十分羸弱,不断受到各方的攻击。德国在一战中兵败,加之《凡尔赛和约》的条款,共和国始终背着沉重的负担。据传言,犹太人、社会主义者和其他国内"叛徒"破坏了德国的伟业,致其功败垂成。这个"背后捅刀"传闻(stab-in-the-back legend)不大可能是纳粹捏造的。就在一战结束前,对此传闻,保罗·冯·兴登堡(Paul von Hindenburg)和埃里希·鲁登道夫(Erich Ludendorff)两位将军都起到了推波助澜的作用,以推卸自己的责任。后来,纳粹利用这个"背后捅刀"传闻,大做文章。

《凡尔赛和约》迫使共和国背上了沉重的财政和政治负担,永远不能摆脱。1918—1919年间,社会主义政府的领导人本有机会扭转局势,能将战争责任推给德皇及其将军,并趁机在政府部门、中央部委、武装部队、官僚体系、商人阶层中清除那些敌视民主之流。但是,社会民主党人弗里德里希·艾伯特(Friedrich Ebert)——革命风潮下的首任总理,后又成为共和国的首任总统——及其同僚胆小如鼠,过于惧怕布尔什维克。这种恐惧被过分夸大了,德国不太可能由布尔什维克掌权,但如此恐惧,也属情有可原,因为1918—1919年,苏俄、德国以及两国间的所有国家都卷入了革命与内战,许多地方直到1923年依然如此。社会民主党人让德国那些保守、反民主、反犹的精英逃过一劫,因此铸成了大错，这些精英在共和国的最后几年始终阴魂不散。1923年的恶性通货膨胀，以及之后的大萧条——1929年和1930年以闪电般速度由美国席卷至德国——进一步瓦解了共和国及其取得的成就。

但是，假如20世纪没有发生大萧条——这种设想并不容易，但值得一试——那么可以想象，共和国将逐渐赢得多数支持。1928年，大萧条爆发前夕，纳粹党还是边缘的政治势力，在当年全国大选中得票率仅有2.6%。他们在很多州都是查禁的对象，希特勒在党内面临着众多的挑战者。德国共产党人在选举中的表现也很疲弱。由统计数据可见，选举出现了向中间派回潮，向社会民主党人、天主教人士和自由主义者组成的魏玛联盟政党回潮的现象。共和国本可幸免于难，但身处大萧条中，也就没了这种可能。大萧条使三分之一的劳动力失业；六个大党和二十多个小党皆狼奔豕突，政治体系因此陷于瘫痪；只有纳粹和共产党人对未来有明确的愿景。

魏玛并不是像纸牌屋那般坍塌的，右翼势力对魏玛展开了全方位的无情攻击，不仅有旧式的保守派，还有上蹿下跳的纳粹党（他们在政坛代表某种全新的事物）。最终，纳粹确有能力集结所有敌视民主和社会主义的人与势力，将德国在一战中的失败——以及这些人生活中的一切不如意——归咎于犹太人，并认为德国需要再次成为欧洲舞台上的强国。这些攻击使共和国元气大伤，最后，连魏玛的拥护者都精疲力竭了，被对手来势汹汹的持续进攻所击垮，已无力应对之后一系列的经济与政治危机。

魏玛长存不灭，但是，魏玛的意义并不见于各类网站上轻易碰到的疯狂言论。相反，魏玛是体现民主之脆弱性的范例。在德国革命及魏玛共和国成立近一百年后的今天，魏玛是一个警示：民主制度和相关人士屡遭无情甚至恶意攻击之时，会发生什么？当政治成为谋求极权统治的战场之际，会发生什么？当某些群体遭受强烈谴责并被边缘化时，会发生什么？当传统保守派与激进种族主义右翼交换利益，给予这些右翼势力靠自身永远无法取得的合法性时，又会发生什么？

魏玛的伟大成就——民主制度、文化创新、性开放、社会改革等——恰为右翼势力所憎恶。百年之后，这些成就应得到认可和褒扬。否则，我们不仅听任民主和进步的仇视者们定义历史，还会在他们死后追认其胜利。

埃里克·韦茨
普林斯顿
2018 年 1 月

前　言

魏玛德国依然在向我们诉说着什么。时至今日，乔治·格罗兹（George Grosz）和马克斯·贝克曼（Max Beckmann）的油画仍炙手可热，悬挂于悉尼、洛杉矶和圣彼得堡等世界各大博物馆和美术馆之中。贝尔托·布莱希特和库尔特·魏尔（Kurt Weill）的《三分钱歌剧》（The Threepenny Opera）定期在世界各地以很多不同语言重新上演。托马斯·曼伟大的小说《魔山》（The Magic Mountain）自1924年出版以来，不断再版重印，即便称不上家喻户晓，至少在无数学院与大学的文学和哲学课中广为阅读讨论。当代的厨房设计依然从20世纪20年代的时尚和包豪斯学派（Bauhaus）的创作中获得灵感。后现代主义建筑师也许抛弃了瓦尔特·格罗皮乌斯奉作圭臬的功能主义，但是，面对埃里克·门德尔松设计的哥伦布大楼（Columbus House）、朔肯（Schocken）百货连锁大楼（如今仅存一座）——这些建筑既线条简洁，又动感十足——或者异想天开的爱因斯坦塔，谁又能拒绝它们的美感呢？汉娜·赫希也许没有其他人那么声名远播，但今天的参观者见到她的作品都会为其吸引，因为她创造性地融合了原始主义和现代主义风格，并将非洲或波利尼西亚（Polynesian）风格的面具与20世纪20年代的日用品并列陈设。马丁·海德格尔的哲学思想深刻，西格弗里德·克拉考尔（Siegfried Kracauer）的文章层次分明，二者都力图阐释先进技术和大众社会的意义，他们的思想如今仍能对现代社会的状况提供丰富的真知灼见。又有哪个影迷没有看过《卡里加里博士的小屋》（The Cabinet of Dr. Caligari）、《大都会》（Metropolis）或者《柏林：城市交响曲》(*Berlin: Symphony of the City*)呢？

魏玛德国还以别的方式向我们倾诉着，其中，也许最频仍的是警示。这是一个受经济危机和恶劣政治冲突重创的社会。第一次世界大战将其长长的阴影投射在了共和国的整个历史中。《凡尔赛和约》使德国背负了过于沉重的经济负担；对此观点，无论今天的经济学家和历史学家做了多么大的修正，但彼时的德国人坚信，他们受到了第一次世界大战战胜国的不公正对待。很多人立刻就指责协约国，还根据有人背后捅刀的传闻，指责国内的犹太人和社会主义者，认为他们是嗣后所有灾难——国内动乱、恶性通货膨胀、经济衰退、银行破产，以及其他任何可以想见的痛苦——的罪魁祸首。魏玛德国挥之不去的恐惧是，如果社会无法就如何前进达成共识，任何微小的分歧都会引发关乎生存的政治斗争，如果暗杀和街头暴乱肆虐，少数族群动辄成为反民主势力的替罪羊，这会导致什么样的事态？这是一个警示，因为我们都知道最后的结局：1933年1月30日，纳粹上台执政。

然而，尽管深陷冲突和灾难之中，魏玛时代也是在政治和文化上取得伟大成就的时期。在战争和革命中，旧的帝国秩序被摧毁，由此解放了人们的政治和社会想象。德国人一度创造了高度自由的政治体制，建立了高水平的社会福利制度。众多普通民众的生活得到了很大改善：至少在共和国最初几年，每个工作日减到了更为人性化的8小时；失业保险似乎开启了一个新的时代，能够在商业周期发生难以预料的变化时，保护工人的利益。新的公共住房为那些较为富裕的工人和白领职员提供了机会，帮助他们搬出老旧的公寓，搬入干净的现代公寓，里面有室内管道、煤气灶具，并提供电力。女性赢得了选举权，德国传媒业所处的环境自由而活跃。为了开创繁荣和谐的未来社会，人们无所不谈，从裸体主义到共产主义。性学专家和受民众欢迎的社会活动家主张，每个人都有权充分享受满意的性生活。和电影一样，洋洋大观的消费品世界使人们想象着一种更为富裕的别样生活，即使为此人们必须第二天早晨7点就回到工作台、办公室或者销售柜台。从战争和革命中产生了乌托邦思想。无疑，世界有可能被彻底改变，无论——这取决于发言者是谁——是通过现代建筑、摄影、公共住房，还是街头的群众示威活动：事实证明，这样的自信和信念具有启发性，催生了大量艺术创作和哲学思想。

取得这些成就的，不只有德国人。在第一次世界大战的漩涡和余波中，英国女性赢得了选举权；现代派艺术家则蜂拥来到巴黎；荷兰的建筑师成为新建筑形式的先锋人物；维也纳、布达佩斯和彼得格勒的民众与政党纷纷推翻了没落的帝国统治，憧憬着光明的政治前途。德国人在一旁观察着这些新进展（无论好坏），从中汲取经验教训。但是，那段岁月中的德国经验有着某种格外紧张和浓烈之感。与西边的邻国不同，德国输掉了战争，由此而来的经济、政治和心理影响是深刻的。几乎所有议题、所有辩论都笼罩在谁该为战争负责、战后赔款等问题的阴影之下。不能赢得胜利，也就不能对男人和女人们在四年中忍受的痛苦做出补偿。经历旷日持久的战争煎熬后未能获胜，没能带来财富，也没有欢欣鼓舞的感觉。与更东边的俄国不同，德国未曾经历彻底的革命，没有彻底消灭传统精英的权力和声望。德国走了一条中间道路，尽管的确通过革命实现了国家的民主化，但也原封不动地保留了很多旧的社会秩序。由此产生的结果就是缺乏共识、纷争不断。诸如德国人如何共同生活，以及如何与邻国共存这样最基本的问题，都引发了连绵不断的争吵。

毁灭性的全面战争和创造性的革命——这些很多欧洲人都经历过，但在德国却有着非常独特的色彩——成为推动魏玛共和国的主角们工作和思考的力量，无论是视觉艺术家、建筑师、左翼政治改革家和革命家，还是保守右翼阵营中善于思考、主张威权主义的知识分子。同时，他们也为某种更为深刻持久的东西所激励，即意识到他们正生活在现代性的阵痛之中。20世纪20年代的德国仍然拥有非常重要的农业经济、很多小商店、技术娴熟的手工业者，以及稳居于部队军官团、国家官僚机构、新教和天主教教会各阶层的旧式精英阶层。但是，这个常被理想化的旧世界——包括贵族拥有田庄，农民实施耕种；德意志诸邦，以及由各邦君王和帝国皇帝主宰下的政治统一的德意志；严格的阶级差异——已开始受到挑战，不再风平浪静了。社会的重心已转向喧嚣精彩的城市，转向能够敲打出先进工业经济产品的工厂和矿场，转向"大众社会"的紧张和刺激。在这个世界里，大多数人为工钱或薪水而工作；人们阅读报纸，在百货商场购物，收听电台转播的职业拳击赛，每周至少看一次电影，从而养活了商业经济和文化中的偶像们；政治生活包括动员民众参与投票，前往市政厅或者附近的工厂游行示威，有时则拿起武器投身革命和起义。

所有这些魏玛时代的主角，无论他们的政治和文化倾向如何，都纠缠于紧张的现代性世界之中，无处可逃。为了逃避，有人隐居黑森林（Black Forest），有人在慕尼黑（Munich）或阿尔卑斯山的村庄里过着半隐的生活，还有人声称反对一切现代性的表征，而代表"传统的德意志价值观"。即便如此，他们为了传播自己的思想，为了组织大批追随者前往投票站或市场，也不得不借助报纸和广播的力量。另一些人则积极拥抱现代性，他们宣扬大众政治和工业社会，或是创造出新的表达形式——抽象艺术、不协和的音乐、用工业材料建成的线条简洁的建筑。他们认为这些能够抓住这个时代的紧张、冲突和激越。魏玛文化和魏玛政治催生了如此众多的创新，恰恰是因为艺术家、作家和政治组织者力图阐明现代性的意义，将其推向新的方向，其中有些通向解放和快乐，有些则是骇人听闻的威权主义、谋杀和种族主义。

《魏玛德国：希望与悲剧》涉及1918—1933年魏玛时期的所有主要方面——政治、经济、文化和社会，以及彼此间的联系。我参考了大量当时的文字和视听资料，还查阅了历史学以及其他学科的大量研究著述。[1]作为文化中心和政治首都，柏林自然获得了格外的关注，但我同时还讨论了乡村社会以及德国其他市镇和城市的发展。我努力从那个冲突、刺耳、活泼和艰难的时代中，重新抓住那些刺激和革新的元素。同时，我也非常重视魏玛社会遭受的严重制约，无论这些制约是来自协约国、疲弱的国际经济、德国自身威权主义传统的重压，还是新兴的、更加危险的、倾向暴力的激进右翼的出现。当然，我最终要面对的是什么出了问题、何以导致了灾难性结局等问题，并说明魏玛共和国并非自行崩溃，而是被当权的右翼和新兴极右翼势力合力推下了悬崖。当权的右翼势力，由商人、贵族、政府官员和军官组成，他们实力强大，处境优渥，从共和国建立之初就对其采取敌视态度。共产党人也试图埋葬共和国，但威胁最大的一直是右翼势力。

然而，魏玛共和国十四年的历史，不应该因为之后第三帝国十二年的历史而过于蒙羞。没有任何历史事件是事先注定要发生的，纳粹的胜利无疑也是如此。魏玛时期的冲突和局限当然助长了纳粹运动，但如果将魏玛只看作第三帝国的序幕，那就是一派胡言。魏玛德国是一个精彩而激动人心的时代，这一时期诞生的很多艺术作品、哲学思想和政治想象提供了一个更美好世界的光明前景。这些远见卓识对于今天的我们仍然是有意义的。

第 1 章

不利的开局

一支战败的军队回到祖国，看着必定是不光彩的。那些士兵，有的伤口打着绷带，有的缺胳膊少腿，有的杵着拐棍，一瘸一拐地走着，后面跟着些浑身泥污的士兵，他们士气低落，看起来更是惨不忍睹（图1.1）。但是，1918年12月10日，上任仅一个月的人民代表委员会（Council of People's Representatives）主席弗里德里希·艾伯特向战败的归国士兵致辞时，勉强装出一副满意自豪的样子。

> 同志们，欢迎回到德意志共和国，欢迎回到热切盼望你们归来的祖国……
>
> 我们很高兴迎接你们回国……你们没有被任何敌人征服。只是对手的人力和物力过于强大，我们才放弃战斗……你们保护了祖国，免受敌人侵略。你们拯救了自己的女人、孩子和父母，免遭战火蹂躏。你们拯救了德国的农田和工场，免遭破坏和毁灭。因此，我们这些留守国内的人，发自肺腑地感谢你们。[1]

作为这场战争的支持者，艾伯特有两个儿子战死沙场，因此不敢批评这场战争是一出悲剧，是对国民生命和物质资源的浪费。于是，他勉强为此冒进之举寻找意义。

但同时，他也要帮助士兵做好心理准备，适应国内发生的剧变。以往的统治者如同魔咒般压在德国身上，但此时已遭德国人民抛弃。他宣称，我们现在成了自己命运的主人，德国未来的自由取决于你们，回国的士兵们。"你们遭受的来自旧政权的不公，超过任何人。我们决

图1.1 第一次世界大战末从比利时撤回德国的残兵败将。而我们所见1914年8月的照片,与此形成了强烈反差,彼时,德军正士气高昂地开赴前线,两旁的人群挥手欢送,到处都是鲜花和赞美。

心扫除那个注定灭亡的制度时,心中想到的是你们。为了你们,我们努力争取自由;为了你们,我们确立了劳动的权利。"我们拿不出什么丰盛的慰问品来欢迎你们。我们"不幸的国家已一贫如洗",那些战胜国向我们提出了苛刻的要求,我们不堪重负。"但我们希望从战争的创伤中,建设一个新的德国。"[2]

第一次世界大战期间,超过1300万德国男性——占1914年德国人口的 19.7%——在军队中服过兵役。1918 年 11 月 11 日，停战协定签订时，他们当中将近 800 万人依然枕戈待旦。[3] 德国军人被灌输的思想是，走上战场是为了保家卫国，抵御野蛮的俄国人——他们威胁要在德国的土地上制造混乱和破坏；抵御比利时人和法国人——他们觊觎德国的土地和女人；抵御英国人和美国人——他们垂涎于德国的商品，惧怕德国经济的竞争力。并不是所有的德国人都心甘情愿去战斗。1914 年夏天，人们要求实现和平和开启谈判的呼声也响彻所有的城市和村镇。像年轻的建筑师布鲁诺·陶特这样的和平主义者，以及卡尔·李卜克内西和罗莎·卢森堡（Rosa Luxemburg）这样激进的社会主义者，都反对暴力冲突，认为这是资本主义缺乏人性的终极表现。但是，这些声音最终淹没在了战争的狂热叫嚣中，最重要的叫嚣者是德皇威廉二世（Wilhelm II）及其将军和文官政府。第一次世界大战之前的数十年中，无论民主制度取得了多么大的进步，军队和政府仍然听命于皇帝，而非帝国议会，当然更不会是选民。

1918 年 11 月 11 日，德军开始拔营回国。与 1914 年或 1916 年相比，甚至与仍有新兵被送上前线的 1918 年 9 月和 10 月相比，这些一战期间应征入伍的士兵已今非昔比。回国后的士兵都发现，他们的家庭、村庄、小镇和城市都不复离开时的样子。仅战争伤亡人数一项，就是一个巨大的数字。在莱茵兰-普法尔茨（Rheinland-Pfalz）约有 700 人的小村庄埃尔肯罗特（Elkenroth），91 名男性在战时应征入伍，其中 21% 阵亡，还有 23% 负伤后归来。[4] 村庄所有人都直接受到了战争的影响，要么失去生命，要么遭受了身体或心理的创伤。第一次世界大战中，德国男性阵亡者大约 200 万人，负伤者 420 万人。男性总人口中，大约 19% 直接死于战争的暴力。[5] 很多幸存者在可怕的身体或心理创伤中度过了余生。一些人被家人偷偷送走，自愿在离群索居的痛苦中度日。然而，一战后的十年中，在德国城市村镇的街道上，随处可见那些战争中的伤兵、遮住被炸毁脸庞的面具、代步的轮椅。医生们还不得不对付一种新的"疾病"，即炮弹休克——士兵曾在潮湿肮脏的战壕里遭受轮番轰炸，因而出现了心理孤独和身体颤抖等症状。

士兵们最终从载着他们回国的火车上下来时，发现留守国内的女人们也经受了她们自己的苦难。从1915年春天开始，各地都开始实行食物配给制，但食物短缺成为每日的常态。1916年和1917年之交的那个冬天，埃森（Essen）这座城市5岁到7岁的孩子每周只有三次能够领到1/4升的牛奶。[6]市政当局发现，由于使用各种各样的添加物——豆粉，有时甚至还有锯末——来弥补小麦和黑麦的短缺，做成的面包几乎难以下咽。[7]对很多德国人来说，1916年和1917年之交那个臭名昭著的"芜菁之冬"（turnip winter）的确真实地发生过。多年之后，一名一战期间还是孩子的德国人，回忆起当时每天早餐吃的是芜菁，在学校打开母亲送来的午餐时看到的还是芜菁，回到家中吃晚餐时依然是更多的芜菁。[8]

妇女也要在兵工厂劳动。这种女性角色转换的程度常常被夸大，因为1914年之前就有大量妇女在德国工厂中劳动。全面战争爆发后，需要对经济和社会进行全面的动员，以支持前线的德国军队，这就意味着很多妇女要走进金属加工厂和兵工厂。在这些地方，她们以往人数很少，而且只是辅助性的帮工，但现在人数很多，都成了娴熟的机械操作工。1914年8月，埃森的克虏伯公司（Krupp）——德国重要的军火工厂——在全部41 764名工人中，只雇用了963名女工。但到了1917年年中，工人人数增至此前的近3倍，其中1/4——总共28 664人——是女性。[9]战争爆发前，女性大多干的是清洁工，或是在餐馆的厨房工作。到了1917年，她们的工作是往弹壳里填装火药，抛光金属，操作那些保障生产不停运转的车床和钻床。

这些工作都很艰苦，工作条件也很恶劣。魏玛时期，德国有一位名为阿尔弗雷德·德布林（Alfred Döblin）的杰出小说家。在《遭背叛的民族》（*A People Betrayed*）中，他笔下的明娜·伊姆克尔（Minna Imker）面对刚刚从前线归来的兄弟，讲述了自己在柏林兵工厂忍受的工作条件。她的工作时间很长，工钱却少得可怜，头发被工厂里的火药染成了绿色。但是,给她带来痛苦的不仅是那些老板、工头和极端恶劣的战时环境。

> 我们干的是计件工作。男人们负责管理机器。有时,一个男人得同时负责六台车床。这个时候,如果你光是站着,任由时间过去,你就知道自己会被解雇。他高兴地忙着自己女友的车床。其他人只能干等着。埃德(Ed),有时我站在那儿,简直火冒三丈。而且,那些人吃饭喝酒时,除了聊马匹,还会谈起什么呢?女人。他们彼此相互传话,说某某人在床上特别带劲儿。他们就像主人似的,把快乐建立在我们的痛苦上。或者说,威廉皇帝和他的将军们也是如此。[10]

女人还要没完没了地找食物和燃料。祖母和伯母们习惯了排队,等着派发的那点可怜的面包,而年轻女人都在工厂里轮班工作。车站随处可见成群结队的女人和小伙,捡拾火车上掉下来的煤块,或者如《圣经》中描写的拾穗人一般,在农田里搜寻着。慢慢地,女人开始更积极地参与抗议,有时还闯入商店和市场抢劫。对此,警察既感到惊讶和愤怒,也对她们表示同情。根据柏林警方的报告,早在1915年,"无数家庭就日复一日,忍受着没有黄油或其他油脂的生活,不得不吃那些没有抹上黄油的面包,制作没有食用油的食物……即使是那些忠于国家的爱国者都悲观失望起来"。在警察看来,"主妇们长时间排队,却一无所获",就很容易被政治骚动所左右。[11]

对女人来说,从事工业劳动和四处寻找食物,就已不堪重负,而更无法忍受的,则是痛失所爱之人——丈夫、兄弟和情郎,再也不能从法国、比利时或俄国归来了。能回来的人算是捡回了一条命,但身体或心理也往往遭受了创伤。如此丧亲之痛,久久挥之不去,对此,也许艺术家、和平主义者凯绥·珂勒惠支做出了最佳呈现。战争爆发后仅有几个月,她就失去了唯一的儿子。为了抚平伤痛,她数年之中都潜心于

图 1.2　凯绥·珂勒惠支,《母与子》或《圣母恸子图》,1937—1938 年。这位艺术家为了排遣自己在第一次世界大战中的丧子之痛,花费几年时间完成了这尊塑像。颇具争议的是,塑像如今坐落在柏林的新岗哨(Neue Wache,又名德意志联邦共和国战争与暴政牺牲者纪念馆),作为德国在战争期间受难者的象征。Mpk 1874 / CC-BY-SA 4.0 / Wikimedia Commons.

艺术创作。她创作的雕塑《母与子》(*Mother and Son*)(图 1.2)——就是人们所熟知的《圣母恸子图》(*The Pietà*),最终完成于 1937 年和 1938 年之间——是对战争创伤所做的悲怆注解。艺术创作似乎未能稍减她的痛苦,这折射出众多德国母亲所感受的伤痛。[12]

尽管前线的厮杀如此恐怖，后方家人的生活如此艰难，但战争岁月的这些经历，对很多男人和女人来说，也意味着解放。战争的怒火打破了很多社会和艺术的传统。在魏玛时代，澎湃的激情、艺术的实验、对性和不伦之爱的夸耀、充满生机的能量等，都直接源于第一次世界大战所造成的巨大破坏，是摧枯拉朽的战争所产生的扭曲性影响。人们强烈地感到生命是如此稍纵即逝，看到那么多生命为子弹和毒气所摧残，迅速逝去、彻底毁灭。因此，他们强烈渴望能从各个方面掌握生命，渴望体验爱情、性爱、美丽、权力、跑车、飞行以及戏剧和舞蹈的潮流。

对很多女人来说，工厂和城市使她们从父母、牧师或神父严苛的目光，从村民的闲言碎语中解脱了出来。虽然工作非常辛苦，但自己手里的钱给她们带来了解放的感觉，这种感觉一直持续到魏玛时代。那些代表秩序的力量——政府官员、警察、工头、经理，甚至她们的父亲、丈夫和兄弟——都怀着惊恐不安的心情注视着这一切。他们齐心协力，希望能确保战后的工厂依旧是男人的世界，但没能完全做到。女人可以离开某些岗位，如金属制造。但总体而言，经济发展需要她们的劳动，她们的薪水远低于男性，而且女人也需要工作来养活自己和家庭，因此女性从未全部回归家庭。

战争也摧毁了传统上人们对当权者的尊重和信任。毕竟，这场战争是在德国乃至欧洲精英阶层的煽动下爆发的。这是一场史无前例的全面战争，政府肩负了巨大的责任，管理着所见的一切，包括劳动力、原材料和食品供应。政府还试图管束性爱，威胁那些领着军属补贴却在外面找情人的女人。政府还承诺了很多事情，例如，胜利后建设一个繁荣强大的德国、一个横跨欧洲大陆的德国。如果德国成为欧洲的主宰，那么各种福利将惠及所有的国民。但是，战争打到第三年，这些承诺似乎日益化作空谈，很多德国人开始抨击自己曾经追随着走入战争的象征和机构。心怀不满的民众私下里开始抱怨，对皇室和军官团等在德国曾神圣不可侵犯的象征，开始言辞上有所不敬，对工厂的工头和

图 1.3　乔治·格罗兹,《信仰治疗师》,又名为《适于战时服役》(Fit for Active Service),1916—1917 年。这位艺术家以讽刺的手法绘出了医生与军方狼狈为奸的一幕。医生为一具骷髅做体检,且信誓旦旦,称其"适合服兵役";军官们则在一旁抱怨民众正在罢工,试图挑起革命。

经理也表现得不太尊重。这些,官员们都注意到了,感到十分紧张。画家乔治·格罗兹在很多素描和油画中都完美地捕捉到了这些情绪。例如在《信仰治疗师》(The Faith Healers)(图 1.3)这幅画中,军官和医生甚至宣称一具骷髅也适合服兵役。格罗兹丑化了那些出身贵族的军官和自我陶醉的官员,反映了很多德国人对精英阶层的厌恶。格罗兹向来不是一个和风细雨的人物,他被这场毫无意义的战争彻底激怒了。

对格罗兹在内的很多德国人来说，如此野蛮的全面战争瓦解了人们对当权者的敬重。在历时十四年的共和国时期，以往的顺从和尊敬从未完全恢复如初。

◇ ◇ ◇

1918年3月21日，德军在西线发起最后一次大规模进攻，并投入了一切能投入的力量：士兵、后备部队、军需弹药。这场攻势历时两周，虽然取得了一些进展，但此后再也无力彻底突破协约国的防线。突破最初几道防线后，那些营养不良的德国士兵见到给养物资就扑上去，任凭军官们如何威胁，都不肯再前进一步了，直到吃饱喝足为止。[13]这只是德国人进攻失利的原因之一。德国此时能够提供的人力和物力，只够保住目前的阵地。接下来的几个月里，德军指挥部下令发起几次小规模进攻——最后一次是7月在兰斯（Reims）附近发起的——这些进攻的效果甚至还不如之前。7月末和8月，协约国重新展开了攻势；8月8日，协约国在康布雷（Cambrai）附近发起了坦克战，打得德军仓皇逃窜，溃不成军。[14]

然而直到数周之后，德国当权者才逐渐弄清真实情况，即德国已危机四伏。9月底，在一阵慌乱中——对此，他们后来曾试图掩盖——陆军元帅保罗·冯·兴登堡和上将埃里希·鲁登道夫这两位最高军事指挥部的长官，前去觐见德皇威廉二世，坦陈德国必须谋求停战。几个月前，鲁登道夫就意识到德国在军事和经济上已捉襟见肘，但一直向皇帝和文官政府隐瞒真相。德国民众——此时还继续被许以诱人的承诺——知道的就更少了。但是，鲁登道夫已经在为以后打算了，企图把惨败的责任强加给以议会政党（而不只是德皇的意志）为基础的文官政府，这样军官团和德国军队的形象就能免于蒙羞。据说，德皇听了奏报，大为震惊，但兴登堡和鲁登道夫力谏他主动联系美国政府，争取结束战争。

美国直到 1917 年 4 月才投入战争。伍德罗·威尔逊（Woodrow Wilson）总统在 1918 年 1 月 8 日对美国国会的演说及之后的声明和讲话中，提出了著名的"十四点原则"（Fourteen Points）。他承诺要实现公正持久的和平，确保所有的国家自由发展。

> 将来，不会再强占别国领土，不会再强征军税，不会再索取惩罚性赔款……各国的意愿必须得到尊重，各民族现在完全根据自己的意志选择自己的政体和政府。"自决"是……必须遵守的行动原则，政治家们今后一旦枉顾这个原则，就会给自己招致危险。[15]

由于德国之前明目张胆地无视比利时的中立国地位，并对法国、比利时和俄国的领土与人民造成了严重的创伤，因此兴登堡和鲁登道夫清楚，德国想要为媾和付出合理的代价，唯一的希望在美国人身上。他们明白，美国人必须首先看到德国国内出现改革的迹象，才会认真坐下来和德国人谈判。他们还图谋把即将到来的失败归咎于德国议会，以使德皇和军队免受批评。情急之下，这两位大独裁者（archauthoritarian），这两位对德国施行了两年军事独裁统治的将军，只得孤注一掷，开启了民主化的进程。

1918 年 10 月 3 日，德皇下令由开明的马克斯·冯·巴登（Max von Baden）亲王担任首相一职。他通过帝国议会多数党——自 1917 年起一直寻求通过谈判达成和平——组建了新政府。两位社会民主党人位列新政府成员之中。此前二十多年，社会民主党人构成了德国最大的政党，但一直被当权的德国精英阶层排除在权力之外。现在，他们终于被接纳，进入了政府机构，这是一个影响深远的变革信号。新政府放松了审查制度，释放了此前关押的一些反战活动人士。10 月底，执政当局开始实施重要的改革措施，德国由此成为一个君主立宪制国家，政府更多的是向帝国议会负责，而不是德皇。当局还开始了选举改革，目标是废除普鲁士（德国最大的邦）极不公平的选举权法。马克斯亲王还开始与美国政府接触，要求在"十四点原则"的基础上立刻结束敌对状态。德国似乎终于走上了实现自由秩序的道路，这种自由秩序确保了政治自由和参与权，并确保结束战争，一解燃眉之急。

但事情并不那么容易。经受了四年的人员伤亡、营养不良和艰苦劳动之后，公众的愤怒达到了沸点。而美国人也表现得不如他们承诺的那么宽宏大量。德国和美国政府相互交换的照会（notes）给德国政界泼了一盆冷水。显然，对德国国内当时实施的政治变革，美国人似乎并不买账。毕竟，德皇依然是德国实际的和象征性的首脑，其次就是他的那些将军们，还沉溺于自己的春秋大梦，幻想着与美国人对等谈判。他们依然不愿承认这样的事实，即自己输掉了历史上最惨痛的战争，必须放下身段，向对手乞和。令德国人震怒的是，他们发现美国人正要求德国军队立刻解散，并撤出所有占领区。1918年11月5日和6日，距离双方停火还有不到一周时间，德军还在征召新兵。[16]

10月的最后几天，所有人都知道了美国和德国正在谈判，但基尔（Kiel）港的水兵还是受命开动锅炉出海。德国海军打了一场颜面扫地的战争。英国在北海一线的封锁很大程度上把德国海军困在了港口之内。德国海军唯一的战绩是，派出的潜艇击沉了悬挂美国国旗的船只，造成船上大量乘客丧生，由此将美国拖入了战争。无论在舰船上，还是港口内，这些应征入伍的海军士兵都忍受着恶劣的食物。而就在士兵们听力所及之处，那些军官却享受着精美可口的饭菜。此外，士兵们还要忍受极其严苛的纪律。开动锅炉的命令传来时，他们都彼此问这样的问题：这些军官是不是不顾一切，决心要和英国人最后打一场没有希望取胜的战斗？他们是不是要遵照某人悖谬的战士荣誉原则——宁可在甲板上战死，也绝不认输——同这些战舰一起葬身大海，以彰显他们战至最后一刻的英雄气概？的确如此，这些将军们正筹划着和英国人在海上最后大战一场，以证明德国海军英勇不屈的精神，也是为海军争取一个有利的未来。也许最重要的是，他们想借此破坏正与美国进行的停火谈判，以及随之而来的国内改革。在海军军官眼中，海军士兵与其屈辱地接受和平，还不如战死大海。

但是，水兵们不以为然。1918年10月29日，他们在港口城市基尔哗变，引发了一场最终推翻德意志帝国的革命。叛乱很快从舰上的水兵蔓延到城里的驻军，接着又遍及全城的工人。在与一支部队的冲突中，7名示威者丧生。为了平息事态，社会民主党（SPD）领袖古斯塔夫·诺斯克（Gustav Noske）率领一个政府代表团前往基尔。最初，水兵们要求改善恶劣的生活条件，但很快，他们的要求就有了更加鲜明的政治色彩。他们要求结束战争，并要求德皇退位。只用了几天时间，基尔就落入了水兵、驻防军和工人手中。

水兵们赢得了一些让步。他们还成立了革命中关键的民主机构之一：代表会。最初，这些民众组织是仿照1905年和1917年俄国革命创立的。这些代表会的成立是一个信号，即在此高度工业化和全面战争的时代，事态正处于危急关头，整个欧洲的工人、陆军士兵和海军士兵成为决定性的政治力量，因此需要找到新的政治代表形式。事实证明，俄国革命的模式具有启发性。在第一次世界大战及其余波中，代表会在其他很多欧洲国家应运而生，包括意大利、匈牙利和奥地利。德国有水兵代表会、工人代表会、工兵代表会，甚至还有艺术家和农业工人分别组织的代表会。他们经常进退失据，在政治上也很不成熟。但在各地，这些代表会都是一种草根的民主形式，实现了更大范围的政治参与，触及了更广泛的议题，超过德国以往历史上的任何时期。

通常来说，代表会是在群众大会——由罢工的工人、抗命的士兵、规划美术馆或剧院未来的艺术家所组成——上选举产生的。然后，选出的代表就前去和当权者——老板、工头、军官，或是城市官员、剧院经理——谈判，回来后报告谈判进展。这些代表回来时，可能会被那些几个小时前或者几天前推选他们的人毫不客气地罢免，也可能收获激动人心的欢呼声。虽然群众大会和代表会显得混乱吵闹、难以控制，且通常由男性主导，却提供了基本的、重要的民主表达形式。一旦建立，这些代表会通常只满足于监督那些公务人员或工厂经理。但是，它们既会带来巨大的希望，也能招致巨大的恐惧。对于主要来自工人阶级的支持者而言，这些代表会——尤其当革命如火如荼之际，如1918年和1919年之交的冬天，或者1920年春天——成为最终给德国带来民主和社会主义的工具。对它们的反对者——包括温和的社会民主党人——来说，这些代表会正是"布尔什维克"的化身，意味着政治恐怖、不安全、混乱以及经济灾难。

1918—1919年的革命通过铁路从基尔向外传播。传播的轨迹见于铁路时间表。水兵们从这座港口城市出发，沿途散布消息，称他们对战争忍无可忍，遂发动兵变，反对他们的军官。他们一路到达了不来梅（Bremen）、汉堡（Hamburg）、波鸿（Bochum）、埃森、不伦瑞克（Braunschweig）、柏林，之后继续向南，又到了慕尼黑和巴伐利亚（Bavaria）。一路上，水兵们呼吁立刻结束战争，罢黜德皇及其将军，建立新的民主政府，兵变的消息得到了民众的热烈响应。男人和女人们都放下了手中的工具，在院子或工厂的大厅集会，提出了同样的诉求。接着，就出现了举行大罢工的倡议。驻防的士兵们开始离开军营。甚至一些军官也认为德皇必须下台。首相马克斯亲王感到越来越难以控制政局。

事态的发展瞬息万变。参与罢工的工人和士兵从工厂、矿场和兵营涌入城市中心，并在各地选举产生了由工人和士兵组成的代表会。1918年11月9日，柏林重要的广场上聚集了数以万计的民众，更多的人正在城市中行进。马克斯亲王为维持德国的秩序只能孤注一掷，把德国首相一职拱手让给了社会民主党首脑弗里德里希·艾伯特。这是一个重大事件，但艾伯特和他的同事们无法庆祝胜利。他们一直以来为之奋斗的权力是以不光彩的方式到手的——来自最后一届帝国政府首相的拱手相让，而且此时正值德国历史上的危急时刻，战争的负担和战败的焦虑给所有的想法和行动都蒙上了阴影。

社会民主党领袖菲利浦·谢德曼站在德国议会大厦的阳台上，宣告德意志共和国成立。几乎与此同时，就在几百米之外，激进的社会主义者和著名反战人士卡尔·李卜克内西在皇宫的阳台上，宣布成立社会主义共和国。艾伯特大怒，将最近刚从德皇监狱中释放的李卜克内西贬作疯狂的激进分子，称还是把他继续关在大牢里受苦更好。但谢德曼作为艾伯特的亲密同事，也没有任何被认可的机构、任何政府，甚至任何一个政党，授权他宣布成立共和国。之前，甚至都没有经过讨论。艾伯特现在最希望的，是实现有序公正的权力交接。他甚至愿意接受君主制作为一项制度继续存在，只要坐在皇位上的不是威廉二世本人就行。但在美国人和民众叛乱的双重压力下，继续保留皇室是不可能的。于是，11月9日，德皇宣布退位，此时无人再敢另立新君。曾作为军需总长（quartermaster general）追随鲁登道夫的威廉·格勒纳（Wilhelm Groener）告诉德皇："军队将在其指挥官和将军们的率领下，平静有序地向国内行军，但不再听命于陛下您，因为军队不再支持陛下了。"[17]

至少在此时，谢德曼是个更为明智的政客。他自己促成了现在的局面。1918年11月11日，艾伯特及其同僚与他们更为激进的近亲，即独立社会民主党（Independent Social Democratic Party，USPD）携手，联合组建了新政府。他们并不愿成为掌权者，但为了巩固民主化进程，他们采取了果断而坚决的行动。政府颁布了大量法令，确立了言论自由、宗教自由、出版自由、平等的选举权（包括女性），还对政治犯下达了特赦令。这是在街头和工场群众运动推动下实现的重大变革。

新政府迅速采取措施，以结束战争。士兵们依然驻扎在法国、比利时、土耳其等他们战斗过的地方。与美国的谈判并不顺利，但德国现在至少有了一个民主的政府。新政府也把希望寄托在威尔逊总统身上，最终接受了美国提出的结束敌对状态的条件。根据这些条件，德国军队必须在两周内撤出占领区，并将大量重型装备交给协约国部队。原本是德国领土的莱茵河左岸地区将被协约国军队占领。德国曾经把《布列斯特-立陶夫斯克和约》（Brest-Litovsk Treaty）强加给苏俄，借此控制了苏俄在欧洲的大片领土；但是，这个和约立刻就要废除了。美国人没有对最终和解的性质做出任何承诺,甚至拒绝劝说英国人解除对北海的封锁。有些军官(甚至包括平民)号召进行法国式的全民动员(*levée en masse*),征召国民与敌人决一死战,但那些冷静的头脑还是占了上风。虽然事后矢口否认,但多数高级军官清楚,除了接受协约国的条件,他们别无选择。

因此,1918年11月11日,德国新政府的代表来到法国的贡比涅(Compiègne),在结束战争状态的停火协议上签了字(正式和约的签订要稍晚一些)。德国军官们都待在斯帕(Spa)的指挥部里。这场他们曾经渴望的战争——也是被他们带入如此悲惨结局的战争——就这样结束了,但不是由他们签字结束的,签约者是天主教中央党(Catholic Center Party)的马蒂亚斯·埃茨贝格尔(Matthias Erzberger)。德国军方为了推卸责任,立刻宣称因国内叛徒——社会民主党人、犹太人,甚至埃茨贝格尔这样的天主教徒——的出卖,德国丧失了胜利的机会。早在停火协议签署之前,这个臭名昭著的背后捅刀的传闻——日后被阿道夫·希特勒(Adolf Hitler)借题发挥到了令人眼花缭乱的地步——就四散传播开来了。

◇ ◇ ◇

到了1919年1月底,德国军队——停战时约有800万人——已裁减至100万人。[18] 解散军队是一场声势浩大的行动,其间的组织和纪律都混乱之极。数十万人从法国、苏俄和土耳其源源不断地往回走。其中很多人归心似箭,已迫不及待了,便独自踏上归途。很多士兵没有根据命令放下武器,这是不祥之兆。此时的德国社会饥肠辘辘、衣衫褴褛、士气低落,但很大程度上,也是一个武装起来的社会。

不光士兵们正在转移,庞大的兵工厂也必须解散。德国不再需要数量庞大的弹药和机枪了。数以万计的工人遭到辞退,他们可以得到一张车票,幸运的话,还能领到两周的薪水,然后就坐上下一班火车,回到故乡。数百万妇女曾经在战时被招进工厂劳动,现在有人直接要求她们为前线回来的男人们让出岗位。克虏伯公司又可以作为很好的例子。在一次令人瞠目结舌的后勤行动中,这家公司解雇了 52 000 名工人,至1918年11月底,这些工人全部被运送出埃森。停战后的十周内,全部劳工人数减到了 38 000 人,大约是 1917 年最高峰时的 1/3,甚至比1914年还要少。在 1917 年将近 30 000 名女工中,大约只有 500 人留了下来。[19]当然,有些女工是愿意走的,她们很高兴能够摆脱严苛的工作环境和拥挤肮脏的城市,回到富有田园色彩的家庭。另一些人没了薪水后,失去了相对的独立性,因而非常懊恼。后来,普鲁士的官员用典型的官样语言做了这样的汇报:

> 如果不克服很大的困难,将女性［从工厂中］解雇是很难办到的……［女性］表现得更加勤奋和熟练,而男人们会挑三拣四。他们拒绝脏活累活,或者没干几下就撂了挑子。因此,我们需要采取特别有力的措施,才能使女性离开炼焦厂,那里的工作完全不适合她们。[20]

政府当局还会在雇主那里碰到麻烦,雇主通常希望留住女工,因为这些女工不仅踏实可靠,拿的工钱还少。有的雇主还威胁说,如果逼他们解雇女工,他们就关停工厂,这种情况并不罕见。[21]但总体而言,为了给回国的士兵腾岗位而解雇从事工业劳动的女人,这一官方政策执行得比较顺利。有些女工想方设法留了下来,继续在劳工队伍中领取薪水,只是不能再像战时那样留在技术性很强的岗位上了。[22]

每当有满载回国士兵的火车驶入车站,那些紧张的城市官员就要前去迎接。欢迎仪式上发表的胜利致辞,听上去是那么空洞无物。更为实际的是那些派发给这些士兵的传单,劝告他们到家之前不可下车,沿途经过的镇子和城市既不能向他们提供工作,也不会发给他们定量供应卡。[23]官员们惧怕这些不服管教的陆军士兵和水兵,很多人的肩上还扛着步枪。

归来的士兵到家后，都干了些什么呢？负了重伤的弗里德里希·贝克尔中尉（Lieutenant Friedrich Becker）——德布林的小说《遭背叛的民族》里的主要人物——在柏林四处游荡，参加一个又一个的会议，旁观政治集会和游行示威，旁听政治演讲。但是，他很少参与其中。有一次，一个叫克鲁格（Krug）的老同事来看他，之后又去拜访了这间文理高中（Gymnasium）的负责人。听了克鲁格对贝克尔的描述，这位负责人做了如此回应："这些从前线回来的士兵都有些奇怪。对我们这些属于战前时代的人来说，他们派不上任何用场。"[24] 贝克尔康复后，就回到了以前工作的中学。这位负责人想聘用他，却办不到。因为学校的财务状况不允许，况且不管怎样，负责人总是以怀疑的眼光看着这位战斗英雄。这位曾经值得信赖的古典学教师出身名门、举止文雅，且忠于德皇，这样的人是否还能信任，他心里没底。最后，贝克尔一直坐在家中，无所事事，患上了严重的精神疾病。在埃里希·玛利亚·雷马克（Erich Maria Remarque）的小说《西线无战事》（*All Quiet on the Western Front*）中，主要人物保罗·博伊默尔（Paul Bäumer）做了如下评论：

> 如果我们在1916年带着苦难的经历和从中汲取的力量回到祖国，或许能够掀起一场风暴。如果现在回去的话，我们就会感到疲倦、衰弱、憔悴，没有根基，没有希望，不再能够找到自己的人生道路。
>
> 而且人们不会理解我们——前一代人虽然和我们共同度过了这些岁月，但他们战前都已成家立业，现在又重操旧业，很快就会忘记战争——而后面这代人对我们而言是陌生人，他们会把我们推到一边，弃之不顾。我们甚至对自己而言都是多余的……最后，只能沉沦毁灭。[25]

很多归国的士兵构成了德国迷失的一代。他们无论在哪里,都感到无所适从,无法掌握主动,不能使自己的人生步入正轨。他们感到未来晦暗不明,备受困扰。

但对另一些人来说,政治成为生活的主要内容。1918年和1919年之交的冬天,士兵们到处都能见到集会、示威和罢工,他们有时不同于贝克尔中尉,还会参与其中。德国当时正在经历的不只是潮水般的群众运动——被解散的陆军士兵、水兵和工人在全国各地来回串联——还有声势浩大的抗议活动。按部就班的德国人经常给人刻板的印象,甚至遭人嘲讽,但此时变得桀骜难驯了。饥肠辘辘、不堪重负的矿工举行罢工,要求实行7小时工作制,接着又进一步要求6个半小时工作制。工厂工人在场院和大厅集会,要求提高工资,还要求承认他们建立的代表会。女人们则围攻那些哄抬物价的商人,要求市府官员和军官们兑现多次许下的承诺,向她们提供面包。剧院的演员、剧务和保洁人员也开始罢工,建立了自己的代表会。各种各样的宣言被写出、被阅读,印刷厂被人占领,印刷商被勒令为革命宣言制版。整个冬天,各种要求变得越来越极端。工人们要求对工业实施社会化改造,士兵们要求自己的代表会在军队中行使指挥权,并废除所有的军衔等级。还有人要求组建由市民构成的民兵组织,用来取代正规军。就连农业工人也发起罢工运动,组织了自己的代表会。有时会发生一些暴力事件——一名军官被人粗暴地从桥上扔了下去,他游向岸边时又被人开枪射杀;一个遭人憎恨的工头被人扔进了一辆手推车,接着被推进了垃圾坑,或更有甚者,被推下了矿井。中产阶级建立了自己的准军事组织,决心捍卫自己的财产和营生。

艺术家和作家也热情洋溢地参与其中。审查制度的废除和总体局势的动荡刺激了他们的产出。他们建立自己的共同体,组织代表会,发布宣言,要推翻一切陈旧腐朽的东西。他们认为自己是革命的先锋,是群众的领导者。[26] 的确,他们从未如此自由、如此异想天开地表达自己。无论从布鲁诺·陶特想象中那些阿尔卑斯山之巅极富创造性的新建筑，还是从弗兰克·韦德金德（Frank Wedekind）和恩斯特·托勒尔（Ernst Toller）探究最深刻情感并宣扬一种新解放精神的表现主义剧场，都能体会到这种表达的自由。

所有这些艺术潮流在一战前就已初见端倪，但革命的爆发突然间使人更强烈地意识到新的可能性，更愿意接纳新的文化形式。这些潮流是与年轻人联系在一起的：革命与青春携手并进。对有些人来说，这样的前景却非常可怕。年轻人做出的各种行为都那么离经叛道、放荡不羁，他们不再尊重自己的前辈了。慕尼黑的文学学者、文理高中教师和国家监察员（任期到1918—1919年革命为止）约瑟夫·霍夫米勒（Josef Hofmiller）公布了学生委员会的投票结果，大意是学生对于文理高中的教授不必毕恭毕敬、唯命是从，不必再问候他们。学生要求有权阅读各种报纸，要求在他们喜欢的地方吃饭，而不只是学校的餐厅。令霍夫米勒恼羞成怒的，与其说是学生提出的具体要求，还不如说是他们表现出的大言不惭。他担心学生们沉迷于当代潮流和大众文化（包括阅读陀思妥耶夫斯基等人的作品——此等行为最为恐怖），致使行为举止"超出了他们的智力水平"，患上了某种"大脑流感"！[27]

参与革命的士兵取下了肩章，敞开衬衫领口，四处走动，或者开着敞篷车在城市中狂飙，一路发出刺耳的喇叭声，明显流露出对权威的蔑视。《慕尼黑最新新闻报》（*Münchner Neueste Nachrichten*）报道了"全国性的舞蹈传染病"，其他报纸则报道了持续的"嘉年华气氛"已经控制了这座城市。日后在魏玛时代吸引了很多作家的新色情风尚，在革命期间已经显山露水了，甚至在慕尼黑的天主教教区也是如此。[28]相伴而生的，似乎不只是青年和革命，还有性爱和政治。

革命，拿起武器，因集会而违反工厂纪律，罢工，游行，讨论等，这些行为打破了日常行为规范的界限。这赋予了普通民众一种权力感，一种参与塑造自己世界的感觉，哪怕只是昙花一现。1918年11月7日，赖纳·马利亚·里尔克（Rainer Maria Rilke）这位伟大的诗人在慕尼黑一家酒店的大厅出席了一场群众集会。两天后，共和国在柏林宣告成立。集会上,他聆听了著名社会学家马克斯·韦伯(Max Weber)——"最伟大的智者之一、出色的演说家"——的发言,接下来是精神紧张、容易激动的无政府主义者埃里希·米萨姆(Erich Mühsam),然后是那些学生和士兵。各种参与者在一起集会,这本身就是爆发革命的预兆。对于该事件,对于紧紧挤在一起以致酒店服务生几乎无法穿行的人群,对于弥漫着浓烈啤酒味、烟味和人腥味的空气,对于普通民众简单直白的辞令,里尔克都怀有强烈的兴趣。突然,一名年轻的工人跳了起来,对着讲台上的韦伯等几位名人开始发言了。一开始,他用的是"*Sie*",在德语中是"你们"这个词较正式的形式;结结巴巴发言的过程中,他发现了革命时刻应该采用的正确形式,就换成了非正式的"*Ihr*"。"你们提议停火了吗?"他继续说道。"那么,我们就必须做这件事,而不是这些高高在上的先生们来做。让我们把发报机拿过来吧,我们来谈判,就在这里的普通百姓和那里的普通百姓之间进行,和平就会到来的……嗯,这些教授先生[他对着韦伯等人说],他们懂法语,就让他们帮帮我们,这样我们想到的话,就不会说错。"[29]

这就是革命:普通工人找到了表达自己想法的声音和位置,他们寻机纠正错误,以摆脱身处的困局——战争、饥饿、艰苦的工作条件。当然,并非所有人都像里尔克那样对这场运动兴趣盎然——即便是里尔克的热情,也很快消退了。1918年11月7日,保守派作家奥斯瓦尔德·斯宾格勒(Oswald Spengler)虽没有与里尔克身处同一家酒店,但目睹了慕尼黑爆发的革命事件。

> 我亲身经历了11月7日那天一场场令人反感的事件……简直恶心得喘不过气来。接着,威廉皇帝就被赶下了台,就在他忘我工作了30年,并为了德国的伟大而牺牲自己之后,居然被人当作泼皮贱民[*Lumpenhund*]给扔了出去……放在其他国家,这些暴戾的流氓无赖[*Pöbel*]都是些粗俗不堪之辈,可现在他们正粗俗地向我们走来?……我看到德国革命走上了一条典型的道路,慢

慢破坏现有的秩序，垮塌倾覆，狂飙突进，最后天下大乱。我们需要一些严厉的惩罚措施……等到时机成熟，就重新召回那少部分人……让他们重新主持大局：这些人包括普鲁士的贵族和官员、我们成千上万的技术专家、学识渊博者、工匠、劳工等所有这些具有普鲁士禀赋的人……会有很多流血牺牲，越多越好。"[30]

自由主义者对于革命所引发的混乱和破坏同样感到惊恐。在和儿子格哈德·朔勒姆（Gerhard Scholem）——后来他将自己的名字格哈德改为《圣经》中的格尔肖姆（Gershom），并成为研究犹太神秘主义的著名学者——的通信中，贝蒂·朔勒姆（Betty Scholem）抱怨家中的印刷店遭受了罢工和示威活动的骚扰。她为街头武装冲突和电力短缺而忧心忡忡。[31]然而，更大的麻烦还在后面。"刚刚过去的一周，令我们匪夷所思……[斯巴达克同盟导致]的恐怖气氛笼罩了一切，叫人心惊胆战。"人们最喜爱的那座时钟被人用枪打坏了，子弹射穿了附近肉铺的窗户。幽灵般的人群四处游荡，社会民主党主办的《前进报》（Vorwärts）总部也人心惶惶。[32]对朔勒姆来说，这场革命并没有带给她未来会光明的希望。

工厂的资方最终会再次显示力量，军队也保留了军官团——但是目标明确的革命行动所波及的范围，超越了个人的狭小空间，由此产生的格调保留了下来。革命产生的共鸣大大超越了1918—1919年抗议运动的核心力量——陆军士兵、水兵和劳工阶层。魏玛时代的文化（包括音乐、戏剧、电影、摄影等）生机勃勃，这种活力源于革命运动，源于心理上的参与感，源于热血沸腾的激情，人们感到所有的壁垒都已打破，一切皆有可能。"我们从战场回来了，怀有何等的希望啊！"阿诺尔德·茨威格（Arnold Zweig）多年后回忆起那场革命时如此写道。[33]与很多人一样，他很快就心灰意冷，但他选择投身政治，后又倾情投入写作，如同着魔一般。"我脑子里有了不起的作品，有疯狂的作品，是极为成熟的不朽之作！"1919年4月，他对友人海伦妮·魏尔（Helene

Weyl）这样写道。"我想要写作！目前为止，完成的只是一篇序言而已。"[34] 而这不会是"普通的"写作。这是一个种马疾驰交配、田垄深翻待播的时代，天才无处不在。战争和革命使人们走出了资产阶级生活的安逸和局限。"时代又一次将冒险置于日常生活的中心，再一次可能催生出伟大的小说、伟大的故事。"[35] 诚如茨威格所指出的，表现主义、电影、文学、来势汹汹的戏剧界，这些都扎根于双重感受之中，一方面是战争的摧枯拉朽，另一面是革命的无限创造。这些都得益于魏玛政治秩序的脆弱性，使得魏玛社会持续感受到某种躁动不安的情绪，这种情绪也弥漫于文化界。

◇ ◇ ◇

革命带来了创造，也引发了混乱。上任伊始，社会民主党人弗里德里希·艾伯特就紧锣密鼓、分秒必争，拼命将各派政治力量导入正常有序的轨道。令艾伯特最害怕的是，德国会复制俄国革命。艾伯特和他的同事们坚信民主制度，坚信社会主义的经济组织方式最终会取代资本主义。但他们同时认为，俄国革命者所制造的不过是经济混乱和政治恐怖，这恰恰是民主制度和某种先进社会体制的反面。要在德国完成恢复社会秩序和创造新自由的庞大工程，这需要精心的组织。德国人正忍饥挨冻，食物和煤炭必须生产出来，人们必须回到工作岗位，民主制度必须建立。德国不愿意，也不可能容忍"布尔什维克"。这一点，他和支持者们反复强调。

艾伯特认为，政府必须通过民主程序，即通过选举获得合法性。德国的民主必须建立在坚实的基础之上，而唯有一部新宪法才能构成这样的基础。而且，自由选举和新宪法能够约束独立社会民主党这个更为激进的盟友，还能逐渐削弱各种代表会取得的任何合法性。在艾伯特看来，这些代表会并非高度民主社会的雏形。在真正的民主社会，民众的参与权体现在所有的社会机构中，包括工作场所。他认为，这些代表会更带有布尔什维主义（Bolshevism）的味道，是一种危险激进的实验，因此必须予以铲除。但在1918—1919年如此混乱的时局中，如果直接发难，很可能适得其反。运气好的话，举行选举和召开制宪会议方能奏效。

可是，单靠社会民主党的力量是不够的。该党虽是德国最大的政党，却不是多数党，因此，既要和其他五个主要政党竞争，还要与那些要求在政府中享有一定参与权的工兵代表会展开角逐。社会民主党人之前从未掌握国家权力。他们虽有成千上万经验丰富的政党组织者，但缺乏擅长管理电力和交通网络、供水和污水系统的专业人员。艾伯特首先向军官、高级官员和资本家伸出了橄榄枝。总的来说，所有这些人在1918年11月之前是蔑视社会民主党人的，指责他们是德意志民族的叛徒。最后，艾伯特与各方都达成了协议。军官们承认政府的合法性，愿意派出忠实的军队镇压各个代表会和激进左翼组织；社会主义政府答应不再抹黑军官团的正面形象，不再挑战军官团对德国军队的控制权。资本家愿意承认工会的合法地位，接受8小时工作制；而政府则承诺尊重私人资本和私有财产权。社会民主党人继续留用那些有一技之长的公务人员，保留其地位和特权；而这些公务人员也愿意用自己的知识为政府效劳。

这不是布尔什维主义，而是一揽子妥协方案，如此德国便能走出战败和革命的乱局，走向民主制度和经济复苏。这些妥协具有决定性意义。各派力量之所以愿意在1918年和1919年与社会民主党人携手合作，是因为担忧时局会继续恶化，也就是担心被布尔什维克的狂潮所吞噬。毫无疑问，德国的确存在政治激进主义和混乱无序的现象，但爆发布尔什维克革命的可能性是很小的。然而，旧的精英阶层和社会民主党人对此都心存忌惮、惶惶不安。于是，他们就相互靠拢，彼此拥抱，但这一切只是权宜之计。待时过境迁，风平浪静之后，这些军官、文官和资本家一旦感到权力的天平重新向他们倾斜，就会寻找别的盟友——最终，他们选中了纳粹党。1918年和1919年之交的冬天，社会民主党人不愿解除这些宿敌的权力；为此，在第三帝国十二年（1933—1945年）的漫长岁月中，他们吃尽了苦头。

◇　◇　◇

1918年12月中旬，工兵代表会大会——参会代表从德国各地选举产生——在柏林举行。会议关乎德国革命的命运，各方观点激烈交锋。社会民主党人马克斯·科恩（Max Cohen）站在政府的立场上发表了看法，既获得了热烈的掌声，同时又招来了刺耳的嘘声。[36] 他口若悬河，声情并茂，分析了德国所处的危局，还指出民主制度和社会主义的光明前景。他引用了马克思和海涅的话。（德国所有的政治演说都必须引用某位19世纪伟大诗人的话。）但是，他反复呼吁稳定社会秩序，恢复工业生产，维护社会法纪。如果没有这些——这些都是德国的传统——就只能导致更严重的饥饿和混乱。他声称，罢工工人要求的是涨工资，而不是占有公司的全部收入。如果我们想象美国和英国这两个德国最重要的劲敌也会发生革命，这是荒唐可笑的。也许，德国作为一个国家将不复存在，或者在协约国的复仇攻势下被肢解，或因为德国人自己的分离主义活动——在莱茵兰这样的地方——而瓦解，这些都是实实在在的危险。而社会主义只有在生产力水平较高的条件下才能立足；否则，苏俄的现状就是一面镜子，那里的人民正处于饥寒交迫之中。"如果生产停滞——正如我们现在这样——如果我们既没有原材料，也没有工厂，那还有什么可供社会化改造的呢？在此情形下，立刻进行社会化改造，纯属疯狂之举。我们一无所有，谈何实行社会化！"[37] 只有全体国民团结起来，德国才能进步；中产阶级也必须一同被带向社会主义，而只有自由选举产生的全国制宪会议才能达此目的，而非工兵代表会。协约国也只会答应与合法的政府进行谈判。

科恩理性的发言赢得了大会多数代表的支持，但也引发了愤怒和嘲讽。革命风起云涌之时，冷静和理性并不总是有市场。对会场内外的有些人来说，为了解决战争造成的物资匮乏和旧制度带来的社会不公，需要采取更激烈的手段。议会选举是行不通的，只会代表德国中层和上层阶级的利益，只有基于代表会的政治制度才是前途所在。现在就实行社会化吧，依靠别国工人的革命行动和苏俄的布尔什维克盟友。抓住现在的机会。作为科恩在大会上的反对者，独立社会民主党人恩斯特·多伊米希（Ernst Däumig）宣称："70年前，革命诗人［费迪南德·弗赖利格拉特（Ferdinand Freiligrath）］说，无产阶级被号召去摧毁这个旧世界，建设一个新世界。今天，这个任务尚未完成。但这是我们的任务，是此时此刻的要求。"[38] 这是革命激情的声音、熊熊烈火般的声音，表现出对工人阶级彻底改变世界的十足信心。弗赖利格拉特当时指出并抨击的腐朽状态，现在必须完全摧毁，但要想做到的话，既不能依靠议会代表的夸夸其谈，也别想指望工会官员的官样文章。只有通过工人阶级——多伊米希也称之为"人民"（das Volk），这样就很省事地把那些无论如何也无法归入工人队伍、占人口2/3的人抛到了脑后——激进的行动，新的一天才能到来。在多伊米希看来，这种激进的行动能在工兵代表会中找到它的政治形式。

尽管1918年11月和12月的群众运动更加风起云涌，但社会民主党人在大会上取得了胜利，因此能够控制这些代表会更为激进的潜能。通过投票，与会代表赞成通过全民自由选举的方式尽快召开制宪会议。大会确认了政府的权力，还授权中央委员会（Central Council）进行监督，尽管很快就沦为一纸空文。群众运动在薪水和工作条件方面获得了资方的大量让步，但也无疑造成了很大的冲击和破坏。这种运动毕竟过于稚嫩，无法成为真正的权力核心。权力越来越偏向了由艾伯特、传统官僚体系和军队控制的政府。

1918年12月末到1919年春夏两季，军队重新掌握了主动权。在很多小规模冲突中，有一些还相当血腥，军队镇压了一些士兵代表会；而且，军方还开始组织更加团结可靠的部队，其中一些只是准军事建制，但获准采取极端暴力行动。1919 年 1 月，激进的柏林工人和新生的德国共产党（KPD）发动了一场武装起义，结果却进一步削弱了极左势力，社会民主党政府因而更加依赖军方和右翼准军事组织——它们的行动得到了政府的公开批准。在起义被镇压的过程中，共产党的主要领导人卡尔·李卜克内西和罗莎·卢森堡惨遭刺杀，这是极右翼势力实施的一系列恐怖行动的第一例。这些极右翼势力将继续破坏共和国的公共生活。两个月后的罢工潮和工人起义期间，社会民主党政治家、国防部部长古斯塔夫·诺斯克发布命令："如果发现任何人手持武器对抗政府军，就立刻开枪射击。"[39] 这在当时是不祥之兆，可以看出政府的目光短浅，一个由社会主义者领导的政府居然授权右翼军队，向那些为一个更民主的社会主义德国而英勇奋斗的工人开枪射击。

在此紧张失控的时局中，德国人举行了大选。1919 年 1 月 19 日，他们以前所未有的票数选出了制宪会议（制宪会议暂时代行议会的权力）。妇女第一次有了充分、平等的选举权。她们成了此次选举中很大的未知数。每个政党都成立了妇女委员会，这些委员会对各自政党发出的信息做出相应修改，以迎合女性的利益。女性选票大多投给了天主教中央党和那些保守党，尽管她们的选票也帮助社会民主党赢得了大胜。然而，德国的政治秩序依然存在很深的裂痕，社会民主党还是无法获得多数支持。该党与自由主义的德国民主党（German Democratic Party，DDP）和天主教中央党建立了联盟，俗称魏玛联盟（Weimar Coalition），这三个政党致力于在德国建成民主制度。1919 年 2 月 6 日，艾伯特在制宪会议上发表了开幕词，他面对的是右翼不断发出的干扰和嘘声，虽然魏玛联盟的代表们也发出了一波又一波的掌声。[40] 艾伯特再一次要求国民恢复秩序，遵守纪律，努力工作。他免除了革命和政府应对德国的困局负有的责任，而把责任推给了那场战争，推给了旧精英阶层的错误决策，还推给了协约国图谋报复的态度。

如果说政治领袖应扮演顺应民意的角色，那么艾伯特显然没有做到。他从来就不能义正词严地抨击旧统治集团的战争责任，因为社会民主党人也曾支持战争。按照他的辞令，德国对战争的爆发看起来毫无罪责。他非但没有引导民众怀有更理性的期盼，反而一味迎合右翼势力，迎合右翼对于协约国一以贯之的敌意。和国民一样，艾伯特对于谈判桌上会摆出些什么，依然充满幻想。他的华丽辞藻——当然在各国大使馆都留有记录——不大可能博得协约国的任何好感。

> 战争不仅让我们损失惨重，也使我们的对手山穷水尽。因为已自感消耗殆尽，他们便竭力想从德国人民身上获得补偿，并将剥削的念头带进了和谈。这些报复和掠夺图谋应受到最强烈的抗议。（喝彩声！）德国人民绝不可能一连二十年、四十年、六十年成为其他国家剥削的奴隶……德国人民已经下定决心，要让那些确实蓄意犯下罪行或违反法律的人承担责任。但是，我们不应该惩罚受害者本身，他们是这场战争的受害者，是我们以前缺乏自由时的受害者。[41]

艾伯特接着又抱怨阿尔萨斯（Alsace）现在被当作法国的领土；德国人被赶出了自己的土地；有人正在图谋完全控制德国的财政和经济，要"从经济上全面奴役德国人民……现在把能反映我们诉求的威尔逊式和约交给我们"，他大声喊道，但都不过是白费口舌。[42]

于是，代表们开始着手起草宪法，但地点在魏玛，而不是柏林。首都的局势还很危险，尚未稳定，政府认为"魏玛精神"——德意志古典人文主义文化的象征——有助于共和国赢得那些更为保守的德国人和协约国的认可。1919年8月11日，《魏玛宪法》正式对外公布。这部宪法保护言论和出版自由等基本人权，宣布男女平等，确定所有年满20岁的德国公民拥有自由平等的投票权。相比之下，社会改革——有些自第一届革命政府开始实行，其他则包含在这部宪法中——也毫不逊色：规定劳资双方的集体谈判具有法律约束力，宣布国家对失业人员及妇女儿童保护负有责任。宪法还重新确立德国联邦制的政体，由

18个州组成；当然，中央州比帝国时代拥有更大的权力，而一些较小的州合并在了一起。由总理担任首脑的政府向议会负责，议会通过比例代表制选举产生。总统每七年通过公民直接选举产生，有权任命总理和内阁；极端情况下，可动用紧急权力，允许总理依政令治国。

代表们完成了一份重要的文件，体现了19世纪中叶以来自由主义者和民主社会主义者的理念。这部宪法使德国的政治制度更接近自由的西欧和北欧，而不是中欧和东欧那些曾是帝国而即将施行独裁的国家。瑕疵是存在的。这部宪法的序文波澜不惊，未能呈现一个民主德国的前景。而比例代表制对魏玛的政治瓦解发挥了巨大作用。在宪法批准比例代表制之后产生的选举法，允许每个获得选票满6万张的政党在国会中拥有自己的代表。代表们对于所属政党的依赖程度，远远超过对选民的依赖。紧急情况下授予总统的权力过多。但是，宪法中的缺陷——20世纪30年代共和国处于末日之时，以及1945年之后，这部宪法引发了激烈争论——与宪法确立的政治制度关系不大，而更多地与德国社会的分裂有关。如果在一个较有凝聚力的社会，或更多人忠于民主原则的社会，这部宪法就能发挥作用。

◊ ◊ ◊

德国的街道继续被示威者和纠察队占据，那些准军事组织继续胡作非为，德国的代表们在起草宪法；与此同时，列强们正在巴黎开会并起草和约，它们相信这些和约最终能够确保未来的和平。德国人没有出现在最初的几场会议上，当然谈判桌上也没有他们。这是战胜国之间通过谈判达成的和约：美国的威尔逊总统、英国的大卫·劳合·乔治（David Lloyd George）首相、法国的乔治·克列孟梭（Georges Clemenceau）总理和意大利的维托里奥·奥兰多（Vittorio Orlando）首相。这是四巨头，但真正的权力掌握在美、英、法三国领导人手中。他们每人都有各领域的专业人士随行——军官、文官、政治家、绘图员、人口学家、农业专家等。他们要完成的任务极其艰巨。战争摧毁了旧的秩序。此前,为了重建被法国大革命和拿破仑砸碎的欧洲秩序,列强在维也纳召开了会议。一个世纪之后,第一次世界大战的战胜国又要为20世纪建立新的欧洲秩序。它们必须重新划定边界,遏制布尔什维主义,在旧帝国的废墟上建设新的国家。法国和比利时要求获得赔款,以补偿德军对其造成的破坏;还要求获得承诺,保证再也不会受到这个东方强邻的威胁。在法国和英国,人们群情激奋,要求对德皇及其将军进行审判,甚至将他们绞死。来自殖民地的代表则寻求提起诉讼,为自身的独立而辩护。如此一来,威尔逊的那套辞令——不用割地赔款得来的和平,顺利实现民主的世界——还能实现吗?

1919年4月底,战胜国把德国代表叫到了凡尔赛,这些代表将会发现威尔逊的那些承诺将经历何种命运。他们的东道主法国坚持要羞辱这个由180人组成的代表团,让他们坐上从柏林到巴黎的火车,缓缓驶过战后一片狼藉的法国乡村。他们被"粗鲁地装上了大巴车［在巴黎］,然后在重兵押解下送往凡尔赛;他们的行李被胡乱地倒在了宾馆的庭院中,接着就有人毫无礼貌地让他们自己搬进去"[43]。率领德国代表团的是外交部部长乌尔里希·冯·布罗克多夫-兰曹(Ulrich von Brockdorff-Rantzau)伯爵,他一直主张以妥协换和平,并支持新的德国政府。但是,他摆弄自己的单片眼镜,摆出一副高傲的架势,这唤醒了协约国对贵族统治下穷兵黩武的德国最坏的印象。和多数德国人一样,他也有这样的妄想:至少威尔逊会认为一个强大的德国符合各方的利益,并且美国的观点会占据上风。布罗克多夫-兰曹在内的德国代表团预料的是一顿温和的训斥。实际上,德国代表团带了大量的地图,事先还仔细做了研究,自以为这样就能为谈判打下基础。[44]

1919年5月7日,德国代表团接获通知,前往凡尔赛的特里亚农宫酒店(Trianon Palace Hotel)参加会议。克列孟梭会上第一个发言:"该是我们算算总账的时候了。你们想要和平,我们也有意给你们和平。"[45]轮到布罗克多夫-兰曹发言时,他坐着不动,这一举动让这位德国部长回国后成了英雄,而协约国却视之为蓄意挑衅。他的发言既冗长,又不着边际,一味强调德国是无辜的,指责协约国故意拖延和约的签订,持续实施海上封锁,导致了更多德国人的死亡。布罗克多夫-兰曹的发言酿成了灾难性后果,可谓外交史上最差的表现之一。威尔逊、克列孟梭和劳合·乔治都被激怒了。威尔逊说:"这是我听过的最拙劣的发言。德国人真是一个愚蠢的民族。他们总是做错事情。"[46]

到了晚上,他们才有机会读到放在面前的和约条款。读后,这些德国代表一个个目瞪口呆,感到难以置信。其中的细节很快就发表在德国的媒体上,震惊和愤怒的情绪席卷全国。德国人只有两周的时间做出答复,在那短暂的间隔中——后来只稍作了延长——他们找来了详细的资料,提出反对和约中这些苛刻条款的正当理由。所有的努力皆是枉然。德国失去了西部和东部的部分土地,大约占战前领土的1/7,几乎所有的德国人都认为这些是德国的固有领土。失去的土地包括阿尔萨斯-洛林(Alsace-Lorraine)、波森(Posen)和西普鲁士的大部分地区、梅默尔(Memel)地区;另外一些地区 尤其是上西里西亚(Upper Silesia)和萨尔(Saar)等——的最终命运,由当地居民投票决定。和约极大限制了德国军队的规模,并要求德国向协约国上交大批现有的军需物资。该和约还禁止德国组建空军。德国丧失了多数主权国家享有的一些外交自由,如不得与奥地利缔结某些协定。德国失去了所有的殖民地,还不得加入国际联盟(League of Nations)。最骇人的是和约第231条,规定德国及其盟国必须为战争的爆发承担所有责任,德国人感到芒刺在眼。在协约国看来,"战争罪责条款"——这一点后来才为人所知——为日后索取战争赔偿打下了法律基础。但是,和约中并未说明赔款的数额,因此德国其实是签了一张空白支票。

于是,德国国内掀起了狂风暴雨。即使是执政的联合政府成员也无所顾忌,主张拒绝接受这份和约。如此一来,局面非常危急。毫无疑问,一旦政府拒绝在和约上签字,协约国就会兴师问罪,占领德国。由制宪会议产生的首任总理菲利浦·谢德曼发表了演说,他以本应出自议事厅中最保守代表之口的措辞，呼吁所有德国人——无论来自哪个族群（Stamm），哪个州（Land）——团结在一起："我们血肉相连，任何人要将我们分开，就如同将一把杀人的刀插进德意志民族鲜活的身体之中。"[47] 谢德曼继续慷慨陈词：这个和约象征着"无情的肢解""奴役""农奴的出现"。"[该和约]绝不能成为未来的法典。""六千万[德国人]被囚禁在铁丝网之后和监狱牢笼之中，还有六千万被迫做着苦役……他们自己的土地成了战俘集中营！""别人的脚踩在了我们的脖子上，手指插进了我们的眼睛！"——这就是这份和约的意图。速记员记下了在场听众"雷鸣般的掌声"和"踊跃的赞同声"。[48]

右翼的德意志民族人民党（German National People's Party，DNVP）发言人阿图尔·格拉夫·冯·波萨多夫斯基-魏纳（Arthur Graf von Posadowsky-Wehner）在谴责这份和约时措辞更加严厉。普鲁士贵族和官僚世家出身的波萨多夫斯基-魏纳，几乎把和约的每一项条款都打上了"抢劫"的标签。割让领土，限制军队规模，禁止与奥地利结盟，要求将德皇、将军及文官们交给协约国处置——一切都是明火执仗的抢劫，抢劫财物，抢劫主权。没收德国在海外的电报电缆、电话电缆，以及无线电发射机，这尤其令波萨多夫斯基-魏纳和所有反对和约的人心如刀割——看起来必定是极其恶毒的报复行动，如同在没好的伤口上撒盐。波萨多夫斯基-魏纳声称，拒绝签字会引来"短暂的罪恶"，但德国能保全自己的荣誉；即使这意味着德意志民族的死亡，那么"我相信我们死后可以获得重生"。如果接受的话，就会给千秋万代的子孙留下无法忍受的巨大痛苦。我们这一代人为了子孙后代，必须拿出"最大的勇气[Todesmut]"来承担后果。波萨多夫斯基-魏纳善于引经据典：阿尔萨斯纯粹是德国的土地，曾经被波旁（Bourbons）王室窃取；上西里西亚自1253年就从波兰王室的土地中割让出来了；英格兰人极其推崇民族自决，但爱尔兰和印度又如何呢？比利时在刚果干了那些可耻的勾当，他们还能对我们说三道四吗？威尔逊的承诺现在都跑哪去了?"这是一个夏洛克式的条约!"他大吼一声,接着便是掌声雷动。掌声平息后,他又说威尔逊是彻头彻尾的骗子,对德国装出一副朋友的样子,背地里隐藏了真实的用心。[49]支持和约的人只能做出这样的回应,即德国没有选择,战争继续下去是可怕的,一旦德国拒绝签字,协约国就会大举入侵。[50]

德国人试图就和约讨价还价,尤其对于第231条,协约国立刻做出反应,宣布德国"希望重开战端",要"为野蛮和非人道的战争行径"负责。[51]被扣留在英国斯卡帕湾(Scapa Flow)的德国舰队被船员凿沉,如此哗众取宠的行为使这些人在国内成为英雄,却更加坚定了协约国的看法,即德国人是无可救药的军国主义分子。协约国对德国又下了一道最后通牒:限五日内签字。大兵压境,利剑高悬,政府和军方只得默许签字,制宪会议也批准了这份和约。但之后,政府集体(包括外交部部长布罗克多夫-兰曹)宣布辞职,只有艾伯特是幸运儿,他当时是德国总统,有权组建新政府。1919年6月28日,恰逢弗朗茨·斐迪南(Franz Ferdinand)大公遇刺五周年,在凡尔赛宫的镜厅(Hall of Mirrors)——也就是1871年德意志帝国宣告成立的地方——社会民主党领导的德国政府派出了两名代表,在和约上签了字。[52]

◇ ◇ ◇

截至1919年仲夏,德国通过民主程序选出了政府,制定了新的宪法,签署了一份条约,结束了第一次世界大战。尽管割让了部分土地,但国家基本上还算完整,结局远不像人们在1918年下半年至1919年之初的秋冬两季时所作的预测。人们回顾这过去的十个月,也许还能生出一种满足感,甚至还感到有些自豪。

但是,各地出现的一些迹象令人忧心。直到《凡尔赛和约》签订之后,英国人才解除了对北海的封锁,工业生产和满足家庭生活基本所需的大量货品才能进口。很多城市事实上还在施行食物配给制。工业经济正在好转，但增速有限。由于通货膨胀，那些以固定收入维持生计者的购买力被削弱了。德国士兵依然滞留在一些遥远的地方，如安纳托利亚（Anatolia）和高加索（Caucasus）地区。全国还有很多地区依然在戒严令的管制之下。德国的准军事组织不仅参与对罢工和示威活动的暴力镇压，还活跃在东欧地区，与共产主义者战斗，对犹太人实施大屠杀。右翼势力表现出了新的政治风格（在上过前线的那辈人中，就已初露端倪）——他们美化战争和战壕，不断试图重建战友间的凝聚力；对于女性，他们则怀有根深蒂固的，甚至神秘的恐惧和仇恨。右翼当然不是暴力文化的唯一来源。左翼激进势力的很多支持者也是一战退伍军人，他们被布尔什维克革命中的英勇事迹深深打动。他们同样也会美化男性之间的战斗。

此外，《凡尔赛和约》遗留了大量棘手的问题，给20世纪20年代至30年代早期德国的国内和国际政治蒙上了一层阴影。德国需要偿还的战争赔款数额尚未确定。很多有关领土归属的决定纷争不断。尽管和约中专门有保护少数族群的条款，但两次世界大战之间的岁月中，几乎在中欧和东欧的各地，他们的地位得不到保障。而德国人也绝不会接受第231条，即他们应对战争负全部责任。在共和国十四年历史中，德国人几乎自始至终在每件事上都锱铢必较，寸步不让。只在一件事情上，所有人——从纳粹到共产党人——都达成一致意见：《凡尔赛和约》是极不公正的，是属于战胜国的和约，使德国背上了沉重的负担，给外国带来了利益。人们普遍使用的表达是"凡尔赛的律令"（dictate from Versailles）。很多外国人也是这么认为的。英国代表团成员约翰·梅纳德·凯恩斯（John Maynard Keynes）很快就写出了一部雄辩的著作，反对这份和约，斥之为"迦太基式的和平"（Carthaginian peace）。凯恩斯的书《〈凡尔赛和约〉的经济后果》（*The Economic Consequences of the Peace*）1919年第一次出版，其后有很多版本和译本问世。这本书当然在德国是受人欢迎的。

魏玛共和国总是受到反对者的纠缠和骚扰，永远不能从德国社会的民众和机构那里获得完全合法的身份。魏玛永远都是一个场域，在此每一个重要的议题、每一种存在的方式都会引发最激烈的争论。恐惧、憎恨和不满等情绪表现在右翼军事组织参与刺杀、残酷镇压罢工等活动中，表现在军官们不停讨论和策划的军事政变中，表现在商界领袖的深思熟虑中——他们伺机剥夺车间工人和劳资谈判中工会领导人的权力。这些情绪还表现在对共和国及其支持者没完没了的奚落和无尽的诅咒中——"犹太人的共和国"、"民族叛徒"的共和国、"牲畜市场鬣狗们"的共和国、戴单片眼镜的普鲁士将军和长袍教士的共和国。如果是那些布尔什维克，他们就会杀了反对者，或者逼迫这些人流亡海外；比较而言，德国的革命者较为仁慈。由此而来的就是争吵不休的结局，市民文化和政治文化出现了深深的裂痕。共和国的成功取决于能够驾驭德国当时摇摇欲坠的外交局势，能够采取措施确保经济复苏。这两个领域并不稳定，时好时坏。输掉一场灾难性的战争后，共和国创立的国内外环境并不太有利于巩固民主制度。

当然，由于这场革命运动，德国人在 1918 年年末到 1933 年期间生活在更为民主的政治环境中，好于此前历史上的任何时期，肯定比 1918 年秋末届帝国政府的蹒跚变革所赋予的更加自由。无论开局如何步履维艰，无论生活如何动荡不安，德国人的确开创了新的政治制度，逼迫德皇宣布退位，并赢得了巨大的社会进步，所有这一切都给魏玛共和国注入了朝气蓬勃、积极向上的气质。革命的爆发和共和国的建立也开启了 20 世纪在艺术和思想领域富于创造性的伟大时代。"道德重建""内心变革"和"一场新生"等，都是革命支持者耳熟能详的说法，这些词语也进入了定义魏玛文化的绘画、摄影、建筑和哲学思考之中。[53]

第 2 章

漫步城市

魏玛就是柏林，柏林就是魏玛。当时，这座都城拥有四百多万人口，可谓遥遥领先，是德国最大的城市、欧洲第二大城市。这座大都会既魅力四射，又令人恐惧；对于德国人和外国人而言，它既引人入胜，又拒人千里。20世纪20年代，柏林是德国乃至欧洲重要的文化中心之一，柏林爱乐音乐厅（Philharmonie）、国家歌剧院（State Opera）、喜歌剧院（Comic Opera）、数十家剧场、众多重要的博物馆，全都坐落在城市的中心。对于有抱负的年轻艺术家和诗人而言，柏林是一块磁石。柏林的夜总会是一道亮丽的风景——包括数十家同性恋酒吧——对于人们的身体和性欲有着难以抵抗的吸引力。柏林是一台巨大的经济机器，能够大批量生产电器商品、纺织品和糖果制品。柏林是政治中心。在著名的外交部所在地威廉大街（Wilhelmstraße），在政府办公的德国总理府（Reich Chancellery），在议会大厦，德国的领袖和官员竭尽全力地维持社会秩序，促进经济繁荣，恢复德国的国际地位。柏林也是休闲之都，拥有优雅富足的街区、游乐场、一家动物园和众多的湖泊，几乎所有的柏林人都能乘坐火车或有轨电车到达这些地方。柏林臭名昭著的廉租公寓区黑暗、拥挤、贫穷，堪比任何一座大城市的贫民窟。成千上万的俄国人为了逃离共产主义而流亡到这里，波兰人来此寻找工作和商机，这些外国人使这座城市更富国际风情。柏林是德国犹太人最多的城市，城市中那座重要的犹太会堂造型优雅，是虔诚和繁荣的象征。柏林大教堂（Berlin Dom）是一座新教教堂，由德皇威廉二世下令修建，落成于1905年。这座宏伟壮观的教堂有着文艺复兴晚期的浮华之风，反映了霍亨索伦（Hohenzollern）王室统治者们（在1918—

1919 年的革命中遭废黜）的虚荣矫饰和自命不凡。

漫步这座城市，可以窥见魏玛社会生机勃勃的各个面向，从穷人到富人，从受尽欺凌的弱者到大权在握的显贵，从新古典主义到现代主义的建筑风格，从精美雅致的店铺到劳工阶层公寓（屋内可见雕刻而成的廉价家具和用作桌布的油布）中的日常摆设。漫步这座城市，看见街头示威的场面、竞选海报和悬挂横幅的政党总部，可以"感受"到政治的氛围。漫步这座城市，还可以感受历史——各种建筑形式（在柏林，很难见到 18 世纪之前的建筑）：19 世纪建筑刻意的复古主义风格，崇尚历史、试图将德国与古希腊的奇迹联系起来的博物馆，勃兰登堡门（Brandenburg Gate）和胜利柱（Victory Column）等纪念普鲁士和德国军事胜利的建筑。

漫步这座城市，最重要的是体会现代性：交通拥堵、工业烟雾、河流和运河污染的场面、气息与味道；在街道、火车站月台和地铁车厢里相互推搡的人群；万湖（Wannsee）沁人心脾的习习凉风和清澈湖水，周末成千上万人借助电车、火车或者汽车度过的远离尘嚣的时光；夜幕降临后，电影院、餐馆、汽车和交通信号灯闪烁着的亮光和点亮的广告招牌；优雅地展示于商店橱窗的诱人时装。漫步良久，就停下来坐一会儿，这是城市人喜爱的活动，尤其是柏林人。每年乍暖还寒之时，春天才刚有些苗头，柏林人裹得严严实实，抵御湿冷的空气，他们就着一杯啤酒或咖啡静静坐着，观望着，思考着——面前的行人、汽车、往来的有轨电车、街对面的店铺和灰色的天空。

我们打算在波茨坦广场（Potsdamer Platz）开始徒步之旅。[1] 向导是魏玛时代柏林两位著名的浪荡子（*flaneurs*）和报纸文艺版作家（*feuilletonistes*）：弗朗茨·黑塞尔（Franz Hessel）和约瑟夫·罗特（Joseph Roth）。阿尔弗雷德·德布林、托马斯·曼、克里斯托弗·伊舍伍德（Christopher Isherwood）等大作家也不时会插进来补充几句。我们会尽量走快些，但是，和任何柏林人、任何游客一样，我们也许会流连于四周引人驻足的风景。也许要花上些时间，但我们会得到丰厚的回报。正如黑塞尔在描述漫步于城市的乐趣时所说的那样："在热闹的街道上，缓步徐行是很大的乐趣。身旁人流不息，而你毫不在意，如同沐浴在海浪中一般。"[2] 有一回，他缓步走过柏林精美的店铺区，说道：

> 陶恩沁恩大街（Tauentzienstraße）和选帝侯路堤（Kurfürstendamm）负有高层次文化使命，也就是教会柏林人漫步和注目［das Flanieren］……漫步和注目如同阅读街市。人脸、货摊、橱窗、咖啡店的门前、有轨电车、汽车、树木都成了同等重要的字母。这些字母组合起来，又构成单词、句子和书页，一本变幻莫测的书。想要得体地漫步和注目，就不该事先有任何具体的计划。因为从维滕贝格广场（Wittenbergplatz）到瀚蓝斯湖（Halensee），一路上有那么多的选择，有吃的，有喝的，可以走进一座剧场、一间影院或一家卡巴莱夜总会（cabaret）。漫步者即使没有想好目的地，也不用在意。只要目之所及，举步随之而行，随遇而安就好了。玻璃和灯光的作用很大。尤其是后者，能与落日余晖和冥冥黄昏一较高下。[3]

波茨坦广场是柏林的心脏，在 20 世纪 20 年代是欧洲车流量最大的交通枢纽。五条大路通向这个广场，每条路都把我们带向这座城市迥异于别处的区域。二十五条有轨电车线路在波茨坦广场交汇，加之难以计数的小汽车、公交车、出租车、马拉货车、自行车和手推车——根据 1928 年的官方统计，平均每小时有 2753 台各式车辆。[4] 我们从高大的交通灯对面的小亭开始出发。五根钢柱从一个水泥基座中向上伸展而出，形成一个五边形，钢柱在上面由五块矩形钢铁嵌板连接，每块嵌板都顶着一组交通信号灯，分别面向五条交汇于波茨坦广场的街道。最上面是稍稍突起的顶部，到夜里就成了灯标，将近 100 只灯泡一齐向上照射。这里没有什么装饰：这是功能主义的现代建筑，沉重的钢材通过灯塔轻巧开放的结构获得了平衡。这塔是个地标，站在通向波茨坦

图 2.1 波茨坦广场，1930 年。著名的交通灯就位于广场的中央，四周都是现代城市生活的熙熙攘攘——小汽车、有轨电车、卡车、手推车，到处可见人们在走路、谈话、观望。Bundesarchiv, Bild 146-1998-012-36A / CC-BY-SA 3.0 / Wikimedia Commons.

广场的每条街道上，离塔一公里的地方，都能看到。塔身上的这些钟表也是地标，是现代社会的时间调节器，提醒路人该何时回家，何时拉开窗帘，何时去赶火车，或是何时上班。也不是所有人都喜欢这个交通灯信号塔——柏林的一家报纸就要求立刻把它给拆了，还有一家报纸称之为"蠢人的游戏"（fool's play）。[5] 但是，城市规划师还是占了上风，这个灯塔继续履行自己的职责，"像网球比赛的裁判一样，向下俯视街道上的游乐嬉戏"[6]（图 2.1）。

朝着某个方向看去，我们就能看到著名的约斯提咖啡馆；另一个方向，看到的是政府办公区，都是些高大巍峨的建筑。围绕环状中心的是有 50 年历史的交通方式。一辆马车拉着一桶一桶的啤酒。小汽车开向哪里，谁又会知道呢？川流不息的有轨电车停了下来，让乘客下车。他们要去咖啡馆或剧场，抑或只是想在广场上走走，看着发生的一切。有些人先在这里打发时间，然后再走不远的路，去往两个主要的火车站——就位于广场的波茨坦火车站和一会儿就能走到的安哈尔特（Anhalter）火车站。两个车站都是大型交通枢纽，能沿着东、西、南三个方向将柏林人带往很远的地方。每天，成千上万的柏林人涌入或涌出波茨坦广场下的地铁和通勤火车。其他人则要踩着两三级踏板，登上即将驶离的有轨电车。一辆双层巴士更使人感觉到这是一个流动不息的民族。一个女人从一家咖啡馆走到另一家咖啡馆，兜售着鲜花。报贩子们大声嚷嚷着最新的新闻标题，根据《柏林日报》(Berliner Tageblatt)对此场景的描写，在这来来往往、川流不息的人群中，他们是唯一站着不动的人。报摊上摆放着各种报纸——代表所有政党，左翼、右翼、中间派，以及其间的所有派别——每个人都能找到自己想看的。的确有些杂乱无章，但生活为什么就应该简单呢？对每个拿着几枚硬币走过来的路人，报贩子都和颜悦色，替他们把报纸折好。这些报纸里"有点供人带回去思考的内容，一个政治观点、一点最新事件的消息、夏日夜晚的……一些忧郁……总之，一个健全人在工作日晚上需要的所有情感和知识"。[7]

夜晚的灯光耀眼炫目。当然，这些灯是照明用的，但也会刺激人的欲望，《柏林日报》写道：

> 夜晚，怎样的自然奇观会发生在广场上？其中之一，就是夜色红。还有夜色绿、夜色黄。红彤彤的颜色可以得到科学的解释，是一家很大的红酒商店从生产灯光广告的公司订了货。同样，绿色和黄色分别是活报剧和制鞋厂弄出来的。从红灯中，诗人就能体味到高品质的红酒味道。其他颜色也强烈刺激了很多人的想象，接着，由此而来——去买一双鞋，或者观看表演——的感觉只是真实经验的投影而已。[8]

夜晚时分，凯宾斯基大厦（Kempinski Haus）的灯光广告照亮了广场。过往行人也慢慢习惯了这种商业气息浓厚的日常生活，这得益于电能的使用。商铺、咖啡店的招牌广告照亮了眼前的一切，又刺痛了眼睛，但很快，路人根本就注意不到这些了。到了白天，排列整齐的灯光广告不见了，让位于杂乱无章、没有点亮的彩绘或印刷的电招牌：普朔尔大楼（Pschorr-Haus）顶上竖着另一块招牌——"抗击癌症"——将路人引到一家药店或保健品商店。此时恰逢大选，我们看到各个政党——社会主义政党、共产主义政党、自由主义政党、天主教党派、保守党、法西斯政党——的海报，看到各色人等的肖像，折射出魏玛政治的多元和混乱。拐角处有件展品，是关于世界大战的。往另一方向，我们看见楼上有办公室出租的招牌；最为极致的是一个为广告所做的广告，公告牌上有一条招揽广告生意的标语。

选帝侯路堤上有个环境优雅的购物区，有些人喜欢那儿的灯光，离波茨坦广场也不太远：

> 最美好的……就是那些精彩的灯光，在林荫大道上熠熠生辉。20年代那会儿，劣质廉价的照明设施要少得多，选帝侯路堤上都是枝形大路灯。灯光经过了树顶的过滤，灯光广告朦胧的投影赋予这条大街亲切的氛围，于是每个女人的脸上变得神采飞扬起来。这些街道并不喧闹轰鸣，会有人演奏音乐，那是献给柏林女人们的情歌。20年代的柏林是一个对女人百般殷勤的城市。[9]

甚至那些建筑因为有了灯光广告而显得格外美丽，改变了路人对建筑结构的进深、高度和轮廓的感觉。[10] 但是，对于富有的上一代人来说，所有这一切，加上那么多的酒吧、咖啡店、新建的豪华影院、爵士乐的音调、冰激凌苏打水的味道——后两样都是进口的美国货——都显得有些过于现代、过于艳俗了。他们还是照旧在波茨坦广场附近的莱比锡大街（Leipzigerstraße）购物。[11]

在抵达安哈尔特火车站，并乘车穿过波茨坦广场的人当中，有些是外交使节、政府部长、军队将领和高级官员。他们是可以步行的，但更多时候会选择较为奢侈的交通方式，比如找一辆配有司机的小汽车。他们的目的地是25座（或者更多）政府大楼之一，这些建筑都位于威廉大街或莱比锡大街，两条大街都直接连通波茨坦广场。这些政府大楼，一部分在18世纪和19世纪陆续建造完成，其余是1871年德意志统一后的短短15年间建成的。这些建筑都是普鲁士和德国政府各部以及外交使馆的所在地。威廉大街两侧坐落着外交部、财政部、英国和法国大使馆，还有其他很多重要的政府大楼，所有这些建筑看上去都体量巨大、宏伟壮观。这些访客——或许是内陆某些州的部门首长——来此拜见上级长官，或是外交官们去威廉大街参加招待会。但是，我们在安哈尔特火车站，在走过的任何地方，都能看到退伍伤兵，他们是活的见证人，见证了第一次世界大战造成的破坏——有的人缺胳膊少腿，有的脸部残缺不全，有的是瞎子。他们有时在乞讨，有时跛着脚四处走动，有时会加入柏林无家可归者的大军。对于这些场景，那些要人几乎全都能看见。光柏林一地就有20处伤兵收容所。这些也是魏玛德国时代街头风景的一部分（彩图1、图2.2）。[12]

火车站是19世纪建筑的骄傲，是工业社会中钢铁结构和迅捷步伐的纪念物。建于1876—1880年的安哈尔特火车站是欧洲最荣耀的建筑之一。火车站赫然耸立于周围的建筑当中，那厚重有力的结构只适于容纳强劲的蒸汽机车，这些火车将欧洲最重要的外交官和政治家带到德国的首都。模制砖和陶瓦构成了醒目的装饰，颜色较暗的砂岩也用于建筑的局部，半圆形拱顶让人联想起罗马建筑的风格，而这些特征都减轻了整个结构的重量。参观者进了车站——不妨暂时离开大街，走进站内一看究竟，这不会白费力气——发现不止一个候车室，而是四个不同等次、彼此区隔的候车室。要从一个候车室走到另一个，几乎办不到：我们这次徒步之旅，此时碰到了第一个障碍。此外，车站还设有专为达官显贵准备的候车室和接待室，其中一间是在革命爆发前

图2.2 德国所有的村镇和城市都能看到伤残的一战老兵,这里是一幅柏林的画面。

由霍亨索伦家族捐建的。

从安哈尔特火车站出来,可缓步来到波茨坦广场,广场内部和周围有几十家啤酒馆和酒吧,可以任意走进一家。我们看中了老拜仁酒馆(Alt-Bayern)。路人立刻会发现,这绝不是魏玛的现代建筑。里面有很多房间和大厅,多数都非常宽敞。内部的装饰风格恣意狂野。提到任何一种建筑风格——罗马式、哥特式、文艺复兴式、巴洛克式——你都会觉得与这座建筑有几分相似。任何一种建筑材料——灰浆、木材、石膏、彩色玻璃——都能在这座建筑中找到。[13] 现代主义的拥护者见到老拜仁酒馆的内饰,必定陡然为之瞠目,并立刻止步,当然这或许并不妨碍他们在那里点杯啤酒。

如果还想再玩一会儿,我们可以在祖国大厦(Haus Vaterland)停下脚步——第一次世界大战之前，这座建筑叫作皮卡迪利（Piccadilly），但房子的主人觉得有必要换掉这个"不太爱国的"名字。[14]在祖国大厦，客人能够体验真实的德国、欧洲和其他地方。里面设有巴伐利亚厅、威尼斯厅、莱茵兰露台、意大利厅和法国酒吧，每一处都有对应的菜肴和装饰，男女招待们也都穿着"民族"服装，花哨的红白灯饰就是意大利风格，皮短裤是穿给喜欢巴伐利亚的人看的……有些人喜欢乘船在莱茵河上游览，一边听着莱茵河畔合唱的歌声，一边观看人造风暴。一个阳光明媚的日子里，从圣戈阿（St. Goar）到——舍此，还有别处吗？——罗蕾莱山岩（Lorelei）一路泛舟，莱茵河风光尽收眼底，各种奇巧装置每隔一小时造出人工雷声、闪电，甚至雨水。那些喜欢在野外猎奇的人可以选择狂野西部酒吧（Wild West Bar），那里有一支非裔美国风格的爵士乐队。若是觉得各种元素难以融合，也别在意——客人们也用不着弄清楚，新奥尔良（New Orleans）、堪萨斯城（Kansas City）和芝加哥（Chicago）这些城市并不在美国狂野的西部。与此同时，十六名跳舞的年轻女孩辗转于祖国大厦的各个舞台，每次都要换上对应的服饰。四个年轻男子穿着19世纪早期的学生服，为客人唱着小夜曲，都是些宣扬民族主义的歌曲。那些品味高雅的人——至少是有钱人——直接去了三楼的舞厅。除了舞蹈和卡巴莱滑稽剧表演，这里的菜单更加讲究，有鱼子酱、香槟和开心果冰激凌。为了帮喝多了的客人醒酒，这家咖啡馆还供应据说很地道的土耳其咖啡。也许，不曾有人见过真正的柏林人醉死在祖国大厦。不过，祖国大厦也接待很多来自外地的乡下人，他们一路来到柏林，就是想体验这座城市中的新鲜事物。即便对生活在城市中的人来说，"用不着花多少钱，你就可以感受到一个更大世界的气息"，柏林的一家报纸如是说。[15]

的确，有些人享用了啤酒，吃了盘肘子，感到留在口中的脂肪来回打转，就想要喝杯咖啡，来些甜点。此时，约斯提咖啡馆是个好去处。[16]咖啡馆前面的广场上，摆着椅子和桌子，后面是花园，有个玻璃围成的露天平台，咖啡馆里还有很多房间。约斯提咖啡馆的肉酱和甜点很出名，这里挤满了资产阶级社会中形形色色的人物——银行家、官员、知识分子、上流社会的男男女女、艺术家。所有人要么在聊天，要么在张望，更多时候，二者兼而有之——都是些休憩中的城市浪荡子。对此，《柏林日报》做了如此描述：

> 他还需要什么呢？给身体一点提神的东西（以冰柠檬水的形式）、一点刺激神经的东西（以咖啡的形式），在这家咖啡馆门前的花园里，这些都能点到。催情剂也是能要来的。——服务生，请来点催情剂，半剂就行了。听了这话，邻桌的年轻小姐的双腿翘在了一起，那边的小姑娘跨上很陡的台阶，进了巴士。[17]

这里没有禁止吸烟区——空气中弥漫着雪茄和卷烟的雾气。但还有作家汉斯·奥斯特瓦尔德（Hans Ostwald）描写的那些服务生："突然，一个身材高、肩膀宽的先生走了过来。他脑袋瘦得皮包骨，留着些许灰白的胡子，长着大鼻子，脸上布满红色的斑点，眼睛不停地眨着，嘴唇肥厚——所有这些让人想到议会中一位保守的乡村代表，他从自己的企业中赚得盆满钵满。"[18]

晚上，就到了尽情享受的时候。各种各样的选择不胜枚举——从古典到现代的戏剧，三大歌剧院的歌剧，柏林爱乐音乐厅或众多小音乐厅的古典音乐。但也有不那么阳春白雪的娱乐，选择也是多得令人难以置信。在波茨坦广场和选帝侯路堤之间，我们几乎能够找到任何一种通俗的娱乐形式。我们能听到、能看到言辞尖刻的卡巴莱政治滑稽剧表演，有的是库尔特·图霍夫斯基（Kurt Tucholsky）这样的著名讽刺作家写成的，有的则出自众多小作家之手。我们还能观看裸体女人出演的"生活剧场"（living theaters），除非那天晚上这些剧场因有伤风化而被警方查封。跟着克里斯托弗·伊舍伍德，我们或许会去莎乐美（Salomé）俱乐部，里面都刷成了金色和红色，外地来的德国人和外国游客来此看那些易装癖者和女同性恋。我们还可以在更体面的冬季花园剧院（Wintergarten theater）欣赏"踢乐女孩"（Tiller Girls）步调一致、分毫不差的舞蹈队形。在腓特烈大街（Friedrichstraße）的黑猫餐厅（Schwarzer Kater）或者菩提树下大街（Unter den Linden）的菩提树歌厅（Linden Cabaret），我们什么都能体验一些——舞蹈、音乐和讽刺剧的大杂烩。

也许，我们很想听听爵士乐——也不难找到——但得选最地道的：非裔美国乐手组成的8人乐队。他们正在演奏新奥尔良爵士乐中的快节奏切分音，中间还夹杂着蓝调爵士的悠长乐声，使人想起密西西比河——与选帝侯路堤和施普雷河（Spree River）相距遥远——沿岸备有自动点唱机的小餐馆和烟雾缭绕的酒吧。柏林人为什么痴迷于爵士乐？因为这是美国的，美国意味着现代。小号吹出的音调九曲回肠，并与短号你来我往，鼓声和钢琴声产生的强烈节奏，都与城市中汽车、卡车、商贩和气锤刺耳喧嚣的声音形成共鸣。爵士乐是城市的声音，被提升到了艺术的高度。即便柏林没有新奥尔良、堪萨斯城或芝加哥那般的喧嚣和节奏，它们之间依然会有足够的共通之处，欧洲人依然能够感受和理解这种源于美国——就是现代性的象征——的音乐形式。

但爵士乐不只限于美国，而是非裔美国人的音乐，对柏林人来说颇有些异域风情。极少数德国人曾在1918年之前在本国的海外殖民地访问或定居，除此之外，多数德国人只是在"活人展览"（*Völkerschauen*）——嘉年华式的巡展活动，将黑皮肤的人像动物园的动物一样展示——中见过非洲人。但在第一次世界大战中，随着非裔美国士兵和法国殖民地士兵上阵参战，一切都发生了变化。是的，战争结束后，一些非裔美国人就留下不走了，或者之后又回来了，尤其是那些音乐家和艺术家。他们觉得巴黎——甚至还有柏林——对他们比美国更加宽容，即使对那些较为开明的或左翼的柏林人（还有其他很多欧洲人）来说，对非裔美国人的青睐背后是傲慢的种族主义态度。他们所理解的爵士乐是对"黑人"的"原始"特征——借用当时较礼貌的语言——的直接反映。爵士乐喧嚣吵闹，如孩童一般，更接近"自然",人们认为这与黑人相似。欧洲人"只能用脑子跳舞",一位观察家在看了约瑟芬·贝克(Josephine Baker)的滑稽剧之后写道,"黑人却用感官跳舞……我们只有羡慕的份儿,因为这就是生命、阳光、原始森林、鸟儿的歌唱、豹子的吼叫、土地……[黑人]是全新的、未被污染的种族。他们能够用热血,用生命起舞"[19]。还有比这更好的结合吗?爵士乐既是现代的,也是"自然的";柏林这座城市的节奏和这种异国情调,表现主义与原始主义,就这样一拍即合。

距离波茨坦广场不远的亚历山大广场(Alexanderplatz),或者哈雷门(Hallesches Tor)地铁站,以及很多没那么光鲜的地方,我们在数不胜数的酒吧和卡巴莱夜总会中——其中很多位于乌烟瘴气的地方——能够享乐的东西就更多了。克里斯托弗·伊舍伍德是这些地方的常客。20世纪20年代末至30年代初,他就住在柏林,当时还算不上出名的作家。一个名叫鲍比(Bobby)的房客与他住在一起,鲍比在三子星大厦(Troika)——这地方远不是最差的——做酒保。大厦有一个门厅侍者和一个衣帽间女孩。伊舍伍德走进去,发现里面几乎没人。几个年轻女子在酒吧里坐着,懒洋洋的样子;里面的工作人员张嘴打着哈欠,毫不避人。乐手们围着自顾自地聊天。突然,几个有钱的游客走了进来,急着要感受一下柏林的风月场。那个卖烟的男童和服务生们见了这几个外国客人,便走上前来。那个三人乐队也开始奏起了爵士乐。几个小伙子走了出来,开始和酒吧里的女人们翩翩起舞。那"两个皮肤松弛的先生[外国客人]彼此聊着,可能是在谈生意,对眼前他们要求的夜生活,看都不看一眼;而他们的女人坐着一声不吭,一副受人冷落的表情,不知所措,浑身不自在,感到很不耐烦了"。[20]这里,一切都是交易和欺骗,如同伊舍伍德作品中的重要人物萨莉·鲍尔斯(Sally Bowles),一个资质平平的英国女人,来到欧洲大陆,要在舞台和银幕上为自己开创一番事业。而且,她生活在一个虚幻的世界中。她交往过的男人有数十人,她一直在寻找能给她带来刺激、带来好东西的那个人。但这些男人都是骗子——其中有装作有钱的落魄商人,有犯了案子后在各国东躲西藏的冒牌艺术家，有游艇和别墅只存于想象中的假贵族，还有收取高额费用给人做流产手术的邋遢医生。这些，我们在柏林的徒步之旅中也能见到。

波茨坦广场不只是一个寻欢作乐的地方。直到20世纪20年代，这里还有很多办公场所，夹杂在酒店、啤酒馆和咖啡店的里面、之间和附近。1932年，作为现代派建筑的一个传奇，埃里克·门德尔松设计的哥伦布大楼正是在这个广场向公众开放。这座九层高的惊世之作由混凝土、钢材和玻璃建成，置身于周围的19世纪建筑当中颇为引人注目。建筑名本身使人想起美国，想起新大陆，想起一切现代之物。它比波茨坦广场上的任何建筑都大得多，并且光芒四射，因为建筑的正立面平坦光滑，用了大量玻璃——二者是门德尔松建筑风格的鲜明特征，与周围结构厚重、装饰繁复的建筑构成了巨大的反差（图2.3）。

是的，差不多该是离开波茨坦广场的时候了。我们向外走去，首

图2.3　波茨坦广场上，埃里克·门德尔松设计的哥伦布大楼（建于1931—1932年）展现出令时人耳目一新的现代主义风格。注意它与其他建筑的反差。

先经过莱比锡大街——柏林最精致的街道之一。[21] 两座不大的希腊神庙——19世纪初著名建筑师卡尔·弗里德里希·申克尔（Karl Friedrich Schinkel）的作品——是从波茨坦广场转入莱比锡广场（Leipziger Platz）的标志性建筑。"神庙"最初是控制城市入口的防卫闸门，显得小巧玲珑，精心设置的多立克式圆柱（Doric columns）唤起了人们对另一世界的遐想。相比祖国大厦的极尽奢华、波茨坦广场的车水马龙，或者哥伦布大楼的现代派风格，这两座神庙就与之大相径庭了。

莱比锡大街上有高档的餐馆和咖啡店——但这里毫无祖国大厦的艳俗奢靡之风。我们经过精美的商店、巨大的韦特海姆（Wertheim）和蒂茨（Tietz）百货公司、引人注目的办公楼，以及政府权力部门，如德国邮政部（Post Ministry）、战争部（War Ministry）、紧邻普鲁士州议会（Prussian Landtag）的普鲁士贵族院（Prussian Herrenhaus）。有些政府大楼（如普鲁士贵族院）建于1898年和1903年之间，采用的是意大利文艺复兴式风格——这类建筑不仅是石头和水泥砌成的，还诉诸历史，诉诸国家的权力和合法性。这里也有一些私家公馆——如出版业巨头鲁道夫·莫斯（Rudolf Mosse）的私宅——同样仿照意大利文艺复兴式风格修建而成，里面的绘画、雕塑等藏品给人留下了深刻的印象，此外还有一个很大的图书室。莫斯甚至还让人为自己和特定的客人画了一幅油画：他们身穿文艺复兴时期的服装，在一座意大利风格的别墅中用餐。这幅画完成于1899年，至今仍挂在这座魏玛时代的公馆里。这反映了德国犹太资产阶级的自信，也反映了他们对西方文化符号的认同。[22]

韦特海姆和蒂茨这类现代百货公司几乎没有什么艳俗低级的感觉。这对弗朗茨·黑塞尔来说是很大的宽慰。如同他所描述的那样，它们的大多数货品素净稳重："如果要用一个词来形容，那就是得体。"这些规模巨大的商场使销售成为一个职业，年轻的女营业员接受严格训练，学习如何对待商品，如何接待顾客——她们训练有素，以至于"我们不清楚碰到的这些营销艺术家是多么的技艺娴熟，当韦特海姆和蒂茨的这些女店员温柔地把我们推进她们的魔法世界时，这些推荐给我们的商品是多么的完美无瑕"。现代商场不是混乱的集市，而是"井井有条、结构合理的剧场。这些商场使顾客沉湎于极其舒适的环境之中。在明亮的庭院和冬景花园里，我们可以坐在花岗岩长凳上，购物袋就在腿上放着。艺术展品可以铺展开来，与茶点区连成一体，将玩具区和浴装区划分开来"[23]。

新一代人——无论男女——都认为满足和快乐是从精致高雅中得来的，而非从巨大的数量或者庞大的体量。

> 过去的柏林人追求快乐，总是冒着过度、过量、过大的风险。他们常去的咖啡馆是一些奢华炫目的餐馆。里面，哪儿也看不到舒适低调的皮沙发，找不到一个安静的角落——这些都是巴黎人和维也纳人所钟爱的。这些柏林人需要时，不会称呼人家"服务生"，却总是大喊大叫，用"小二"（Herr Ober）这个愚蠢的称呼。他们并不只是用咖啡这个词，而称之为双份摩卡……时不时地，能为上千人提供座位的"大咖啡馆"（Grand Cafés）新店就会开张营业。大堂里，有一支匈牙利乐队；二楼，两支伴舞的管弦乐队演奏着……是的，付了钱，就肯定能得到些什么。[24]

可那是过去了。新的柏林更精致，更优雅，更像巴黎。

在市中心（Stadtmitte）站——位于波茨坦广场和腓特烈大街附近——这个地铁枢纽，在这座城市的西边，人们可以看到时尚：一家有名的时装店——里面的女人坐在精致的桌边，而美丽的模特假人则斜靠着，一副无精打采的样子；蒂尔加滕公园（Tiergarten）附近昂贵的汽车——"保养得非常好，品质'卓越'，从汽车公司仓库开出来，显得熠熠生辉，每个细节都很完美。"司机在门外等着"优雅的女士"（gnädige Frauen）从店里走出来。[25] 巴黎依然引领着时尚潮流，但柏林优雅的女人拥有自己的时尚。

> 这时出现了新式女性……前卫的年轻人,战后的柏林女性。1910年前后的几年,人们的生活一定都非常好。好日子赋予女性以运动员般有力的肩膀。尽管衣服遮住了身体,还是能感觉到她们行动敏捷,身轻如燕。她们可爱的皮肤熠熠生辉,只是略施粉黛。她们笑起来,露出美丽健康的牙齿,令人耳目一新。午后,她们三三两两,满脸自信地穿过或挤过陶恩沁恩大街和选帝侯路堤上的人群。她们喜欢自由泳,而别人游的是蛙泳,就落在了后面。她们目标明确,直奔商店橱窗而去……这些年轻女孩有自己的穿衣品味,早已不再追逐大品牌的高傲感觉,不再满足于一成不变的旧风尚。柏林女人的优雅在欧洲堪称一流——这个人们越来越耳熟能详的说法是不是真的呢? [26]

当然,黑塞尔的回答是肯定的:柏林正在变成"一个优雅的城市"。

黑塞尔所表述的是20世纪20年代的"新女性",有着一种优雅脱俗、活泼健美的形象。这种形象源于资产阶级,又逐渐影响到劳工阶层的女性;始于首都,又逐渐扩散到地方(图2.4)。第一次世界大战之后,出现在公共场所的女性较以往多了很多。毫无疑问,劳动妇女或穷人家的女性总是要出门的,她们去水井或水泵那儿担水回家,从面包房和肉铺取回食物,将自己的日用货品带到市场上兜售。但在19世纪,资产阶级女性受到的限制就更多一些。她们可以出门散步,但身边几乎总有男性亲属陪伴。夜晚外出也总会有人陪同,无论去剧院看戏,还是参加亲戚的沙龙。19世纪90年代以来,即使是资产阶级女性也开始把大街纳入自己的活动范围。百货商场的出现是一场决定性的变革,有助于现代女性成为观看者和消费者。即便是陈列货品的数量也要求必须有通过商店的(今天的零售商所谓的)"人流"。在德国,朔肯家族、韦特海姆家族以及新一代的其他企业家都竭尽所能,让自己的消费大厦成为女性感到"安全"和"体面"的场所。就像黑塞尔所说的那样,"商店女营业员"衣着讲究,都训练有素,举止得体;商场也灯

图 2.4 1926 年柏林的街景：随处可见的新式女性。

火通明。资产阶级的女性突破了家庭的藩篱，要么结伴同行，要么有女佣陪着进入这个奇妙的消费世界。后来，百货商场开始面向街道展示货品，而新的建筑技术运用了钢筋混凝土和平板玻璃等新材料，使商场能够通过大橱窗展示商品——例如，20 世纪 20 年代埃里克·门德尔松设计的朔肯百货大楼——这使得街道也成为高贵女性感到"安全"的地方，而不再限于商场之内了。

因此，只要我们行走在波茨坦广场之内或周围的街道上，就能看到单独或结伴的女人，她们坐在约斯提咖啡馆享用着苹果派，在祖国大厦喝着啤酒，站在小店铺或百货商场的橱窗前，端详着里面的衣服、鞋子和亚麻织品。入夜后，我们还能看到白领职员构成的新女性人群——商店营业员、秘书、社会工作者和医生——下了班，熙熙攘攘地涌入地铁站，踏上回家的旅程。一个从外地来到柏林的人，也许会对眼前的一幕感到震惊：这些女人既是办公室职员，也是喜爱四处闲逛的人，留着短发，身穿短裙，叼着香烟，或者嚼着口香糖，一副满不在乎、一意孤行的神态。将女人和街道联系在一起，不再使人联想到遭人唾弃的街头娼妓。这里和其他很多地方一样，现代性意味着多样性：妓女和白领、工厂女工和女医生。对弗朗茨·黑塞尔这位浪荡子来说，

> 这些都市女孩动作敏捷、身材挺拔，她们张着嘴，一副吃不够的样子。如果我的目光流连于女孩们平滑的肩膀、绯红的脸颊，她们便嗔怒起来。并不是她们有什么不想被人看见，而是慢动作的审视令她们紧张，虽然向她们投去目光的这些街头闲逛者并没有任何恶意。她们注意到，在我目光所及之处，一切都无所遁形。[27]

至少，黑塞尔是这么想的。

◇ ◇ ◇

很奇怪，没过多久，我们就通过了政府办公区，穿过优雅的街道和商店，来到柏林大教堂和博物馆岛（Museum Island）——岛上有令人惊叹的古代建筑，还有其他珍贵的高雅艺术品——最后就到了具有浓厚犹太风格的谷仓区（Scheunenviertel）。犹太人在此定居，可以追溯到17世纪，当时的普鲁士公爵、大选帝侯（Great Elector）腓特烈·威廉（Friedrich Wilhelm），向被奥地利哈布斯堡（Habsburg）王朝驱逐出境的50个犹太人家庭提供了避难所。尽管需要缴纳特别的税收，活动也受到限制，但这些犹太人还是兴旺发达起来。从19世纪中期开始，大批东欧的犹太人在谷仓区定居下来，挤满了这里的廉租公寓和街道。拥挤的人群和流行的意第绪语（Yiddish）使谷仓区有了鲜明的东欧风情。然而，德国犹太人在这里定居的时间更长。改革派和正统派犹太人在街头擦肩而过，东欧小贩与西装革履的商人和店主在拥挤的人

群中彼此推搡着。此外，还有毛贼、妓女、赌徒和拉皮条的男人，他们从附近的亚历山大广场涌入谷仓区。对此，阿尔弗雷德·德布林的同名小说《柏林，亚历山大广场》(Berlin Alexanderplatz)做了精彩的刻画。从这两个地方，我们轻易就能看出贝尔托·布莱希特和库尔特·魏尔创作的《三分钱歌剧》中的场景，其中混杂了乞丐、娼妓、老兵、警察和堕落的资本家等各色人物。

从亚历山大广场走不了多远，就来到一个街区，"那里的污垢和油彩与其说掩盖了黎凡特（Levantine）工人阶级的身份，还不如说是一种彰显"。对约瑟夫·罗特这位伟大的记者和小说家来说，这似乎有些奇怪。没有任何过渡，"你发现自己突然落入一个陌生凄惨的贫民世界，这里拉货的马车轰轰驶过，汽车则是个稀罕物了"。罗特描写了这样一个非常热闹的街区，波兰儿童在街上戏耍，大人们匆匆奔走做买卖，那些衣冠楚楚、走在雅致的选帝侯路堤上都无格格不入感的先生，在这里有时会迎面撞上头戴绒帽、留着大胡子的东欧犹太人。各种各样的买卖都能在这儿达成，也许合法，也许不合法。而与此同时，旁边的角落里，一个虔诚的犹太人正在祷告。[28]混在他们当中的，还有那些难民，那些为了逃离大屠杀，从东欧各地来到这里的犹太人。很多人打算由此继续出发，去往美国、荷兰，或巴勒斯坦。有些是从俄国的战俘营直接过来的。

> 在他们的眼神里，我看到了跨越千年的悲伤。那里也有女人，她们把孩子驮在后背上，就像一捆捆脏衣服。其他孩子凭着扭曲的双腿，在这个松散摇晃的世界里四处摸爬着，啃着干硬的面包皮……[难民中]只有少数是健康的年轻人……他们寄居的屋舍散发出脏衣服和泡菜的味道，还有很多人挤在一起的气味。人的身体都相互蜷缩在一起，如同火车站月台上的行李……这些人中，有个奇怪的人，他是有智慧有进取心的。他将去往纽约，在那里发家致富。[29]

在谷仓区，犹太人聚居地的街道名听着都有些奇怪。这里曾经有普鲁士人行刑的绞架，还是普鲁士陆军马厩的所在地。在名为"龙骑兵街"（Dragonerstraße）和"步兵街"（Grenadierstraße）的街道两边，

> 男人们留着旧式的胡子，耳边垂着发辫，成群结队地缓步而行；屠夫家黑头发的女儿们迈着轻盈的步子，操着意第绪语，沿着街道走过去，又折回来。店铺和啤酒馆的墙上写着希伯来语的铭文。这些街道依然是属于自己的世界，某种属于永恒局外人的家园。这种状况的改变要等到东边新一波的人来到这里，把这些老居民（old-timers）从这里挤走。老居民们不消多久，就很好地适应了柏林的生活，心里也有了诱人的念头——搬到城市西边去。搬迁之后，他们就会尽力放弃那些与众不同的明显标记。那是一种耻辱，因为比起后来在证券交易所西装笔挺的派头，他们在谷仓区四处游荡的样子要中看得多。[30]

谷仓区的中心是奥拉宁堡大街（Oranienburger Straße）上的新犹太会堂（New Synagogue）。如果我们愿意坐一次通勤火车，会堂的穹顶和尖塔从几公里外就能看见——对柏林的很多反犹分子来说，这是一种视觉冒犯（图2.5）。这座犹太会堂建成于1866年，能容纳3000名信徒，正是柏林犹太人兴旺、自信的象征。同时，摩尔人（Moorish）风格的穹顶和两个尖塔使人回想起犹太人在中东的根基，以及他们在西班牙度过的黄金时代；而那富丽堂皇的管风琴象征着犹太教改革派试图驾驭两个世界——传统犹太教世界和德国基督教社会——以实现自身的现代化。我们走过一所犹太人的男校——学校里有著名启蒙时代哲学家、该校创办者摩西·门德尔松（Moses Mendelssohn）的半身雕像，以纪念他的功绩——一所历史短一些的犹太人女校、旧的犹太人墓地、犹太人医院和犹太人养老院。犹太教科学研究学院（Hochschule für die Wissenschaft des Judentums）是犹太教改革派的思想中心，很多

图2.5 奥拉宁堡大街上摩尔人风格的新犹太会堂（1859年开工，1866年建成），是柏林犹太人主要的礼拜场所，是犹太人卓越和自信的辉煌象征。会堂主体部分可以容纳3000名信众。这座建筑在1938年的水晶之夜受到纳粹分子的严重破坏，之后又遭盟国轰炸，再次受损。20世纪80年代晚期至90年代，教堂的正面、入口和穹顶得以重建。

德国-犹太文化的杰出人物——包括马丁·布伯（Martin Buber）、格尔肖姆·朔勒姆和利奥·拜克（Leo Baeck）拉比——都在这里接受过训练，至少听过讲座。同奥拉宁堡大街上的新犹太会堂一样，这所学院也是犹太人的灯塔，象征着 19 世纪晚期和 20 世纪早期他们在德国的全盛时代。20 世纪 20 年代，反犹主义抬头，一些犹太人组建了准军事防御组织。但总的来说，这一时期，德国的犹太人物质生活富足，社区生活不断丰富。一些犹太知识分子促成了犹太知识的复兴，另一些在魏玛时期立于艺术和思想变革的潮头，还有一些则游走斡旋于两个世界之间——一边是独特的犹太世界，一边是德国和欧洲的世俗世界。

◇ ◇ ◇

在莱比锡大街优雅的购物区，在拥挤喧嚣的犹太人聚居区，我们游逛了很久，尽情享用了啤酒和肘子、咖啡和糕点，也许该是回家的时候了。我们当中的一个银行职员步行回到了腓特烈人街上的地铁站。如果运气好的话，只要中途换乘几站，30 分钟后就能到站——汤姆叔叔的小屋（Onkel Toms Hütte）站。离开了地铁站——这一站严格来说不在地下，只是比街面要低——他呼吸着深秋里新鲜寒冷的空气，顿时抖擞了精神。

大约只在 10 年前，这个地铁站附近完全被森林覆盖。随着人口的增长，已有的住房越来越捉襟见肘。于是，原先有着一片森林、一家名为"汤姆叔叔的小屋"——与哈丽雅特·比彻·斯托（Harriet Beecher Stowe）所著知名美国小说同名——的酒吧的地方，现在出现了一个建于 20 世纪 20 年代的规划住宅区，一大片的建筑群，多数是为不断增长的白领阶层提供的住房。无论社会改革家，还是政府官员，都想方设法为民众提供新的、更加卫生合理的公寓。由此而来的结果是惊人的：在魏玛时代，总共建成了 250 万套新公寓。1930 年，大约 14% 的人口住在新建成的公寓里。工程规划"使人联想起［陆军］参谋部的地图"，下水道、电力、供水、交通、学校等都要考虑在内。[31]这样的建筑既折射出又塑造了新型的家庭。这些公寓面积较小，但功能齐全：两个卧室、"简化了的"厨房、起居室，这对于有两个大人和两个孩子的现代家庭而言是非常理想的。

我们的银行职员离开地铁后，（如果时间不太晚的话）可以在铁轨旁的店铺里稍事停留：面包店、花店、食品店、鞋店，这些也是规划出来的，为的是方便那些从办公室回家的居民在中途购物。我们的职员踩着落叶，感受着秋天的气息，虽有些潮湿，但叫人精神焕发。也许，他从未留意过自己住所的建筑样式，至少搬进来后就没有过。但他知道这是现代建筑，符合他的自我形象，甚至还知道建筑师的名字——布鲁诺·陶特。他也清楚，比起他搬出的廉租公寓，自己这套现代公寓肯定更加舒适。这栋三四层建筑的外立面是平直的，没有装饰性的凸出结构，建筑的长度可以与一个较长的街区相比，给人流畅的感觉。他如果愿意站在房子的一端，就会观察到整体结构的曲线：它与笔直的街道并不完全平行。与门德尔松的哥伦布大楼一样，一定的曲度使这栋长条形建筑富有活力或动感，而凹窗进一步增强了这种活力或动感（图2.6）。

的确，这里的环境相当愉悦，是一个世外桃源，远离了波茨坦广场的嘈杂喧闹，而这正是建筑师和规划者的初衷。根据设计，汤姆叔叔住宅区（Onkel Toms Siedlung）是一个远离尘嚣的地方，现代人在此可以暂时摆脱城市的工业生活。如果有位能干的贤内助，他就能在现代公寓中找到舒适安宁的生活。实际上，这种宁静的生活只有在地铁隆隆开过时，在孩童们嬉戏玩耍时，才会被打破。距离公寓楼几米开外的地方，人们就可以在林中散步。儿童游乐场已经建好，还有一处中央洗衣设施和一家幼儿园。附近不远处就有教堂，多半是新教教堂。很多德国人，甚至柏林人依旧定期前往教堂做礼拜。现代化的设施很重要：每套公寓都有供应冷热水的卫生间、中央空调，以及为炉灶和烤箱提供火源的煤气管道——这与城市中心区相比是巨大的进步。很多核心区居民依然在使用走廊里的公共厕所，要去街道上用水泵抽水，

图 2.6　汤姆叔叔住宅项目，由布鲁诺·陶特设计，1926 年开工，1932 年建成。注意其平滑的外立面和凹窗——现代主义风格的鲜明特征——以及整体结构上的微微曲度。拍摄者为作者本人。

拉回煤炭或木材才能点燃炉火。阳光能够照进所有的公寓房间，与旧式的廉租简易房（*Mietskaserne*，即供出租的营房）相比，又是一个很大的区别。白天，我们在公园里看到带着孩子的年轻母亲们，她们有的是去洗衣房，有的去附近的市场，有时会停下来聊聊天。和别的新开发项目一样，汤姆叔叔住宅区便于人们在一起闲聊，在居民——尤其是女性——之间创造了一个交流场所，而男人们下班之后也许更愿意去附近找一家酒吧坐坐：社区内禁止销售酒精饮品。[32] 夏天到来时，柏林附近的那些湖泊提供了大量游泳和划船的机会。汤姆叔叔住宅区真是一个世外桃源，住在这里的居民们为了保护这样的环境可以不顾一切，在所不惜。我们的职员还可能看见长长的独户联排别墅群，也是这个开发项目的一部分，建筑风格并不是很现代。他想象着几年之后，自己也会身处这样的环境中。

德国的现代建筑师并不满足于汤姆叔叔住宅区这类项目的外部设计，他们也是室内设计师，希望居民能够享受到展现在眼前的这些功能。这就意味着要向粗劣的艺术品和杂乱无章的环境宣战,向廉价的油布、褶边装饰和雕刻家具宣战。我们的职员和他的妻子还没有完全达到建筑师的标准。他们保留了廉租房中用过的装饰和家具,建筑师和规划者创造出的现代主义风格因此打了折扣。不管怎样,他们没有这么多钱,能将新公寓完全布置一新。

◇　◇　◇

在汤姆叔叔住宅区,我们身处柏林西区,但严格来说不是格鲁内瓦尔德(Grunewald)、达勒姆(Dahlem)和采伦多夫(Zehlendorf)这些柏林"高档"居住区的一部分。20世纪20年代,这些地方不再"时尚"了,只是很尊贵,因财富、地位和权力而受到尊重。[33] 银行家、实业家、政府高官、高收入专业人士以及艺术家都住在此地。根据托马斯·曼的描写,对这些人来说,"生活安排得如此奢华,如此丰富,如此过度,几乎没有给生活本身留下什么空间"[34]。托马斯·曼的中篇小说《韦尔松恩之血》(*Wälsungenblut*)中,主要人物西格蒙德(Siegmund)看完歌剧后,在他的豪宅中——他和父母、双胞胎妹妹以及众多仆人住在里面——享用着仆人们精心摆放的鱼子酱三明治和一杯红酒。接着,他抱怨道:"鱼子酱和红酒是一种野蛮的组合。"[35]

但是,时尚的西区还住着其他居民。弗朗茨·黑塞尔描述了他与一位上层社会的老妇人度过的一个晚上。她是负责历史的秘书和档案保管员,手上保留了一个逝去时代的重要工艺品。她向黑塞尔展示了一个很大的英国布娃娃,穿着精美的平细布衣服;一本绵延了几代人的家族相册,里面有用精美书法写成的题词和诗歌;几幅风景画,画中的猎人身穿黄夹克、脚蹬长筒靴。画中的花束与瓷盘和花瓶上的蚀刻版画——上面刻着"皇家柏林"几个字——十分相配。老妇人同意他拿起一束1765年用绿色丝线纺成的笑靥花(bridal wreath),还让他抓起一个玛瑙做的烟盒。墙上挂着精美的家族人物肖像,"女人的卷发稍微抹了点粉,头上披着精致的彩色纱巾;男人们都戴着假发,穿着深蓝色燕尾服"。她回忆起带顶的(à la duchesse)和橱式的(à tombeau)四帷柱大床、夜晚在床上戴的睡帽和手套、"高级利瑟(en hautelisse)墙纸——上面的人物图案都仿自法国的设计"。她把自己的私人物品、银版相片(daguerrotypes)、漆雕小塑像、钢笔画都拿了出来,排成了长长的一列。这时,黑塞尔突然留意到:"对于柏林的丰富多彩,我是多么厌倦啊。"一切都有些过度——过度的装饰,过度的喧嚣,过于丰富的历史,过多的域外影响。于是,他走了,渴望现代城市的风景和声响。[36]

柏林西区对新的人才和新的富人是开放的,即使这些人往往会被嘲讽为野蛮人。作家卡尔·楚克迈尔(Carl Zuckmayer)把居住在西区的暴发户描述为成功自信的人,他们相信自己摆脱了所有法律和命运的牵绊,相信自己是独立的"大人物",可以随心所欲。但这些暴发户表现出来的都是这个群体"冷漠无情、不讲原则、随波逐流的特点"。老派的资产阶级人士依然固守自己的传统价值观,也许还和曾经生活过的德国其他地方保持着联系和往来。他们和这些肤浅无根的暴发户的区别,犹如油画真迹与脏兮兮的油彩复制品的差别。在"他们的服饰和举止中有一种过时的尊严,同时他们也有年轻、清新和鲜活的一面"[37]。

尽管弗朗茨·黑塞尔热爱这座现代城市,可对这些暴发户,也是退避三舍的。他饶有兴味地回忆起自己在"老西区"的成长过程,想起了家里摸上去的感觉:"很多回忆都与颜色古板、质地结实的楼梯交织在一起(楼梯的栏杆是木制的),还有光光的墙壁、窗户玻璃上蚀刻的灰色人像;只要跨上几层很陡的台阶,走到一楼正厅前,还能看到光滑的大理石外墙,以及玻璃上浮华艳丽的绘画。"即使被现代的表面所遮蔽,但找到这个旧的世界,并不困难:

这些充作街垒的橱柜后面,有扇玻璃推拉门,这门曾用来隔开客厅和这间代表柏林的房间。我们看到钢琴的影子投到那倾斜的沙发椅上，钢琴的后部盖着天鹅绒罩子，上面放着家庭相片。窗户附近一个不起眼的花瓶里，我们发现了热带世界的东西——棕榈。站在窗户边的踏凳上，从柏林屋向外朝着庭院望去，只见青灰色的草从石缝间一个劲儿向上直蹿。只是老将军一楼的马厩和马车房不见了，现在是一家汽车修理铺。[38]

即便在那些不起眼的地方，也能看到一些精致的蛛丝马迹——檐壁上雕刻的葡萄、两个裸体男子像之间的女性面具雕塑、仿照神庙大门的室内门框。这些是伟大建筑师申克尔的关门弟子的最后作品，属于普鲁士人对于希腊风格的模仿，以彰显 19 世纪的柏林与古典时代的雅典一脉相承。[39]

还有另外一种怀旧，场景不如黑塞尔的西区那么雅致，也比不上与他共度一晚的那个老贵妇，但同样叫人十分感伤。伊舍伍德的一位女房东念念不忘曾经有过的惬意生活。很久以前，那时还没有战争和通货膨胀，她至少有钱雇个女佣，夏天能去波罗的海度假。可现在，在 20 世纪 20 年代末和 30 年代初的柏林，她生活窘迫，到了靠房租度日的地步，将房子租给那些还不如她的人。

> 你瞧，艾西福（Issyvoo）先生［她把他的英文姓念得面目全非］，以前我还能对房客挑三拣四……我只要那些出身好、有文化的人——真正的正人君子（就像你一样，艾西福先生）。我这儿住过一个男爵（Freiherr）、一个骑兵上尉（Rittermeister）和一个教授。他们经常会给我些礼物——一瓶干邑白兰地、一盒巧克力、一些花儿之类的。如果他们外出度假，总会给我寄来明信片——或许从伦敦，要么就是巴黎、巴登-巴登（Baden-Baden）这些地方。我以前总是能收到如此精美的明信片。[40]

可如今呢，她的租客里有一个妓女、一个二流的卡巴莱歌手、一家破败酒馆的男酒保，还有一个穷困潦倒却怀着文学抱负的英国人。她连自己的房间都租给了别人，只得睡在客厅屏风后面的破烂长沙发上。所有的家务活，都得她自己干。整个夜里，租客们都会经过客厅，去走廊那头用卫生间，吵得她睡不好觉。屋子外面，每当夜晚时分，妓女们就成群结队地出来了，一切看上去都那么破败，那么陈旧。

从我的窗户看出去［伊舍伍德写道］，是一条深远、肃穆的大街。地下商铺里整天点着灯，被楼房的阴影遮去了光线。楼房上有阳台，有种头重脚轻的感觉。房子临街一面有些脏乱，灰泥墙面上有些云形花样和纹章图案的浮雕。整个片区都是如此：整条街连着整条街的房屋，如同破旧的巨大保险柜，里面塞满了褪了光泽的珍宝，以及破落中产阶级的二手家具。[41]

和伊舍伍德的房东施罗德大人（Frau Schroeder）一样，很多柏林人过着这种褪了色的雅致生活，活在对逝去时代越来越明亮的记忆中。

◇ ◇ ◇

住在城市西区的都是富人，但随着19世纪晚期开始的大众交通建设，西区的树林和湖泊已经向所有柏林市民开放了，尤其是面向20世纪20年代的新中产阶级——至少在20年代后半期，他们每周有一个周日的休息时间，也有些钱用来享受阳光和湖水。周日和家人或朋友一起，在开阔的森林里和湖泊旁共度休息日，可以远离城市的喧嚣，把商店、办公室和工厂抛在脑后。

周六，我们早早地来到面包店和肉铺，买些面包、芝士和香肠带着，还有几瓶啤酒。我们把这些装进一个帆布背包，搭上了开往克鲁默兰克湖（Krumme Lanke）站的地铁——这一站是这条线路的终点站，汤姆叔叔的小屋站的下一站。我们的目的地是两个小湖——克鲁默兰克湖和施拉赫滕湖（Schlachtensee），之后还要去万湖，这是柏林的骄傲。从地铁站到林地，走路要10分钟。街道两旁都种着树木，高墙内的花园显得郁郁葱葱。甚至还能看到果树，当然更多的是那些繁盛绚烂的各色鲜花，装点着德国的千家万户。我们见到了19世纪砖砌的大房子，有三层楼高，令人印象深刻的是窗户和阳台，都被砖墙和碧绿的浓荫半遮半掩着。但是，西区一些富户——闲暇时或许也是艺术赞助人——希望房子的外观也是现代的。于是，无论声誉卓著还是小有名气的建筑师，在20世纪20年代都很忙碌，今天我们可以看到一些现代主义风格的杰出范例——笔直流畅的线条，没有什么装饰，窗户都很大。对那些反对者来说，四四方方的现代主义建筑是不大适合尊贵生活的。而对别人而言，这是革故鼎新之作，是现代性的象征。在伊舍伍德看来，上层社会的矫饰造作就反映在不同风格的激烈冲突中。在格鲁内瓦尔德教英文课的他，这样描述了一个学生的家：

> 在伯恩斯坦（Bernstein）家的房子里，大厅门上装饰着金属钉，蒸汽钟用螺栓头固定在墙上。还有现代主义风格的灯具，分别设计成压力表、温度计和交换台拨号盘的形状。但是，家具与房子及其配饰并不相配。这里像是发电厂，为了住得舒服些，工程师们从旧式的高档公寓中搬来了桌椅。在朴素的金属墙上，挂着19世纪的风景画，画面有层清漆，外面套着巨大的金画框。伯恩斯坦先生也许是一时兴起，轻率地从一位当红的先锋派建筑师那里定制了这幢别墅，结果却令他感到震惊，于是就用家里的物品尽可能做些遮掩。[42]

可是，我们没有看到这些房子的内部是什么样，只是在林间散了会儿步，又绕着施拉赫滕湖转圈儿。在这样的环境里，夏季的炎热也不再难熬了，我们清楚万湖的湖水很快就能让我们凉快下来。从湖边小道上，能望见那些富豪家的别墅，他们可以俯瞰下面的树林和湖水。我们一路碰到形形色色的人，有步行的，也有坐在长凳上的——恋人们偎依在一起；孩子们跑来跑去，用力打出的石子，蹦跳着划过湖面；年纪大些的夫妇们安静地坐着，将眼前的一切尽收眼底——其他人带着大大小小的狗儿，狗都解了皮带，畅快地四处撒欢儿。所有人都打量着旁人，有时偷偷瞥一眼，有时索性就直接盯着瞧。他们想从这些行人的步态和面容背后，探出真实的生命状态。有些人租了船，在湖面上划过，还有几个在岸边垂钓。这时，我们决定简单吃点东西，就拿出了一个芝士面包（*Käsebrötchen*）。这是一种脆皮圆面包，是柏林人的日常主食之一，涂了黄油，中间夹着芝士和黄瓜。除了芝士面包，还有一个火腿面包（*Schinkenbrötchen*），夹上薄薄一片熏制火腿肉，或者某种类似意大利腊肠的不知名肉品——由多种食材混合而成，价格便宜，柏林人大量食用这种肉品。最后是一片苹果派（*Apfelkuchen*），这顿便餐就算吃完了——柏林人是不会称之为一顿饭的。

我们围着施拉赫滕湖散步，想要去万湖的话，就得暂别大自然——尽管人们对自然精心打理，百般呵护——顺着街道走一段路，还要经过民宅。不多久，这片大湖就展现在我们面前了。湖周围全是人——很多人在野餐，或者躺着晒太阳，孩子们玩耍嬉戏，所有的人都喜爱在湖中游泳——这与柏林西区很多湖泊岸边的情形是一样的（图2.7）。不同阶级的柏林人在工作、服饰和言谈等方面都有细微差别，但至少从远处看，并不明显。我们倚着带有遮阳棚的座位坐了下来，又把四肢向外伸了出去，在这个季节的最后几缕阳光中小睡片刻。过了一会儿，我们来到了租船的地方，雇了条划桨的小船，并不太贵。于是，我们就泛舟湖上，穿行于那些帆船之间，或者绕着走。湖上肯定有数百艘小船，人们远离了市中心的拥挤喧嚣，顿时神清气爽。风打西边吹来，很好——来自北海和勃兰登堡（Brandenburg）乡村的纯净空气从我们身边吹过，此时，空气还没被城中的工厂废气、煤灰和汽车尾气污染。在湖水的中央，我们搁了桨，任由小船漂着，又享用了一些吃喝，全

图 2.7 一眼望去,便是周末柏林西区的万湖湖景。人们游泳、驾船、享受阳光浴,暂别了快节奏的都市生活。Bundesarchiv, B 145 Bild-P014701 / Frankl, A. / CC-BY-SA 3.0 / Wikimedia Commons.

都放松了下来。我们也可以继续把船划出去,进入与万湖连着的哈弗尔河(Havel),在河上巡游一番,也可以进入那些连着万湖的小湖泊。但这是周日,我们不想太累了,于是就这么漂着,随波逐流。

不知不觉,就到了夜晚时分。太阳落得晚,还有几个钟头,天都会亮着。于是,我们弃舟登岸,来到了一家露天啤酒馆。香肠、肉卷、啤酒,这些都是在湖边迎接夜幕降临的上好美味。一番享用之后,我们就离开去了地铁。周一是工作日,我们纷纷回到城市,一想到周一就得操作钻床、兜售货品、伏案办公,浑身都无精打采的,梦想着下个周末的美好时光。

◇ ◇ ◇

柏林也是属于工人阶级的城市。对于一些——也许只有几个——周日来万湖游玩的人而言，归程意味着回到城市的中心，回到威丁区（Wedding），一个属于柏林无产阶级的中心。附近发电厂和机械制造厂的工人就住在这里，此外还有些临时工、卡车司机、女裁缝、洗衣女工——柏林劳工阶层中的各色人等，这里一应俱全。这里也是滋生丑恶的地方，盗贼扒手、帮会头目、风尘女子等都出没于此。尽管威丁住着的大多是穷人和劳工，但和柏林多数区域一样，这里多少也杂居了各色人等。甚至第一次世界大战之前，这里就被人称作"红色威丁"（Red Wedding），因为社会民主党人在这里的势力很大。而在魏玛时代，共产党人完全控制了这个地区。至经济大萧条时期，纳粹和共产党围绕酒吧、庭院和街角的控制权展开了争夺。在威丁的任何地方，我们都能看到政治的痕迹。售货亭上既刷了锤子镰刀图案，也有卐字符。竞选海报上的阿道夫·希特勒或共产党人都踏着德国上层阶级的废墟大步向前。纳粹党冲锋队（Storm troopers）和红色阵线战士（Red Front Fighters）彼此都警惕地盯着对方。共产党员边走边唱着汉斯·艾斯勒（Hans Eisler）1929年创作的《红色威丁》，这首歌号召工人阶级起来与资本主义斗争。

> 红色威丁问候你们，同志们。
> 举起你们的拳头！
> 团结起来，红色阵营，
> 白天即将来临！
> 我们是社会主义斗士，
> 最后成为一个联合阵线！
> 工人兄弟们，共产党人们，
> 红色阵线！红色阵线！……

向左，向左，向左，向左！

坚持斗争，

向左，向左，向左，向左！

谁屈服，谁就是无耻之徒！

我们把真理传遍千家万户，

把谎言从烟囱赶出去，

就像卡尔·马克思和列宁教导我们的那样。

即使敌人杀害了我们的精英，

威丁还会回来，柏林依旧是红色的，

如此，德国才是德国人的德国。[43]

但是，威丁并不像共产党人预想的那样，完全受政治左右。贫穷使人群起而抗争，也会令人意志消沉。在威丁，我们路过了声名狼藉的廉租简易房片区，这是由六层建筑组成的大型住宅区，始建于19世纪80年代，旨在为柏林迅速壮大的工人阶级提供住房。这些公寓楼围绕着似乎望不到边的内部庭院修建而成，宛如迷宫一般。我们来到了第一个庭院，男人们倚在墙上，孩子们玩着游戏，接着我们进了一楼。我们走上了几层楼梯，注意到了走廊中的厕所。还好，公寓里至少还有自来水。从楼梯上下来一个搬煤工，我们只好给他让路。他背上架着一摞煤块，是居民们用来生火做饭的，冬天时则用作取暖。柏林冬天的蓝色灰霾不单是工厂的污染造成的，也是千家万户烧煤的结果。我们进了一个两居室的公寓。这家人是幸运的，他们是这栋楼的外圈，可以享受从窗户射进来的阳光。厨房和起居室连成一体，起居室还要用作孩子们（我们数了数，一共四个）的卧室，一张帘子遮住了父母的卧室。房子的女主人尽力想把屋子收拾得井井有条、干干净净，但几乎做不到，因为家里的地板是木头的，炉子是烧煤的，锅碗瓢盆都放在敞开的架子上，每天都有做不完的家务活，既要烧饭做菜，还要伺候丈夫和四个孩子。桌子上铺着一层油布，摆着一个不值钱的花瓶，里面插着几枝花。墙上挂着一幅捕猎场景的油画,但看不到以前德皇或俾斯麦的画像。这是一个共产党人的家,我们看到了几份《红旗报》(*Rote Fahne*)——一份共产党办的报纸——在屋里几处放着。两张带软垫、用布盖着的椅子是这家人珍贵的物品。男主人带我们去见他住在内圈的一个朋友。还是两个房间,但屋内似乎更糟,热得人喘不过气来,除了几把木椅和一张桌子,就没有什么像样的家具了。这个公寓房从来就没有阳光能照进来,难怪这些男人们每晚都到楼下的酒吧去,那里可以躲避夏天的炎热和冬季的寒冷,要舒服一些。女人们带着洗衣盆来到水泵旁,围着经过这里叫卖的小贩,或者去市场里买东西,她们在这些地方会碰在一起。

　　伊舍伍德还捕捉到了哈雷门的生活画面,那里是另一个劳工阶层聚居区,很像威丁,离波茨坦广场走路也不算太远。他走进了水闸街(Wassertorstraße)——"一条幽深破败的鹅卵石街道,地上横七竖八地躺着些流着泪的孩子"——又摸着爬了五层楼梯,来到诺瓦克(Nowak)家居住的公寓。屋里"弥漫着廉价黄油炸土豆的气味,直令人感到窒息"。[44]起居室里除了桌椅,还放着两张床;全家人的日常起居都在这里,尤其这里和厨房之间是没有隔断的。到处都塞满了东西,屋顶上有水漏下来,楼下的院子阴暗潮湿、垃圾遍地,不是什么让人舒服的地方。诺瓦克夫人使出了浑身解数,想把这拥挤的屋子收拾得清爽整洁,可两个孩子——一个是十来岁的男孩,一个是十二岁的女孩——要么撒欢似的跑着,朝对方吼叫,要么就坐着无所事事,看着母亲一会儿弄炉灶,一会儿拾柴火,一会儿又拖地板,忙得不可开交。家里两个有工作的大人——一个是丈夫,一个是大儿子——挣钱都不多,没法改善家人的生活。劳工家庭的诺瓦克夫人生活在水深火热之中,已是疾病缠身——她患有肺病,感到呼吸困难,经常就是一阵剧烈的咳嗽。

　　伊舍伍德自己也是个穷光蛋,搬来这家成了房客后,屋里就更乱了。要走到起居室里自己的床边,他就得爬上爬下,翻过各种家具才行。搬进来的第一顿晚餐包括肺片、几撮土豆和劣质咖啡。夜里起来去洗手间，他先得小心翼翼地绕开起居室所有的家具，穿过厨房，还不能碰到一家人睡觉的床铺。他能够听到这个贫民世界内部的一切——早起去上班的有轨电车司机、哭闹的婴儿，或者关上的门窗。政治与居住环境是吻合的：诺瓦克夫人主张施行君主制，大儿子是个纳粹，那个十来岁大、不争气的小儿子勉强算是共产主义者吧。外面的街道上，卍字符与锤子镰刀针锋相对、彼此争斗。

日子长了，二者也变得不那么泾渭分明了。

> 我们顶上的小阁楼很闷，还漏水，一股做饭的油烟味，还有下水道冒出来的臭气。只要起居室生起火炉，我们几乎就喘不过气来。不生炉子，人就会冻僵，天气已经很冷了。只要不做家务，诺瓦克夫人就会出门，从诊所走到卫生局，然后再回去。连着几个钟头，她一直在长凳上等着，忍受着过道里的冷风，心里纳闷为什么申请手续如此复杂。[45]

居住在威丁和哈雷门这两个地方的，主要是缺乏技能的劳工阶层，他们收入微薄，有时还要四处奔波。西边和北边就是西门子城（Siemensstadt），第一次世界大战爆发前不久才建成。西门子是柏林乃至德国规模庞大的电气公司，巨大的工厂区就坐落于此。公司仅柏林一地的很多工厂就大量生产大大小小的电器产品，从灯泡等家用电器，到发电厂用的巨型发电机，一应俱全、应有尽有。1925 年，西门子在柏林的工厂就雇用了 66 000 多名员工，占公司雇员总数的一半以上。[46]作为当时的一家高科技企业，西门子非常倚重工程师、技术员和多数技术工人的知识与技能水平。到了 20 世纪 20 年代中期，这家公司成了合理化管理（rationalization）理念——把科学方法应用于生产过程——的倡导者和引领者，同时意味着对车间工人进行更严密的监督，根据每个工人的劳动效率制订更为精细的薪酬方案。

西门子也是企业家长式管理（paternalism）的先行者。19世纪初以来，公司就向工人提供健康保险和退休金。公司意识到，要想工人忠于企业，并提高劳动效率，就必须满足他们的需要；还必须塑造他们的思维方式，这不只限于他们每天在工厂的八个、九个或十二个小时。公司还要塑造他们的家庭生活，让他们吃饱肚子，通过公司组织的体育联盟和娱乐设施给他们提供消遣，还要为很少一部分高级员工提供专为现代核心家庭设计的低成本住房。对此，西门子公司负责住房建设政策的经理弗里茨·里希特（Fritz Richter）说道，"出于生产效率的考虑，工作与家庭之间的密切关系"最终"……被认为是合理的"。[47]

因此，我们进入西门子城之后，就会注意到在很多工厂、仓库和办公楼旁边，公司刚建成的公寓和住房，设计都很精致，看上去都十分干净。这些房子多数是三层楼，但也有单门独户的住房。所有居民都可以有块园地，这样他们除了花钱去市场购买之外，还能享用自家种的蔬菜和水果。我们还看到了足球场和运动场。我们走进了一间公寓，就发现其中鲜明的现代风格，与汤姆叔叔住宅区的那些公寓颇为相似。这些公寓面积不大，但功能齐全，有两个卧室——很适合父母带两个孩子居住，可人再多就不行了——一个与起居空间隔开的厨房。阳光可以照进屋子，相较于威丁的廉租楼，这是巨大的进步。所有的公寓都有独立卫生间和中央空调，这与克里斯托弗·伊舍伍德寄居在诺瓦克夫人家的情形，有着天壤之别。这些公寓套房多数甚至带有阳台，以及更多的插座——插座如此之多，任何人都见所未见——毕竟，这是西门子公司。这种设计也便于在功能上对家庭生活做出区分：休息、调养和工作，这也是现代性的另一个方面。但是，只有很少一部分公司员工能够享受这些福利——1932年，大约只有1790人，只占西门子城整个劳动人口的5%。但这些人至少对公司来说是至关重要的，都是技术娴熟的工人、技术人员和业务经理，他们维持着工厂的运转。[48]

对魏玛的现代派艺术家来说，在这些工厂内能够发现美的存在。黑塞尔离开了柏林的街道，进入通用电力公司（AEG）的涡轮机工厂，这是西门子的主要竞争对手。这家工厂由建筑师彼得·贝伦斯（Peter Behrens）设计，建成于1910年，是柏林早期的现代主义建筑之一。黑塞尔将其描述为一所"机器的神庙……［一座］精密的教堂"。他爬上了大楼的顶层，向下俯瞰，觉得自己的视线极好，仿佛站在一座大教堂的顶端。他被眼前的景象惊呆了——"几截钢材和套管，有待加工的齿轮缸和滑轮，完成一半工序的加油泵和发电机，完成切割钻孔后有待安装的零件，正在工作台上接受检修的大小机器，在离心机混凝土容器中旋转的涡轮发电机零部件"[49]。他看着这些钢材部件被冲压、钻孔并在车床上加工成型，但具体用作什么，他并不清楚。整个车间就是"一条流水线"：这些零部件都在不停地移动，从一个工作台到另一个工作台，从一个操作区到另一个操作区，接着就被测量、检验和包装。但凡机器能做到的一律由机器代劳，这样就可以省去不必要的人力。工人们变成了机器的开动者和维护者。对黑塞尔来说，这家工厂如同一部交响乐，或是一幅拼贴画，散在各处的各种部件最后都会组合成为更大的整体。但这曲交响乐、这幅拼贴画是运动不息的，是一台永不停息的机器，不太需要人工的干预。所有的一切都有条不紊、合乎理性，即便工间休息时提供的饮料也是如此。[50] 这一切让黑塞尔看得如痴如醉，通用电力公司的工人们是否也有同感，当然是另一码事。

◇ ◇ ◇

对很多德国人来说，我们的徒步之旅算不上什么愉快的事儿。他们习惯了小城市的缓慢节奏、村庄的静谧安宁、乡野夜间的一片黑暗，觉得柏林是那么不真实，靠剥削才能生存。日日夜夜，这么多人浪迹于这座城市，那么到底是谁在工作呢？为什么日出日落的自然节奏被街灯的流光溢彩所挑战？人们袒胸露背、搔首弄姿，展示自己的身体，还有什么能比这更糟糕呢？

保守的施瓦本（Swabian）作家路德维希·芬克（Ludwig Finckh）

曾大声疾呼："柏林不是德国。"居住在首都的都是"空想家、梦想家和冒险家……[这些人]都活在幻觉之中"。他们号召所有民族都能亲如兄弟，但德国的那些敌人对此不过是付之一笑。社会民主党人"对任何人的意见都唯唯诺诺"，所以，说他们优柔寡断那是轻的，不客气地说，他们就是些叛徒；那些军方人士不敢诉诸武力，也就没有存在的理由了。芬克甚至呼吁德国另立首都，一个弘扬"德国精神"、反对"柏林习气"的首都。[51] 同样，威廉·斯塔佩尔（Wilhelm Stapel）这个保守的记者也抱怨说："共和国是藏污纳垢之所，毁掉了所有高贵健康的生活。"尤其严重的是，小镇居民都跟风效仿，要把"整个德国都变成蛇鼠巢穴……变成具体而微的小柏林"。斯塔佩尔没有遮遮掩掩，直接说出了保守派最大的恐惧——鸠占鹊巢："太多的斯拉夫人，太多居无定所的东欧犹太人混入了柏林人当中。这种混合是令人不安的；仅就人数而论，就可以决定这座城市的品性。"[52] 敌人已经夺占了这座城市：

> 言语粗鲁；粗鄙不雅的做派，准确地说，就是自吹自擂；傲慢无礼，自以为是；肆无忌惮的冷嘲热讽，没完没了；装腔作势地模仿别人，附庸风雅；说话喋喋不休，刺耳嘈杂；这些外来移民，刚刚才学得人模人样，就挥霍无度，这是一种巴尔干化的巴黎风气……
>
> 乡村是否会选择容忍柏林思想中的傲慢和粗俗，如今是关乎德国文化的决定性问题……
>
> 德意志民族的精神奋起反抗柏林的风气。如今，这种要求可以总结为：乡村对柏林的反叛。[53]

约瑟夫·戈培尔（Joseph Goebbels）于1928年掌握了柏林纳粹党的领导权。对于这座灯火通明的城市，他十分恼火；黑夜与白天的界限模糊难辨，这是柏林堕落的象征。城市的喧嚣、灯火、娼妓、同性恋招致的性别混乱、拒绝生育的现代女性、呕哑嘲哳的各种语言——都标示出一个礼崩乐坏、腐朽堕落的世界，人们只会追逐感官之乐。性爱和毒品就定义了他们的生活。堕落的柏林寄生于柏林劳工身上，剥削那些辛勤劳作、令人尊敬的市民，而他们劳动的果实却被那些浪荡子、那些圆滑世故之徒、那些犹太人——这些人终日四处游荡，泡在咖啡馆里消磨时间，似乎在看着什么，感受着什么，但从不实实在在干点正事儿——挥霍一空。山雨欲来风满楼，

> 另一个柏林正枕戈待旦，伺机猛扑。数以千计的人们紧锣密鼓、夜以继日，就是为了有朝一日能迎来光明。这一天到来之日，腐朽的堡垒将土崩瓦解……这一天将改变这些剥削者，把他们交给站起来的人民。
>
> 审判之日！也是自由之日！[54]

一个是上弗兰肯（Upper Franconia）或哈茨山脉（Harz Mountains）的村民，一个是巴登（Baden）的小镇居民，他们初来乍到，都会对柏林怀有强烈的恐惧和厌恶。这反映在柏林人对这些"乡巴佬"的鄙夷和不屑；面对这些对城市中的所见所闻感到不适的人，这是世故圆滑的都市人比较典型的态度。对于城市人的挖苦和蔑视，作家埃里克·克斯特纳（Erich Kästner）的刻画很是精彩。来到柏林的人觉得柏林过于吵闹、过于直接、过于疯狂，他们站在波茨坦广场上，一时手足无措：

> 他们惶恐不安，连膝盖都不能伸直了，
> 做什么事，都不得要领。
> 他们连笑都很痛苦，只好等着，一脸茫然，
> 徘徊于波茨坦广场，
> 终于，他们被人群所淹没。[55]

在著名讽刺作家库尔特·图霍夫斯基的描述中，统治柏林之外德国的

都是"外省的市侩",还有其他各种反动分子。这是一个"神秘天主教"和迷信邪说的世界,一个由蒙昧农民、贵族和懦弱官员组成的世界。如何解决呢?柏林的光芒必须照亮外省的黑暗。[56]

◇ ◇ ◇

嗯,柏林何以现代呢?1926年,作家马特奥·昆茨(Matheo Quinz)对著名的罗曼咖啡馆(Romanische Café)做了一番描写。[57] 富有的制作人坐在桌旁,而苦苦挣扎的演员和艺术家则伺机寻找借款。共产党人进行着他们的"犹太法典"(Talmudic)式辩论,右翼记者们围着附近他们自己的桌子坐着。画家们有相互画漫画的癖好——不用说,这不是什么难事儿,而创作伟大的艺术就太过困难了。人们都可以听到彼此间的谈话,毕加索、巧克力、法西斯这些词从人们口中蹦出来,迎面撞在一起。医生——包括精神病医生——也聚在一起。他们会不会讨论病例?还是正在不同的环境中观察自己的病人?清晨的几个钟头是另一个柏林的天下——这时,赌徒从经常光顾的地方出来了,情人们步出按小时收费的旅馆房间现身了。这也是一个快节奏的柏林,略带着一丝悲伤和疲惫。

在柏林文化生活中,罗曼咖啡馆是各色人等共同的聚会场所,不同人群在咖啡馆里都有自己的圈子,有固定的桌子,这是魏玛政治和社会的典型象征——生机勃勃、作风民主、立场鲜明、派别林立、争吵不休,他们只在自己的交际圈中发表见解。对于分歧,所有人都观察到了,但不会开诚布公地讨论。

外国的观察家们也爱上了这座城市,他们被柏林的快节奏和文化活力所吸引。英国外交官兼作家哈罗德·尼科尔森(Harold Nicolson)思考着是什么给了柏林"魅力",又对这个躁动不安的城市做了一番描述——到了夜里,即使是动物园的动物们也四处走动,火车在轨道上疾驰,交通灯有节奏地闪动着。"因为夜晚的空气——甚至能让威廉皇帝纪念教堂（Gedächtniskirche）的尖顶兴奋起来，熠熠生辉——有一种令人怦然心动的期待感。所有人都知道，每到夜晚时分，柏林就会醒来，去体验新的惊险感受。"当巴黎人和伦敦人在床上熟睡之际，柏林人正在寻找新的刺激。[58]

柏林的现代正在于此，也不止于此，在于这座城市的景象、声音和气味，在于波茨坦广场上行色匆匆、异常活跃和光华灿烂的都市风情，在于谷仓区和威丁区那些拥挤、黑暗、永远潮湿的居住区。柏林的现代在于罗曼咖啡馆——艺术家、知识分子以及他们的经纪人和经销商咸集于此；在于西门子和通用电力公司理性节约、整齐划一的步调；在于积极活跃、立场鲜明的女性（她们走上街头，骄傲地公开宣扬自己的立场）；在于共产党和纳粹党之间的政治纷争；在于蒂茨百货公司优雅的环境、那些在威丁区叫卖的商贩、那些向所有人开放的森林和湖泊；在于这些新的公寓楼建筑群，每套住宅都是为一个核心家庭精心设计的（希望这些家庭会拒绝低劣的工艺品，能够保持室内整洁）。这种现代性还在于哥伦布大楼的外观、影院的观影体验、周末在万湖的闲憩、谷仓区东欧犹太人的景象、格鲁内瓦尔德区衣冠楚楚的商人和专家、保持权贵形象的俄国流亡贵族、在讽刺剧和卡巴莱歌舞表演中展示的女人身体。

柏林的现代是多元与刺激的万花筒。其他20世纪20年代的城市——如纽约、伦敦——有着柏林的喧嚣与活力。有些城市——如巴黎——也拥有柏林的一切，甚至更美、更迷人。但是，魏玛柏林有着某种特别强烈的东西。这是一个战败国的首都，是持续酝酿、岌岌可危的政治冲突的中心。这也是一座新城市，直到19世纪最后25年，柏林还是一片沼泽地，其中沉睡着皇家的宫殿，还是普鲁士政府的所在地。1871年，德国统一之后，柏林在所有可能的方面迅速发展。工厂如雨后春笋般拔地而起，人口直线上涨；柏林不仅成为普鲁士州的首府，而且——无论是福是祸——成为一个欧洲强国的首都。20世纪20年代，柏林最终成为伟大的文化中心，能够轻易与巴黎、伦敦和纽约一较高下。不知何故,这座城市融合了所有这些不同甚至矛盾的东西。一方面是由战争和革命而生的希望与绝望、不断的政治纷争、工业化鼎盛时代的高速增长;而与之交融的另一方面是旧的财富和权力依然存在,人和建筑在大城市环境中显得拥挤不堪;同时,柏林很多湖泊和森林周围,又提供了田园般的宁静港湾——所有这一切都在20世纪20年代赋予柏林特殊的能量和创造力,所有国外和国内的观察家都注意到了这一点。

魏玛就是柏林,柏林就是魏玛。这座都城就是一个象征和先导。对于德国其他地方来说,柏林遥遥领先,难以望其项背,就如同一块磁石,吸引着全国各地——甚至域外的——怀有抱负的才俊之士,同时也造成了人们的害怕和厌恶情绪。但是,这恰恰以一种绝对根本的方式反映了魏玛德国的特征:没有一个群体、没有任何个人能够将柏林据为己有。没人能够主宰柏林,没有任何思想具有独尊的地位。这些也都是柏林的现代之处。

第 3 章

政治世界

1925年，伟大的魏玛记者、散文家和小说家约瑟夫·罗特在报纸上写了一篇专栏文章——《德皇的生日》("The Kaiser's Birthday")。罗特为这个时代的伟大成就——废黜德皇——感到欢欣鼓舞。

> 只要共和国使我们有可能忘记德皇的生日，那么这本来就算是创造了伟大的业绩。
>
> "没有任何东西发生了变化。""一切都一如既往。"但有一样东西发生了变化：那个老家伙［德皇］不见了踪影。
>
> 单单这件事就给我吃了颗定心丸，也就是说，历史是正确的。这事就是：有一天，我们抬头仰望王座，可能发现上面空空如也，才知道再也没有哪个陛下能打断我和上帝的直接联系。

罗特当然清楚，德国人在政治上分歧很深，很多人渴望霍亨索伦王室有朝一日能够复辟帝制。然而，他们只能将生日祝福送往荷兰——威廉皇帝的流放地——而非柏林，这让人心中大快。在罗特看来，德皇的生日成了唯一的、真正的共和国节日，恰恰因为人们意识到德皇已是历史陈迹了。而且，由他的离去，人们认识到，权力看似坚不可摧，而此中的荣华富贵只是过眼云烟罢了。

> 这一代人见证了帝王紫袍如何沦为逃亡路上的寻常布衣……我们亲见了自己眼中的大理石不过是不堪一击的白石膏。以前云遮雾绕、神秘莫测之物，如今却大白于天下，如此人间奇迹，我

们也经历了……昔日的德皇,如今一去不复返了……锁链已被打破,台柱已然倒塌,寰宇为之一清。

这就是1918年——也就是当下——的历史功绩。[1]

德皇没有了。于是,一个广阔的舞台上,众多的可能展现在德国人面前,他们走上街头,走向投票站,好一阵手忙脚乱。魏玛的政治舞台喧哗吵闹、明争暗斗,且波谲云诡——但显然也是民主的。几乎所有的政党都能争取到足够的选票,为他们在国民议会中赢得代表权。莫说那些支持者,就是魏玛共和国的死敌们,也可以发行自己的报纸,召集支持者游行示威。妇女赢得了选举权,加入了政治团体,在法律上不会有任何障碍。所有不同派别的政党和运动,都借助20世纪20年代的新媒体和新艺术形式——广播、摄影蒙太奇(photomontage)、传声器,最后还有电影——将各自的信息传递到德国最偏僻的村庄、最边远的角落。政治以前所未有的方式成为"公众"行为。20世纪20年代,或许没有任何一个国家——当然不是美国,因为它公开打压左翼力量,施行反对工会的邪恶政策,并在法律上奉行种族主义——能像德国那样,有着如此广泛的言论自由,这是一个如此关键的公共领域。

但是,由于周期性发生的紧急状态,政府查封了共产党的出版机构,甚至在1924—1927年,阿道夫·希特勒也被禁止在德国几乎所有州发表公开演说。白色恐怖——右翼采取的极端暴力行径——导致了草菅人命,成千上万激进的工人遭到逮捕,这种情况在共和国的最初几年尤其严重。1919—1923年,那些不为人知却人脉甚广的右翼组织实施了很多政治暗杀行动,一时成为普遍现象。法庭成了保守主义臭名昭著的堡垒,很少追究右翼的恐怖行动,却全力围剿左派。与任何市场驱动型经济体一样,那些富人对政府施加影响的能力远远超过中产阶级和穷人。他们能够大幅度缩减魏玛社会福利的范围,同时又没完没了地大倒苦水,抱怨这个体制——他们声称——一味保护懒人和穷人,而不是辛勤的劳作者。极右翼势力中,出现了一种美化暴力和种族反犹主义（racial anti-Semitism）的政治思潮。即使是左派也受到了布尔什维克革命的影响，转向了黩武的政治风格。

巨大的障碍不断威胁着魏玛共和国伟大的民主前途。最终的结果表明，这些阻碍力量远胜于共和国的潜能。第一次世界大战遗留了一个沉重的包袱，20世纪20年代，没有任何欧洲国家能轻易解决这个问题。相比而言，德国的经济、社会和心理问题格外严重，因为它不只输掉了战争，而且战争中大约有200万人战死，420万人负伤。大量正值盛年的男性死亡和伤残，严重拖累了经济，破坏了家庭结构，给政府和私人慈善机构提供的救助和咨询服务造成了沉重的负担。《凡尔赛和约》令几乎所有德国人心中的愤怒和仇恨燃烧不熄，而因这些苛刻条款受到指责的，正是魏玛共和国。该和约也影响了20世纪20年代国际政治的发展，因为大国一直都在忙于那些尚未解决的问题，尤其是战争赔款。与此同时，共和国的政治领袖们都年事已高，囿于固有的政治思维，无法应对后一战时代出现的新问题。虽然国民经济从战时模式转入和平时期的速度，超出了任何人的想象，但发展极不稳定，往往经济经过几年扩张后，严重危机就会接踵而至，这种情况反复出现。国际商品价格急剧下跌，生产率水平乏善可陈，失业率即使在经济形势较好的年份也居高不下，这些都严重限制了各级政府的施政能力，造成数百万德国人的现实生活陷入困顿。

自始至终，德国政治一直处于极度分裂的状态。第一次世界大战结束后的几年中，没有任何政党或政治运动，没有任何一套理念或信仰，能够在德国占有明显优势。没有任何人、任何事物能占有统治地位。任何一个政党能够争取到的支持都是有限的，直到共和国的末期，纳粹党打破了这个局面。魏玛政治被高风险的党争所左右，即便很小的议题都会放大成为事关生死的问题。还有"民主赤字"（democratic deficit）的问题：很多德国人，甚或是多数德国人，不愿接受民主政治，甚至非常敌视，这从根本上动摇了共和国。

◇ ◇ ◇

很明显，魏玛政治史可以划分为三个阶段，其中两段历史是危机，中间夹着短短五年相对稳定的时期。在每个阶段，某种独特的政治结构会占据主导地位，提供维护秩序和促进发展的独特模式。1918—1923年是左翼和中间派，1924—1929年主要是中右翼（the center Right），1930—1933年则是奉行威权主义的右翼势力。至少，前两者所表现的是魏玛的希望所在，但最后一个则暴露了魏玛的病态。每个阶段都在灾难性的经济和政治双重危机中画上了句号。每一种政治结构最终都以失败收场，既败给了对手们的狂轰滥炸，也败给了自己的束手无策。最终，魏玛根深蒂固的问题远远超出了政治领袖们的能力范围，他们无法达成任何政治共识，不能确立自己的支配地位。

1918—1923年作为第一个阶段，为奠定共和国的基本特征，做出了不可磨灭的贡献。宪法确立了高度民主的政治制度，包括自由平等的选举权、比例代表制以及基本的政治自由。宪法还呼吁改善社会权利，社会民主党在革命期间建立的相关制度后来又得到维系和加强，这使得这套改善社会权利的说辞货真价实、言之有物。19世纪80年代，首相奥托·冯·俾斯麦建立了德国社会福利的柱石——健康保险、退休金、工伤保险。以此为基础，社会民主党政府又建立了8小时工作制，确立了工会的合法地位。在德国各地，社会民主党控制或影响下的市政当局都设立了健康诊所，增加了人们接受教育和职业培训的机会。与社会民主党共同参与这些工作最多的，当属德国民主党和天主教中央党。共和国十四年的历史中，这三个政党——又称魏玛联盟——携手合作，为共和国提供了最为坚实的基础和支撑。除了在中央政府扮演的角色外，魏玛联盟几乎在共和国的整个历史中主导了很多州府和市府，包括普鲁士这样重要州的各级政府。该联盟在第一个阶段几乎影响了所有的政府，即使在社会民主党人试图逃避身居高位者应该承担的责任时，这种影响力也依然存在。

共和国是1918—1919年群众运动和魏玛联盟的三个政党共同创造的结果，是它们的孩子。社会民主党是三个联盟政党中最大的一个。相比其他任何一个德国政党，社会民主党对民主的坚守是毋庸置疑的，虽然该党在对付那些激进的左翼势力时，非常愿意诉诸暴力。社会民主党的政策倒向了那些经典工业时代的"重金属"工业、煤炭和钢铁工业的工人。然而，该党的思想认识是以阶级为导向的，对无产阶级的表述也过于理想化，这些都使其号召力大打折扣。社会民主党祭出了马克思主义理论的术语，如"民主与社会主义阵营"，"阶级斗争"，"将整个资本主义经济转化为社会主义经济，即一种以全体人民的幸福为目标的经济"，以及"全世界无产者联合起来"。[2]尽管打着这些标语，社会民主党从未在全国获得多数人的支持。这种强大的工人站在等级社会——包括教士、军官、商人和共产党人——的废墟上庆祝胜利的形象，与那些已经接受了社会民主信条的人产生了共鸣（图3.1）[3]。但这种形象能否感染其他人，就值得怀疑了。同时，社会民主党将实现社会主义的理想推到了遥远的未来，因此与激进的工人和知识分子群体——该群体虽受到限制，但人数众多——产生了隔阂。该党有关女性解放的主张也限制了自己的号召力——阶级总是比性别更重要，即便是炙热的青春旗帜，单凭女性也无法高高举起：男性必须在场，且居于领导地位。该党的象征物——旗帜、饰带、火焰——一律是红色的，并被赋予了固定的意象，即社会主义意味着照亮人的思想、精神和生活本身（见彩图2）。但是，对很多德国人来说，红色只是将社会民主党人与共产党人联系在了一起；他们容易将这两个马克思主义政党混为一谈，但二者实际上存在巨大的差异。

德国民主党是一个进步的自由主义政党，将很多中产阶级的专业人士拉进了自己的阵营，包括那些人数较少但生活富足的犹太人。该党采取一种中庸之道（*juste milieu*），即在政治与社会之间保持平衡；反对任何形式的极端主义，坚决主张讨论和磋商，国内的讨论和磋商以宪法为根据，在国外则通过德国加入国际理事会（图3.2）。德国民主

图 3.1 "投票给位列第一的社会民主党!"在社会民主党的竞选海报中,强大的男性工人高举社会主义旗帜,战胜了所有这些反对者——军官、教士、共产党人和吝啬的资本家。Hessisches Landesmuseum Darmstadt.

图 3.2 "致所有人：城市和乡村，劳动最光荣。反对左翼和右翼的独裁。德国民主党。"德国民主党致力于在法律和正义的基础上，追求理性的中间道路。Hessisches Landesmuseum Darmstadt.

党既反对垄断，也反对社会化；支持个人的创造精神，主张采取社会福利政策，以纠正严重的不公平和不公正现象。该党坚持主张"法律"是"民族文化的一部分"，呼吁组建一支国家民兵队伍，取代旧式的专制军队。[4] 与其他所有德国政党一样，它还主张与本土之外的德意志人建立联系，并保护他们的利益；而对于那些国内的少数族群（主要是犹太人和波兰人），至少也提出了同样的要求，即对其加以保护——对这一条文，那些保守的政党断然不会考虑。同样与其他政党一样，德国民主党需要面对新的政治现实，即女性选民的出现。很多女性专业人士在德国民主党中找到了自己的政治归宿，魏玛共和国有很多重要的女议员都是德国民主党党员。尽管该党把自己包装为女性的保护者，但普通民众却反应冷淡（图3.3）。实际上，只有在制宪议会的选举中，德国民主党才与民众产生共鸣。自此之后，该党影响力持续缓慢减弱，最后几乎成了一个无关紧要的政党，也就是当时人以及现代一位历史学家所谓的魏玛政治中"垂死的中间派"（dying middle）。[5]

如果说社会民主党和德国民主党在阶级方面有所局限，那么天主教中央党则受制于宗教。天主教完全渗入了这个政党。教士和主教在党内事务中扮演着领导角色，天主教教义决定了政党的宗旨。但是，天主教中央党也向在俗教友——包括女性和青年——提供实践政治激进主义的有效途径。尽管天主教徒在魏玛共和国发挥了重要的作用——先后四位总理以及很多高级官员都来自天主教中央党——但是，德国在20世纪20年代成了新教主导的国家，于是，该党又陷入怨恨和不满的情绪中。很多德国人将德国视为——无论是福是祸——新教创造的国家，而天主教只有拼力一搏，才有可能发出自己的声音。天主教关于文化斗争（Kulturkampf）——俾斯麦批评天主教对政治和社会所造成的影响——的记忆是很长久的。在魏玛，学校和教育是天主教关注的核心。对于教会向公立学校提供宗教教育的权利，天主教中央党积极给予监督，小心加以捍卫。该党宣称："宗教和祖国必须成为教育教学的核心内容"[6]。如同其他政党，该党对年轻人的道德堕落深感忧

图 3.3 "德国的女性和母亲们！想一想你们孩子的未来吧！选择德国民主党。"所有的政党都努力争取女性选民，都会使用母亲的形象，正如自由主义的德国民主党一样。Hessisches Landesmuseum Darmstadt.

虑，呼吁政府保护他们，免受"污秽和垃圾"（*Schmutz und Schund*）的侵蚀。该党还声称自己并不专属某个阶级，而是代表所有的职业阶层（*Berufsstände*）。产业工人、工匠、销售员、土地所有者——都可以在宗教和国家的名义下团结起来，都欢迎加入天主教中央党（图 3.4）。但是，这幅团结在教会之下的画面掩盖了党内的严重分歧，也即自由-社会改革派与保守-威权主义派之间的分歧。自由派在共和国的前两个阶段占据上风，而保守派则在最后一个阶段后来居上。

魏玛联盟是共和国的支柱。但它们的设想——无论是相互赞同的，还是各自提出的——几乎都会遭遇反对。这个联盟坚决主张议会民主、社会福利和国家对经济的介入——（社会民主党）希望在遥远的将来实

图 3.4 "由牺牲和辛劳而达自由！请选择天主教中央党吧。"每个党派都借用强壮正直的德国农民或工人的形象来抟聚支持。在此，天主教中央党刻画了一位以科隆大教堂（Cologne Cathedral）为背景的犁地农民，借此将踏实劳作与基督教结合起来。Hessisches Landesmuseum Darmstadt.

现社会主义——这在右翼和左翼组织中都遭到了强烈的反对。在这些组织看来，宪法并没有解决魏玛国家和社会的基本属性这一问题。而在几乎所有人——包括魏玛联盟——的眼中，《凡尔赛和约》没有最终解决德国领土边界的问题。在共和国历史的每个政治阶段，德国人内部如何共处、如何与欧洲邻国相处等这些最基本的议题，都会放在议事桌上，引发激烈的争论。

左翼方面，共产党人以及其他各色激进人士，要求由劳工主宰政治和社会制度——也就是说，由那些宣称代表工人阶级历史使命的政党来主宰。德国共产党几乎所有的传单、所有的呼吁都是从"无产阶级""劳动男女""工人"等字眼开始的。车床或钻床边劳动的强健男子成了该党的鲜明形象。早些年，工兵代表会最为德国共产党所看重。代表会将取代议会，民主制会贯彻于社会的所有领域，包括工作场所。

随着盈利动机的消失，财富被用来分享，所有的社会成员都能过上富足的生活。女性首先进入劳动力大军，并获得报酬，从而赢得自己的自由和平等。"工业和农业的社会化"就是共产党经济政策的全部内容。整个魏玛时期，该党对苏联的忠诚日益演变为拙劣的模仿和一味的依附。对共产党人来说，敌人无处不在，包括那些老板、官僚和教士，还有他们身边那些投靠社会民主党和天主教中央党的工人。共产党人的那套语言充满了火药味，具有很强的排他性；只与一些工人的经验相关，而绝不代表大多数人。[7]

在共和国的第一个阶段，共产党人先后三次参与了反政府的武装起义，分别在1919年1月、1921年3月和1923年10月。每次都遭遇比上一次更大的失败。除了起义之外，共产党人还利用时机，组织怀有不满情绪的工人，发起反对共和国的大罢工。但所有这些图谋都无果而终。德国历史上爆发的唯一一次成功的大罢工——1920年3月，针对的是右翼人士策划的卡普政变（Kapp Putsch）——是由工会发起的，并不是共产党。

但是，这些叛乱和罢工也表现出了一些关键点。在参与了共产党组织的叛乱和罢工的那部分工人中，愤怒和不满的情绪非常强烈。很多工人在共产党描绘的繁荣、平等、和平的未来蓝图中看到了希望。共产党也给他们提供了开阔眼界、拓展才干的舞台。相反，对于共和国缔造者们提出的那些虚无缥缈的承诺和希望，这些饱受一战期间贫困和战后经济困顿之煎熬的工人们，几乎都无动于衷。尽管经济转型和扩张非常迅速，但工作还是很难找到，通货膨胀也导致工人攒下的一点积蓄逐渐贬值。而对那些有工作的人而言，工厂和矿场内部的管理制度还是像以前那样苛刻，老板和监工把8小时工作制和工会抛在了一边，将这些不合理的管理制度强加给工人。我们可以设想，假如共和国能够促进经济发展，提供参与政治的渠道，至少有一些工人是可以争取过来的。但是，共产党和支持共产主义的工人是无法争取的。根本来说，共产党决意与共和国展开持续的对抗。就左翼而言，魏玛联盟总是

图 3.5 "革命的火焰不会熄灭!因此,请选择第四位的共产党人吧。"一个强壮的男性形象是共产主义的象征,同时成群结队的男性工人集结在他的身后。Hessisches Landesmuseum Darmstadt.

面对一个拥有众多民众支持的强劲对手,却从来没有出现过得到多数人支持的对手,哪怕是得到多数工人支持的对手。对多数德国人来说,"革命的烈火"并不能让他们心潮澎湃,反而会产生对混乱、动荡和苏俄人的恐惧(图 3.5)。

但是,对魏玛联盟和共和国的存在造成真正威胁的,并不是左翼,而是右翼力量。数量本身就是一个重要因素——可能更多德国人会选择站在右翼势力一边，而非左翼。更重要的是，右翼力量强大、人脉很广，往往在重要的政府和社会机构任职——商界、行政部门、军队、大学和教会。其组织中既有那些能在街头煽风点火、在酒吧寻衅滋事的角色，也有银行家、商人、上校、教授和神职人员。当然，右翼内部也是三教九流，成分复杂，而且各自为政。直到共和国最后行将就木之时，右翼才在希特勒和纳粹党的领导下——无论是主动为之，还是被逼无奈——统一为一个整体。

右翼的主要政党有德意志民族人民党和德意志人民党（German People's Party，DVP）。后者断断续续与魏玛联盟政党有所合作，但从未向共和国提供无条件的强有力支持，甚至对民主理念也不能赞同。该党往往见风使舵，是否做出承诺，取决于自己的关切能否在政府的政策中得到充分体现。总体而言，这就意味着一种重商的政策，意味着减少征税、承认私有财产的合法性、修订《凡尔赛和约》，尤其是要收回工人在革命中赢得的利益。从表面的语言来看，德意志人民党声称要支持工人及雇员与企业家合作，以保障劳动人口的福利。但是，资方必须在业务和技术上保持对企业的控制。德意志人民党认为，独立的中产阶级对于国家稳定和经济增长具有决定性的作用。它希望"国家之间在政治和经济上能达成和解，但同时认为这是无法做到的，只要我们的敌人还在践踏德国人民的尊严，破坏德国人的团结，支持强加给我们的、属于战胜国的和平"。德意志人民党想要重新强调那些能够定义德国人"民族特性"的"精神和道德价值"。如同该党在1919年制定的"基本原则"中所申明的那样，德意志人民党"反对打着世界主义（cosmopolitanism）的旗号，否定对于民族国家和德国人民的忠诚；反对任何为了宣扬某种与我们无关的世俗信念，而打压我们的德意志情感的行径。只有当我们在公共服务、贸易和商业中回归忠诚、荣誉、公正和廉洁等古老的基本原则时，我们国民的道德和经济重建才能成功。除此之外，德意志人民党反对其他任何思路"[8]。虽然没有公开声称自己敌视犹太人，但对于在德国广泛存在的反犹思想，德意志人民党还是有过明确的表述。所有人都清楚，"世界主义"是犹太人的代名词。德意志人民党认为，还必须反对"外国人涌入德国"，这同样是犹太人的语言代码。[9]

对共和国的口诛笔伐来自德意志民族人民党，该党强有力地扎根于普鲁士的旧式地主贵族、一部分商界人士、陆军军官、一些高级政府官员以及其他蔑视民主的各色人等。战争爆发前，他们曾一度拥护君主制。但第一次世界大战期间，威廉皇帝是个无能之辈，即使是他们也心知肚明，这时德意志民族人民党的大多数人都放弃了君主制的想法——尽管他们在言辞上仍然效忠于霍亨索伦王室。于是，在共和国的第一、第二和第三阶段，他们一直在寻找某种别的专制制度，通常是某种军事专制制度。尽管他们口口声声说要支持"传统"——新教，构成维系家族世系之间紧密联系的纽带——但德意志民族人民党实际上开始了一场激进的右翼运动（图3.6）。1920年3月，沃尔夫冈·卡普（Wolfgang Kapp）

图3.6 "我们坚守上帝之道！请选择德意志民族［人民党］。"这个保守的民族主义政党是这样争取女性支持的：基督教世代相传的团结。Hessisches Landesmuseum Darmstadt.

以及现役和退役的各类军官图谋领导右翼势力发动一场暴动，该党很多党员都给予了支持。也有一些人袖手旁观，看暴动能否成功。无论如何，和那些暴动者一样，德意志民族人民党要求德国国力强盛，能够开疆拓土；要求德国成为等级分明的社会，那些出身高贵的人主宰一切；要求以保护性关税、政府支持的工业卡特尔（cartels）和农业补贴等形式，向社会精英——而不是向那些工人和穷人——提供福利。"将德意志民族从外来的胁迫中解放出来"，"在自由的土地上［建设］一个新的、强大的德国，将被剥夺的德国领土重新划入德国的版图"，这些都是1920年该党在声明自己的原则立场时，提出的一些煽动性的复仇思想。该党的民族主义立场是公开的，具有侵略性，提出只有那些具有"可靠的德国思维模式"的人，才能在外交部门工作。服兵役是所有男人的向往；必须提醒德国人，他们应该感激军队及其指挥官，因为军队传播了正确的价值观，确保德国发展成为一个强国。[10]

在德意志民族人民党看来，德国1914年以来在国内遭到了犹太人和社会主义者的背叛，甚至遭到了为外国列强效力的非洲人的背叛，才有了现在的困局。"德国人！保卫你们祖国的边界，防止苏俄布尔什维克的入侵！""布尔什维主义带来了战争、失业和饥饿等痛苦！"这些都是具有代表性的口号，还要配上恐怖的画面——嗜血的猎狗、猿猴（经常带有夸张的非洲特征）、将德国付之一炬的亚洲人，或者代表共产主义并要降临在德国身上的死神。有人认为，通过《凡尔赛和约》、道威斯计划（Dawes Plan）、《洛迦诺公约》（Locarno Treaties）（下文将作讨论）、杨格计划（Young Plan）等几乎所有的国际条约，德国人民遭到了奴役，这为右翼提供了取之不竭的政治素材。他们从中创作了耸人听闻的海报，上面带有《圣经》中有关奴役的隐喻（图3.7）。犹太人所代表的是一种"有害的、非德意志的精神"。自从革命爆发以来，"犹太人对政府和公共领域的控制越来越强，这对未来的影响更大"。因此，必须对此提出挑战，并加以扼杀。只有"强化基督教意识"，才能促使德国人的道德重生。德意志民族人民党坚决反对"垃圾和污秽……反对

图 3.7 "洛迦诺？请选择德意志民族[人民党]！"德意志民族人民党借助制造种族恐怖——法属殖民地部队战胜德国,一路将德国夷为平地——极其愤怒和猛烈地批判了古斯塔夫·施特雷泽曼(Gustav Stresemann)的履行和约政策(policy of fulfillment)。Hessisches Landesmuseum Darmstadt.

精神的堕落"。私有财产权和个人的能动性是任何高效经济的核心要素。"我们认为马克思主义的阶级斗争思想是文化的破坏者。我们的目标不是阶级斗争,而是在和平环境中以责任观念为基础的劳动。"[11]

魏玛时代的第一阶段,德意志民族人民党死死咬住这个共和国不松口。在国民议会和各州议会中,在自己办的报纸上,在任何可能的公共场合,该党对魏玛、对魏玛的支持者口诛笔伐,无所不用其极。这就是那些有权有势者的极端行径——他们和那些更为右翼的人士进行非法交易。在德国全境,尤其巴伐利亚,极右翼组织的出现几乎与革命和共和国的建立等事件步调一致。极右翼指的是一系列形形色色、彼此相关的人，包括志愿军（Freikorps）——1918年与1919年之交的冬天，那些与军官团高层交好的军官所组建的准军事组织。志愿军首先得到了急需安全武装的社会民主党政府的接纳，甚至欢迎。但这是一个鲁莽而悲剧性的决定，因为这支志愿军绝不可能倒向民主阵营。这支武装力量在欧洲东部南征北战，镇压工人罢工，抗击共产党人。对于那些工人中的激进分子，他们草草审判后，便立刻判决、行刑——他们让那些罢工工人和左翼准军事组织成员靠着墙站成一排，然后开枪射杀。对于犹太人，他们实施了大屠杀。志愿军中有些识文断字、颇有文采的人，在他们所写的传单、故事和小说中，充满了对犹太人和女人的仇恨，以及对步枪和机枪的崇拜。[12] 他们的思想与民主是完全针锋相对的；实际上，他们所信奉和践行的是法西斯主义的理念。

共和国建立初期，数以万计的退役士兵加入了志愿军，并由此来到极右翼团体的阴暗世界，还加入了共和国第一阶段的政党——远不止于纳粹党［正式称谓为民族社会主义德意志工人党（National Socialist German Workers Party，NSDAP）］。它们的成员都是纳粹主义意识形态的追随者和鼓动员。20世纪20年代早期，这些人的名声并不太好。对于德意志民族人民党中的贵族和商人，以及控制了巴伐利亚的右翼神职人员、军官和州府官员来说，他们过于疯狂、神秘莫测。但是，他们中的很多人争取到了一些有钱人，为自己的行动提供资金，还找了些军官向他们秘密提供武器。或许，他们不太被人瞧得上，但也不会做出什么出格的事来。那些非富即贵的右翼人士与身份低微的激进右翼分子，有着相同的信仰体系，有着共同的语言，其特征都是民族主义、反犹主义和对共和国的仇恨。

大量简单直白却有效的口号一下便抓住了右翼政治的本质，将当权的右翼和极右翼势力团结在了一起。第一个口号当然就是背后捅刀的传闻（Dolchstosslegende），军方高层在停火前的几周就已开始四处散布。德国从未战败，而是被国内的犹太人和社会主义者出卖了。谁是敌人，这是很清楚的。很多右翼组织谈论某种形式的社会主义，谈论"劳动人民"(他们用 Werktätige 这个词，而不是 Arbeiter，因为后者多与左翼有关)，以及"通过全国人民共同体进行的社会化运动"[13]。他们谈到了推翻"凡尔赛的律令"，谈到"德国的重生"，以及要"重建一支强大的德国武装力量"。他们还谈到打破"犹太人在政治、经济和文化领域的主导地位"[14]。作为另一个右翼组织，德国民族主义保护与反抗联盟（Deutschvölkische Schutz- und Trutzbund）声称："联盟要唤醒和提升德意志民族健康的品格，致力于民族的道德重生。联盟认为，犹太教的压迫和腐蚀是民族堕落的主要原因。清除这种影响是实现政治经济重建以及挽救德国文化的前提条件。"[15]与德意志民族人民党一样，各种各样的反犹口号成为极右翼的家常便饭："犹太布尔什维主义""犹太人的世界图谋""犹太共和国""犹太人对德意志民族的腐蚀"。[16]

所有这些都表明，右翼的意识形态体系并不是阿道夫·希特勒的发明。他的突出贡献主要在组织和修辞领域。此外还表明，反布尔什维主义与反犹主义同样重要，将二者合而为一是右翼的重要创造。奥斯瓦尔德·斯宾格勒这样的保守派知识分子在作品中写到了"普鲁士的社会主义"（Prussian socialism），恩斯特·荣格（Ernst Jünger）写到了"前线的社会主义"（front socialism）。而希特勒更胜一筹，采用了"民族社会主义"（national socialism）这样的口号。所有这些的目的，都是借助社会主义中的集体主义力量，服务于民族和种族大业，并使社会主义与平等主义、国际主义分道扬镳。这就成了被拴在达尔文适者生存理论上的社会主义，不是用关乎物种的语言讲述，而是用关乎民族和种族的语言。"整个民族是一个阶级。"奥斯瓦尔德·斯宾格勒这样解释道。[17]这套民族主义辞令常常与一个理念联系在一起，即德意志是一个"年轻的"民族国家，和意大利一样，有时也用俄国打比方。

共和国成立初期，发生了一连串造成很大破坏的政治暗杀。这些暗杀行动最能体现当权右翼和激进右翼的共同点。1919年，右翼刺客杀害了罗莎·卢森堡、卡尔·李卜克内西、列奥·约基希斯

（Leo Jogiches）、库尔特·艾斯纳（Kurt Eisner）和胡戈·哈泽（Hugo Haase），这些人都是社会主义和共产主义运动中德高望重的领导人，艾斯纳甚至还是巴伐利亚的总理（minister president）。卢森堡和李卜克内西是由一支志愿军行动小组以极其残忍的方式杀害的，其他人都死于单个杀手。但是，这些杀人者在保守派法官、军官以及组织中那些手眼通天的成员保护下，只是象征性地被定了很轻的罪名。

于是，这样的恐怖威胁就降临在魏玛联盟的那些代表身上。第一次世界大战期间，天主教中央党领导人马蒂亚斯·埃茨贝格尔曾倡议通过谈判解决战争。埃茨贝格尔在停火协议上签了字——为此，右翼对他恨之入骨——他也是共和国的坚定支持者。由于他设计的改革方案，中央政府拥有了现代意义上的财政体系，并打下了坚实的基础。1921年8月，他被人射杀。他的死引发了巨大的哀痛，人们为了表示悼念，纷纷举行游行示威活动，但那些右翼势力却幸灾乐祸、弹冠相庆。隶属于德意志民族人民党的《十字报》（Kreuzzeitung）宣称"谴责杀手是毫无价值的"，而同样有德意志民族人民党背景的地方报纸《奥莱茨科报》（Oletzkoer Zeitung）这样写道：

> 埃茨贝格尔……所遭受的命运，是德国大多数爱国人士长期以来梦寐以求的。埃茨贝格尔，这个唯一应该为屈辱的停火协议负责的人；埃茨贝格尔，这个应该为接受凡尔赛"丧权辱国条约"负责的人；埃茨贝格尔，其流毒在政府部门和司法机构中依然肆虐的人，最后终于得到了一个叛徒应得的惩罚……在此时刻，大多数德国人都长舒了一口气。埃茨贝格尔是为祖国所遭受的不幸负有主要责任的人，这样的人只要活着，就永远是德国的威胁……我们必须学会憎恨那些国外的敌人，也必须用仇恨和蔑视，惩罚德国内部的敌人。我们绝不会妥协退让。只有诉诸极端措施，德国才能再次回到战前的状态。[18]

这些就是从德国社会"受人尊敬的"那些人口中说出的话。这种毫无节制的仇恨以及对暴力的呼唤，都是可怕的迹象，即便有成千上万的人——尤其是工人——涌上街头，抗议暗杀行径。

1922年6月24日，又有杀手杀害了瓦尔特·拉特瑙（Walter Rathenau），他是共和国的外交部部长，也是很有名的商人和作家，出身于犹太人的名门望族。和埃茨贝格尔一样，拉特瑙如此遭人仇恨，是因为他忠于共和国，因为他睿智、有教养，而且是个犹太人。受人尊敬的右翼诉诸情绪化的偏激辞令，指控他背叛了德国。他们声称，拉特瑙被协约国收买了，实际上不是真正的德国人，即使他在国外代表德国。暗杀发生后，举国再次陷入哀痛，爆发了无数次示威运动，数以百万计的人借此表达对共和国的支持。对此等已然进入德国公共生活的毒药，相关的看法有一种撕心裂肺的感觉。谋杀案发生后，国民议会召开了一场群情激奋的会议，约瑟夫·维尔特（Joseph Wirth）总理发表了魏玛时代最为慷慨激昂的一场演说。他知道这些暗杀不是杀手的个人行为，由于他们身处的环境，这样的恐怖行径并不违反社会规约（*salonfähig*），可以被一个文明社会所接受。维尔特严词抨击了那些右翼分子，并引用了坐在面前的那些与会者发表的文章。他质问这些与会者为什么没有公开批评暗杀活动，并指责他们助长了国内的"谋杀氛围"。"在德国，我们正经历着愈发野蛮的政治。"维尔特呼吁民主，呼吁人们保持耐心，逐步改善《凡尔赛和约》带来的困境，呼吁在德国维持一种理性的氛围，呼吁最终结束这种"充满谋杀、仇恨、毒药的氛围"。他总结道："敌人就站在我们面前（站在右边），他把毒药滴入人民的伤口——敌人就在面前——这一点毫无疑问：敌人站在右边！"[19]

维尔特是对的——敌人的确就站在右边。痛定思痛之后，国民议会通过了一项法案，在各州设立人民委员（commissars）一职，负责维护公共秩序。但结果收效甚微，虽然这些人民委员对右翼实施了监督，但他们更关注左翼。保守的司法和行政机构毫无作为，这项法案也就成了一纸空文。这些杀手——如同杀害了埃茨贝格尔的那些杀手——

被秘密送往国外安全的地方，由那些当权的右翼人士保护了起来。

◇ ◇ ◇

1920年春天，魏玛联盟遭遇了第一次失败。卡普政变发生之后，魏玛联盟对罢工、工人民兵武装以及组建工人政府的政治要求进行了打压，因而失去了左翼势力的支持。1919年，很多人把选票投给了社会民主党或德国民主党，这是因为他们对左翼的恐惧感要大得多。而此时，他们纷纷回归了自己本来的政治立场——中间派和右翼。社会民主党人还是德国最大的政党，但此时已无法掌握多数席位，于是退出了政府。接下来几年中，社会民主党和德意志人民党有时参与政府组阁，有时退出；只有德国民主党和天主教中央党从未离开过政府。为了解决战后赔偿问题，各国先后召开了一连串的外交会议，这些会议使得德国这几届政府面临更大的难题，因为这些谈判无一成功。的确，商人胡戈·施廷内斯（Hugo Stinnes）于1920年在斯帕会议——战后第一场德国受邀参加的会议——上发言时，开场白就是："我现在起立，就是为了直面这些虎视眈眈的代表。"他将协约国称作"我们疯狂的征服者"。[20] 协约国代表对此大为震惊；而对这番挑起事端、不负责任的发言，国内的右翼势力顿时欢呼雀跃起来。

斯帕会议之后，也召开了很多国际会议，旨在解决一战后久拖不决的问题，但一概以失败告终。1921年，协约国在伦敦向德国递交了一份巨额赔偿清单，进一步动摇了共和国的根基，右翼也因此得到了很多攻击对手的口实。然而，更严重的事情还在前面等着。

1914年，一场通货膨胀开始爆发了，因为德国政府当年主要是通过贷款来支付巨额的战争费用，指望日后能逼迫他们占领的领土和征服的敌人偿还债务。但是，德国输掉了战争。到了1919年，马克已经贬值了三分之一。[21] 战后初期，通货膨胀也有好处。货币贬值使德国的商品在国际市场上更具吸引力，也使企业有能力满足工人增加工资的要求。但是，通货膨胀后来演变成恶性通货膨胀（下一章作更详细的讨论），这在德国经济史上极其少见。责任不可能完全推给协约国。协约国发现德国要么推迟运送黄金、木材和煤炭的时间，要么高估运抵物资的价值；更严重的是，德国蓄意操纵货币，用贬值的钞票支付赔款。于是，协约国认定德国在逃避赔偿责任，虽然这些罪名并不全都属实。但是，1923年1月，法国和比利时挥师进入德国，直接夺占了德国的重要财产。它们占领了鲁尔区（Ruhr），这是德国的工业引擎，集中了大量煤矿、钢厂以及其他制造企业，绵延约100英里。德国政府宣布实施消极抵抗政策：只要法国或比利时军队进入任何一家工厂或办公室，那里的工人和职员就放下工具或铅笔，下班回家。到了6月，鲁尔区的经济几乎陷入停顿，德国人对法国人、比利时人和自己的政府都十分恼火。与此同时，为了支持消极抵抗，德国政府印出了更多的钞票，本已不可思议的恶性通货膨胀更是一飞冲天。到了1923年11月底，1美元可以兑换4.2万亿马克，如此汇率已非常人所能理解。

  1923年是一个疯狂且令人沮丧的年份。共产党人策划了一场革命；纳粹党人计划在柏林举行游行，图谋夺取权力。二者都以惨败收场。大批民众发现自己的生活条件急剧恶化。那些流传至今的故事，现在听来如同传奇一般——当时的德国人有的拎着皮箱，有的推着独轮车，都装满了钱，但只能买到一条面包或一双鞋而已。他们成群结队地涌入乡村和火车站，如同《圣经》故事中的拾穗人，或者后来的小偷，捡起那些丢落在田间的土豆，或者从车厢上掉落的煤块，或是直接拆掉栅栏，把木板拖回家生火取暖。物价每天都要发生两三次的变化。警察面对此起彼伏的群体事件，也无可奈何、束手无策，有时对同胞的悲惨处境也很同情。有时，人群会抢劫商店和市场，按照他们认为合理的价格付钱：一条面包，他们付2马克，而不是5马克或6马克；一双鞋，付15—20马克，而不是标签上的200—300马克；一磅水果和蔬菜，只付1马克，而不是4—5马克。[22] 无论企业还是个人都无法制订计划，因为如此幅度的通货膨胀下，任何理性的经济测算都成了天方夜谭。战争结束仅仅五年后，德国人再次堕入困苦之中。很多人认为，形形色色的敌人从这场灾难中大发横财，于是便迁怒于这些人——老板、似乎过得不错的邻居、犹太人、外国人、法国人、"该死的共和国"、布尔什维克。

最终，政府意识到灾难即将来临，于是在9月放弃了消极抵抗政策，为与协约国展开认真磋商铺平了道路。接着就是一系列复杂的多层次谈判，不仅涉及德国的当选代表，还有来自重工业的代言人。意想不到的是，共和国允许私人和商界代表国家参与谈判。右翼顿时来了精神，一心要抓住这个机会，这是因外国占领和恶性通货膨胀而被严重削弱的共和国拱手献上的机会。11月，政府——社会民主党人此时又进入了政府——推出了新货币"地产抵押马克"（Rentenmark）。此举非常大胆，酿成了惨重的后果。下出这步险棋后，政府果然稳住了金融局势，却再次伤害了广大民众的利益，他们发现手中的钞票基本等于被没收了。接下来的一年中，法国和比利时同意从鲁尔区撤军；作为回报，德国承诺按照议定的时间表支付战争赔款。在政府的支持下，企业又收回了在革命中失去的很多利益。大量政府雇员被解雇，这样的事情是前所未有的。到了1924年2月，工厂的工人又回到了12小时轮班制，而矿工恢复了8个半小时工作制。1924年春末，矿工举行了罢工，这是为了保护在革命中获得的工作日胜利成果而做的最后一次努力，最终还是以惨败收场。

◇ ◇ ◇

1924年，整个政坛开始集体向右转，开启了魏玛政治史的第二个阶段。大体而言，各派政治组织的政治理念没有多少变化。魏玛联盟各政党依旧主张民主制和社会福利，但由于德国民主党和天主教中央党的很多选民流向了右翼，而社会民主党的选民则转入了左翼，该联盟的力量持续减弱。天主教中央党的选民最为稳定，但其内部的分歧越来越公开化，保守派人士慢慢走上前台。德意志民族人民党内部的分歧也越来越大，其中的一个派别愿意与体制达成妥协，以影响政府决策。但在1928年，该党右翼取得了优势，从商人阿尔弗雷德·胡根贝格（Alfred Hugenberg）当选党魁，便可见一斑。沿此方向，德意志民族人民党不断散布敌意和尖刻的言论，进一步向纳粹靠拢。

魏玛政治就这样变得越发四分五裂了。1928年，6个大党和8个小党在国民议会赢得了席位；令人吃惊的是，共有41个政党参与了大选的角逐。非常突出的是，除苏联之外，德国最先出现了有着群众基础的共产党。在右翼这边，对共和国的口诛笔伐一如既往，阵营中无论大人物还是小人物，都在讨论如何取而代之，组建一个专制政体。

但一切还是恢复了平静。没有人策划暴动，没有人图谋武装叛乱。罢工也很少，劳工阶层和工会此时也都筋疲力尽，消停了下来——此前，他们与雇主和政府发生了公开的斗争，斗争从共和国的第一阶段就已开始。由于高失业率，工人轻易不敢罢工，因为街头上随时会有人取而代之，夺走他们的岗位。撇开德意志民族人民党不论，激进右翼势力——包括纳粹党人——已被边缘化，在德国的政治图谱上几乎无足轻重。经过1928年的国民议会选举，权力的天平又倒向了中间派和左派，社会民主党又回归政府，甚至获得了总理宝座。根据美国银行家查尔斯·G. 道威斯（Charles G. Dawes）命名的道威斯计划，修改了德国的战争赔偿清单以及赔付时间表，一定程度上减轻了由德国战后责任问题引发的危机。1924年8月24日，国民议会接受了这个计划。结果，美国的资金流入了德国，刺激了经济发展，很多德国人终于看到了未来的希望。

在共和国的中期，保守的德意志人民党和天主教中央党为政府定下了基调。其中的关键人物是德意志人民党的古斯塔夫·施特雷泽曼，他在这个时期的历届政府都担任外交部部长这一要职。在资产阶级政党中，施特雷泽曼是少数从中层出身爬升至领导岗位的人物之一。和所有人一样，他对凡尔赛体系恨之入骨，决意将其推翻。但是，他认为只有施行"履行和约"政策,这个目标才能实现,也就是德国先要兑现和约中的承诺,同时就修改和约问题展开谈判。他相信能够说服协约国认识到《凡尔赛和约》是不公正的。对于一直以来群情激奋且高度意识形态化的魏玛政治氛围,施特雷泽曼注入了一丝理性和妥协。但施特雷泽曼毕竟是一个德国民族主义者、一个传统的政治人物,他不懈为之奋斗的不是一个相互合作和妥协的国际秩序,而是德国强国地位的复兴。[23]与德意志人民党中的同僚一样,施特雷泽曼是现实主义者,愿意容忍共和国的存在。但他们都不愿对民主投入情感和智力;在他们看来,民主就是社会民主党人和外国列强强加给德国的东西。

然而,政党的纷争与合作并不是魏玛政治的全貌。在魏玛德国,希望与进步、绝望与失败始终与根深蒂固的巨大冲突——关于文化、社会和政治的本质——相伴而行。冲突不仅发生在选举过程中,也不只在德国国会和州议会中。魏玛政治还意味着对民众的动员,比如街头的群众集会和游行示威、请愿运动和投书运动(letter-writing campaigns)。通过这些举措,各种各样的社团——从社会主义青年团体,到中产阶级教师组织——对政府的正式机构,都施加了强大的压力。这些都是实际行动中的民主,即使很多压力集团的具体目标与民主原则是针锋相对的。同时,通过在军队、教会和政府部门等重要机构中扮演重要的角色,旧的精英阶层继续施加自己的影响力。魏玛政治是非常现代的,从高水平民众动员能力就可见一斑;同时,传统残余势力依然强大。这一点上,我们很难对左翼和右翼做出简单明确的划分:极右翼——有时甚至是当权的右翼人士——同样会采用现代动员的各种形式和技术,也会宣传现代的种族观念;而自由派也可能倡导较为传统的政治,这种政治既支持选举和法制,也引导下层阶级尊重社会地位和受教育程度较高的阶层。

在共和国第二个阶段展开的一系列议题和事件——允许对"污秽和垃圾"进行审查的新法律,建立广泛覆盖的失业保险的新法律;最终给德国带来些许承认和喘息的国际谈判;退伍军人的示威和共产党人的游行活动；军队的丑闻和功绩——都成了冲突的爆发点。这些冲突都是围绕最基本的政治价值和信仰，围绕20世纪的德国到底应该有何特征等问题展开的。这些议题和事件也表明，政治在魏玛德国具有鲜明的公共性，即各种运动、利益集团和政治决策机构相互交织、盘根错节；简单来说，就是现代性和传统的融而不合，使得魏玛政治具有特别的张力。

1926年12月3日，国民议会通过一项共和国历史上最具争议性的法案——《保护青少年免受劣质肮脏作品侵害法案》（Law to Protect Youth from Trashy and Filthy Writings）。早在1914年之前，就有人开始为此新法案的出台大造声势，吸引了各界人士的支持。教师、神职人员、社会工作者及其他保守人士，对那些便士小说（penny novel）和其他形式的廉价文学都十分反感。这些作品中，有的属于色情文学，但更多的是纵马驰骋、携枪缉凶这类惊心动魄的传奇文学和历险故事。这些书籍随处可见，读者甚众，标志着现代城市生活的特色。有胆有识的出版商和作者瞄准了这个有利可图的市场。大印量印刷机每天印出数十万份报纸，已是家常便饭；只要稍作改装，就能为大众市场大量印制图书或手册。从德国各地的教堂讲坛到课堂讲台，牧师、神父和教师一齐声讨这些"垃圾和污秽"的危害，声讨这些读物所描写的城市画面——无非是灯红酒绿、摩肩接踵和声色犬马。在这些批评者看来，这些书籍迎合人性中最卑劣的本能，破坏了人们对权威的敬畏之心。这些书籍为害甚重，致使作奸犯科陡增、纵欲淫乱无度、花柳恶疾肆虐，简直骇人听闻。这项法案的倡导者声称，这些作品全无美学价值可言，常常都出自外国作者——尤其是犹太人——之手。读了这些书，青少年就失去了鉴别力，无力欣赏德国文学的伟大作品，体会其中深邃的真理。一位新教牧师认为，这些"垃圾和污秽"背后的罪魁祸首就是"犹太人的自由贸易主义"（Jewish Manchesterism）。这个词语可谓一石三鸟，兼有反犹主义、反自由市场资本主义和反英情绪。[24]那些公开的右翼人士——如德意志民族人民党的支持者——将这些"垃圾和污秽"

归罪于共和国,这与他们将《凡尔赛和约》及其他任何危害德国社会的疾患归罪于共和国,可谓如出一辙。赫尔曼·波佩尔特(Hermann Popert)是汉堡少年法庭的法官,也是这次立法宣传活动的最重要参与者之一。他对这些"垃圾和污秽"造成的"胡思乱想"予以严词声讨。[25] 这些都是毒药,必须保护年轻人免受其害,政府必须扮演监护人的角色,严格执法。

德国的一些学界领袖公开发言,反对这项法案,指责这是赤裸裸的审查行径,违反了宪法。如同托马斯·曼所写的那样:"所有识文断字、学识渊博的人都意识到,保护年轻人免遭这些垃圾和污秽毒害……只是个借口罢了。这项法令的起草者意欲借助该法的渗透力,限制自由,限制智识本身。"[26] 但是,这些知识分子从来就比不上那些支持者,无力发动公众展开声势浩大的宣传运动。法案的支持者都身居要害部门,以及强势的压力集团——新教和天主教教会、教师协会、图书馆员协会、中产女性团体等很多这样的机构。尽管口口声声代表"传统价值",但他们却是现代政治动员的先驱。他们先从地方层面发起活动,组织展览、示威和集会,逐渐发展成为全国范围的运动。他们与那些重要的中间派和保守派政党都有直接的社会联系与个人交往。魏玛是一个民主政体,其官方政治机构并非无懈可击,而是容易受到外界的影响——此处这个外界因素指保守的压力集团。

该法案需要经过三读,并导致多数党产生分裂之后,政府才能在国民议会中争取到需要的选票。不过,这一提案还是通过了。结果,内政部部长与各州政府联合成立了一个政府委员会。该委员会有权禁止任何一部作品向不满18岁的人展示或销售,虽然委员会把执行权交给了当地官员。然而,这一法规收效甚微。到了1932年春天,名单上已经开列了143个条目,但对市场上滚滚涌入的廉价文学书籍,几乎毫无影响。[27] 尽管如此,这个正式审查机构的成立,还是显示出右翼有能力发动群众运动,并最终在立法领域取得胜利——对共和国而言,这是不祥之兆。

与之相比，一个全面的失业保险方案则没有引起这么大的争议。终于在1927年7月16日，国民议会以绝对多数通过了这个方案（356票赞成，47票反对，16票弃权）。这项法案取代了各地极其复杂的政策法规，使失业保险成为工人的一项权利，无须再证明实属必要之后才能享受该福利。这项法律规定，失业保险可以享受26周，最多可延长到39周，保险金数额是失业前基本工资的35%—75%。保险金通过征税获得资金，该税赋由雇主和工资领取者共同缴纳。就在同日，国民议会同样以高票通过修改了另一项法案。根据这项法案，原先规定禁止在分娩前6周解雇女性，现在延长到分娩后6周（虽然在此期间并不享受工资待遇）。这一时限经由医生出具证明可以延长，即证明如果产妇此时回到工作岗位，健康就会受到负面影响。[28]

这两项条款都在19世纪80年代俾斯麦所创建的社会福利方案的范围之内。更为直接的是，失业保险法案代表了1918—1919年社团主义同盟（corporatist coalition）的复兴：工会、雇主和政府为了提高生产率都愿意支持社会福利的改善。雇主们不再反对这一方案，至少此时此刻，他们不愿直接挑战魏玛的体制。与此同时，这项失业保险法案使政府赢得了所需的民众支持，对其总体上的重商主义政策起到了平衡作用。

所有政党——甚至工会——都害怕出现任何可能有损工作效率的条款。结果，失业者能够得到救助的时间非常有限，失业金也远低于他们的薪资水平。与其他发达国家出现的类似方案——尤其第二次世界大战之后——一样，德国的失业保险法对不同人群做出了区分。只有被工业企业雇用的工人适用于该法案，而那些农业工人（在劳动力大军中占有相当大的比例）、小商店的雇工和长期贫困人员都无法享受失业救助。尽管如此，失业保险法依然是社会福利发展历程中的一个里程碑，一定程度上改善了资本主义劳动力市场中的不稳定和不平等问题。工人遭遇失业时可以获得保护。该法案最终顺利通过，这是一个带来希望的好兆头，即相对稳定的时代即将到来。1927年，没有人会预见到仅仅三年之后，失业率就攀升至灾难性的高点，德国因此遭受沉重打击。对于那场危机，1927年的失业保险法完全无力应对，于是成了爆发冲突的试金石，这也是共和国走向覆灭的第一步。

施特雷泽曼是一个行动果敢有力之人，主张履行和约，他和法国外交部部长阿里斯蒂德·白里安（Aristide Briand）可谓一拍即合。1925年12月1日，《洛迦诺公约》签订，标志着他们取得了第一次重大胜利。德国、法国和比利时宣布，放弃以武力方式改变三国之间的边界。德国因此承认了自己的西部边界，放弃了阿尔萨斯-洛林；法国事实上也放弃了吞并莱茵兰地区的图谋。法国还承诺从科隆地区撤军。德国没有承认自己的东部边界，但最终至少承诺，不会通过武力改变德国与波兰之间的边界。德国还得到可以以常任理事国身份加入国际联盟的承诺，这一承诺于1926年9月10日兑现。

共和国的整个第二阶段，其他几项国际条约延续了"洛迦诺精神"。规定禁止使用毒气的《日内瓦公约》（Geneva Convention）于1925年6月17日签署，并于1929年4月5日获得国民议会的批准。根据《凯洛格-白里安公约》（Kellogg-Briand Pact）——公约名取自美国国务卿和法国外交部部长二人的姓，于1928年8月27日签署——共有15个国家放弃以战争手段解决冲突，或实现任何政治目的。德国是最早签字的国家之一，签约国最后增加到63个。战争赔款危机此时也有所缓解。1929年6月7日，包括美国在内的各个大国提出了所谓的杨格计划——以美国银行家及首席谈判代表欧文·D. 杨格（Owen D. Young）命名——将德国的最终赔款额确定为1373亿黄金马克（goldmark），偿付期为59年，最后一期赔款应于1987年支付。同时，协约国和美国放弃通过道威斯计划继续控制德国经济，尽管莱茵兰的一些地区仍然处于被占领的状态。[29]

因此，共和国第二阶段行将结束之际，德国人对国际形势的看法就逐渐乐观了。德国此时加入了国际联盟，争取到了一些战争赔偿责任的减免。尽管协约国依然对德国疑虑重重，但不再将其视为异端、打入另册。

然而，所有这些都不能满足此时势力强大的德国右翼的胃口。与之前的埃茨贝格尔和拉特瑙的遭遇一样，施特雷泽曼也受到了右翼的围攻，被骂作国家的叛徒。但在1925年的瑞士小镇洛迦诺，成群结队的人们为和约的成功草签而欢呼雀跃。埃里克·艾克（Erich Eyck）当时是德国民主党的主要政治人物，后来又成了历史学家。他记述了白里安和施特雷泽曼分别做了热情感人的发言，后又举行最后一次会议的情景。

> 外面，从洛迦诺所有的教堂——甚至从萨索圣母教堂（Madonna del Sasso）的一个小礼拜堂——传来了钟声，欢迎一个即将传遍欧洲的和平时代的到来。市政厅前的广场上，洛迦诺的民众聚集在一起，热烈鼓掌，感到欢欣鼓舞。保罗·施密特（Paul Schmidt）[为德国代表团提供口译服务的外交部翻译]回忆道："我们随着施特雷泽曼和路德（Luther），从小楼梯刚走下了几步，人群就再次爆发出一阵欢呼声。接着，所有人都安静了下来。人群中，所有的人都脱下帽子，站成了两行队伍，鸦雀无声，一动不动。我们深受感动，从队列之间走了过去，走到了我们的马车旁边。"[30]

鉴于二人的贡献，施特雷泽曼和白里安都被授予了诺贝尔和平奖。无论是在日内瓦面对国际联盟（1926年9月10日），还是在斯德哥尔摩（Stockholm）的诺贝尔奖颁奖仪式上（1926年12月10日），施特雷泽曼都表现得慷慨激昂，大谈国际法律、正义与和平秩序，虽然平素里他总是宣扬国家主权以及民族文化的独特性。[31] 在日内瓦，白里安紧随施特雷泽曼的调门，做了类似的发言，强调流血冲突——尤其是法国和德国之间的冲突——已经终止了。

数十年后，人们很容易会对洛迦诺、日内瓦和斯德哥尔摩当时的情景，做出嗤之以鼻的反应，或者对当时那些外交官和鼓掌人群的幼稚连连摇头，感到不可思议。难道他们对即将到来的灾难毫无预感吗？然而，在1925年和1926年——一战停火后仅仅几年时间，而德国走出一片混乱、危机四伏的恶性通货膨胀也只有两三年——"洛迦诺精神"至少给人们带来了希望，即像一战那样的人力和物力浩劫不会再度上演。

但是，德国国内的反应远称不上整体划一。当然，自由主义和社会主义阵营的报纸杂志都发出了支持的声音。但是，德国代表团从洛迦诺抵达柏林的安哈尔特火车站时，没有看到欢呼的人群，只有几位政府部长和大批警察。毕竟，施特雷泽曼的前任瓦尔特·拉特瑙于三年前遇刺身亡，警察需要到场保护共和国的代表，防范共和国的民众。和拉特瑙一样，施特雷泽曼也遭人谤议，但他不是犹太人，那些反犹的恶言恶语倒是没有向他袭来。对于施特雷泽曼获得诺贝尔和平奖，右翼非但不引以为荣，反而认为他们终于抓住了施特雷泽曼为外国列强利益效力的把柄。

魏玛历史的第二阶段结束之时，所有相关人士都应该清楚地看到，要想争取右翼接受共和国，是断不可能的。只有彻底击垮右翼，才能保证共和国的健康和幸福。回到1918年和1919年，或许还能做到，但在1925年或1929年，就无此可能了。更糟糕的事情即将到来。

◇ ◇ ◇

德国人组成整体划一的队列方阵，挥舞旗帜，举着标语，大步向前，有时还和反对示威的人群与警察发生激烈冲突，这样的景象在魏玛社会随处可见。带着我们漫步柏林的向导弗朗茨·黑塞尔，也描述了他曾遇到的共产主义者举行的游行示威活动：

> 红色圣灵降临节（Red Whitsun）。他们从德国各地来到这

里。来自厄尔士山脉（Erzgebirge）的纺织业无产阶级，来自哈姆（Hamm）矿区以及军火城埃森——已成为红色阵线的一个堡垒——的矿工，还有来自北方海岸的红色水兵。而且，欧洲更远的地方以及世界其他地区也派来了代表——瑞士工人防护队（Protective Guard）与捷克劳工保护组织（Czech Labor Defense）手持旗帜和海报并肩而行。他们怀着崇敬之心，向苏联的标准看齐。他们排成很长的队列，从城市郊区向市中心行进。奇怪的是，走在队伍最前面的是一套乐器。很多张着大口的小号、爵士大号、黑人鼓。这些斗士们都穿着制服，和那些他们要推翻的人是一样的。灰色衬衫和棕色夹克都被束以皮带，与战争时无异。人们的眼睛曾经一扫而过的，都是那些士官的臂章军衔；现在注视的，是红色袖章的海洋，手臂上戴着袖章的这些人坚定地率领着游行队伍。就连孩子们也身穿制服。[32]

黑塞尔随着队伍往前走，留意到从高架铁路的铁轨上，传来了"红色阵线！""时刻准备！"等这些喊叫的回声。这些共产党人昂首经过时，站在资产阶级公寓阳台上的男人和女人们往下看着，一副愁容满面的样子。但背街小巷里那些破败的公寓楼上，红色的旗帜从窗户伸出，悬挂在空中。

如黑塞尔指出的那样，那些游行示威者，也包括那些愁眉紧锁的旁观者，所有人都是这个事件的参与者。共产党给人招摇过市的感觉，但毕竟这就是游行要达到的目的嘛。但是，黑塞尔把行军的普鲁士军队和穿着制服在城中游行的工人队伍联系起来，这到底对不对？从历史的谱系看，向上追溯到布尔什维克革命更为恰当，而非普鲁士的骑兵部队。对于1917年（俄历）10月彼得格勒（Petrograd）的冬宫（Winter Palace）遭到炮轰这个神话，德国的共产党人——和全世界共产党人一样——信以为真，这意味着他们将革命理解为军事行动。照此观点，能否迈向共产主义的乌托邦，这取决于能否以暴力彻底战胜工

图 3.8 "在城市和乡村各地：反法西斯的红色行动队！"左翼游行：共产党人通过齐步行进、准备与纳粹和警察战斗的壮汉形象，表达一种武装斗争的意志。

人阶级面对的众多敌人——老板、资本家、神职人员和政府（图 3.8）。这种对军事手段的迷恋，渗入了共产主义运动的骨髓中，并向外扩散。即使是社会民主党人和自由主义者也组建了准军事组织，犹太人则成立了自卫队，所有这些人——尤其是共产党人——都给魏玛德国的公共生活定下了战斗的基调。

但是，对武力有特别偏好的恰恰是右翼。根据某些统计数据，20世纪20年代，德国有200多个准军事组织，还有数百个右翼团体和人际圈。[33] 它们将数百万德国人组织起来，形成一种新的政治形式，既具现代性，又有暴力色彩。1922年，仅德国民族主义保护与反抗联盟这一个组织，就有近20万名成员。[34] 可以肯定的是，其中一些不过是滥竽充数罢了。他们身穿制服，四处耀武扬威，好像都是彪悍、骄傲的战斗英雄。但其他一些人的确是危险分子，他们装备精良，动辄卷入酒吧斗殴、街头打架和持械冲突之中。而且，他们还招募了很多一战老兵；到了20世纪20年代晚期，又有年轻人加入进来，他们错过了1914年到1918年的战事，感到十分遗憾。恩斯特·荣格的《钢铁风暴》（*In Stahlgewittern*）、《125号小树林》（*Das Wäldchen 125*）以及其他很多很多作品中，有关战场、狙杀和战争技术的悉心描写，他们都读得津津有味。每逢"德国日"（German Day）——设立于1921年——这样的重大活动，他们就举行游行，将数十个右翼准军事组织召集起来，每个组织都在自己的旗帜下行进。退伍老兵组成的钢盔团（Stahlhelm）是最大的准军事组织，但绝不是最危险的。这些准军事组织的成员有时会暗中夹带警棍、金属碎片和左轮手枪，有时也并不遮掩。他们脚蹬长筒靴，身穿军款夹克，佩戴标示军衔的徽章（图3.9）。他们纪律严明的队伍常常与人打成一团，尤其在围观的路人对他们冷嘲热讽之时。最终，纳粹将这些团体都收入麾下，并下达了严明得多的意识形态指令。但是，早在20世纪20年代，尚武的作风和观念在右翼的各派别中就已经形成。

魏玛社会的尚武精神并非只是准军事组织造成的。德国军队在历史上战功卓著，尽管在一战中落败，但仍不失为一支光荣的部队。根据17世纪普鲁士的传统，军队受人尊重，甚至奉承，军人待遇优厚。法国18世纪的哲学家米拉波（Mirabeau）有句名言："普鲁士是一支拥有国家的军队，而不是一个拥有军队的国家。"一些德国人显然弄错了其中的含义，误认为这是溢美之词，没有听出米拉波的讽刺意味。任何

图 3.9 右翼游行：1932 年在柏林，退伍军人组织"钢盔团"在自己设定的节日"德国钢盔前线士兵日"（Reich Front Soldiers Day of the Stahlhelm）举行游行活动。魏玛淹没在了这些穷兵黩武的游行之中。Bundesarchiv, Bild 102-13820 / CC-BY-SA 3.0 / Wikimedia Commons.

一位游客行走在任何一座德国城镇，很快就能碰到一座又一座的纪念碑，都是向普鲁士-德国的军队致敬的。在柏林，有一条大街从勃兰登堡门开始，尽头一直到胜利柱；这条大街正是通过军队将 18 世纪和 19 世纪与今天连接在了一起。

《凡尔赛和约》极大限制了德国的军事力量，只允许德国拥有一支国防军（Reichswehr，军队的新名称），人数只有 10 万，而且不得拥有任何形式的空军。和约还严格限制了海军的规模和吨位。数千军官和士兵必须被勒令退伍，这令军队统帅们懊恼不已。军队的指挥官们花了大量时间，暗中规避《凡尔赛和约》的限制，一般都是在国防部的默许之下——20 世纪 20 年代，国防部部长一职长期由德国民主党人奥托·格斯勒（Otto Geßler）担任。军队暗中招募新兵，规模远远超过了

10万人的限制，组成了一支所谓的黑色国防军（Black Reichswehr），暗中还得到了额外的预算拨款。通过与苏联签署一系列的协议，德国得以在苏联的土地上建设自己的兵工厂，其国防军获准使用苏联的训练设施。

各种各样的联系——个人的、职业的、政治的和阶层的——把正规军与形形色色的右翼准军事组织捆绑在了一起，严重破坏了魏玛德国的政治版图。1919年和1920年因《凡尔赛和约》而被迫退伍的军官，进入了很多准军事组织，并担任指挥官。正规军的军官会访问这些准军事组织，有时还会对其加以训练；武器装备也从军队和警察手中流入了这些组织。由于1923年的大骚乱以及协约国的施压，国防部部长才迫使军队停止非法招募新兵，不再支持那些准军事组织；当然，这些支持行动从来就没有完全停止过。

魏玛时期大约有一半时间，关键人物一直都是陆军总指挥官汉斯·冯·塞克特（Hans von Seeckt）。他是一名典型的国防军军官，成长于旧军队，并在其中服役（图3.10）。根据历史学家——也曾是德国民主党的政治人物——埃里克·艾克的观点，塞克特是"一位具有杰出军事才能的强悍人物，为人兢兢业业，奉献才智，建设并武装了一支新部队"。[35]但他从来就不是民主派人士，也不是共和国的坚定支持者，只是迫于无奈才接受了这个新制度。如果说他有什么政治美德的话，那就是非常务实、头脑清醒，从不相信那些激进右翼的很多阴谋、冒险和梦想能够成功。但他的理念与他们也大同小异、相去不远。他梦想军队能东山再起，借此恢复德国的大国地位。当有人问到塞克特在卡普政变中的立场，他说出了那句有名的答语："国防军不会向国防军开火。"[36]1923年希特勒发动啤酒馆政变期间，他又重复了这句话。但是，在右翼企图发动政变期间，共和国需要军队的不只是中立态度。塞克特最关心的是维护国防军的尊严，而不是共和国的尊严。

1926年，魏玛又一次爆发了短暂的危机，塞克特也倒台了，这暴露出魏玛社会和政体中的薄弱环节。1926年6月，前朝皇太子要求塞

图 3.10 脚蹬长筒靴、佩戴勋章、一身戎装的汉斯·冯·塞克特将军（右）和维尔纳·冯·布隆贝格（Werner von Blomberg）将军，二人都是普鲁士－德国军官团的代表人物。塞克特还当众夸示他的单片眼镜，一种遭到众人讥讽的贵族配饰。军队能否忠于共和国，当时的人是怀疑的，这也就容易理解了。

克特允许儿子威廉王子参与军事演习。德国革命政府曾经将整个皇室流放到了荷兰,但仅仅几年过后,永远不得再踏上德国土地的就只剩下退位的德皇一人了。皇太子的这个要求令人无法容忍。一个民主制度需要何等强健,才能容忍退位君主和皇室的继承人参与共和国军队的演习呢?当然,问题的关键在于那支军队还远谈不上民主,军官从上到下——包括塞克特——几乎都不能容忍共和国的存在。他们反而认为,自己才是德意志精神和德国政府的真正代表,他们在等待时机,等待改朝换代的那一天,无论未来取代共和国的新政权到底是什么样子。

塞克特同意了皇太子的要求。消息传出,招来公众一片谴责,塞克特终于被迫下台。这还不是1926年军队的最后一则丑闻。这一年年末,英国媒体曝出了国防军与苏联的关系。第一个丑闻表明,如果无法让军队与霍亨索伦家族撇清关系,共和国会多么不堪一击;从第二个丑闻可见,尽管处于共和国的政体之下,军队依然能够强有力地决定德国的财政预算和外交政策。

塞克特不是唯一对公众具有强大影响力的军方人物。从1925年开始,担任共和国总统的是陆军元帅保罗·冯·兴登堡。兴登堡经常被描述为一个软弱无能、错误百出的人,只能象征性地例行公事,但实际上在共和国的政治中扮演了积极有为的角色。他当选总统后,国内外普遍表示了很大的疑虑。国外媒体的反应一律都是负面的:兴登堡正是普鲁士军国主义不折不扣的化身。1926年4月7日,他庆祝自己在普鲁士–德国军队中服役60(!)周年(图3.11)。兴登堡参加过1866年的普奥战争(Austro-Prussian War)和1870—1871年的普法战争(Franco-Prussian War)。第一次世界大战中,他和埃里希·鲁登道夫共同指挥军队,在东普鲁士击退了俄国人。从1916年8月到德国在一战中战败,这二人以第三最高统帅部(Third Supreme High Command)的名义完全掌握了实际的指挥权。特奥多尔·沃尔夫(Theodor Wolff,自由派风格的《柏林日报》主编)如此记述了兴登堡的当选:"共和主义者已经输掉了一场战斗……好几百万人向全世界暴露了自己政治上的

图 3.11 兼陆军元帅和总统于一身的保罗·冯·兴登堡，同样以一身戎装示人，长筒靴、勋章和佩剑等一应俱全。这不是一个理想的共和国总统的形象。
Bundesarchiv, Bild 102-13900 / CC-BY-SA 3.0 / Wikimedia Commons.

不成熟，我们为此深感耻辱。这场……大选是一次展示在全世界面前的智力测验。在既同情我们又深感不安的朋友面前，在鄙视我们的敌人面前，大约半数德国人未能通过这次测验。"[37] 有的人却感到非常乐观，尤其在兴登堡宣布自己愿意遵守宪法之后。根据施特雷泽曼的印象，兴登堡更加留恋威廉一世的时代，而非威廉二世。也就是说，他愿意遵守一名宪政总统应该遵循的行为规范，而不太可能做出什么越格的事来。施特雷泽曼颇有预见性地写道："重要的是，[要确保]他不被那些难以管束的民众所操控。"[38]

但是，如果是一个虔诚的民主主义者，那就没有什么值得高兴一番的了。兴登堡从戎60周年庆祝会上，国防部部长格斯勒强调德皇的军队与国防军之间的延续性。[39]这或许是为了安抚军队而作的发言，但从中又一次可以看出，共和国对于右翼反民主势力是心存感激的。

兴登堡对共和国还有其他贡献。例如，他决定德国驻外的外交使领馆和悬挂德国旗帜的船只既要挂共和国的黑红金三色旗，也要挂德意志帝国的黑白红三色旗（旗帜的左上角有一个黑红金三色徽标）。兴登堡还对组阁施加压力，例如1927年，他就对威廉·马克思总理（Chancellor Wilhelm Marx）明确指出，反对社会民主党人加入政府，而倾向于那些站在"国家利益"一边的人。结果，德意志民族人民党进入了政府。他还高调出现在东普鲁士的霍恩施泰因（Hohenstein）——1914年8月下旬，德军在这里成功反击了俄国人——参加坦能堡纪念碑（Tannenberg Monument）的落成典礼。这座纪念碑实际上是一座大型的堡垒。1927年9月18日举行的落成典礼上，鲁登道夫也出现在了前排，身后大约有7万人，包括各种右翼准军事组织的大队人马，如钢盔团、青年德意志骑士团（Jungdeutsche Ordnen），以及纳粹组织。对于德国与第一次世界大战的爆发难脱干系这一指责，兴登堡在发言中矢口否定。"我们德国人，所有的阶层，都一致拒绝接受这样的指责，即德国对这场人类历史上最大规模的战争负有罪责！……我们怀着纯洁的心奋起保卫祖国。德国军队用干净的手拔剑出鞘。"[40]这个发言，连同典礼的火药味引起了国内外的恐慌，但在国内显然也得到了强有力的支持。与此同时，对于开辟了共和国道路的德国革命，兴登堡却拒绝参加相关的纪念活动。[41]事实上，兴登堡对于挑起德国的复仇情绪，发挥了重要的作用。他在1929年的新年祝词中写道，尽管他每年都辛勤工作：

> 但全体德国人民却是怀着苦涩的心情迎接今天，也就是新年的第一天，因为我们被剥夺了在一大片土地上本应享有的自由——这份权利神人共鉴。长期以来，我们都希望得到这样的自由。尽管现实的残酷令人失望，但我们依然抱有希望，希望新的一年里德国人民能够重获完全的自决权。[42]

兴登堡至少可以说，德国"真诚欢迎"《凯洛格-白里安公约》。然而，对于施特雷泽曼的履行和约政策，这位总统没有说出一句表示支持的话。兴登堡身为右翼老兵组织钢盔团的荣誉成员，他这样的反应也是恰当的。

德国军队保守专制的传统全面影响了魏玛的政治和社会。陆军总指挥官和共和国第二任（也是末任）总统有力地影响了政府的决策。说得好听点，他们对共和国持保留态度，这一点可谓路人皆知。军队的符号无所不在，在节日里、纪念碑上和游行队伍中。坚定支持宪法的军官可谓凤毛麟角。这是一个没有共和国军队的共和国，这种情况在共和国较为稳定的第二个历史阶段（1924—1929年）尚可忍受——尽管相当勉强。可是，一旦时局有变，军队就会发动突然袭击，他们就又可以想着以专制取代民主。

◊ ◊ ◊

在魏玛政治的过渡期，至少社会比较稳定，经济也有所发展。到了1928年，德国工矿企业的生产达到了很高的水平。在大城市，新的百货商场陆续开业，这是贸易和消费有所复苏的信号。很多人发现自己的生活水平正在改善，尽管结构性失业率仍然很高，很多中产阶级家庭的生活还无法恢复到1914年的水平。但是，对未来可以抱持一种谨慎乐观的态度。1928年的全国大选使中间派重新得势。社会民主党重新回归到政府工作中，并成为一个很大的政党联盟中的第一大党。只有德意志民族人民党被排除在这个政党联盟之外，在胡根贝格的领导下，该党坚决倒向了极右翼势力。

接着，就爆发了全球性的经济危机。这场危机当然是在1929年10月从美国的证券市场崩盘开始的，首先引发了银行业的危机，接着就爆发了产业界的危机。危机很快就波及德国，因为之前几年正是在美国资金的刺激下，德国经济才有所好转。当美国银行要求收回贷款，德国银行旋即陷入了流动性危机（liquidity crisis），接着就将整个经济推入了急剧恶化的混乱之中。可能没有任何国家像德国一样受这场危机的影响如此剧烈。1932年年中，正值大萧条危机最严重之际，整整1/3的劳动力处于失业状态。

在轮番经历了革命、《凡尔赛和约》、政变阴谋和恶性通货膨胀之后，现在这样一场危机又接踵而至。共和国如何指望赢得德国民众的效忠呢？很快，经济危机就演变成为一场政治制度的合法性危机。

联合政府中，每个政党很快就原形毕露了，都在全力保护自己的席位。失业保险制度——共和国在第二阶段的主要政绩之一——的资金来源问题成为冲突的焦点。失业保险原先是通过向雇主和工人征税来筹措资金，初衷是帮助工人在不期而至的失业期渡过难关。任何人都万万没有想到，在此大萧条时期，失业率居然到了如此严重的地步，失业保险基金很快就入不敷出、难以为继了。社会民主党人要求通过增加商业税来继续救济工人；毕竟，工人失去了生计，不是他们自己造成的。政府中的多数党派要求紧缩政府支出，这样才能以最快的速度重振经济。他们希望削减失业保险以及其他福利，为申请者设置更加严苛的门槛。因为各党派之间最终未能达成一致意见，政府便解散了。于是，总统保罗·冯·兴登堡任命天主教中央党的保守派人士海因里希·布吕宁（Heinrich Brüning）担任总理一职。因为在所有重要的财政和政治议题上都产生了分歧，国民议会也四分五裂，成了一个无法运转的机构。此时，兴登堡总统启动了《魏玛宪法》第48条，允许总理依政令治国。

之后的三年，德国处于总统的独裁统治之下，一直延续到纳粹上台为止。在此期间，依然举行选举——实际上，举行过很多次选举——宪法依然保护基本自由，德国人依然可以成群结队走上街头，或者诉诸媒体来表达自己的观点。这是一种奇怪的独裁统治，独裁的出现是由于民主政治难以为继，而不是政权直接被颠覆，或者宪法遭废止。但是，随着形势的进一步发展，这种总统独裁就不再是一系列的权宜之计，而成了一番煞费苦心的精心谋划，旨在从内部颠覆共和国，并摆脱《凡尔赛和约》的限制，使德国重获大国地位。海因里希·布吕宁设想的是一种威权主义体制，或许是一种宗教-军事独裁，执行的是反劳工、反民主以及多少有些反犹太的政策。[43]这仍是魏玛共和国，但至少从政治上来说，魏玛此时徒有其表，任何与共和国这个名词相关的意义都荡然无存，这个政府体制已抛弃了共和国缔造者们的进步思想（无论这些进步思想彼此多么不同）。假如这一总统制如此延续下去，工会和共产党必定遭到镇压，选举必定暂停，新闻和言论自由必定受到极大的限制。

1932年，经济大萧条正值最低谷，德国经历了两场国民议会大选、两场总统大选（算上决胜选举）以及三任总理，还有很多州府和基层的选举活动。每一次选举都暴露出社会处于一盘散沙的状态。没有任何一个政党能够获得多数选票。布吕宁以及1932年上任的两位总理——弗朗茨·冯·帕彭（Franz von Papen）和库尔特·冯·施莱歇尔（Kurt von Schleicher）——主政期间，国民议会虽未故意刁难，但也没有任何支持可言。1930年，布吕宁迈出了灾难性的第一步，他异想天开地认为，身为经济大萧条中的现任总理，就可以赢得民众的广泛支持，于是宣布举行大选。这是最大的政治错误，导致纳粹党突然间扶摇直上。该党赢得了17%的选票，并在国民议会中占据了107个席位。原本已经四分五裂、议而不决的政治体制，此时彻底瘫痪了。国民议会无法就任何重要事项做出决议，兴登堡则不断启动第48条。布吕宁因此能够放手采取通货紧缩的政策，他相信这样可以使德国摆脱经济萧条。他大幅削减社会福利支出，大量解雇公务员，或者大幅降低他们的薪水，造成政府支出直线下降。这样的政策只会导致大量民众不满情绪上升，对经济复苏则无济于事，反而造成经济形势进一步恶化。

经济的萧条、政治的分裂和瘫痪，总体上摧毁了德国人对魏玛体制此时尚存的一点信心。即使是魏玛联盟政党也对魏玛体制极不信任，难以号令各自的支持者。这种局势对共和国的反对者来说可谓千载难逢，纳粹党人开始走上前台。他们有足够的实力对共和国——严格来说是共和国的残余力量——发起进攻，然后宣布接管国家权力，我们将在第9章对此作详细描述。

◇ ◇ ◇

皇帝走了，约瑟夫·罗特这样写道。与他同时代的著名讽刺作家库尔特·图霍夫斯基写道，一只狮子从动物园逃了出来，消失不见了。图霍夫斯基如此描述政府的反应：

> 在陆军部，这个可怕的报告传来时，调查委员会的一个分委会正在召开会议，对自身不可或缺的角色进行核查。早餐——抱歉，应该说会议——突然停了下来。两位陆军参谋部参谋和助手们有说有唱，一起制订与狮子作战的新计划，并立刻要求：
> 2个军
> 1个新闻处
> 在正常的预算拨款之外增设24个参谋岗位
> 1门加农炮
> 1艘战舰

各政党也做出反应：

德意志人民党一如既往,一直坚守岗位。半小时后,所有的报刊亭和树上都贴满了鲜艳的蓝色海报:

市民同胞们!

狮子跑出来了!

谁的罪过?

犹太人!

投票给德意志人民党吧![44]

罗特描述了魏玛的伟大成就。图霍夫斯基以其难以模仿的文笔,捕捉到了暗流涌动,捕捉到了官僚机构和军队尽管低效却强而有力的角色,捕捉到军国主义的大行其道,发现人们动辄诉诸反犹主义。

所有这些都是魏玛政治,且不止于此。任何单个描述都无法捕捉其多样性和冲突性,既具有鲜明的民主特征,又充满极其专制的元素。最为重要的是,德国是一个自由民主制国家。尽管存在诸多缺陷,但宪法还是确立了依法治国、法律面前人人平等、政治自由和民主选举程序等制度规范。魏玛在政治上四分五裂、一片混乱,梦想对犹太人、外国人和国内那些所谓的堕落者实施无情的报复,但同时也能想象一个和平、平等和博爱的未来。

魏玛政治与历史有着深刻的联系。几乎所有主要的政党都是帝制时代权倾一时的政党的延续。军队和官僚机构的高层都是些出身名门和有权有势的人,在共和国时期几乎未被改造,继续掌握权力和控制民众。但魏玛政治也出现了新的变化,无论是凶是吉。右翼和左翼都出现了新的政党和运动,由它们发展出的对抗性群众政治,对所有其他政治组织都产生了影响。所有这些政党都必须在众声喧哗的公共领域展开选战,学会使用新媒体为自己服务。右翼也逐渐认识到,政治不再只是那些"上流阶级"人士在俱乐部、会议室和办公室中达成的交易。在大众政治和全面战争的时代,民族主义政治必须找到广泛的民意基础,必须赢得数百万人的支持,使他们愿意跟着精英人士一起前进:

这些追随者愿意投票、游行和集会，愿意阅读、书写和宣传精英的观点。右翼也吸纳了左翼开创性的洞见：发动群众就意味着权力。

在这方面，德国共产党和纳粹党等新兴政党有着更出色的表现，因为它们较少受制于传统。他们在政治抗争中又加入了准军事组织和街头战斗等剧目，魏玛政治因此硝烟味更浓了，也更具有"群众"性。在各城市和市镇，德国人几乎被那些口号、醒目的标语和游行的人群所包围，不胜其扰。男女老少都站在街道两侧，驻足观望；巡回演出的宣传队演员在街角表演滑稽短剧，但为了躲过警察和敌对团体，很快就继续赶路了。游行队伍四处移动，群情激奋之下，有时也会占领市政厅、公司总部或者集市。这是一种自我展示、吸引眼球的政治，适合于这样一个大众传媒和社会政治严重分裂的时代。无论对右翼还是左翼而言，这也是一种对抗冲突的政治——敌视世袭特权，敌视随教育和财产而来的地位，敌视既定社会秩序。对于既定权威及其身份象征，共产党人和极右翼人士都不会俯首称臣，他们打破了1918年之前就已存在的政治疆界。最终，民族社会主义德意志工人党当然成了这些潮流的受益者。但该党之所以成功，也是因为得到了当权右翼的广泛支持，无论他们是被动还是主动接受了这样的支持。

同时，刚刚经历了第一次世界大战后，很多德国人对于暴力非常反感。埃里希·玛利亚·雷马克的《西线无战事》一经问世，人们就争相阅读，一时洛阳纸贵。他们在反战请愿书上联署签名，支持共产党发起的反对增加军事预算的运动。他们还加入反战组织，崇敬那些反战艺术家。例如，凯绥·珂勒惠支的木刻、油画和雕塑作品描绘了战争带来的巨大伤痛，给人以强大的视觉冲击力；约翰·哈特菲尔德制作了具有鲜明政治性的摄影蒙太奇作品，号召德国人与军国主义展开斗争。但是，仍有很多德国人——无论右翼、左翼，还是中间派——被那些准备战斗的壮汉形象所震慑吸引。这种情绪无助于走向民主制度。

女性的选举权、女性的政治热情以及魏玛联盟的改革冲动，也增加了新的政治维度。现在，每个政党除了需要争取男性选民外，还要应付女性选民，应付女性在公共领域越来越大的影响力，还要应付他们各自阵营内的女性。对于女性趋于信教、偏向保守的倾向，社会民主党人看在眼里，急在心头。的确，女性赢得选举权后，魏玛政治出现了一股右倾力量，但没有——正如很多当时的人宣称的那样——转向极右翼。女性还在国民议会中赢得了席位，但整个魏玛时代，她们的席位呈逐渐下降的趋势。而在地方市政当局，女性也获得了代表权，在共和国日益扩大的社会福利领域，找到了发挥自己才华和能力的舞台。很多女性担任了社会福利审查官、儿童和家庭顾问、健康官员等职务。在国民议会和州议会，她们大多在健康和教育委员会中任职。她们在这些领域有着很大的影响力，在社会工作这个刚刚专业化的领域也是如此。但是，重要的部门和机构——经济、国防和内政——都不向她们开放。就人事及政策而言，魏玛作为一个福利国家，某种程度上也是一个女性的国度。因此，魏玛受到冲击时，很大程度上是对女性的冲击，至少是对公共领域——包括政界——内的女性的冲击。

魏玛政治并不都是维新的，也有德国历史一以贯之的深刻脉络，其中之一无疑就是官僚和军队在国家中扮演强有力的角色。魏玛是民主政体，与帝制时代的大臣不同，部长们直接对国民议会负责。但政府官员和部队军官都有各自的专业技能，上层的文官和军官都施行终身制。只有宣布财政危机或者国家进入紧急状态的情况下，才能解雇他们。他们极其保守，反对共和政体，对魏玛政治产生了决定性的影响。这尤其体现在军队对于政变图谋模棱两可的态度，以及司法机关对右翼恐怖分子偏私的审判上。然而，针对共和国领导人——如马蒂亚斯·埃茨贝格尔和弗里德里希·艾伯特——的各种诉讼案件，无论多么荒唐可笑，多么唯恐天下不乱，司法机关都一律受理。这些都是低级卑劣的行径，使得那些共和国的捍卫者身心俱疲。由此看来，这么多的魏玛政治家英年早逝——要么是积劳成疾所致，要么毙命于刺客枪下——也就不足为奇了。艾伯特、施特雷泽曼和拉特瑙去世时，都只是50多岁的年纪，而埃茨贝格尔只有40多岁。1919年遇刺身亡的社会主义和共产主义领导人——卢森堡、李卜克内西、艾斯纳和哈泽——年龄都只在50岁上下。

　　也许，第一次世界大战的遗留问题是共和国最大的障碍，在每个紧要关头都阻碍了社会的发展和进步，并给了民主之敌取之不尽的攻击武器。德国社会中的反民主势力都盘踞在军队、政府机关、大学和企业等强力机构中，革命未能瓦解它们的力量。共和国需要一大段喘息的时间，才能把众多德国人培养成坚定的民主主义者。它需要经济的发展和外交的胜利，但对于魏玛的民主来说，这些牌都没有打好。

第 4 章

动荡的经济和焦虑的社会

"经济就是命脉。"身为实业家、预言家和外交部部长的瓦尔特·拉特瑙这样写道。[1]很大程度上,他的话是对的。即使那些最好的年景里,要在德国开创高度发达的民主制度都非常困难,总是受到所有社会和政治领域中强大反民主力量的围追堵截。但最好的光景在魏玛共和国从来没有存在过。魏玛诞生于第一次世界大战的阴影之中,肇始于革命与内战的交困之际。如果共和国要赢得多数德国国民的忠诚,就需要保持经济的稳定和发展。但这一点,魏玛没有做到。经济增长的年份短暂易逝,取得的成就也都建立在严重的结构性弱点之上;危机的年份却很多,造成的后果难以想象。魏玛时代的德国人经历了一个"乾坤颠倒的世界",不止一次,而是三次——战后的重新调整、恶性通货膨胀和大萧条。[2]最后,共和国无力号召多数人的支持,这也就不值得大惊小怪了。

德国人遭受了重大的经济损失,因此只要是经济问题,无论小大,他们都会大声疾呼,拼命抗争。征税、赔偿、工会代表权、技术革新和私有产权这一概念本身——所有这些问题都引发了激烈的争论。而且争论不仅是政策方面的,例如税率应该高一点还是低一点,参加公司董事会的应该有一个、两个还是五个工会代表。几乎所有的经济问题都涉及德国人如何共同生活、如何在一战后的时代与别国相处等核心问题;所有的政策争论都有可能演变为一场关乎"体制"——这是右翼对魏玛的蔑称——存亡的危机。当然,有些时候各方也能达成共识,尤其是涉及制造业的各方之间:商界、工会和政府。共和国成立初期,他们联合起来共同支持通货膨胀政策,直到通货膨胀最后完全失控才罢手。共和国的中期，他们都支持合理化改革的措施。但是，实在有太多的德国人在通货膨胀和合理化改革——遑论大萧条——过程中吃了亏，他们的不满在右翼和左翼中获得了表达。政治与经济如此紧密地彼此纠缠：魏玛面临着巨大的经济困难，可谓前所未有。如何应对解决？各方激烈交锋。

身处所有这些唇枪舌剑之中，身处时而一飞冲天、时而直线下坠的经济动荡之中，德国人生活在一个"经济相对停滞""现代化加速发展"的时代。[3] 这两个指标似乎针锋相对，但又相互共存，再一次表现出魏玛时代的冲突性和复杂性。

与1914年之前和1945年之后相比，魏玛实际的经济增长率很低，技术革新对宏观经济的影响非常有限。20世纪20年代，没有任何重要产业的技术革新对经济产生过广泛的刺激效果。工业革命早期的纺织品生产，19世纪80年代钢铁工业的技术革新，19世纪90年代至1914年的化工技术革新，20世纪80年代至90年代的计算机革命——较之以上这些技术变革所带来的影响，魏玛时代就乏善可陈了。此外，由于德国（与其他发达经济体步调一致地）退出了19世纪的全球化潮流，经济表现得更加疲弱。第一次世界大战导致国家间的货品和资本流动戛然而止。战争带来了巨大的消耗，留下了巨额债务，美国作为债权人成为唯一的受益者。战后，在协约国之间的债务和德国的赔偿责任等相互纠缠的问题上，各方争吵不休，进一步阻碍了资金的自由流动。1924—1929年，情况才有所好转。接着爆发的世界经济危机彻底破坏了资本的流动，那些尚存的资本大多撤回了本国的市场。一直以来，德国都需要进口大量的食品和原材料。德国需要外国货币和资本支付进口的货款，并为经济发展提供资金支持，还需要为本国产品找到出口市场。虽然很多德国人极力主张退回到以往较封闭的国民经济，但这个观点从长远来看并不符合德国的利益。

德国在经济上相对停滞的同时，也正变得更加现代。参与工业劳动的人口比例持续增长，并于20世纪20年代中期达到了统计数据上的高点。年轻女性纷纷逃离农场,进入城市和工厂,过上了更加独立的生活。这一时期,"新中产阶级"急速发展壮大,政府和公司的办公室中出现了大量的白领职员,百货公司摆满了琳琅满目的商品,医院、工厂和研究机构建起了实验室。对于这些,观察家们都发表了评论。1900年左右出现了婴儿潮,这个时段出生的同龄人此时无所不在,给工业和政府中有限的——有时甚至不存在的——岗位造成了压力。工程师和企业主在合理化改革和提高生产效率的技术——减少劳工,增加产出——方面绞尽脑汁,写了很多实施方案。大众消费的时代也到来了。设计精美的百货商场巧妙地展示着各色商品,广告商用时尚繁荣的梦幻世界诱惑着德国人。

◇ ◇ ◇

是的,魏玛的经济充斥着冲突与矛盾。和政治一样,魏玛的经济史也可简单划分为三个阶段,虽然未必那么精确:第一个阶段,1918—1923年,通货膨胀时期;第二个阶段,1924—1929年,合理化改革时代;第三个阶段,1929—1933年,大萧条时代。

通货膨胀从之前的战争期间就已开始,当时的政府为了维持迅速上涨的开支,只能靠借贷度日。德国人购买了债券,并得到承诺,他们的投资能获得稳定的回报;当然,回报建立在军事胜利的基础之上。通过宣传引导,他们相信度过暂时的困难,就会迎来一个无比繁荣的时代,德国的经济和政治影响力将席卷整个大陆。但事与愿违,战争结束时,德国人的货币贬值,工厂几乎完全依靠军队的订单,生活必需品和生产需要的原材料都极度匮乏。数百万回国的士兵必须以某种方式重新回归平民生活。英国的海上封锁一直持续到1919年夏天,德国原本就很艰难的局势更是雪上加霜。

但是,几乎令所有人吃惊的是,即刻启动的战后调整和复苏都非常顺利。在德国革命的一片喧嚣扰攘中,军队迅速解散,德国的工业很快转入了和平时期的生产模式。通货膨胀起到了很大作用，功不可没。物价的上涨刺激了投资，扩大了生产。相比而言，德国的产品在国外价格不高，带动了出口的高速增长。随着货币的贬值，商界和政府有能力满足人们不断增加工资的要求。1920年春到1921年春，货币政策做了短期的紧缩调整，由此中断了经济向上的势头——对于企业、工会和政府而言，这是一个警讯，它们又都重新施行通货膨胀政策。

但是，与通货膨胀一样迫在眉睫的，还有战后赔偿问题。当时一片大好的形势，眼看就难以为继了。事实上，战后赔偿和通货膨胀二者纠缠在一起，非常复杂，最终造成了巨大的灾难。[4]

就像经济史家西奥·鲍尔德斯顿（Theo Balderston）解释的那样，战争赔款可以被理解为"由德国政府充当协约国的财务代理人向德国公民征收的赋税"。然而，这项税收缺乏征税通常应有的"道德合法性"。[5] 德国政府和公民都感到协约国的要求毫无正当性可言。1921年5月5日，协约国最终以所谓的"伦敦最后通牒"（London Ultimatum）递交了赔偿清单。消息传来，即使是那些温和的德国人也震惊不已。协约国将德国的赔偿义务定为1320亿黄金马克，其中500亿黄金马克必须以债券的形式立刻支付——德国需要每年支付20亿黄金马克，再加26%的出口收入。[6] 祸不单行，在德国，又一场政治危机接踵而至。增税计划几乎遭到全民一致反对，政府此时实际上已经破产，于是不得不把目光转向资本市场，以获取必要的资金。但是，政府的债券在资本市场上无人问津。本质上来说，德国政府面临的是一场纳税人（通过国民议会拒绝就增税方案进行投票，可见一斑）和财富所有者（通过政府可怜的信用评级和政府债券无人购买，可见一斑）联合举行的罢工。[7]

"伦敦最后通牒"宣布之后，随之而来的是漫长而疲惫的谈判、没完没了的会议、来来回回的外交照会、信息发布，最后则是灾难即将到来的声明。德国声称自己无力偿还，协约国则要求德国承担赔偿责任。一大队德国显要在伦敦降落。（所有人都知道，德国向巴黎施加影响力是没有希望的，而美国人此时已经撤回到了大洋彼岸。）结果，德国人内部意见分歧,一片混乱。有些人支持履行和约策略——一边接受协约国提出的赔款义务,同时通过外交谈判争取下调赔款总额。也有人坚持认为德国无力支付赔款,试图说服协约国认清这个现实。还有人采取对抗态度,要求一概予以拒绝——不谈判,不赔偿,不答应对方任何要求。和第一次世界大战结束时的极端民族主义者一样,他们打算破罐子破摔。他们宁可让一切(经济、社会和共和国)都摔个粉碎,也不愿面对现实——德国发动了战争,输掉了战争,现在必须为战争做出赔偿。

德国苦苦哀求,称自己一贫如洗,无力承担赔款责任;此时,很多外国观察家注意到了通货膨胀带来的变化——制造业开始复苏,餐馆和夜总会逐渐顾客盈门,出口贸易变得红火兴旺。但他们如果看得再仔细些,就能发现连片的失业地区,还有施舍饭食的救济站。接下来,通货膨胀逐步进入了危险区。疯狂的投机、每况愈下的生活,以及无法理性制订计划等问题,瓦解了通货膨胀的积极作用。对20世纪20年代初的德国而言,由于这些问题的出现,赔款和外交关系等这些原本就很棘手的难题无疑就变得更加复杂了。

1921年夏秋两季,不断上涨的物价引发了又一轮加薪的呼声。德国人在革命时期认识到了集体抗议的作用。来自各行各业的所有人——从矿工到政府公务员,从工人到公司职员——纷纷游行示威,举行罢工。总体来说,他们取得了胜利。他们的薪水大幅上涨,政府和企业可以通过支付贬值的货币来满足他们的要求,而企业为了应对这个局面,至少可以提高产品售价。于是,薪水和物价一路狂奔、轮番上涨的局面出现了,如同传染病一般席卷而来,所有的企业和个体商户开始变得肆无忌惮起来。由于政治原因,政府无法增税,也不能拒绝加薪要求,只能通过印刷新币或使用其他办法来增加货币供应量。无论国内还是国外,人们对于德国经济的信心在瓦解,由此引发了更多的投机,而非理性的经济测算。似乎所有手中持有一些货币的人,都开始做投机买卖——马克对英镑、法郎和美元,会上涨还是下跌?这一切进一步削弱了马克的地位，引发了更严重的通货膨胀。[8]

1922年夏天，急速恶化的通货膨胀终于演变为恶性通货膨胀，同时还出现了交易放缓、出口下降和失业率激增的现象——最糟糕的局面终于出现了。企业面临着流动性危机，而所有人都面临纸币短缺的问题。德意志帝国银行（Reichsbank）坚持认为，必须保证企业能获得贷款，日常交易能得到纸币供应。银行相信只有这些措施才能保持经济的繁荣，维护社会的安定。于是，银行借助各种金融工具增加货币供应，这当然只会给通货膨胀火上浇油。所有经济指数都指向了灾难。到这年年底，出口额——这是1920年和1921年经济成功复苏的关键——大幅下滑。1922年10月，1美元可以兑换3180马克。1922年11月，生活成本指数——1913年固定在了100——达到了15 040。[9] 12月，根据普鲁士统计局的判断，化工行业非技术工人的收入只占一个三口之家最低生活费的69.4%，技术工人的收入占到76.1%，而传统上收入颇丰的印刷工人只能挣到最低生活费的58.2%。[10]

协约国忧心忡忡地关注事态的发展。他们宣称德国在故意操纵金融系统，为的是逃避偿付赔款和战争债券的责任，或者图谋以贬值的货币偿付。但是，情势已危如累卵——无论如何，赔款是以黄金马克作为计算单位的——协约国的观点已不足以解释当前的局势。实际上，恶性通货膨胀是几个因素综合作用的结果：薪水与物价的交替上涨（没有一个政党认为有必要加以控制）；投机热；人们对德国货币和德国政府的信心急剧下滑，协约国的施压又使形势雪上加霜。[11]

可是，法国人和比利时人对这些复杂的因素不以为然，仍要求得到赔款。他们认定德国蓄意操控货币，以达到打乱赔款进程的目的，而且拒绝交付货物及其他资产。1923年1月11日，两国大兵压境，占领了德国主要的工业区鲁尔。政府宣布实施消极抵抗的政策。只要协约国军队进驻工厂或矿区，所有人就停工。如果军队闯入政府办公场所，公务人员就下班回家。到了1923年夏天，鲁尔区的工业生产基本上停了下来。全国经济非常倚重鲁尔区，因此这局部的瘫痪对整个国民经济都造成了影响。随着商业活动的减少，税收也大幅减少。为了支撑消极抵抗政策，政府要向工人提供失业救济金，向公司支付巨额的福利资金。政府需要向鲁尔区的企业提供大量不同类型的信贷工具，同时各个部委和机构需要为非生产性劳动支付工资，支付失业救济金及其他福利。及至6月底，政府已承诺向企业提供相当于2.5万亿纸马克（paper mark）的贷款，还要以补助的形式支出5.2万亿马克，用于铁路运输、邮政服务和社会保障。[12]政府没有黄金储备，没有道德合法性，也没有实际的经济生产，用以支撑自己所负担的责任。但政府手中有印刷厂，于是毫无节制地加以利用。

结果就造成了物价飞涨，其严重程度在全球范围内也只能找到区区几例。德意志帝国银行发行的货币面额越来越大，最终在1923年11月2日出现了面额为100万亿马克的纸币。临近11月底，马克的汇率到了匪夷所思的地步，1美元合4.2万亿马克。[13]德国曾一度神圣的硬通货此时已是一文不值。恶性通货膨胀致使任何经济活动和个人生活变得完全不可预测，于是所谓的"通货膨胀共识"——业界、劳工和政府就通货膨胀的好处达成的一致意见——也就土崩瓦解了。

1923年夏天，形势发展到了爆发危机的临界点。战争结束仅5年后，大批民众的生活再次陷入极度的困顿。在集市广场上，女人们开始抢劫货摊和商店。失业者占领了市政府的办公室。人群与警察爆发了激烈冲突。市民突然成群结队地来到乡村，偷窃土豆、鸡，以及其他任何能找到的东西。酒馆老板和农场主只要敢说个不字，就会被人动粗，狠揍一顿，有时还会被剥个精光。各行各业都爆发了未经工会授权的罢工。到了这年秋天，工人们平均每两三天领一次工资，有时甚至一天就领两次。企业需要乘以倍数才能算出工资——今天，固定工资得乘以270亿；几天之后，就要乘以670亿。[14]商人也得这样，或者就用外币换算，有的就直接以货易货。人们尽可能快地把东西买到手，因为过不了几个小时，手中的钱就会贬值。钢琴、自行车、缝纫机、摩托车、成堆的鞋：与其把钱留在手里，还不如换些货品回

图 4.1 发生在 1923 年的恶性通货膨胀：背包和篮筐里装满了几乎一文不值的钞票。

来。[15] 随之而来的紧张和焦虑情绪虽不能量化，却是真实存在的：一连几个小时排队领取食品、工资和失业救济金；在不同的办公室之间疲于奔命；手中攥着一堆毫无价值的钞票，脑子里不停盘算该买些什么，该用多少钱去买；人们突然意识到自己于 1914 年、1915 年和 1916 年为支援战争而认购的债券，此时变得一钱不值；人们有时脑子里会想，到底是哪些敌对分子造成了这一切，坏人发了财，却让这些善良的德国人付出代价，他们甚至有时要出门找出这些坏人（图 4.1）。

对那些穷人和缺乏技能的人来说，仅依靠相对固定的福利金和工资为生，简直就是一场灾难。如果家中有好些孩子要养活，日子就更难熬了。在如此严重的通货膨胀中，靠房租为生的房东以及那些领退休金的人发现，自己的收入蒸发不见了。那些拥有储蓄账户——这是一种金融储备，用作不时之需，通常只有很少一些高技术、高薪水的工人才有这样的储蓄——的人,眼睁睁看着辛苦攒起来的钱,就这么变得一文不值。民众的健康状况也急剧恶化。新生儿死亡率在上升,人均寿命在下降,像肺结核这样的传染病传播得更加迅速了。正如一位观察家所写的那样:"德国各地的医生都传来消息,儿童们都患有贫血症,他们无精打采,身体虚弱,容易生病。"[16]

总体来说,民众的生活水平普遍下降,而且大多数人的生活条件极度恶化;不仅如此,不同社会群体之间的界限也被彻底打破,中产阶级对此尤其难以忍受。他们也许会发现,一名技术工人或者投机者过得比自己好;自己的流动资产已经化为乌有;曾经借给朋友、亲戚和生意伙伴的钱,此时还回来的却是不值钱的货币;毫无尊严地连着排队几个钟头,才能买到一条面包——所有这一切对这些人来说都是难以接受的,深深烙进了他们的记忆之中,影响了之后几十年的行为习惯。对任何稍有些地位的人——政府部门的雇员、教师、旧式的中产阶级店主和受过技术培训的新中产阶级——来说,这些对其身份的亵渎与遭受的物质匮乏一样,令他们感到伤痛。正如一家白领联合会的报纸所说:"大量的白领职员将不得不承认——带着羞辱感——他们的收入甚至远不及一个21岁的木工。"[17]只要稍加计算,高级公务员1922年的平均收入比非技术工人仅仅高了1.35%——对一个自视承载着德国文化的群体来说,简直是惨不忍睹了。[18]

在很多德国人看来,中产阶级是社会的稳定核心,而现在这个核心似乎就在他们眼前渐渐消失了。中产阶级家庭变卖了家中的瓷器、银器、带软垫的古董椅子等所有值点钱的东西。一位英国观察家这样写道:

> 我看到了中产阶级是如何生活的,他们在紧闭的房门后多么贫困潦倒,这当然令我感到非常震惊。装饰精美的房子里,椅子上的皮面被拿去做了鞋子;窗帘的里子被取下,给孩子们做衣服;如果一个女学生幸运地拥有一两件睡裙,就会剪开,做成内衣穿,

袖子和裙摆上的零碎布片,就做成口袋中的手帕。这样的事情可不是个别的例外,而是很普遍的情况。我知道有很多家庭,战前家里有两个仆人,而现在都是自己做家务;晚上也没有丰盛的晚餐,只有普通的黑面包和不加牛奶或糖的淡茶,每周也只能吃一次肉。[19]

很多人谈到了社会的"平均化"、中产阶级的"无产阶级化"和普遍的"贫困化"。[20] 几年之后,古斯塔夫·施特雷泽曼反思了通货膨胀带来的影响,他指出,"知识分子和商业中产阶级传统上是忠于国家的柱石",当时也成了无产阶级,被连根拔起。[21] 学者们在战前地位稳固,过着衣食无忧的生活,现在却发现自己一贫如洗,虽然享有很高的社会地位,但不为人知的是,他们的收入在不断减少。很多人不得不出售藏书,常常是卖给外国人。教授和学生一样,都要兼职干些体力活,才能养活家人。[22] 德国人和外国人担心这样下去,德国文化会遭到破坏——此时的德国文化在全世界仍然享有很高的地位。这样的环境中,学生如何学习,教授如何做研究?

然而,也有人在通货膨胀中如鱼得水。抵押贷款人以及其他借贷人此时可以用贬值的货币偿还债务。托马斯·曼发现自己就是受害者:他之前借了一大笔钱给一个朋友,帮此人在乡间买了栋房子,可这位朋友用基本不值什么钱的货币还了债,令他非常沮丧。[23] 那些持有外币的人也发了财。手上有美元和英镑的企业与个人在德国各地大肆收购,用极低的价格将大量工厂、矿区和奢侈消费品收入囊中。柏林的内科医生和精神科医生对英国与美国病人非常感激,他们就诊时都用本国的货币付费。一名邮政检查员偷了 1717 美元、1102 瑞士法郎和 114 法国法郎,用这些钱买了两栋房子,把女友安顿在了一套公寓里(里面有必备的钢琴),还向教堂捐了钱。一位慕尼黑的艺术家弄到了 1 美元,就可以给家里添些东西,支付牙医的费用,还能买些食物存着。[24] 对外出口农产品的农场主有时也过得相当不错,即使是那些面对本地市场的农场主,也至少能保证自己和家人填饱肚子,手上有能用来交换的产品。2英镑就能为一个村子的人买到整个冬天所需的土豆。[25] 外国人从边境越过国界,进入德国,将市场里的货品购买一空,德国的商品对他们来说实在太便宜了。荷兰农民将一群一群的牛全部买下,赶着它们越过国界,回到家中。[26]

社会中弥漫着的怨恨情绪——在魏玛,人们从来不太掩饰这种情绪——变得越发强烈。实业家指责工人索要高薪,工作懒惰,还要为他们承担很重的社会福利开支。工人们指责那些商人投机牟利。城市居民攻击乡下人,认为他们可以大快朵颐地吃香肠,城里人却在忍饥挨饿。所有的人似乎都在批评公务员。"外国人"——大概是指斯拉夫人,尤其是犹太人,他们都是投机者,利用德国人的痛苦牟利——是一个无所不在的形象。[27] 这些可疑分子就在那些新富人群当中,他们的典型形象就是犹太人,或者戴单片眼镜的暴发户,嘴里叼着雪茄烟,开着最新款的汽车,身边坐着留短发、穿短裙的新潮女郎。他们假装过着高雅的生活,但压根就不懂什么是真正的高雅。他们嗓门很大,多数人穿衣打扮邋里邋遢;即便穿着得体,也总是有什么地方不对劲,就像他们演奏音乐一样,通常演着演着就会落入非洲或非裔美国人的僵化节奏之中。这个国家不仅因为一场输掉的战争和一纸不公平的和约而感到痛苦,也成了各种阴险狡诈的外国人和那些削尖脑袋向上爬的本地人的受害者。令历史学家赫尔曼·翁肯(Hermann Oncken)担心的是,这些暴发户可能"影响整个国家的生活方式,尤其考虑到传统的社会制衡力量已所剩无几了"[28]。就连托马斯·曼也对这类"新人"深感忧虑。有一次,为了保护自己的资产在通货膨胀中免受损失,他去买了几件艺术品。对于和自己打交道的那个艺术商,他是这样描述的:"这个男人是个金发犹太人,三十来岁的样子,戴着单片眼镜,一双白白胖胖的手,指甲全都修剪过,身穿绗棉长袍,脚上套着锃光瓦亮的拖鞋,这是附庸风雅的资本家阶层中一个典型的国际投机暴发户。"[29] 1923年的德国,难得有人能如此细心地体味别人的内心世界。

所有人似乎都在钻法律的空子，只是有钱人的手段比较文明罢了。那些小本经营的零售商可能会在账目上做手脚，要么就把钱藏进牛奶罐；大公司则选择在国际市场上投机套利，把资产藏在国外或者压根就子虚乌有的分支机构中。无论个人还是企业，就连最粗略的生存计划都无法制订。一定程度的可预见性对于任何未来的规划而言都是必要的前提，但这种预见性已被恶性通货膨胀彻底破坏。1922年和1923年，形势发展到了这样的程度，即"在银行留有贷方余额简直就像是犯罪，而借贷被认为是最高的商业智慧"——这是德意志帝国银行的一份内部备忘录记述的内容。[30] 对如此严重的局势，实业家汉斯·冯·劳默尔（Hans von Raumer）大致做了一番描述："我们这些业界人士靠着货币贬值已难以为继了。贬值的红利已经用尽。一开始，我们靠着相信我们马克的外部世界生存……接着，靠我们退休人员的资金为生，可这些钱也用光了。再后来，就靠我们自己企业的储备资金维持着。你只要看看我们企业的流动资金，就会明白这笔钱也没了。"[31] 整个鲁尔工业区的苦苦挣扎正在演变为一场灾难，对企业主和工人来说，都是如此。

到了1923年夏天，人们彻底失去了信心，不光是马克，政府也信誉扫地，国内和国际上都是如此，也算是咎由自取。1922年11月至1923年8月期间，汉堡商人威廉·古诺（Wilhelm Cuno）担任总理，主持中右翼政府的工作；鲁道夫·冯·哈芬史坦（Rudolf von Havenstein）担任德意志帝国银行的总裁。如此危局需要能力挽狂澜的领导魄力，而这两位都不能胜任。当此民族危亡时刻，魏玛产生的领导人如此乏善可陈，令人对魏玛体制的总体评价很低。

1923年8月中旬，社会民主党人不再支持政府，古诺宣布辞职。时任总统的社会民主党人弗里德里希·艾伯特，任命德意志人民党党首古斯塔夫·施特雷泽曼担任总理。施特雷泽曼组建了一个联合政府，其中社会民主党又加入进来。1923年9月26日，施特雷泽曼领导下的政府决定无条件结束消极抵抗。与协约国进行谈判的大门现在打开了，因为对法国人和比利时人来说，军事占领的开销越来越大，且毫无意义，此外他们还顶着英国人和美国人的反对声。同时，德国最终控制住了通货膨胀；此外，还要应付一连串非常严重的政治威胁：共产党人发动的革命、纳粹领导的革命、莱茵兰的分离主义活动、军事独裁行动（也许是其中最危险的一个），或者由一些商界领袖、贵族和保守的知识分子提出的其他威权主义方案。在罢工、群众游行示威、骚乱事件（这些活动有时是针对犹太人的）中，明显有一种混乱无序的感觉。共和国受到了来自各方的攻击。

政府缺乏紧急状态下的权力，以应对各种危机，但这需要国民议会通过一项授权法案。施特雷泽曼的政府——包括社会民主党以及较为保守、偏向商界的德意志人民党——具有一种内在的不稳定性。国民议会中的社会民主党代表拒绝支持授权法案，因为这项法案会暂时搁置8小时工作制。这届政府垮台了，但施特雷泽曼又重新组建了新的联盟。1923年10月13日，国民议会通过了一项初步的授权法案——根据该法案，8小时工作制以及其他社会福利仍继续保留——授权政府在紧急状态下行使权力；随后，又对这项法案做了更新和扩充。在共和国短暂的历史上，政府绕过国会直接颁布政令，已不是第一回了，但这次事件涉及的范围最广，影响也最深远。鉴于局势如此危急，这也许是必要之举，但开了一个危险的先例，对共和国来说是不祥之兆。

从1923年冬天到1924年春天，历届政府基本都是根据紧急事态法颁布政令的。这几届政府中（最初是在施特雷泽曼领导下），社会民主党都积极参与了其中的工作。1923年11月底，局势出现了趋于保守的变化。天主教中央党党首威廉·马克思接任总理职务，社会民主党转而在议会中暗中支持政府。社会福利的削减已势在必行，社会民主党不想为此担负责任，因为这必然会触怒党内的劳工阶层这一根基。在施特雷泽曼和马克思这几届政府的努力下，国家终于逐渐稳定下来，但付出了巨大的代价。为了遏制恶性通货膨胀和维护稳定，国家遭受了巨大损失，共和国再也没能完全恢复元气。

由于采取了紧急措施，政府挫败了共产党在10月、纳粹党在11

月发动革命的图谋。这是为现实政治稳定而较早采取的行动。更重要的是，1923年11月15日，政府发行了新的货币——地产抵押马克。新货币以国家的工业和农业资产作为抵押，由新成立的地产抵押银行（Rentenbank，最终存在的时间并不长）发行。这一大胆的举措收到了立竿见影的效果。之后，通货膨胀就控制住了，国家的金融局势也趋于稳定。政府严惩任何违反货币管理条例的行为，展示出新的决心，还大幅削减了将近1/4的政府公务人员。临时雇员和已婚妇女最先离开了岗位；相对而言，那些享有终身制（Beamte）的高级公务员受到了保护。到了1923年年底，仍然在职的公务员的实际薪金收入只有1913年的40%—75%，甚至一连数周领不到一分钱。[32] 接着就出现了社会福利的大幅削减。政府减少了向穷人、失业者和未充分就业者提供的各类补贴。

在两条战线上，政府几乎甘愿充当大企业和大金融机构利益代表的角色。政府废止了革命时期建立的某些法律，将工作日的问题完全交给私营企业自行决定。于是，雇主们乘势发起了进攻；经济危机严重削弱了工人的力量，消磨了他们的斗志。1923年9月，矿业企业主首先发难，其他主要行业紧跟其后。到了1924年春天，战前的轮班制、工厂的12小时工作制和矿场的8个半小时工作制，又重新恢复了。雇主们还赢得了更大的自由，能够任意解雇工人，无视厂区的劳工代表。企业界于1918年和1919年期间被迫同意建立的社会保障措施，也因恶性通货膨胀的危机而遭到破坏——没有完全破坏，但相当严重。

在外交政策这一关键领域，当时已焦头烂额、无暇他顾的政府，也放手让那些大企业和大金融机构去应对。[33] 1923年秋，煤矿和钢铁行业的企业家开始和法国人谈判，通常应由政府承担的外交事务，却不合时宜地交到了个人手中。谈判的结果是，德国的公司同意将鲁尔工业区的产品运到法国和比利时，充作部分战争赔款。这样一来，鲁尔区就可以继续开工生产，这个结果是这些企业主求之不得的。此外，德国政府还向企业界做了巨大让步，承诺补偿他们为战后赔偿做出的贡献。这年年底，各国官方的外交部门之间又展开了磋商，这一次，美国加入了进来（但是，为了安抚奉行孤立主义政策的美国国会，美国没有派出政府官员，而是通过"个人"代表参加磋商）。在英国的动议下，成立了由美国银行家查尔斯·G. 道威斯主持的专家委员会。委员会召开会议，评估德国的偿款能力。

协约国和德国在1924年7月至8月的伦敦会议上接受了道威斯计划。接着，该计划在国民议会获得通过，尽管只是以微弱的优势。虽然1320亿黄金马克的赔款总额并没有减少，但道威斯计划设计了一个更合理的还款时间表。该计划还决定设立协约国驻外代表（Allied Agent-General），坐镇柏林，监督偿款进度、德国的预算、德意志帝国银行，但对德国内部事务的干涉不再像以前那样咄咄逼人。与该计划同步，法国和比利时同意在接下来的一年中从鲁尔区撤军。

对德国而言，道威斯计划与随之而来的法军撤退，构成了其维稳计划的最后几个步骤。然而，赔款问题依然远没有解决。1929年，各方又一轮谈判后，签订了最终的正式协定，即杨格计划（也是以一名美国银行家兼首席谈判代表的姓氏命名的）。根据该计划，德国的赔款总额有所降低；根据偿付时间表，最后一期赔款应于1987年支付。[34] 德国赔款与协约国内部的战争债务显然是有联系的，因为根据时间表，法国对美国的债务要在一年后还清，即1988年。通过杨格计划，协约国也放弃了对德国金融事务的监管。德国也避免了破产后被人接管的窘境。但是，杨格计划笔墨未干，经济危机就接踵而至了。美国总统赫伯特·胡佛（Herbert Hoover）将赔款和战争债务延期一年执行；1932年6月，欧洲协约国在洛桑（Lausanne）一致同意放弃对德国的赔款要求，实质上也就不再偿还它们对美国的债务。

国际金融和外交史上一个痛苦的章节，就以这样不光彩的方式画上了句号。根据现在最可靠的测算，如果战争赔款完全付清的话，就会占到德国每年国民收入的10%—12%。[35] 虽然这肯定是很大的比例，但从严格的会计学角度来看，偿还赔款是可以做到的。但是，这在政治上并不可行。就像杰拉尔德·费尔德曼（Gerald Feldman）指出的那样，

"战争赔款的悖论在于,他们将屈辱的责任强加给德国政府,同时又消解了德国政府履行这些责任所需的合法性和稳定局势"[36]。

对于那些反对魏玛民主的势力来说,战争赔偿是一个可以大做文章的议题,而且得来全不费工夫。激烈的批评声向所有的赔款计划袭来,从伦敦最后通牒、道威斯计划,一直到杨格计划。"凡尔赛的律令"和赔款造成德国被"奴役"的结局——有人认为这些会让吃苦耐劳、头脑冷静的德国人一贫如洗——都是极好的政治宣传素材。这样一番大肆宣传后,再想争取多数人支持民主——当然,这在德国一直都是困难的事情——就几乎不可能了。民众义愤填膺,反对赔款的政治作秀轮番上演,即使是那些理性政治家的政治意志和决心也消耗殆尽。那些挑头的强势人物——如实业家胡戈·施廷内斯和国民议会代表卡尔·赫弗里希(Karl Helfferich)——一刻不停地攻击魏玛政府。其中,尤以赫弗里希为甚,一旦有解决问题的苗头出现,他就抨击政府出卖德国财产、德国利益,甚至德国人民。(还是这个赫弗里希,他曾恶意诽谤马蒂亚斯·埃茨贝格尔,造成了民众对此人的仇恨,最终导致其遇刺身亡。)施廷内斯则是玩自己的一套把戏,以个人身份前往英国和法国,在参加的座谈中说尽了魏玛政治领袖的坏话,批评他们(所谓)不负责任的政策。[37]赫弗里希给道威斯计划贴上了"第二个《凡尔赛和约》"的标签。而极端保守、极不负责的施廷内斯竟然对一个通敌分子说:"只有一场战争才能让我们走出现在的处境。"他信誓旦旦,认为德国能够打败法国,夺回失去的领土,甚至得到更多,即使"在此过程中,我们美丽的鲁尔区毁于一旦,也在所不惜"[38]。

右翼势力是永远也无法被争取到共和国这一边的。更加悲剧的是,魏玛再也无法完全赢回中产阶级的信任,因为通货膨胀使他们损失惨重。根据法院的决定,政府被迫同意采取货币升值(revaluation)的措施,这在理论上有利于那些抵押权人和其他债权人。但最终货币升值后的价格几乎于事无补,未能改变中产阶级的基本处境,即通货膨胀毁掉、吞噬了他们的财产。共和国还失去了大量劳工阶层的支持。通货膨胀真是为害甚深。接踵而至的，就是减薪和大规模失业，最后就是8小时工作制的废止，这是一个重大打击，具有象征意义。接下来的几年，工人的工资有所上升，工作时数也有所下降，但共和国再也没能在工人中恢复信誉。就农业来说，农民们开始是能够从通货膨胀中获益的——他们可以用贬值后的货币偿还抵押贷款，在与那些嗷嗷待哺的城市居民的交易中，也能占到便宜，而且出口市场需求旺盛。但是，通货膨胀并不能改善德国农业长期的结构性问题。大萧条最早波及的就是农业，农民同样也把怨气发泄在了"体制"上。[39]

魏玛共和国在通货膨胀中失去了中产阶级的支持，在稳定局势的过程中失去了劳工阶层，而农民从来就不怎么支持共和国——这个说法不无夸张之处，但大致还是准确的。

◊ ◊ ◊

不过，1923—1924年采取的维稳措施，还是有可圈可点之处。这些措施确保了德国的领土完整，遏止了极右翼和极左翼的革命图谋；还使德国拥有了健康的货币，最初是地产抵押马克，1924年秋则换成了金本位的德国马克（Reichsmark）。所有这些都为经济复苏创造了条件，美国资金的流入则提供了金融支持。相对来说，美国的贷款比较优惠，德国的公司以及那些市政府和州政府都争相成为其客户。于是，企业开始投资建厂，购买设备；市政当局则营建住宅区，开设诊所。国民生产总值从1925年的7114.5万德国马克，增长到1928年的8848.6万德国马克。[40]1927年，工业生产总量终于达到了1913年的水平，之后两年内又实现了赶超。[41]1927年和1928年，德国政府就很多工资纠纷做出仲裁，再一次迫使资方减少工作日长度，增加小时工资。对很多产业工人来说，每日的工作时间又接近了那神圣的8小时。

这就是传说中魏玛共和国的"黄金岁月"，这不仅从统计数据中可以看出，生活方式上也是如此。德国人迎来了一场消费狂潮，而且是具有现代气息的消费潮。就连工人也要表现自己，也在追求时尚，越来越多的人愿意赊账购物。从消费来看，不同阶层之间原本泾渭分明的界线消失了，这是一家百货商场的经理向国民议会的一个调查委员会所反馈的信息。他指出，即便是中产阶级人士也开始赊账消费了，而战前只有穷人消费购物才会欠债。"收入较高的工人觉得现在自己多少进入了下层中产阶级（lower-middle-class），于是就提早按照下层中产阶级人士的标准生活，虽然他们并没有那么坚实的财产基础……总的来看，节衣缩食的意识开始淡化了。人们……希望能享受生活，他们把钱花在衣服等所有外在的东西上。"[42] 根据另外一些人的说法，即便是穷人也选择购买黄油，而非人造黄油，大家都会选购优质的肉类。[43] 店主、立法委员、政府督察、社会工作者——他们的解释都是一样的：战争和通货膨胀。人们受够了穷困潦倒、一贫如洗的日子；如那位百货商场经理所说，他们要享受生活。在战争和通货膨胀期间，他们体会到财物甚至生命本身都是短暂易逝的。刚刚还值钱的东西，转瞬间可能就一文不值了。所有坚实可靠的东西都会化为乌有——这并非如马克思所说，会发生在资本主义的一般条件下，而是发生在全面战争和恶性通货膨胀的危机环境中。

与其为将来活着，还不如现在就及时行乐。这种态度既迎合了广告业——在大众消费的时代，蓬勃发展——的需要，也是在其熏陶下产生的。广告商们将性感和现代主义设计简洁的线条融为一体。卡洛德玛香皂（Kaloderma soap）的广告使用了有些亚洲人特征的、蝴蝶夫人那样的女性形象，以及一种粗重但现代的字体。万宝龙（Montblanc）钢笔的广告中，融合了蒙太奇手法和政治讽喻："革命爆发之后，万宝龙依然还是钢笔中的国王。"《时尚》（Vogue）杂志为了推广自己的香水，使用了优雅迷人的典型新女性形象和现代的字体（见彩图 3）。

广告和艺术之间的界限相当模糊。很多艺术家也为广告公司工作，像《新阵线》（Die Neue Linie）这样的知识分子杂志所采用的封面，也完全可能用于产品代言。[44] 埃里克·门德尔松等新式百货商场的建筑师,将大量精力投入商场的内部设计,确保展示的货品能够吸引顾客的眼球。就商场的外部来说,新建筑工艺——如钢材、钢筋混凝土和平板玻璃——的运用,使得向外展示货品的商场橱窗变得越来越大。橱窗布置成了重要的职业,正式的培训、考试和证书等,一应俱全。整个柏林,甚至地方的市镇,大街上随处可见财富展示在众人面前,以及人们对于现代设计和消费的偏爱。

即使像《凉亭:家庭画报》(*Die Gartenlaube: Illustriertes Familienblatt*)这样走中间路线的资产阶级刊物,也会采用现代消费的图像。这份杂志可以追溯到19世纪50年代,目标读者是中产阶级女性(或者那些渴望加入其中的人)。它所呈现的是多种流行体裁的相互融合,包括几页纸的时事新闻,其中有大篇幅的摄影新闻报道;还刊登连载小说和短篇故事,都会有些悬念,但结局皆圆满——绝对不会出现"垃圾和污秽"内容!《凉亭:家庭画报》必然会设置一些健康、美容和烹饪专栏,封面还要展示一些儿童和家庭的图画与照片,都是在乡村田园之中,比如野餐时能俯瞰莱茵河——舍此其谁?——的地方。王室的生活对杂志编辑最具诱惑力,除此之外,还有现代的体育竞赛和东方旅行中的异域风情。

《凉亭:家庭画报》试图让自己更加现代,但在其刊登的文章和广告页中,总是带有一种资产阶级端庄得体的感觉。宝莹(Persil)的肥皂广告是如此宣传的:

> 健康的女性——一个健康的民族!
> 如果我们的女性站在一个位置别扭的洗衣盆旁,用古老过时的错误方式搓洗衣物,这样还能促进健康吗?很不合理,很愚蠢。这是个现代健康教育的时代,宝莹带来了令衣物雪白闪亮的可能性!
> 女士们,洗衣请用宝莹![45]

如果洗衣由机器而非手工完成,那么就现代得多!年长的女性可以向年轻女性学习现代方法:

> 你们这些年轻的女士都深有体会!
>
> 没有宝莹,洗衣给我们带来了多么大的折磨!即便今天,在我们当中,也不是所有年长者都改用了这款产品。如果您愿意试用的话,就会相信它的效果:
>
> 用宝莹洗衣,可以省去一半力气,洗出来的衣服无比美丽![46]

作为以上的总结,另一则广告如下:"宝莹帮我们摆脱繁重的家务、干扰和烦恼。宝莹是现代女性的洗衣方式。"[47]

从这些例子可以看出,广告商专门瞄准了女性。他们既利用,也创造了女性作为消费者的形象和事实。他们精心设计,以优雅、时尚和性感为诱惑来销售产品,告诉顾客可能存在一个消费者购物天堂,存在一种应有尽有的乌托邦——身处其中,拥有商品就意味着拥有通向自我价值实现的康庄大道。广告商不太重视女性的智力,一位撰稿人在一家广告业杂志中这样写道:

> 女性很愿意从个人角度思考问题。但是,她们容易受到外界的影响。她们最先问的问题总是:这东西对我有什么用?有什么好处?她们会把一切都和自己的容貌、快乐和同情心直接联系起来。一般的事实、逻辑原因、抽象思考和技术细节都对她们没有什么说服力。购物时,她们对数据和政治都无动于衷。相反,她们要求购物时的所思所想能够为人所理解……
>
> 女性喜爱简单的、个人化的语言,无论她们在各自的职业中如何现代,无论她们的思想如何进步。那些能够触碰女性内心的人,才能最先赢得所有女性的青睐。[48]

因此，这就需要广告商不再以男性的眼光思考问题，不再诉诸讽刺和幽默等手段——他们认为，女性天生不具备这两者，而且也培养不出。

现代消费是魏玛共和国黄金时代的一个标志，而"合理化改革"是另外一个。根本来说，这个词的意思是将科学方法应用于生产，以提高产量，减少人力。改进技术和管理水平，可谓风靡一时。企业将很多生产程序都合而为一，实现了机械化，并裁减了工人。超过700家机构——政府的、私营的以及公私合营的——参与了合理化改革的研究和规划。[49]尽管如此，20世纪20年代，几乎没有什么开创性的变革投入实际应用。自动填装水泥袋是当时一项重要的技术进步——对那些水泥厂工人来说尤其如此，他们在粉尘飞扬的环境中工作，容易损伤肺部——但也算不上什么影响深远的重大革新，不能给经济发展提供长期的动力。

美国是合理化管理的典范。[50]20世纪20年代，成百上千的商人、工程师和工会人士去往美国。他们很少关注美国的自然美景，很少前往新英格兰、西部海岸和南方探险。相反，他们在纽约登岸后，就直接去往中西部的工业区，参观美国在那里的生产设备。他们想要近距离观察全世界最发达的工业经济，考察并记录那里的创新技术，以及工业生产的管理革命，最重要的是流水线。即使对这些头脑冷静且对美国怀有偏见的德国实业家来说，生产的速度和效率还是把他们看得目瞪口呆。

他们在底特律见到了偶像亨利·福特（Henry Ford），参观了福特的海兰园（Highland Park）厂区和鲁日河（River Rouge）厂区，没有什么比这些更能吸引他们的了。在德国，福特的自传无数次再版重印，到处为人们津津乐道。他是美国的象征——一个白手起家的成功者、一位才华横溢的工程师，创造了一个强大的经济帝国。相比之下，德国显得停滞不前、顽固守旧。一个农家子弟创办了自己的公司，并跻身最杰出的企业管理者之列，在德国，我们上哪去找这样的人呢？找不到。德国的等级制度绝不会允许这样的事情发生。

弗朗茨·韦斯特曼（Franz Westermann）这样的工程师滔滔不绝地谈论福特之行带给他的"强烈震撼"，"那个短时间内由人工创造的巨大生产设备，不仅体量和科技生产的方式引人注目，而且活生生的灵魂也是触手可及的……于是，就这么把我们吸进了它的轨道"。[51] 韦斯特曼盛赞这样的"工作节奏，将一切都裹挟而去，如同一个乐队能够引领行进中军队的步伐，甚至旁观者的步伐"；其他人则将生产过程描述成"交响乐"，或者一种"精神纽带"。每个工人都清楚自己的角色，他们组合在一起，构成一个壮观的整体。[52]

韦斯特曼谈论的是流水线——福特的伟大发明。有些评论家意识到这种工作的单调性，但也有些人声称，这种流水线不如其他形式的生产劳动那么辛苦，因此对工人是有好处的。不管怎样，单调乏味似乎是一种有益的妥协，换回的是高工资和大众消费带来的荣耀。美国工人有能力购买耐用消费品，这是任何一个德国工人不敢想象的。这也是美国人的一大创造，因为流水线生产的低成本意味着，在似乎无限大的美国国内市场上，可以销售相对廉价的商品。来自德国的参观者——实业家、工程师和工人代表——全都惊讶地发现，美国工人能够购买一座房子，甚至还有汽车，从低廉的福特 T 型车到更加昂贵的纳什（Nash）汽车。[53]

对有些参观者来说，在美国这个巨大的国内市场中，美国人格外关注服务品质，给他们留下了很深的印象。对于费利克斯·多伊奇（Felix Deutsch）——德国电气工业巨头通用电力公司的主席——来说，这是美国最大的成就：顾客就是国王。在回答《福斯日报》（*Vossische Zeitung*）的问题时，他写道，在美国，所有的谈话、所有的经营方针、所有的企业介绍中，给人留下印象的就是优质服务的重要性，就是要瞄准顾客的意愿和心理。

在美国，专注于服务质量几乎成了一种商业宗教。这不是口头说说而已，而真的是现实。在美国的任何一家商店，你享有的服务都是一流的，即便店员忙活了几个钟头，给你展示各种各样的商品，最后你离开时什么也没买，这种用心的服务依然不会停止。还有让人感到很奇妙的，就是商品售出后，如果你发现不合适，店家乐意为你更换，或者接受退货。[54]

多伊奇很清楚，这些都不会发生在德国，如同一个农家男孩永远也不可能跻身顶尖企业家之列。

但是，德国访问者中，很少有人能看到更深入一些的问题，能发现美国社会巨大的贫富差距，尤其是种族分裂现象。特别是德国实业家，他们很少受到福特严重的反工会政策、种族主义和反犹主义的困扰。他们在20世纪20年代看到的是"美国的制度"，这种制度在20世纪50年代和60年代将达到顶峰——高技术、低成本生产；大规模销售；高工资。

这是一种令人击节赞叹的模式，需要仔细观察。但这种模式能在德国成功复制吗？很少有人觉得可行。很多实业家和工程师指出，德国缺少美国这样巨大的国内市场，也不可能提供美国那样的高工资。此外，他们还声称德国人从事的是"高品质工艺"（*Qualitätsarbeit*），有赖于拥有高技能的工匠和高精度劳动。德国的企业家、工程师、心理学家和社会学家不会采用流水线的生产方式，而是专注于时间-动作研究（time-motion studies）和心理学的技术，以提高劳动效率。这些"改造"现代工人的措施涉及现代心理学，涉及生产技术和组织的变化，而这些又会大幅减少技术工人劳动过程中的自主性。工人们要接受测试、观察、培训和管理——一刻不停。结果，经理掌握了更大的权力，而劳动的节奏加快了。

这样一种模式——如同亨利·福特的高工资-高消费模式——的回报，是所有人都能享受到经济的繁荣。正基于此，加之社会民主党人专注于技术，他们因此就支持合理化改革。但相应的社会福利却从来没有出现过，至少没有达到让广大劳工阶层普遍受益的水平。当然，大公司为了留住工人，会设置一系列的福利项目。但是，一些重要的福利——比如公司提供的住房——通常只限于劳工中的少数精英。对大多数人来说，福利只限于运动队、公园和运动场、教堂、文化活动、报纸和娱乐协会等。这些都是由公司资助的，目的是提高员工对公司的忠诚度。公司往往会在女性——这里指的不是女性员工，而是男性员工的妻子——身上煞费苦心，是基于以下理念："有序家庭"（orderly family）被普遍视为社会的基石，而女性是家庭的看护者。如果有人能教她们如何更有效地处理家务，她们就能从中获益，也意味着能够用好男性员工带回家的工资。一个温暖舒适、高效合理的家庭，能够让男人得到休息，恢复精力，如此他们才能站在钻床旁、矿井煤层中，或者炼铁高炉前，日复一日地勤恳工作。

合理化改革远没有给工人带来富足，反而使他们的生活更加困难。工人工资在1924年和1929年之间确有上涨，但失业率也在上升。那些在岗的工人发现，快节奏的工作使人精神紧张，而且损害了他们的健康。如果有任何人表示不满，就立刻有人告诉他，外面还有成千上万的人在等着，随时取而代之。在一家黄铜铸造厂，20世纪20年代末的员工规模是1923年的60%，而产量却提高了50%—60%。1922—1928年，鲁尔矿区的劳工人数减少了33%，但产量有了大幅度的提高。[55]1926—1930年，由于采用了一项增效措施，在单位工时的生产率方面，金属加工提高了25%，采矿增加了18%，碱性钢（basic steel）增加了15%，化学制品增加了13%。[56]这是如何做到的呢？在矿区，由于采用了长壁开采法（longwall mining），即大量工人在一个狭长矿层区段作业，一方面经理们可以更持续地监督工人，另一方面可以更广泛地使用由电力驱动的新机器。两方面——对劳动过程更为严密的控制和机械化水平的提高——的合力作用下，产量提高了，工人却减少了。计件工作在整个工业界推广开来，远超流水线的普及程度，这也许是为了提高生产效率而采用的最重要手段。这也意味着对劳动的剥削更严重了。计件工资总是少得可怜，工人们不得不越来越快地工作，不断提高效率，才能拿到合理工资的一半数额。健康的代价是很高的——工作节奏加快，时间加长，导致了更多的工伤事故，有时是非常严重的事故，例如截肢、肺部受损和烫伤。工业劳动还像以前那样，工作时间长，劳动强度大，工作环境脏乱，而且变得更加紧张、更加危险了。

女工面临的环境更为可怕。1928年，纺织工人工会组织了一次征文大赛，要求女性会员就自己的生活撰写文章。稿件大多来自那些（从某种意义上说属于）劳工运动中的活跃分子，不能代表女工这个广大的群体。然而，这些文章编成了一本文集，名为《我的工作日，我的周末》(Mein Arbeitstag, mein Wochenende)。这提供了一个绝佳的机会，使我们有机会洞察魏玛时代女工的生活状况。[57]

女性描述了自己单调刻板的日常生活，闹钟、工厂的口哨、纺织厂机器的敲击声，还有做不完的家务活，这些东西主宰了她们的生活。她们表述了一个睡眠不足的国家：从来得不到充分休息，醒来时总是头晕无力。通常在早晨5:30，甚至更早起床；到了夜里11:00才能上床睡觉，甚至更晚。她们站在轰鸣飞转的织布机或纺纱机前开始工作之前，已经先在家里整理好了床铺，扫了地，擦了灰尘，做好了早餐，洗好了碗碟，叫醒了孩子，并让他们做好了上学的准备。有些人午餐时间还要跑回去，伺候家里的孩子、父母和兄弟，为他们把热腾腾的中午饭菜摆上桌，然后又跑回工厂，正好赶上下午上班的哨声。如果有工友需要抽空把一个奶油卷狼吞虎咽地吃下去，或者跑去卫生间，这位女工就得一边操作自己的机器，同时还得帮工友照看着机器。一些女工整天都得站着；还有一些得弯着腰照看机器，非常难受。她们所描述的工作条件和身体病痛，与19世纪英国工厂早期的情形相比，没有多大差别。"每天下班时，感觉快累死了，简直是筋疲力尽。"其中一个女工写道。[58]晚上回到家，她们还得准备晚餐、洗碗、叠衣服、照顾孩子。工资，特别是女工的工资，并不足以养活一家人，计件工资只会让她们生活和工作的节奏更加狂乱。

每个人都得为家庭出力,如果父亲或丈夫丧失了劳动能力,或者丢了工作,一家人的处境就真的很艰难了。周六有半天的时间要在工厂劳动,而周日的大部分时间都被家务活占据了。如果碰到洗衣服的那天——有些家庭洗衣的间隔时间很长,每四周或六周一次——那整个周末也就没有了。而男人们——无论是兄弟、父亲,还是丈夫——都要有人伺候他们吃饭,替他们洗衣服;极少有女性提到父亲在家做饭,或者丈夫能帮着做家务。居住空间常常拥挤不堪:

> 我们是个六口之家,有一个9岁大的男孩,三个女儿都已成人,一个19岁,一个25岁,还有一个28岁。一大家人挤在两间屋子里……就是到了夜里,家里也不得安宁,总有人打搅到别人。床铺——我们只有4张——都是一张挨着一张,要睡觉的话,就得从睡着的人身上爬过去。如果有人病了,情况就更糟了。[59]

孩子们独自留在家里的时候,母亲们都很担心,她们渴望带着孩子出去走走,而不是赶着去工厂上班。晚上,她们只想安静地休息,但这是不可能的:

> 生火做饭,检查孩子的功课,还要为明天洗菜做饭,把床上的铺盖拿出去晒一晒,为家人铺床,连续多日冲洗地板,清洗碗碟——这一切都做完,肯定已经8点了。这时,终于到了我等了一整天的幸福时光。我有一个钟头的时间,可以吃晚餐,看报纸。抬头看看钟——9点了。我觉得困了,孩子也睡了,我真想上床躺下,但不行。我的活儿还没干完。我得搬出缝纫机……因为我们家人的衣服,多数都是我做的,所以不能把所有的事情都留到周六下午,或者周日。虽然我领的是计件工资,但工厂的工作只够我们勉强糊口。[60]

碰着她们上夜班，回到家时，丈夫和孩子们已经睡了，留给她们的家务活要一直干到凌晨。就连小孩子也知道大人一周工作的节奏，盼着周日，父母亲能在家里陪陪他们。[61] 但疲惫一直如影随形："我一直都这样说：对工人来说，最美好的东西（不是所有人都能拥有）就是一张床。至少睡着了，也就没有烦恼了。"[62]

由于失业人口激增——即使在共和国所谓的黄金岁月中也是如此——年轻人要在劳动力市场找到立足之地，变得极其困难，甚至毫无可能。同时，年纪大些的工人并不总是能够跟上这种新的、越来越快的工作步伐。就在大萧条开始前，洛伊纳（Leuna）化工厂的管理层确定了解雇员工的标准，针对的是那些"超龄和低效的工人"，同时留住"精力旺盛的年轻人"[63]。克虏伯公司一位管理人员感到很难过，公司必须解雇那些上了年纪、忠心耿耿的熟练工人，但这么做是别无选择，因为"新的管理方法提出了更高的要求，而他们的劳动效率跟不上，严重拖累了公司的生产"[64]。共产党对德国的合理化改革做如此描述："采用美国工厂的管理方法和剥削手段，获取美国的利润水平，却不按照美国的标准发工资，德国人领到的工资还不够温饱。"[65]

◇ ◇ ◇

德国高度现代化的经济不仅依赖产业工人的劳动，还需要办公室和实验室中训练有素的技术人员。第一次世界大战爆发前不久，白领工人就已经被"发现"了。埃米尔·莱德雷尔（Emil Lederer）在1914年前，以及汉斯·施派尔（Hans Speier）、特奥多尔·盖格尔（Theodor Geiger）、西格弗里德·克拉考尔等在20世纪20年代——这些人都是目光敏锐的观察者——发表了开创性的研究成果。[66] 但之后的形势又发生了很大的变化：1885年到1925年，白领工人的人数增加了5倍，而体力劳动者增加了不到1倍。令人吃惊的是，1930年，只有1/5的工薪职员从事与父辈类似的职业。[67] 换言之，白领劳动是德国少数几个能够实现社会阶层跃升的领域。

　　他们有别于那些传统的中产阶级——店主和技艺娴熟的工匠,两者依然在总人口中占有相当大的比例。根据 1925 年的人口普查,3580 万德国劳动人口中,独立的私营业主以及"辅助他们的家庭成员"大约有 1100 万人。但这 1100 万人中,有 700 万人是农业领域的从业者。那么,在制造业、商业和专业领域,大约只剩下 400 万名独立的私营业主。[68] 其中,很多是店主和匠人,他们一般都拥有自己的店铺和作坊。正如施特雷泽曼以及几乎所有社会民主党右翼观察家所声称的那样,他们都是"独立"一词所具有的神圣特质之化身,是德国社会所谓的中流砥柱。但他们现实的境遇常常是悲惨的,而这不仅是通货膨胀造成的。他们人数相当庞大,经济上长期受到工业制造商和大规模零售商的压制。到了 20 世纪 20 年代,这些制鞋或做帽的匠人中,很少有人能和那些每天产量成千上万的工厂一争高下。没有多少成衣店能够在价格和货品上,与朔肯和韦特海姆等这些百货商场竞争。在魏玛时代,传统中产阶级中的很多人,在政治上逐渐右倾,最终转向了纳粹阵营——纳粹对他们的培养可谓不遗余力。

　　新中产阶级在 20 世纪 20 年代和 30 年代初引起的议论最多——恰恰因为他们是新生事物。他们的人数在 1925 年的人口普查中达到了 530 万,超过了 400 万的传统中产阶级和独立职业者。[69] 和大多数的产业工人一样,新中产阶级也是依附于公司的职员,是工薪阶层——即便有人认为薪水是他们地位高于体力工人的标志。西格弗里德·克拉考尔在《雇员们》(*The Salaried Masses*)一书中,描述了他们严谨有序的工作制度。[70] 从任何方面来看,现代办公场所如同军营,既纪律严明,又等级森严。雇主和经理视下属的服从为第一要务。他们首先要对那些潜在的员工进行一系列的能力测试,再决定是否录用。要进入销售岗位,年轻女性的行为举止必须和蔼可亲;要获得银行和大公司的文秘职位,她们就得表现得彬彬有礼、毕恭毕敬,还要能熟练使用打字机和电话机。如果她们的打字速度达不到标准,公司就会给她们安排授课，同时播放军乐。根据克拉考尔的描述，在此氛围中，这些女职员感到不知所措、胆战心惊。

与经过合理化改革的工厂一样，现代办公场所也是大而枯燥的地方，日常工作实现了自动化和专业化。由于员工人数众多，很少有经理能记住下属的名字，更别说他们个人的生活细节了。员工如同线列步兵（line infantry），是一个默默无名、服从命令的群体，就像人们熟知的德国人的形象，对上司俯首帖耳、言听计从，对下属则肆意蹂躏。工作已经完全自动化了。打字机、计算器、自动开/封信机、地址印写机和打卡机，一齐嗡嗡作响，资讯通过气压运输管，从办公区的一端射向另一端。在会计部门，年轻的女员工一连几个小时，坐着在穿孔卡上打孔，看卡片落入制表机（现代计算机的前身）中。[71] 打字员是成不了财会专家的，销售员也做不了办公室文员。随着办公室实现了办公自动化，越来越多的女性职员加入进来——同时，办公室工作的地位也逐渐下降。平均来说，白领女雇员的工资大约是男性的2/3。[72]

现代办公室是等级极其森严的场所。公司声称向员工提供晋升的机会，但这样的机会通常很少。居于公司顶层的，都是地位不可撼动的精英人士，由家庭出身、教育背景、社会地位和阶层属性联系在一起。他们可以一直待在自己的岗位上，等到年纪大了，再舒舒服服地享受退休生活；然而，很多职员和他们的蓝领同事一样，因为无力跟上越来越快的工作步伐，到了40岁就会被解雇。

与此同时，公司也提供各种社会福利，举办各种提振士气的活动，以赢得白领职员对公司的忠诚。克拉考尔谈到了一场穿过柏林街道的赛跑活动，每个参赛队都代表德国的一家大公司——这是一种廉价的广告宣传活动，也增强了员工对公司的凝聚力。他引用了某公司的内部简报，内容大致是该公司集体外出，前往公司的划船俱乐部：

在划船俱乐部这样的环境中，［就如同］家庭聚会一样……各色人等，穿着五颜六色的衣服，很多都是公司高层的先生们，带着各自的女眷……而且,尤其荣幸的是,董事会主席——第十世枢密院顾问(Privy Counsellor X)——也莅临现场,他向一对对翩翩起舞的情侣点头致意,看上去非常轻松愉快。大家毫不拘谨、没有隔阂,人们为了下一代的荣耀和快乐、纯粹作为平等的人在一起联欢。"优雅而不拘礼节"是晚会的口号。[73]

对此,克拉考尔忍不住作了一段注解,颇有讽刺意味:"很难判断,哪个更可悲:将这一欢乐的场面与纯粹人与人之间的联欢混为一谈,还是为人与人之间隔阂的消失而欢欣鼓舞。也许,并非所有人都有这样的好运,能在如此场景中,感到自由自在。"[74]

此外,工薪职员与产业工人之间的裂痕,也同样巨大。所有中产阶级的家长都坚定地认为,他们的儿子和女儿应该通过婚姻进入上层社会,绝不能堕入底层。这些新中产阶级的工作场所也尽力凸显出某种资产阶级的行为举止。一家百货商场的宣传册就指出,很多员工住在拥挤阴暗的公寓里,与那些没受过多少教育的人来往。

> 商场里,雇员们大多可以在灯火通明、令人愉快的房间里工作。与那些举止优雅且受过良好教育的客人接触,可以不断给雇员带来新鲜刺激的感觉。那些年轻的女实习生原本大多笨手笨脚、忸怩拘谨,但很快,她们的行为举止、待人接物就变得很恰当妥帖,对自己的谈吐和形象都很在意。她们在工作中需要各种能力,这拓展了她们的知识范围,使她们受到了更好的教育。这有利于她们跻身更高的社会阶层。[75]

克拉考尔指出:"德国资产阶级社会明显热衷于通过某种——或许只是虚构的——等级,让自己高人一等,这妨碍了工薪职员阶层内部的团结……例如,产业界的技术类职员和经营类职员之间,出现了很深的裂痕,望之赫然在目。"[76]从事经营活动的职员对同属一家公司的技人员不屑一顾，而技术类职员认为，只有自己真正推动了生产发展。政府公务人员则又瞧不上私营企业的那些雇员。很多白领职员是工会成员，但未必与体力劳动者团结一心；经济大萧条虽然造成了巨大的破坏，但并未削弱白领职员对于身份地位的迷恋，无论这些对于改善其实际生活多么无足轻重。

◇ ◇ ◇

几十年来，从事农业生产的劳动人口比例不断下降。但从1925年的人口普查结果来看，从事农业和林业劳动的人口占到了30.5%，依然是很大的比例。[77]德国各地的农业情况千差万别，很难一概而论。任何地区都不止一种土地所有制和社会制度——当然，主流的趋势还是存在的。在东普鲁士地区，大田庄——施行佃农制或分成制，或者雇用农业工人——依然占主导地位，虽然也有很多拥有土地的小农户。萨克森（Saxony）既有大型田庄，也有自耕农土地。德国的南部和西南部主要是拥有土地的农户，乳牛养殖业占主导的北部和西北部地区也是如此。所有农户都痛恨市场体制，痛恨战争期间强制施行的价格管制——战争结束后，管制断断续续维持了几年。面对这些，他们大多都会钻空子、打折扣、搞破坏，参与黑市交易，毫无愧疚之意。[78]对所有这些农民来说，最大的本钱就是手中握有人们趋之若鹜的基本物资。价格管制和通货膨胀造成了市场的扭曲，农业因此得到了相对较多的权力，但众多试图重振经济的官员——尤其还包括那些城市居民——感到十分恼怒。在所有危机肆虐的时刻——1918—1919年、1920—1921年、1923年——各种传闻甚嚣尘上，都是有关农民如何大量囤积粮食、肉类和奶制品的。他们囤积居奇，有时就是为了卖出高价，或者换回价值不菲的货品。随着世界商品价格体系的崩溃，农业也于20世纪20年代中期跌入危机。所谓"黄金时代"，当然也就与魏玛的农业无关了。农民们立刻就把怨气都撒在了社会主义者和犹太人身上。

债务缠身是农业的祸根。农民在通货膨胀期间终于摆脱了债务，但旋即又身陷其中。交易条件有利时，他们急于购买更多土地，投入了大量资金。但之后，农产品价格急剧下跌，他们损失惨重，再也无力偿还抵押贷款。而且，他们还为劳动力短缺而苦恼，尤其是那些女孩和年轻女人越来越少，她们越来越不愿意忍受艰苦的农业劳动。在农场中，这些女孩和女人得忍受每天十六七个小时的农活、肮脏的环境、肩扛手举的负荷，还要时刻受到农场主夫妇的严密监督。1918年德国革命中，政府废除了残酷压榨工人的劳动法（*Gesindeordnungen*）——该劳动法几乎使农业雇主拥有封建领主一般的权力，任意压榨农场的工人（无论男女）。但实际上，情况未有多大改观，有些方面甚至每况愈下。在政府官员和农场组织的推广与督促下，集约农业——某种程度上是农业领域的合理化改革运动——风行一时，成为应对农业危机的对策。政府官员、内科医生和社会工作者设计编订了一些课程和宣传手册，用来教会女性如何以直立的姿势挥动锄头，搅制奶油。使用这些技术，一方面是为了减少女性背部的酸痛之感，提高她们的劳动效率；另一方面，则希望能提高农业产量，女人能多生孩子，德国国内的粮食供应能更加充沛。[79]

但是，这些都毫无效果。对集约农业和劳动力合理化改革的呼吁，恰逢乡村劳动力短缺之时。令农场主和官员们忧心忡忡的是，数以万计的年轻女性开始逃离乡村，来到工厂和城市。这里的工作也未必轻松，但至少不会被雇主一刻不停地盯着。因此，她们感到自由一些，而农场主和官员们则把农业的危机归咎于她们。他们声称，年轻的女人们在城里过着风流放荡的日子，而国家繁荣的根基——健康的农业和兴旺的家庭农场——却遭到了破坏。但年轻女性对这样的看法，几乎无动于衷。在农业区和工业区毗邻的萨克森，新的城市女性——有的几周前方才离开乡村——就开始瞧不起那些乡下女人了，即那些还在打扫牲畜圈舍、铲屎清粪的女人。[80]

◇ ◇ ◇

所有魏玛共和国中期积极的经济迹象——高水平的生产、消费需求的增长和技术革新——在1929年和1930年之交的冬天戛然而止。1929年10月，美国证券市场崩盘，引发了银行业的危机，很快就波及德国，因为美国银行开始收回短期贷款。金融危机迅速演变为急速下坠的生产危机，公司开始解雇员工，政府财政收入下降，市场需求直线下滑。到了1932年年初，登记失业的德国人达到了600万之多，约为整个劳动力大军的1/3。但是，统计数据可能没有将另外200万"非正式"失业人员计算在内。因此，如果加上这些人，失业人口几乎达到了令人难以置信的40%。德国的失业率甚至超过了美国。有些特定行业的失业率情况甚至更糟：钢铁业达到了41.9%，机械制造业是48.9%，造船业则为63.5%。德国国民生产总值在1928年达到了8848.6万德国马克的高点，而这个数字在1932年则大幅下滑至5554.4万德国马克。[81]

一战结束十一年之后，在经历了通货膨胀和稳定局势的六年之后，德国人又迎来另一场危机，造成了极其严重的后果（图4.2）。经济灾难再次迅速演变成一场多方面的政治冲突，这场危机关乎魏玛体制的存亡绝续。就在所有政策辩论的表象之下，潜藏着一些根本性的问题：这个自由共和国能否应对国家面临的巨大经济困难？抑或，共和国正是部分原因所在？尤其在那些对魏玛虎视眈眈的右翼看来，大萧条（德国人更习惯称之为世界经济危机）提供了一个千载难逢的机会。现在，右翼又能卷土重来，图谋推翻共和国。

转眼间，失业保险基金就入不敷出、难以为继了，随后就出现了最初争论的焦点（第3章已有所讨论）。由于不能在削减福利还是增加税收的问题上达成一致，社会民主党领导下的政府便宣告解散。1930年春天，兴登堡总统任命天主教中央党的海因里希·布吕宁担任政府总理。他面临着整个政府迫在眉睫的破产危机。财税收入急剧减少，而

图 4.2 大萧条时期一个提供食物的救济点。右边两个男人还努力保持着整齐体面的穿戴,尽管衣服看上去都很破旧。也许,他们也是大批失业白领中的一员。

政府的信用水平又很低,无法在国内或国际资本市场融资。德意志帝国银行虽然刚刚摆脱了协约国的监督,但施行的仍是限制性货币政策(实际上是在依法行事),因此不可能像1922年和1923年那样仅靠增加货币发行量,来为政府履职提供资金支持。此外,为走出危机,布吕宁遵循的是当时比较传统的经济智慧,即采取通货紧缩政策。政府必须缩减各项公共开支,企业必须削减劳动力成本,物价则必须下跌。经济一旦以这样的方式触底,企业又会产生投资冲动,而经济在更加健康的基础上就会开始复苏。尽管各方提出了各种各样的建议——尤其在大众媒体上——用来制订促进就业的计划或者相关经济政策(日后被称为由政府投资拉动的凯恩斯主义经济政策),但一律遭到了布吕宁及德国精英阶层中此类保守势力的反对,全都未予采纳。[82] 即便社会民主党人也认可紧缩政策的必要性,只是在责任分担问题上提出了不同意见。几乎所有人都对 1923 年的经历心有余悸：在他们看来，比起政府施行的紧缩政策，通货膨胀的风险要可怕得多。和美国的赫伯特·胡佛一样，布吕宁也将为自己目光短浅的政策付出政治代价，但在德国，这种政治后果剧烈得多，也可怕得多。

1930 年春到 1932 年春被总统解除总理职务期间，布吕宁基本上根据《魏玛宪法》第 48 条依政令治国。这是整个政治体系完全瘫痪的结果，此时无论通过选举还是立法，都无法形成有效多数，无法通过任何应对大萧条的系列政策。社会民主党人此时死死抱着千疮百孔的共和国，对政府的举动也就睁只眼闭只眼了。但布吕宁生性就适合独断专行，他认为借此机会，就能从根本上将共和国改造成威权主义国家。他也生性擅长施行通货紧缩政策，这套政策帮助产业界逃过了一劫，却把越来越沉重的负担强加给了广大民众。的确，工人薪水在"黄金年代"的最后阶段获得了增长，公司也依法支付了巨额费用，用于社会福利开支，例如员工培训费用，以及用于失业、医疗和工伤事故保险的税费。这是德国长期推行社会福利政策的结果，这些政策在共和国期间得到了很大的发展（即便在 1923—1924 年也没有完全废止）。政府的社会福利开支非常庞大，比 1914 年之前要高很多，甚至高于发展水平相近的发达国家。1913 年，社会福利占到了德国所有公共开支的 19.3%；而在 1929—1930 年，这个比例达到了 40.3%。[83] 这些社会福利在 1945 年后的西欧就十分普遍了，但值此经济相对停滞、经济危机时有发生的时代，要想继续推行这些福利政策，是非常困难的。但这并不是大萧条的诱因，人们最终发现真正的原因是市场需求的大幅下降——紧随美国股市崩盘引发的金融危机之后。[84]

因为有了独断专行的便利，布吕宁就提高了税收，削减了社会福利，大量裁减政府雇员，降低留用者的工资，压迫地方政府平衡自己的预算收支。1932 年，接着走马上任的是弗朗茨·冯·帕彭，他大致延续了布吕宁的政策，且变本加厉（第 9 章将对此有所讨论）。共和国末任总理库尔特·冯·施莱歇尔在任时间只有一个多月，用来另起炉灶、推行新政是不够的。总的来看,在政府的财政紧缩政策之下,银行业和制造业的双重危机造成的破坏更加严重。对很多德国人而言,大萧条意味着又一场社会灾难,造成了直接的恶果,不到20年间,这已经是第三次了。他们的生活条件再次一落千丈,按计划过日子的能力再次被击得粉碎,希望也再次破灭了。他们靠着失业保险,维持了将近一年的生活,接着就是福利了。正如德国的一句俗话所说:"太多了,死不了;太少了,活不了。"

1932年,年轻的社会学家玛丽·雅霍达(Marie Jahoda)、保罗·拉扎斯菲尔德(Paul Lazarsfeld)和汉斯·采泽尔(Hans Zeisel)——三人很快就逃离了纳粹德国,之后分别在英国和美国成就了辉煌的事业——观察到了受到失业严重冲击的马林塔尔(Marienthal,维也纳城郊的工业区)地区民众的生活。这里是奥地利,不是德国,他们观察到了失业造成的社会和心理后果,并提出了自己的见解。这些观察和见解在距离调查地点很远的地方,也产生了共鸣。在德国,任何工业城镇或村庄的情况都与此无异。[85]

三位社会学家描述了当地人都拼命想弄到足够的食物和衣服,都是狼狈不堪的样子。只有社会福利正常发放时,孩子们白天才有午餐带去学校,否则就得挨饿。最艰难的时候,有的家庭依然能团结一心,维持做人的体面;另一些家庭则劳燕分飞、分崩离析了。男人们酗酒成性,喝得越来越多;女人们也苦不堪言,能吃能用的东西越来越少,养活一家人的担子越来越重。有些男人干脆就不辞而别,或者外出找工作去了。人们都在学着养兔子,居然风行一时,或者迫于无奈,在贫瘠的地块上自己动手,种起了蔬菜。猫狗都不见了踪影,都被那些营养不良的人杀了,做成了盘中餐。[86]

大萧条对社会和心理也造成了严重破坏。贫穷与绝望的交困之下,人们被折磨得精疲力竭。三位社会学家将书中的一章定名为"一个疲倦的社群"("A Weary Community"),这是恰当的。马林塔尔的居民全都变得无精打采。没了工作,男人们也就不成样子了,一天又一天,都成了空虚的日子——一分钟、一小时，就这么反反复复，一切都混沌不清。日子长了，他们走路逐渐慢了下来，身板也佝偻起来。周围的一切也破败不堪，工厂如今一片混乱，以前精致整洁的公园现在到处杂草丛生。虽然有家公共图书馆，人们也有大把的时间，但极少有人去那儿，就连阅读也变得毫无意义。曾经兴旺的文化组织，也无人问津了。男人要么就在床上躺着，一躺就连着好几个钟头，要么就在楼梯上和院子里无聊地打发时间。"再也没什么要紧的事了，他们都忘了匆匆忙忙的样子了。"[87]

可是，女人的生活还是按部就班：她们还得做饭，打扫卫生，照看孩子。而且，她们要干的活反而变多了，负担更重了，因为她们必须出门讨些吃的和烧的，衣服破了得自己缝补好，还得从外面拿些衣服回来洗，好歹给家里多少挣点。虽然她们以前在工厂时，活也很累，但回到家里，还是能把家务给做完。很多女人还是想回工厂上班。"我要是能回工厂的话，那一定是生命中最幸福的日子。不光为了挣钱，现在每天困在四壁之内，感觉不到自己是不是还活着……自从工厂关了门，日子越来越难熬了。一日三餐，到底有什么可吃的，你得绞尽脑汁。手里这点钱，管不了多久。一整天，你都把自己关在屋里，哪也不去。"[88]

对那些失业的中产阶级来说，日子也好不到哪去。绝望感已深入人心。白领雇员工会联合会（Federation of White-Collar Employee Unions）发出了调查失业的问卷，克拉考尔的研究显示，得到了这样一些反馈：

39岁，已婚，有三个孩子……已经三年没挣过一分钱。未来？要么工作，要么去精神病院，或者直接拧开煤气算了。

战争前，有几家自己的公司；战争爆发后，我参了军，公司就关了。打完仗回到家，妻子死了。我所有的积蓄都被国家这个巨大的骗局（通货膨胀）给偷走了。现在，我51岁，走到哪儿，都听见别人说:"我们不雇用这个岁数的人。"我最后要走的一步,就是自杀。德国政府就是谋害我们的杀人犯。

我的精神崩溃了,有时想要自杀。而且,不再相信任何男人。38岁,离异,四个孩子。[89]

有时,失业的白领们会尝试开家店,或者做个经销商,靠佣金活着。但他们最后都穷困潦倒,就像有个人

挨家挨户乞讨,生活水平急转直下,甚至还不如工人,〔虽然〕是个独立的私营业主,但这种独立意味着自己必须独自承受痛苦,享受不到工薪者的社会保障。[90]

这就是共和国末期真实的生活,这是全球性现象——世界经济危机;在国家层面,也是由1930—1932年掌权的德国右翼政府推行的政策造成的。

◇ ◇ ◇

第一次世界大战结束时,德国人和其他欧洲人一样,渴望回归正常的生活。对很多人而言,这就意味着战前那个价格稳定——至少只略有上涨——的世界。身处其中,债券持有者清楚自己的投资回报率是多少;房主们能清楚地算出按揭贷款要还多少,租金能收多少;那些有存款账户的人可以高枕无忧,万一家里出了急事,他们都确定自己是有保障的;工薪族也清楚工资够不够吃饱饭,能不能保证有房住。但他们没有盼来战前的稳定生活,反而遭遇了战后的动荡不安。当然,他们也有过荣耀的时刻,那时,德国人可以在华丽的商店和百货商场中纵情消费。和任何市场经济一样,有些人就善于抓住转瞬即逝的机

会投机获利。即使在通货膨胀和大萧条时期，依然有钱可赚。

但通货膨胀和大萧条总体上还是造成了巨大的破坏，给民众带来了巨大的痛苦。德国人此前从未见过1922—1923年那样的恶性通货膨胀，也没见过1930—1933年那样的经济大萧条，严重程度超过了他们的很多欧洲邻国。没有任何国家像德国那样承受了战争赔款带来的政治和经济的双重重负。别国的工业化很少达到德国那样的高水平。因此，危机袭来时，很多意大利的——甚至法国的——工业工人可以回到乡村的家中。但总体来说，德国工人祖祖辈辈离开乡村的时间太长了，已无法在乡村找到容身之处。20世纪30年代的乡村生活也绝非天堂，但城市发达地区的艰困造成了特有的物质和心理代价。德国人刚刚走出战争，此时又遭遇了经济危机，他们感到紧张不安，最渴望的就是安全感。通货膨胀和经济萧条是不同的经济现象，但日常生活因此难以精打细算，未来也无法预测，一切都乾坤颠倒了。人们对共和国越发感到厌恶，容易被振兴德国的承诺所诱惑，还要找出导致这一切的罪魁祸首——所有这些强烈的冲动都是由他们的痛苦经历所引发的，首先是恶性通货膨胀，其次为经济萧条。

历史有可能重写吗？当然可以，可是对德国的围堵非常厉害。第一次世界大战结束后，出现了沉重的战争遗留问题。战争费用问题要留待战争结束后解决，德国不仅要负担本国费用，还要以赔款的形式承担协约国的开销。协约国政府一味地维护本国利益，利用了国内选民的复仇情绪，但这样的政治既不高明，也不会有好的结果。协约国的政策只会削弱德国的民选政府，使任何进步都无比艰难。长期的经济趋势——1914年之后，经济从高速增长转入相对停滞，直到1945年之后才又振兴——并没有给宏观经济政策的出台提供有利的环境。而且，每每在关键时刻，魏玛没有出现在经济方面具有想象力和创造力的领导人。政府和德意志帝国银行推出的政策，对恶性通货膨胀和经济萧条只起到了推波助澜的作用。

但是，魏玛时代的大势也是政策选择的结果，大的工业和金融业利益集团对经济的影响力过大。1918—1919年的革命时期，社会民主党采取的政策更为有力，也更具想象力，原本能对大企业有所制约——毕竟，这些大企业不仅是反社会主义的，而且大体上也是反民主的。但是，社会民主党把宝都押在了工业生产的迅速恢复上，这必然意味着他们会维护企业的利益。企业、工会和政府三方都支持通货膨胀政策，于是，通货膨胀就一飞冲天，迅速发展为恶性通货膨胀；在接踵而至的危机中，企业又开始强势起来，逐渐取消了很多革命期间取得的社会成果。大萧条期间，一个右翼威权主义政府还推出了同样得到企业界支持的通货紧缩政策。当然，并非所有的企业都能兴旺红火。它们也要面对形势无法预测的难题，很多企业做出的测算都不准确。但无论魏玛为企业的利益做出何等让步，这些企业从来对魏玛就没有任何好感，即使年景最好的时候，也是如此。

很多德国人都把这些危机归罪于共和国、社会主义者和犹太人，但真正的罪魁祸首就在他们眼前。这就是德国右翼势力，其中重工业和大金融利益集团发挥了主导作用；右翼推动出台了通货膨胀、经济稳定和通货紧缩等政策，使很多德国人的生活雪上加霜。

第 5 章

建设一个新的德国

1920年，艺术家赫尔曼·芬斯特林（Hermann Finsterlin）写道："如果你对不可能之物毫无渴望，又如何能得到可能之物呢？"[1]他是建筑师和艺术家群体中的成员，这个群体的领头人是布鲁诺·陶特。这个群体的成员间，彼此以书信往来——他们称之为"水晶链"（Crystal Chain）——表达对未来的想象和希望。身处革命热潮之中，他们想象了一个由艺术主宰的世界。人类伟大的艺术成就不再只是浮于日常世界表面的装饰，也不再只是对琐碎日常生活中美丽事物的惊鸿一瞥。艺术将渗入个人和集体生活的毛孔中，能够影响社会，重塑人性。艺术和生活将融为一体。

很多"水晶链"艺术家和建筑师都是表现主义的倡导者，这种恣意蔓延、结构松散的艺术风格探寻个人和社会的心理深处，经常表现的是暴力和迷惘的痛苦经验。用色大胆粗犷，人物形象抽离了所处的环境，这是很多表现主义绘画的特征（见彩图4）。但表现主义也具有乌托邦色彩，对一个和谐美丽的未来做了大胆的想象，这反映在"水晶链"作者的书信之中。表现主义的艺术感受始于绝望的低谷，发展到愉悦的高潮，使人想起第一次世界大战的伤痛和革命最初的荣耀与希望。这两段历史和两种感受——战争与革命、绝望与希望——点燃了画家、作家和建筑师的创造性想象。他们使艺术与政治一样，成为魏玛德国中一件"严肃的事情"。政治不在于营业税定于6%还是7%这么简单，那么，艺术也不只是对某个角落的装饰，或者对画布的描绘。魏玛艺术关乎人类存在的整体，沉浸于强有力的乌托邦想象，即一劳永逸地改变社会——以及人性。

到了 1924 年，一种新的、更为沉稳的艺术风格——"新客观主义"（New Objectivity）——已经出现了，对表现主义的激进风格提出了挑战，并使之趋于温和。新客观主义风格柔和、线条简洁，似乎更适合共和国的中期，这是一个政治相对稳定、经济强劲发展的时代。但表现主义绝没有从此销声匿迹，对很多处于创作活跃期的艺术家而言，他们的作品中看不出两种风格和两个时期的严格界限。尤其在建筑中，一些魏玛时代表现最为淋漓尽致的建筑——例如布鲁诺·陶特和埃里克·门德尔松的建筑设计——就融合了表现主义的乌托邦理想和新客观主义的内敛风格，表现出动态的张力（dynamic tension）。两位建筑师挑战了那些保守主义者；这些思想贫乏的建筑师对现代性感到局促不安，由他们设计而成的建筑总是不断诉诸历史。两人还挑战了瓦尔特·格罗皮乌斯这样的功能主义者；功能主义建筑师只会墨守成规、因循守旧，设计出的建筑几乎都那么刻板无趣，似乎将居于建筑中的人抛到了脑后。陶特、门德尔松和格罗皮乌斯，这三人集多产的作家与建筑师的身份于一身，都虔诚地相信他们设计的建筑——尤其是陶特的公寓住宅区、门德尔松的爱因斯坦塔和百货商场、格罗皮乌斯的包豪斯艺术学院——预示着新的现代时期的到来。这是一个富于创造力和活力的欢乐世界，一个与自然以及疯狂的工业化城市生活和谐并存的世界。他们的建筑表现了魏玛精神中最优秀的品质。

◊ ◊ ◊

陶特的职业生涯颇为坎坷，失意不断。他是一位训练有素的建筑师，曾经参加过很多设计竞赛，但第一次世界大战之前，他很少接到设计的邀约。1914 年，在科隆举办的德意志工艺联盟（Werkbund）展览上，他凭借极富创意的玻璃屋大获成功。他过着普通人的生活，有时日子也极其窘迫，主要生活在柏林和斯图加特（Stuttgart）。陶特的思想取向是那些潜在的客户所不能接受的，他们在政治和审美上古板而又守旧。相反，陶特是个了不起的人，追求艺术的兼收并蓄：在基督教式的灵性中、日本文化中、社会主义中，他寻求深刻的意义。他将所有这些思潮汇聚起来，虽然有些不太成熟，但有根红线贯穿其中：他相信一个更加人性化的社会是有可能创造出来的，而新建筑将在其中发挥引领作用。

作为坚定的反战主义者，他设法逃过了第一次世界大战中的兵役，但必须从事与战争相关的生产，因此在个人道德方面付出了代价。和很多艺术家一样，德国革命给他提供了威廉二世治下的社会中从未有过的机会。当时，他已是一名高产的作家，革命爆发后，又投入轰轰烈烈的运动之中。1918 年和 1919 年之交的冬天，陶特似乎参加了几乎所有的艺术宣言和组织，无论历时多么短暂。他和别人共同发起建立了艺术工作者委员会（Workers Council for Art），起草了难以计数的宣言，组织发起了研讨活动小组，出版了他此前多年无法问世的著作和绘画。

陶特在《阿尔卑斯山的建筑》（Alpine Architecture）——1917 年就开始撰写，直到 1920 年才出版——这本书中，以形象的方式表达了自己的理念。[2] 书中收录了那些狂放不羁的素描和油画，都是他想象中的瑞士阿尔卑斯山脉附近的建筑，有些甚至就坐落在那些大山之巅。陶特本人从未见过瑞士的阿尔卑斯山，他根据导游和艺术家对这片山脉的呈现，来创作自己的作品。他创作的意象表达出强烈的神秘宗教色彩。很多素描和油画都涉及朝圣、升天和救赎等宗教题材；在线条和色彩方面，这些画对人的感官也颇具刺激性，充满了性爱的象征意义。总体来看，《阿尔卑斯山的建筑》是对残酷的第一次世界大战的强烈控诉，是通过美好的事物——风景、设计和性爱——寻求精神的完满。陶特希望把人类置于这样一种环境之中，即瑞士阿尔卑斯山壮观的自然景致与人工的建筑技术能完美地融为一体。这是一种有机的和平画面，截然不同于第一次世界大战中，机械化战争对风景和生活造成的巨大破坏（图 5.1）。

很多相同的主题也会出现在"水晶链"书信之中，这是 13 位建筑师和艺术家延绵不断的书信往来，其中一些人继陶特 1919 年一鸣惊人

图 5.1 布鲁诺·陶特创作于 1919 年的《水晶山》(*Crystal Mountain*),选自他的《阿尔卑斯山的建筑》一书。陶特幻想在阿尔卑斯山上修造玻璃和水晶建筑,创造一个融会自然与人工之美的乌托邦。Stiftung Archiv der Akademie der Künste, Berlin. © Erbgemeinschaft Bruno Taut.

后，也陆续迎来了事业的辉煌。这是一个深藏不露的同行群体，自认为是新时代的先锋。成员们各自都有含义深刻的笔名——陶特用的是"玻璃"（Glass），反映了他一生痴迷于玻璃多面向的美感——只在群体成员之间分享各自的深邃思想。他们纵情于辞藻华丽的宣言，纵情于挑衅性的胡言乱语；沉溺于异想天开的建筑素描，沉溺于精神复兴（spiritual renewal）的赞歌。和陶特的《阿尔卑斯山的建筑》一样，这个"水晶链"群体表达了对战争的绝望，并坚信旧社会已被摧毁，新的社会正待破茧而出。新社会只需要伟大艺术家坚持自己的想象和追求。他们称自己为骑士、神仙和创造者——女性并不适用于此——同时对社会主义者群体，对由艺术家和工匠构成的新城市做出了规划。1919年和1920年，政治和经济形势十分恶劣，他们能做的只是梦想，因为这段时间几乎没有修造任何建筑。陶特在此不利局势中，看到了有利的方面。正如第一封信中所写，他号召建筑师同行拿起武器：

> 让我们自觉成为"虚幻的建筑师"！我们相信只有一场轰轰烈烈的革命才能指引我们完成自己的使命。公民同胞们，甚至同行肯定会觉得，我们当中蕴含了革命的力量。把所有旧的原则全都打破和颠覆了吧！一堆粪便！我们是从新鲜的腐殖质中长出的花蕾。[3]

新建筑是集体的成就，而不是任何个人的作品。陶特在第三封信中引用了革命领袖卡尔·李卜克内西的话：

> 暴风雨，我的同伴，
> 你这样呼唤我！
> 可我无能为力，
> 可我还戴着枷锁！
> 是的，我也是暴风雨，

你的一部分；

那一天将会再次到来，

我将打破枷锁。

我将再次掀起狂风暴雨，

对着不同的世界怒吼，

冲撞这个地球。

冲撞土地，

冲撞人类，

撞击他的思想和内心，

暴风，我和你一样。[4]

通过李卜克内西的话，陶特生动地表达了革命的希望和时代的情感。在这个群体中，另一位高产的写信人是文策尔·哈布利克（Wenzel Hablik），这是一位成功的纺织品设计师和室内设计师。他与陶特的乌托邦想象产生了共鸣。

你的思想如同鸟儿一样，不受羁绊、无拘无束……让我们创造一个清新的氛围，一个纯粹由精神、智慧和快乐构成的环境。很多思想就是经由别人的心灵火花而诞生的，成熟之后就成了现实……

来吧，让我们团结起来，一起斗争，反对所有消极腐朽的事物。

一起来战斗、宣传、欢庆，吹响号角！一百条能言善辩的舌头，大声疾呼。神圣的职责等待着你们——大声说出来吧。

我们应该教会民众如何愉快地生活——男人和女人、女孩和儿童。大胆说出来吧！大胆说出来吧！为活着而高兴——为宇宙而高兴——为存在高兴，也为毁灭高兴。我们应该把战争的念头从所有人的内心抹去！

你们在哪里，先知？——新生活的使者，向我们诉说着那些新的太阳——月亮——和星星！

等待你的，数以百万计！[5]

幼稚的思绪？毫无疑问。然而，很多艺术家怀有如此热切的渴望，坚定相信未来存在诸多可能性，这些都激发了他们的创造力——"水晶链"艺术家中，有的执着追求他们的绘画、雕塑、设计和诗歌艺术，尽管默默无闻，并没有什么成就；有的日后在自己的艺术生涯中迎来了巨大的成功。就连汉斯·夏隆（Hans Scharoun）——1945年后，成为西柏林的城市建设顾问（Stadtbaurat），可谓权倾一时，也是柏林交响乐团（Berlin Symphony Orchestra）所在地柏林爱乐音乐厅的设计者之一——也在1919年和1920年陷入了狂乱的思绪之中，他要

让幻想从禁欲主义中喷薄而出。不是寻觅，而是冲撞；不是通向某个目标，而是普世的目标。无限并不外在于我们，不是一颗我们能够扯下来的星星，而是在艺术家的奇思异想中熠熠生辉。我们在创造中成为神仙，在理解中成为绵羊。[6]

风暴、光明和号角声——这些都是艺术家借用的意象，用来在人们心中激发起一个充满希望的未来。对此，陶特在《万岁，乌托邦！》（"Long Live Utopia!"）中作了最为凝练的诠释。[7]

对于革命，哈布利克、夏隆、陶特以及其他"水晶链"成员，既表达了伟大的思想和十足的自信，也有绝望的阴影。陶特信仰的是"非政治性的社会主义……［意为一个社会］摆脱了任何形式的宰制，［表现出的特征是］人与人之间简单朴实的关系……通过献身于某个理念，通过理想主义，社会主义和友爱关系不断发展"[8]。1919年和1920年，他忙于描绘田园牧歌式的社会：这种社会由小生产者构成，人们之间无须使用钱币，彼此也不再空谈闲聊，所有人都和睦相处。19世纪的

无政府主义者皮埃尔-约瑟夫·蒲鲁东（Pierre-Joseph Proudhon）和彼得·克鲁泡特金（Peter Kropotkin）——陶特引用了他的话——如果能生活在陶特的村子里，一定会感到无拘无束。[9]

但陶特懂得控制自己的奇思异想，为的是把魏玛时代一些最重要的公共住宅计划付诸实施。建筑师设计大型建筑，需要对相关因素做出权衡。陶特能够将自己的远见卓识，与社会变革中的实际问题放在一起，通盘考虑。1921年，他被任命为马格德堡（Magdeburg）——一个中等规模的重工业城市，市议会在社会民主党的领导之下——的城市建设顾问。在德国，这以前是（现在仍是）大权在握的职位，因为所有的建筑计划都要得到顾问的批准。一个精力充沛的官员能够推动各种建设项目；魏玛时代的大型建筑和大型的住宅开发区，都出现在那些由精力充沛、具有强烈革新意识的人士——这些人在政治上得到了社会民主党领导下的当地政府的支持——担任建设顾问的城市，这并非偶然。

陶特在马格德堡职位稳固，可谓坚若磐石。然而，尽管得到了社会民主党领导下的市议会的支持，却面临着来自保守派市政官员和建筑行业的巨大阻力。实际上，在他任职期间，马格德堡没有修建任何新建筑，但这种政治历练成了宝贵的经验，在之后受邀前往柏林担任顾问建筑师时发挥了作用。在柏林，陶特在一家混合融资的新公司担任顾问，该公司负责为低收入和中等收入群体修建住宅。陶特于1924年走马上任，一干就是六年。在此期间，他与马丁·瓦格纳（Martin Wagner）——另一位先锋派建筑师，当时担任柏林的城市建设顾问——密切合作。这一时期形势颇为有利：恶性通货膨胀告一段落，德国经济在美国资本的帮助下快速发展。德国的市政府和州政府都从美国市场获得贷款。德国长期以来的住房危机已成为一场灾难，亟待解决，雄心勃勃的改革者这时既得到了政治上的支持，也有财力去实施重大工程。

他们也确实开工建设了。在斯图加特、美因河畔法兰克福（Frankfurt am Main）、汉堡、柏林以及很多其他城市，大大小小的住宅项目纷纷建成。带头承揽此类工程的，通常是那些协作性的建筑协会。一般来说，这些协会都是低利润公司，公共部门——通常是市政当局——深度参与了这些公司的运营。公司的资金来源是多渠道的，包括财政税收、当地市政府、工会、基金会和教会。这些无法从总体上缓解住房危机，但局部而言，还是起到了很大的作用。"光线、空气、阳光"（Licht, Luft, Sonne）这三个关键词，代表了那些巨大、阴暗、潮湿的廉租简易房——那些简陋的出租房，我们在第2章曾经去过——所缺少的东西。现在，很多德国人终于第一次有了室内水管、供电和煤气等设施，有了能见到阳光和绿地的清洁公寓。那些新中产阶级——大量政府和企业的白领雇员——和少数收入较高的技术工人涌入了这些新建的公寓住宅区。这些住宅的设计都是现代主义风格的，线条简洁、屋顶平坦、窗户内嵌。现代主义并不总是受到居民们的欢迎。有时，他们更喜欢那种德国传统的两层或三层住房，屋顶是斜坡的，带有阳台，窗台上有花槽，种满了鲜花（至少夏天是这样）。但比起那种旧式的廉租简易房，这种新式公寓算是很大的进步。

透过统计数据本身，我们就能窥见一斑。我们在第2章提到过，魏玛时代总共建成了250万套住房，里面住着约900万人。1930年，德国总人口中，大约14%居住在新建的公寓中。在法兰克福这个拥有最庞大建筑项目的城市，在恩斯特·迈（Ernst May）——另一位具有远见的建设顾问——从1924年到1933年任职期间，增加了1.5万套住房。1924—1929年，仅柏林一城，就建成了13.5万套住房。[10] 这些施工图加起来就像一件总体艺术作品（Gesamtkunstwerk）——建筑师要充分考虑到基础设施和户外场地、花园和学校，分别作为休闲、休憩和自我提升之用。他们还要格外重视房屋的内部设计，以使家庭生活与过去相比变得"现代"得多、"合理"得多。这些公寓都是为有两个孩子的核心家庭（正如我们在柏林漫步时所见）设计的，而绝不是为几代同堂的大家族，甚至不是为两代共处、孩子较多的家庭设计的。两居室的套房是标准的设计，厨房与公寓的其他空间分割开来，因为建筑师和规划者坚信，现代性就意味着工作和休息应该彻底分开，至少在空间上有所区隔。用一扇门把厨房和更为宽敞的起居-用餐室隔开，这是合乎礼节的。[11]

陶特在柏林取得的成就也是德国住宅建设的组成部分。至少在这个时期，他证明了自己是技艺高超、政治成熟且节约高效的建筑师。他将自己的乌托邦理想暂且搁置一旁，设计的住宅使很多人一辈子第一次住进了面积合理、阳光充足的公寓。公寓还配备了很多现代化设施，减轻了家庭主妇们的劳动强度。而且，他在设计中想方设法，尽可能节约成本。

陶特设计的两座最伟大的建筑曾经是——现在仍是（因为这些建筑依然存在，且状态良好）——位于柏林西南采伦多夫的汤姆叔叔住宅区（我们在第 2 章曾经去过）和位于柏林东南的布里茨（Britz），后者的核心部分就是"马蹄铁"住宅区（Hufeisen）。这两个项目都是陶特与其他建筑师合作完成的，他们通常会把整个设计工作分为几个部分，每人负责其中一部分。汤姆叔叔住宅区——是根据当地的一家酒馆和地铁站命名的，这两个地方的名字戏仿了美国作家哈丽雅特·比彻·斯托的著名小说——是在 1926—1932 年分阶段建成的。通常，这些建筑有三四层楼高，窗户都是嵌入式的（见第 2 章，图 2.6）。[12] 这些建筑排成一长排，有一个街区那么长，形成了一条鲜明的水平线，而内嵌式的窗户又使这种感觉更加强烈。这些房子随着街道伸展弯曲——很多公寓都是如此——显得动感十足。这里也建有单门独院的别墅，也是现代主义风格的。陶特喜爱大自然，设计中确保那些本地的松树都能保留下来。这样一来，居民们就可以便捷地走进树林之中。所有这些建筑后方都是大片的绿地，整个住宅区几乎就连着柏林环境优美的格鲁内瓦尔德森林，以及克鲁默兰克湖和施拉赫滕湖。这个住宅区也包括几个运动场和一所学校。

陶特对于色彩的迷恋——鲜明地表现在《阿尔卑斯山的建筑》这本书中——从建筑外部五颜六色的粉饰灰泥就可见一斑，从棕红色到灰绿色，他将这些色彩都泼溅到这些建筑的外墙之上。多种色彩搭配凸显了窗户和大门的外框：绿色外墙上的门窗，是黄色、红色和白色的；红色外墙上的门窗，则是白色、黄色和红色的。陶特拒绝使用纯粹功能主义者极力推崇的白色，以及很多19世纪建筑使用的灰色。陶特在文章中写道，在德国这样阴郁的天气和烟囱密布的重工业环境中，白色很快就会"沾染顽固的污垢，变成死气沉沉的灰色。或者更糟糕，过段时间，一栋白色的房子看上去，就如同穿上了脏兮兮的白衬衫……在地中海国家，同样的纯白色可以产生如此完美的和谐感……而在我们这样的纬度，就是彻头彻尾的败笔"[13]。色彩能带给人们"些许温暖和深度"，尤其在灰暗阴沉的日子里（在德国，这样的天气当然很常见）。如果运用得当，色彩还能加深人们的视野，产生空间更加开阔的错觉。色彩"能够使房屋的墙壁有向后退缩的感觉……或者向前触碰观察者的感觉；能使眼睛感到平静和放松，或者相反，也能让人头晕目眩"[14]。色彩既能让建筑看上去与周围的自然环境和谐共存、浑然一体，也会使建筑与自然彼此剑拔弩张、格格不入。如果配色方案是精心设计而成的，那么总体的效果应该是给人一种"稳定的感觉……用色须简单明快，还要绝对避免信马由缰地把不同色彩胡乱混合在一起"[15]。他还制定出了具体细则：深色和艳色可以增加建筑之间的空间感，阳台要刷成白色，才能向起居室反射更多的光线，暗色用于建筑的西墙，以吸收更多午后阳光的温暖。

这里，陶特表现出了对真实人居环境的体察入微，尽管他和现代主义者一样有着高傲的一面：他们要设计的是人们应该居住的方式，而不管人们是否喜欢。同时，那些极端的功能主义者认为，他对色彩的创新不过是一种装饰，因此是对现代主义理念的反动。[16]

陶特在汤姆叔叔住宅区所采用的原则也反映在柏林-布里茨的建筑中。布里茨建于1925—1927年，几乎是与采伦多夫住宅区同步建设的。汤姆叔叔住宅区项目中，陶特担任首席设计师；而布里茨是陶特和瓦格纳携手合作的成果。布里茨是以曾拥有这块土地的贵族家族命名的，一直都是农田，直到 1925 年，柏林市买下了这个地方。于是，这块地就可以彻底重新规划；柏林市议会和这里的新克尔恩区（Neukölln）当局负责此事，并将该项目交给了陶特和瓦格纳。沿着绿树成荫的弗里茨-罗伊特大道（Fritz-Reuter-Allee），他们设计了四层楼高、一个街区长的公寓楼群，如同绿色植生墙（living wall）般，界定了这片区域的范围。公寓楼后面——中间隔着花园——盖的是两层的联排别墅。林荫大道西边的建筑，陶特设计成了现代主义的风格——平直的线条、内嵌的窗户和不断复现的结构。他设计的建筑结构不作任何修饰，没有任何历史关联。林荫道东边的建筑是别的建筑师和公司承建的，这些公寓和别墅的外观都是传统样式，屋顶为斜坡，建筑表面也有向外伸出的结构。与汤姆叔叔住宅区的手法一样，陶特和瓦格纳在建筑外墙运用了不同的色彩，建筑形式上也采取了一些变化，从而打破了现代主义的单调感。例如，在有些楼群，公寓楼两边的楼梯间外墙都设计成了弧形（图 5.2）。

在布里茨这个项目上，双方——现代主义者和传统主义者——都做了妥协，最终彼此的作品都能相互呼应、相得益彰。传统样式的建筑也采用了内嵌式的窗户，而不是柏林资产阶级居住区的老建筑通常采用的飘窗；而陶特设计的一些建筑也部分采用了盖瓦的斜坡顶和阁楼。有些建筑构件是预先做好的，这是一项创新，为的是降低成本；于是，建筑公司第一次在住宅工地上动用了重型机械。陶特从花园城市运动——在英国尤其兴盛，也影响了一战前的德国——中获得了灵感，并将其运用到大规模的城市建设之中。布里茨总共有 1027 套住房，其中 472 套是单门独户的房子。核心区 "马蹄铁" 设计成了马蹄铁形（从德文名就可看出），这样一来，所有的居民都能享受阳光；还有一个目的，就是表现社会平等的思想，以及居民们的社区归属感。[17] 虽然是一座巨大的建筑，但由于设计成了开放的结构，而且前后都有大片的绿地，给人以自由畅快的感觉（图 5.3）。

与他设计的其他很多作品一样，陶特喜欢将既有的自然景观融入

第 5 章　建设一个新的德国　　187

图 5.2　布鲁诺·陶特和马丁·瓦格纳设计的柏林-布里茨住宅项目，建于 1925—1927 年。当时，住宅建设的宗旨是为居民提供"光线、空气和阳光"，而布里茨就是很好的范例。柏林-布里茨也是另一种别样的现代主义风格：注意观察那些建筑圆角和圆形楼梯井，都是那些严格遵循功能主义的设计师所痛恨的——他们推崇直线和 90 度直角。图片为作者所摄。

图 5.3　布鲁诺·陶特和马丁·瓦格纳设计的"马蹄铁"住宅区，属于布里茨项目的组成部分，建于 1925—1927 年。陶特相信，如果从公寓内部可以看到别人家的房子，就可以在居民中激发一种社会归属感。而今天的居民和观察者也许首先想到的，是失去个人隐私的问题。A. Savin / Wikimedia Commons.

建筑。绿地在布里茨随处可见,而花园的面积相对都很大——动不动就和小果园(Schrebergärten)差不多大小,小果园是指那些建在德国城市边上备受赞誉的园圃。这些花园还打破了楼群间大片空地的单调感。你离开了选帝侯路堤、亚历山大广场或腓特烈大街——柏林市中心的商业区和购物区——的车水马龙、喧嚣嘈杂,乘地铁到布拉什科大道(Blaschkoallee)站,出了站,就会发现自己突然置身于安静祥和的环境中,有别于这座城市的很多地方。尤其夏日里,人们在此可以呼吸到花草树木的气息。这样的环境中,人很容易安静下来。20世纪20年代和30年代初的居民,一定也有相同的感受,虽然当时的植被不如现在这么茂密。后来,每个家庭都可以步行送孩子去学校、游乐场所、当地的诊所,以及陶特和瓦格纳这样有着改革意识的规划者所设想的其他所有社会机构。

无论汤姆叔叔住宅区,还是布里茨住宅区,陶特和瓦格纳对室内设计的重视程度并不亚于建筑外墙。新的公寓也将成为家庭接受"合理化改造"的地方:魏玛经济学的语言和方案已经进入了家庭与住宅之中。陶特明确指出,自己参考了旨在提高劳动生产率的时间-动作研究,乐于将此新进展称为"泰勒制(Taylor System)在家庭中的应用"。他声称,新设计的公寓具有流线型的结构,这可以让"女性……提高做家务活的效率"。她们可以根据计划安排每天的家务,当然会留出"充裕的时间用于散步和睡眠"。室内的一切,总是井然有序。以前如果有不速之客登门,就得让他在会客室稍坐片刻,主人同时赶忙把家中收拾干净;而现在就不需要这样的会客室了。每个房间都有专门的功能,而且只有这么一个功能。[18]

建筑师们都瞄准了厨房,将其作为主要的改造对象,最著名的案例就是玛格丽特·许特-利霍茨基(Margarete Schütte-Lihotzky)设计的"法兰克福厨房"(Frankfurt kitchen)。但同样的原则也应用到了陶特的——以及许多其他——新住宅项目中。为了最大限度减少身体的弯曲和拉伸,建筑师们在厨房里设计出了高度合理的工作台面;他们用橱柜代替了开放式的架子，可以最大限度地减少灰尘的沉积。金属和砖块取代了木材，木材不易清洗，而且容易腐烂。有了置物架，就不需要再把碗碟擦干；有了现成的面粉分装器，就无须称量了。也许最重要的是，厨房与公寓或别墅的其他部分隔了开来，这样一来，兼具起居室和餐厅功能的开放空间就不会又脏又乱了。独立的卫生间成了每个家庭的必备配置，尽管空间非常狭小。此外，各种无用的装饰，那些深受下层中产阶级和劳工阶级喜爱的小玩意，也都不见了踪影。就连带有华丽大灯罩的落地灯也挪走了，因为放在屋里容易积灰，看着叫人不舒服；还有那些画着德国风景和德皇的油画，也都得拿走。陶特等现代建筑师还讨厌那些在德国流行的维多利亚风格的雕花家具，这些家具的装饰过于华丽。简约、流畅和高效——陶特设计的公寓是现代理念的化身。[19]

现代也意味着男人和女人之间有着更清晰的劳动分工。陶特和其他进步人士主张女性的平等权利，但家庭还是女性的领地。狭小、高效且封闭的厨房是女人的空间，从此处进入用餐空间，你瞧！手里正端着营养丰富的晚餐。陶特在男女平等上也的确做了些姿态，他建议男人和孩子也学着铺床叠被，帮着打扫卫生。当然，他们需要一些帮助，才能学会做这些家务：他建议把笨重的羽毛褥垫换成轻薄的毯子或鸭绒垫。

不过，陶特设计的建筑中，人的因素总是居于核心。尽管汤姆叔叔住宅区和布里茨住宅区都是体量巨大的建筑工程，但都以人为本，有别于很多冷酷、理性和科学的现代建筑。马蹄铁形设计确保了所有住宅都能获得阳光的照射。陶特几乎将公寓的所有外墙暴露在每个人的视线之中，想借住宅强调社会公平，并希望在居民中培养一种公共意识。后辈的年轻人也许首先想到的是，这座建筑造成了公寓内的人容易受到外人的监视，因此侵害了他们的隐私权。但陶特所看到的，只是这种设计进步的一面，及其具有的社会平权特征，如此才能培养出未来社会中更具同理心的男人和女人。汤姆叔叔住宅项目中，陶特不仅根据现代主义的形式美学来设计门窗,而且将城市环境中的人类行为,放在最优先考虑的位置。门的设计要方便人们进出,窗户应便于居民向外张望,他们能趴在窗台上,看着楼下街道上的人来人往。用一位评论家的话来说,陶特创造了"人与建筑之间的一种联盟"[20]。他总是认为建筑是集体合作的成果。

就此意义而言,陶特在1917—1921年间恣意洒脱的乌托邦式写作和绘画,与他在1924—1930年间的设计和营造,二者是紧密相关的。从他身上并不能截然分出两个阶段,并轻易归入表现主义和新客观主义。从他早期和后来的作品中,都可以看出环境、建筑和生活诸要素相互关联的特点;可以看出设计形式的相似性——例如马蹄铁形,这是一种开放性符号,出现在了《阿尔卑斯山的建筑》收录的素描中,也出现在了布里茨住宅项目中;可以看出他拒绝把普适的法则、纯粹的逻辑和理性看作设计的基础。比起瓦尔特·格罗皮乌斯、路德维希·密斯·凡·德·罗(Ludwig Mies van der Rohe)和勒·柯布西耶(Le Corbusier)——他们固守严格的设计原则,由此产生的建筑有时显得刻板而平淡——等同时代的现代主义者,陶特更是一个人文主义者。

◇ ◇ ◇

1918年11月9日,成群结队的工人、归国士兵和旁观者聚集起来,在柏林各处举行声势浩大的游行示威。这一天,菲利浦·谢德曼宣告德意志共和国成立,而卡尔·李卜克内西则宣布成立社会主义共和国。还是这一天,埃里克·门德尔松成立了自己的建筑设计工作室。他也刚从前线回来,对于周围这些如火如荼的场面,并非没有注意到。但即便是革命的喧嚣和动荡也无损他巨大的自信心,不能阻止他开启自己的职业生涯。他躲在东线和西线的战壕里备受煎熬时,就梦想着自己能迈出这一步,回国后,他没有再浪费任何时间。

与魏玛文化中的很多人物一样,门德尔松懂得自己所身处时代的特征,理解时代的困境,也理解其种种可能性,理解战争的创伤,也理解革命的希望。1918年和1919年之交的冬天,人数不多的一群上层社会听众聚集在莫莉·菲利普森(Molly Philippson)的沙龙里。门德尔松对他们说:"革命不只是发生在政治领域。"革命千差万别,极为复杂;可能是剧烈、混乱、强劲和动人心魄的,也可能极具包容性。[21] 门德尔松在讲座中宣称,革命具有如此复杂的特征,但我们发现了一种朝向人类自我实现的动力;如果诉诸权力和日常琐事,并无法达成这样的自我实现,也就无法对其加以限制,而且,这种自我实现远远超越了国家的疆界。门德尔松倡导一种创造性国际主义,让幻想和美学自由驰骋;这些幻想和美学也许是基于具体的民族语境的,但在发展过程中,会逐渐消融界限,把人们团结在一起。他继续说道,在这样一个民众普遍遭受匮乏和痛苦——战争及其后遗症——的时代,一种新的意识却孕育而生,也就不足为怪了。这种精神上的胜利也是一种形式上的胜利、一种新式建筑的胜利。[22]

门德尔松绝非社会主义者,实际上,他总是和商人过从甚密。毕竟,他需要从他们那里得到佣金。到了20世纪20年代末,他或许已经是德国最成功的建筑师,掌管着一家拥有40名雇员的公司,设计出了一些全世界最有特色的商业和私人建筑。[23] 然而,他在1919年的这番慷慨陈词,他在革命艺术家组织——如11月集团(November Group)和艺术工作者委员会——中参与的活动,并非逢场作戏而已。无论在德国,还是国外,他发言时总是提到革命,提到新的开始,提到那些伟大的可能性。需要新的艺术、现代艺术来反映时代的精神,而不只是复制自然,或者重复过去的风格。这种新的艺术必须是总体的艺术(total art)。

毫无疑问,这就是建筑师门德尔松粉墨登场的地方。现代建筑师将通过新式建筑的凝固形式来表达这种新的精神。他必须是一个"全人"(whole person),兼具实用知识和理论知识、人文素养和科学知识,这是一个名副其实的文艺复兴之子。[24] 他凭借天才的创造力和想象力,赋予那些现代的材料——钢材、平板玻璃和钢筋混凝土——美丽而独特的结构，给人的感官以刺激，同时又令其归于平静。对于在这些结构中居住、工作或购物的人来说，对只是路过并观察这些结构的人而言，这些新建筑能够唤醒所有这些人的审美感受，减轻狂乱的都市生活带给他们的压力。这些建筑本身会占据矫饰的传统建筑构成的城市景观，并对其发出挑战；如果建于乡村或林地，这些建筑将融入自然，又有别于自然。在所有的设计中，这位伟大的建筑师都能平衡所有复杂的矛盾关系。一言以蔽之，他的作品是"有机的"，这个词受到了众多魏玛人物的偏爱，无论他们持有何种美学或政治立场。

伟大的现代建筑能够创造一种动态的张力，既有运动感，也有使人沉静的停滞感。门德尔松经常使用音乐和"力场"（Kräftespiel）的隐喻来诠释他的观点。[25] 建筑师所追求的"有机衔接"（organic cohesion）可以选择一个"和声的方向，或者对位的方向"，横向或纵向两个维度都可以实现。[26] 尤其在复调中，几个不同的旋律相互交汇，构成了一段浑然一体的乐章，门德尔松正是由此发现了建筑的本质所在。[27] 然而，尽管他酷爱巴赫的赋格曲，或者哥特式教堂所蕴含的有机之美，但这并不妨碍他在机器运转的"铿锵作响"中，在机器材料的"金属光泽"中，在"机器旋转的精确无误"中，看到同样的可能性。[28]

毫无疑问，门德尔松是现代主义的坚定捍卫者。面对商人、建筑师同行和受过教育的公众，他鼓吹当下给人带来的刺激，鼓吹新的建筑技术和材料、大众消费、汽车和广告。他在1923年写道："难以想象的是，我们可以让时光倒转……新技术极大拓展了各种可能性，如果弃之不用，也是无法想象的。我们把机器看作人类之敌，而不是我们需要掌握的强大工具……我们把个人生活建筑于某个古代最初的故国［Urväterland］之上，而不是把房门的钥匙托付给现代。因为这个现代的时间是我们自己的时间。"[29]

但现代显然也给人带来了某种紧张不安。只有通过"对现实的意志"，对自然力量的驾驭，人类才能掌控现代性带来的不安。[30] 与魏玛众多天才的人物一样，门德尔松试图通过抓住——而非排斥——现代性，来解决现代生活的紧张感。如同陶特和格罗皮乌斯，他宣称所有艺术形式中，建筑最能兼收并蓄，因此是最好的媒介，能给人带来刺激，也能让人感到安宁，达到二者的平衡。建筑所能采取的结构形式是很清楚的："我们这个时代，快节奏的生活使人处于紧张和亢奋之中，人只有在水平维度的安抚中才能找到平衡。"运动带来的动感也必须创造一种和谐感，来抚慰现时代的紧张感。[31] 一座伟大的建筑必须展现出平衡情绪的效果。正是通过他所宣扬的平衡与和谐，门德尔松才调和了表现主义的——甚或是尼采哲学的——过激思想，这些过激表现在他对"活力""情绪""生命感受""人定胜天"等术语的使用中，表现在他对自己的天才的坚定信仰中。

他设计的伟大建筑——爱因斯坦塔、开姆尼茨（Chemnitz）的朔肯百货商场、柏林的宇宙电影宫（Universum movie palace）以及柏林波茨坦广场上的哥伦布大楼——都以天才的方式实践了他的理论。这些建筑既动感十足，又能让人的心情平静下来。门德尔松设计的爱因斯坦塔是他的第一个作品，一直以来，都是诠释其思想的最佳作品之一（见彩图5）。爱因斯坦塔位于波茨坦的一个科学公园内——园中还有几家研究所——塔内有望远镜和实验室（二者至今仍在使用）。建成这样一座塔，是通过对太阳光谱的研究来验证爱因斯坦的理论。爱因斯坦塔用多种材料建成，外形为圆形和螺旋形，塔基很矮，塔身与塔基之间严丝合缝、浑然一体。水平的塔基使这座建筑身处周围的林地中，垂直的塔身与环绕此处的高大树木颇为相似。塔身上的窗户都是内嵌式的，这样就不会有任何凸出物打破建筑结构的对称。门德尔松对于建筑内部的设计也几乎耗费了同等的精力，用了他招牌式的设计方法。他对工作间的设计同样不事修饰，尽量利用自然采光。暗色调家具与浅色墙壁和色彩艳丽的木门、木栏杆，相映成趣。

爱因斯坦塔外观别具一格、独树一帜，但又给人一种与周围环境和谐共处的感觉。这座建筑完全融入了环境之中，与公园的这片林地以及附近其他研究所融为一体，塔身垂直向上。[32] 当年，爱因斯坦第一次看到这座建筑时，口中只蹦出了一个词："有机的！"[33] 的确如此，尽管这个词被人用滥了。正如门德尔松对爱因斯坦这个词所作的注解，"有机的"意为"我们不能把任何一部分拿走，不能从塔体本身，不能从塔的运动中，甚至不能从塔的逻辑演变中，否则就会破坏其整体"。"有机的"意味着"外部的形式表达了这些形式的内部结构……功用、结构和建筑表达汇成一个有机的整体。在此整体中，科学的事实与创造性的想象融为一个无法割裂的图样"[34]。

这单个建筑与自然、与人工环境、与对精神和科学真理的追求，都曾经（如今依然能够）形成和谐的关系。同时，该建筑也明显有轻佻戏谑之感，这与恪守功能主义的包豪斯学派那副一本正经的样子，就相去甚远了。然而，轻松的感觉恐怕并非门德尔松有意为之：他自己也总是一本正经的样子，声称自己的艺术受到了爱因斯坦相对论的影响。设计不只是为了营造一座美丽、有机的建筑，而是要用混凝土表达相对论。门德尔松受到了物理学家朋友埃尔温·芬利·弗罗因德利希（Erwin Finlay Freundlich）的影响。弗罗因德利希曾经是爱因斯坦的助手，他的书《爱因斯坦引力理论的基本原理》（*Die Grundlagen der Einsteinschen Gravitationstheorie*）可以作为相对论的入门读物。门德尔松尤其感兴趣的是这样一个前提——能量裹挟着质量，二者相互依存；每一种物质都含有潜在的能量。"动态的张力""功能与动能"都是门德尔松常用的术语，用来表述他的建筑。这些词要么直接来自他所阅读的弗罗因德利希的书，要么来自他和弗罗因德利希或者爱因斯坦的谈话——爱因斯坦后来成了门德尔松家的常客。[35]

从对相对论的表达来看，爱因斯坦塔算不上成功。当然，在门德尔松同时代的人当中，也有人对他设计的建筑不以为然，对其自我标榜的天赋嗤之以鼻。可以想见，管理波茨坦的官员起初拒绝了这个设计，认为不适合这样的场所，最后是在犹豫不决中、万般无奈下才接受的。人们对这座建筑的评价可谓毁誉参半。艺术评论家保罗·韦斯特海姆（Paul Westheim）的评价非常尖刻，很多人也有同感，他们在该建筑中看到的只是一个拙劣设计师的自吹自擂。韦斯特海姆写道，爱因斯坦塔

> 并没有依据工程师应有的客观原则深思熟虑，只是荒诞不经地戏弄工程原理。尽管有些现代主义的特征，但如此庞大的结构只适于解放战争纪念碑［莱比锡大会战纪念碑（*Völkerschlachtdenkmal*）］的风格，以及莱茵河畔纪念碑上的俾斯麦雕像。波茨坦的这座塔，如同一幅巨大的海报，与其说是给瞭望台做广告，毋宁说给建造者的独创性做宣传。这是一座门德尔松塔……假如他当时是技艺更为精湛的建筑师，那么他的建筑风格在结构上就会表现得更为一致，同时，令人侧目之处也会变少，而这些正是他借以引人关注之处。他意识到了自己的华而不实，其中既有绝顶聪明，也有浅尝辄止。他算不上技艺高超之辈，因此无法成为真正意义上的建筑大师，但他能以率真的天性驾驭材料，而这正是那些技法娴熟的匠人所极力避免的，因为他们的设计是实用的，有目的的。[36]

作为一项建筑工程，爱因斯坦塔也不成功。建成后的五年中，经历了数次大修，之后还有很多次，有时维修后的效果并不理想。（20世纪90年代末，经过一次运用高科技的大规模复杂整修后，这座建筑终于恢复了最初的风采。）门德尔松对水泥和钢筋混凝土的迷恋，超越了这些材料的技术承载力。事实上，这座建筑最后就沦为一堆建筑材料，包括砖块、水泥和钢筋混凝土，彼此未必总能牢固地黏合在一起，这是存在结构问题的主要原因。[37] 粉饰灰泥的外墙让人感觉，整座建筑完全由混凝土构成，但这实际上是个现代主义的骗局。

无论如何，爱因斯坦塔都是一座天才的建筑。虽然对混凝土的使用没有做到始终如一，但隐藏了该结构承重的特征，并使这种结构显

得流畅平滑、动感十足，而且看上去珠圆玉润，给人扶摇直上的感觉。大多数其他建筑惯用的锐角和90度拐角，被门德尔松以隐喻的方式推入了历史。爱因斯坦塔如同一尊优雅的雕塑，体量巨大。虚假的轻盈和匀称感构成了一种鲜活的表达形式，反映了魏玛文化的探索精神和创造火花。

这些特征还表现于门德尔松在20世纪20年代和30年代初修建的百货商场，尤其是为朔肯兄弟在纽伦堡（Nuremberg）、斯图加特和开姆尼茨修建的商场，以及在柏林的波茨坦广场修建的哥伦布大楼。这些设计作品中，门德尔松驯服了表现主义——鲜明地表现于爱因斯坦塔所用的水泥和粉饰灰泥——但他的基本设计原则却是一以贯之的。

他与扎尔曼·朔肯（Salman Schocken）之间的合作天衣无缝，朔肯想要的不是奢华的商场，而是一座大众消费的圣殿。位于开姆尼茨的这家商场于1928—1930年设计并建造，是门德尔松设计的三家朔肯商场中最好的一个，也是最完美地实现他设计理念的建筑。这是一个巨大的建筑结构，9层楼高，70米长，但看上去轻盈而灵动。大楼建在城市中心一片很大的地块上，以令人耳目一新的现代主义风格明显有别于周围的建筑（图5.4）。门德尔松通过钢筋混凝土和玻璃等现代主义者所偏爱的材料，实现了这座建筑轻盈灵动的效果。五排重复出现、大小一致的窗户使整座建筑感觉轻了许多，同时也把日光引入室内，沐浴着有待出售的商品。在大楼两端，门德尔松设计的主楼梯间和25扇狭窄些的窗户令大楼感觉更高大，更具垂直的动感。最上面的四层楼像阶梯一样，逐步向内收缩，也增加了大楼的轻盈感。但是，最强烈的效果来自大楼的曲度，与一排排一模一样的玻璃共同作用时，就感觉减轻了这个巨大结构的分量，并赋予其动感。由于运用了悬臂梁结构，就无需垂直支柱或者工字钢梁，也就不会打断连续展开的建筑正面（图5.5和图5.6）。门德尔松的设计与早期百货商场沉重的石结构可谓大相径庭。通过开姆尼茨的这座商场，他收到了书中经常写到的"动态的张力"之效果，这显然有自相矛盾之处：一栋静止的巨大建筑用钢筋

第 5 章 建设一个新的德国 197

图 5.4 埃里克·门德尔松设计的朔肯百货商场（鸟瞰图），位于开姆尼茨，建于 1929—1930 年。和他设计的哥伦布大楼（图 2.3）一样，这座建筑处于传统建筑的包围之中，极尽对现代主义的张扬。Schloßberg Museum Chemnitz.

图 5.5 埃里克·门德尔松设计的朔肯百货商场（全景），位于开姆尼茨，建于 1929—1930 年。由于使用了工字钢梁和钢筋混凝土，门德尔松就能够将这个结构的承重特征隐藏起来，而且可以打开外墙，嵌入一排排一模一样的玻璃。如此一来，轻盈的感觉掩盖了建筑的重量。建筑的曲度给人一种富有活力的动感。Staatliche Museen zu Berlin, Kunstbibliothek.

图 5.6 埃里克·门德尔松设计的朔肯百货商场（夜景），位于开姆尼茨，建于 1929—1930 年。由于大量使用玻璃，自然光线便可以照在商场内部展示的商品上。到了晚上，效果正好相反。人造的光线从商店向外射出，让人有光线紧凑的感觉。Staatliche Museen zu Berlin, Kunstbibliothek.

和混凝土牢牢固定在地上，却能极具动感。似乎现代性本身——静止与运动、传统与进步之间的张力——在这样一座建筑中得到了诠释。[38]

这是一家百货商场、一座消费的圣殿。上文提到过，一排排的窗户将一道道自然光引入其中，展示的商品因此显得越发诱人。商品的色彩在墙壁光影的衬托下更为熠熠生辉。精心设计的室内灯光也把货品照得更加明亮，整体购物体验也感觉更加敞亮了。升降电梯和自动扶梯看上去既时尚又精致。从外面看去，商场内灯火通明，给这些建筑打上了现代主义的光泽，也提供了宣传展示的场所；在商场内部，商品也沐浴在灯光之中，流光溢彩，叫人迷醉。由于向外展示的橱窗越来越大，建筑也就开始向街道开放了，路过的行人可以往里看，看到的不仅是展示的商品，还有商场内商品的陈列方式。[39] 所有这些设计要素——内部也好，外部也罢——都不仅是装饰这么简单。它们有具体的功能和目的，就是让人们可以方便地穿过商店，从一个陈列区到另一个陈列区，从一个部门到另一个部门，并以此提高销售额，也就是"让商品流动起来"，这是美国零售商的说法。

对门德尔松来说——对陶特也是如此——他早期的表现主义阶段和后期的设计工作之间，并没有严格的界限。当然，开姆尼茨的商场要比爱因斯坦塔显得拘谨。但是，门德尔松奉行的很多设计原则在两座建筑中都有所体现——建筑结构的曲度、不事修饰、平滑的建筑外墙以及对照明系统的重视。门德尔松将爱因斯坦塔的轻松感转变为开姆尼茨愉快的购物体验。但这两座建筑的设计初衷，都是让人既感到快乐，也感到惊讶，让他们发出"有机的！"惊呼声，就像爱因斯坦见到以他命名的塔时（或许）发出的声音。

门德尔松和陶特都抛弃了严格意义上的功能主义风格，即平直的线条和单调的色彩。门德尔松偏爱曲线；陶特乐于运用色彩，并和瓦格纳一起在设计中引入了一些稀奇古怪的元素——例如，布里茨的一些建筑中出现了塔形的楼梯——以打破完全简洁平直的线条所产生的单调感。陶特和门德尔松都非常重视建筑周围更大的环境，这与很多现代主义者不同；后者只顾把设计精美的建筑在某地落定，根本不考虑环境因素。现代主义者的建筑也可能是从火星降临于此，这是很多评论家的看法。这并不是说陶特和门德尔松认为他们的建筑应该隐没于环境之中。二人都建造了极具特色，甚至标新立异的结构，无法让人视而不见。但是，陶特总是很关注住宅项目周边的林区和绿地。这些为都市生活提供了可资休憩的宁静空间，打破了不断重复的矩形建筑所产生的枯燥感。门德尔松总是力图使自己设计的建筑与城市生活中的人行道和街道发生关联。在营造建筑的过程中，他会考虑到城市的景观，即建筑区的行人和车辆的流动；他常常把建筑的外立面设计成弧形，以使现代城市在"紧张"中冷静下来，也可以改善建筑周边的交通状况。他曾在书中写到自己早期的一个成功设计案例——柏林莫斯（Mosse）出版社的扩建和改造工程。这座建筑"对于疾驰而过的汽车和来来回回的行人来说，并非置身事外的旁观者，而是这种运动中引人注目的合作者……建筑所蕴含的平衡力量，能使街道和行人狂乱的节奏［*Nervosität*］舒缓下来……建筑可以对交通起到切分和引导作用，在纷乱芜杂的街道中成为中流砥柱，尽管其自身往往表现得动感十足"[40]。在开姆尼茨，朔肯百货商场前面的街道被拓宽了，并修成了弧形，以配合建筑的曲度，如此就使建筑和城市景观融为一体。

门德尔松拒绝接受严格意义上的功能主义，从中可见他欣赏弗兰克·劳埃德·赖特（Frank Lloyd Wright）的原因所在。二人在门德尔松1924年首访美国期间相遇，并一见如故——二人都是伟大的建筑师，都是极端自我主义者，都对自己的天赋笃信不疑；二人都确信自己建构的不只是一种新美学，还是现代世界新的存在方式；他们既要迎合现代世界的特点，同时也要考虑历史因素。对二人来说，伟大的建筑需要对传统有所关照，也要能表达出时代的声音。建筑既是智识的，也是直觉的；既是创新的，也要对环境有所呼应，无论是自然风景，还是城市风光；既能运用现有的材料，也能不受制于这些材料。[41] 二人都形成了极具特色的风格——赖特的"草原学派"（Prairie School）风格，门德尔松的"建筑动力学"（architectural dynamics，这是他自己的说法）——这些风格实际上都融合了多种元素，都体现在20世纪一些最具个性的建筑之中。

◊ ◊ ◊

门德尔松在很多著述和演说中，都对恪守功能主义的做法提出了明确的批评。他虽然没有指名道姓，但批评的对象就是瓦尔特·格罗皮乌斯，即包豪斯学派著名的奠基人，也是20世纪伟大的建筑师。第一次世界大战刚刚结束时，格罗皮乌斯同样充满了乌托邦式的希望。1918—1919年革命期间，他与陶特合作了不少宣言和项目。与其他很多人一样，格罗皮乌斯相信第一次世界大战是一场巨大的灾难，标志着人类历史从此与过去发生了无法修复的断裂。艺术家和全社会都感到迷茫，都在寻找新的前进方式。正如他1919年所写的那样："今天的艺术家生活在一个分崩离析的时代，毫无方向感。他孤身站着，形单影只。旧的形式瓦解了，这个麻木的世界被彻底搅乱，旧的人类精神已难以为继，正涌向一个新的形式。我们还在漂浮不定之中，尚不能体察这个新的秩序。"[42]尤其此时此刻，如果继续迷恋历史主义风格的建筑，就是愚蠢的怀旧行为，缅怀的是一去不复返的旧世界。明智的做法是抓住现实，进一步斩断与过去的联系，创造新的东西，即能够反映和塑造现代状况的东西。格罗皮乌斯也是新式建筑的大力倡导者，坚信现代主义美学将改变人类和社会，并引入一个和谐且富于创新的时代。

1919年，格罗皮乌斯在萨克森-魏玛的社会民主党政府支持下，创建了著名的包豪斯学院，学院成为其思想的主要载体。根据格罗皮乌斯的设想，该学院将破除一个又一个的壁垒：不同艺术门类之间的壁垒、艺术与技艺之间的壁垒、教师和学生之间的壁垒、机器与人之间的壁垒，以及艺术与社会之间的壁垒（见彩图6）。正如他后来所写，该学院的教育应该发展"个体将生命作为整体——单个宇宙实体——来把握的自然能力"[43]。学院课程中，既有雕塑和绘画这样的传统艺术教育，也有手工技艺的培养。学生既要努力学习设计、绘图、编织和陶艺，也要学习金属加工、排版印刷、摄影和木工。授课的教师——其中一些当时已经是，或者之后很快就成为20世纪最杰出的艺术家和建筑师——包括瓦西里·康定斯基（Wassily Kandinsky）、保罗·克利（Paul Klee）、莫霍伊-纳吉·拉斯洛（László Moholy-Nagy）和密斯·凡·德·罗等人。他们被授予的头衔是师傅（master），而非教授，就是为了营造一个手工匠人的世界，其中有学徒、学徒期满的匠人和大师级匠人；也是为了营造较为轻松的社会人际氛围，好于德国大学和艺术院校中的普遍氛围。学院鼓励创新，采取的途径是"师傅和学生在工作之外建立友好的关系；他们一起游玩嬉戏，参加讲座，朗诵诗歌，演奏音乐，举办化装派对。在这些聚会活动中，建立起令人愉快的礼节规范"[44]。这样的师生交往方式本身就是革命性的变化——即便师生之间的联欢往往是迫于命令的结果，这令人感到茫然——因为在德国大学中，教授与学生之间等级关系森严，社会距离较远。

与门德尔松和陶特一样，格罗皮乌斯认为建筑具有鲜明的独特性，因此将在新艺术和新社会的形成中发挥独特的作用。建筑学创新的成果——建筑——不会像绘画或雕塑一样被存入博物馆，而是在日常生活中为所有人看见。建筑的营造既需要不同媒介艺术家的智慧，也需要熟练工匠的劳动。因此，建筑是真正"有机的"艺术形式，可以将所有其他的形式囊括其中。建筑可以融合和超越目前艺术和技艺之间的分野。于是，创作室就成了这种融合的场所，在这里，"图案设计师的纯粹素描和绘画世界，与实用艺术家的世界合而为一，并逐渐成长壮大"。格罗皮乌斯呼吁建筑师、雕塑家和画家"回归技艺！因为艺术并不是一个'职业'。艺术家和工匠之间并无本质的区别……让我们携起手来，共同盼望、想象和创造未来的新结构。它融建筑、雕塑和绘画于一体，并总有一天会从数以百万计的工人手中拔地而起、直冲云霄，如同一种新宗教的水晶象征一般"[45]。即使是陶特，也无法以如此丰富的想象力说出这番话来。

但这并非只是格罗皮乌斯突发奇想，也不是他在1919年革命激情下的冲动之举。和陶特、门德尔松一样，他的观点和设计在20世纪20年代后期变得有些温和，且更加成功，但他的作品并不能截然分为两个阶段，先是表现主义或乌托邦的开端，之后被弃之一边，换成了新客观主义。他本人的发展历程可以说是"有机的"，他最好的建筑都有赖于革命所激发的想象和幻想，有赖于共和国带给他的机遇。他总批判那些流行于一战前的"死亡的建筑"，这些建筑只是一味重复过去，醉心于装饰上的雕虫小技。

>这种建筑，我们是拒绝接受的。我们希望创造一种简洁明快的有机建筑，其内部逻辑将会向外辐射、清晰可见，不会受到建筑正面的欺骗性和小花招的妨碍；我们希望建筑能够适应我们这个由机器、广播和奔驰的汽车构成的世界，建筑的功能在其各种形式的关系中是清晰可辨的。[46]

这是格罗皮乌斯不遗余力所倡导的现代主义工程，并且颇见成效。建筑之美应该来自其功能；事实上，美感和功能应该构成统一的整体。新建筑不再沿用表面装饰纷乱芜杂的外墙，而采用简洁的线条和平滑的立面，能够反映建筑的功能，无论是住宅、办公楼，还是工厂。美感还来自建造过程中所用材料的性质。建筑中，不应出现任何历史指涉，不应模仿过去的风格，无论是古典时代的雅典、文艺复兴时期的罗马，还是巴洛克时代的维也纳。一座建筑唯一可以指涉的只能是自身、自身的功能和自身所处的现代。

在魏玛时代及之后，格罗皮乌斯在不同场合发表文章和演讲；与此同时，新的工业材料——钢材、钢筋混凝土和平板玻璃——从技术上开启了新的可能性。建筑师能够设计出重量大为减轻的结构。建筑的承重从外墙移到了钢制骨架；建筑正面的外墙被简化成了一面屏障，为居住者挡住外面的噪音、雨水和寒冷。人们不再需要在巨大的石墙上打出空洞，才能做成窗户；此时，窗户成了闪闪发光、连成一体的玻璃，只有那些细细的钢制框架将其分割成小块。"[玻璃]闪耀着，如梦如幻，轻快地在墙壁间浮动飘移，如在空气中一般"，给现代建筑"增加了一些欢快的感觉"。[47]

新式建筑的外墙可以像幕帘一样打开，引入大量的新鲜空气、日光和阳光。建筑不再将巨大的地基嵌入地下，再将笨重主体固定在地基上，而是轻巧地坐落于地表，却也坚固结实；建筑的外形不会模仿别的风格，也没有艳俗的雕饰，而采用简洁明快的设计，每个部分都自然地融入整体。因此，建筑的美感与我们的材料和心理需求是吻合的。[48]

同样，水平屋顶可以遮盖建筑的一些不雅之处——例如檐沟——也可用作游乐的场地，而且更加高效，因为水平屋顶的使用减少了维护成本很高的屋顶面积。

这种新建筑的施建过程中，"有机"是用来评价格罗皮乌斯的术语，就像评价陶特和门德尔松等很多其他建筑师一样。这意味着一切都完全融合在了一起，建筑的形式与功能处于平衡和谐的状态。[49]只要安排得当，彼此交融，形式和功能——而非雕饰——就可以创造美感。只要设计得当，建筑就能将建材本身蕴含的美感表现出来。最终的作品不是某个天才的创造，而是融合了众多艺术家和工匠集体智慧的成果。如此产生的建筑具有鲜明的现代风格，"精确、实用，省去了浮华的雕饰，立方体的构造也更加高效"。[50]格罗皮乌斯后来写道，一座现代建筑"的建筑成就应该完全源于自身有机结构的活力和价值。建筑必须忠于自己"。[51]因为建筑是一个时代精神气质的主要表达方式，一座有机的建筑既能反映，也能创造这个时代的内在凝聚力。[52]

格罗皮乌斯非常推崇机器和大规模生产。这是当下的现实，学艺术的学生必须接受这方面的训练，学会在当下的世界开展工作。他们绝不能逃避，不能沉浸在怀旧中，不能沉迷于所谓个人的艺术天赋，独自一人创作绘画或雕塑。现代艺术家必须能够设计电灯、椅子、铰链，以及其他所有可以批量生产的东西。建筑必须能够利用预制建材，以及标准化的规划和模块。格罗皮乌斯设想将来能把工厂的那套系统搬到工地，这一点上，他和陶特等人观点一致。[53]

格罗皮乌斯设计的包豪斯艺术学院是人们评论的热点，当时是——至今仍是（因为该建筑依然存在，状态良好）——对其设计原则的一次完美展现，也是魏玛时代最伟大的创造之一（图5.7）。这座建筑由功能相关的元素组成，即由封闭的廊桥连接起三个立方体。每个

图5.7　瓦尔特·格罗皮乌斯设计的包豪斯艺术学院大楼，位于德绍（Dessau），建于1925—1926年。作为魏玛时代最著名的建筑之一，包豪斯大楼曾经是（现在依然是）现代主义美学的胜利宣言。其美感来自施工过程中使用的材料以及建筑的功能。和门德尔松的朔肯百货大楼一样，一排排相同的玻璃使得整个结构非常通透，为其中的画室提供了美妙的光源。这座建筑现在作为设计学院仍在使用，经过了几次修缮，目前状况良好。图片由作者提供。

立方体都有独立的功能：作坊和礼堂；教室、办公室和图书馆；画室、餐厅和宿舍。设计严格遵循现代主义原则，隐藏了承重结构，因此建筑外部就成了通风透光的游乐场。横向的玻璃幕墙——只有纤细的钢条框将其分割开来——给人的印象非常深刻。如此一来，作坊和画室都沐浴在自然光线之中；晚上亮灯后，这座建筑发出紧凑的光线。苏联作家伊利亚·爱伦堡（Ilya Ehrenburg）捕捉到了这座建筑中所藏的奇妙思路和设计原理："包豪斯似乎是浑然一体的，像一个连续的思想，玻璃幕墙构成了一个透明的视角，与空气连在了一起，但又被某种坚定的意志隔开了。我见到这座建筑时，就本能地立住不动了……沉浸在对它的崇拜之中……［这是］明快风格的胜利。"[54] 各立方体间的联系显而易见，这是一个令人激动的标志，可以看出格罗皮乌斯对"有机"这一神圣词语的信念：所有的部分都紧密相连，任何一个元素都不能孤立存在。此外，格罗皮乌斯还为教职员工和院长设计了住宅，风格也与主建筑相关。在德绍，格罗皮乌斯完全实践了自己的想象力。

但门德尔松一定认为，格罗皮乌斯已经过头了，即使这是一座成功的建筑。格罗皮乌斯谈论的这些集体合作、标准化和大规模生产，似乎都是现代性中最令门德尔松恐惧的那些方面，也即单调的、被大量无用之物占据的社会。二人都是现代主义者，但格罗皮乌斯的眼界更为宽广，对门德尔松的尼采式个人创作天赋观构成了挑战。在门德尔松看来，功能主义只构成了建筑的前提条件，只是最初级的技术要求。这样的基础"尽管涉及精确的测量，以及明确的技术手段，但并不足以创造出伟大的建筑"[55]。伟大的建筑能够将功能和活力合而为一。"但是，只有从功能与活力、现实与非现实、意识与无意识、理智与情感、测算与思想、有限和无限的相互关系中，才能出现生动活泼的创作欲望，建筑师才能痴迷于空间。"[56] 如他后来所解释的那样，"建筑动力学"表达了"有弹性的建筑材料所固有的张力，以及运动和反向运动在建筑的固定性和稳定性之内形成的张力"[57]。在门德尔松看来，一座建筑如果能够表达这些张力，就是属于现代的伟大建筑。

很多人的批评比起门德尔松可谓有过之而无不及，甚至把门德尔松也列为批判对象，指责他们造出的都是些刻板机械的物质主义建筑，指责他们将人们从传统中连根拔起。对很多批评者来说，陶特、门德尔松、格罗皮乌斯等很多现代主义者通过写作和设计所倡导的"精神革命"，不过是将工厂搬到了人们的居住区，不过是"机械论"文明战胜了德国独特的文化和历史所代表的真正精神生活。根据这样的观点，现代主义者使人类堕落成物质性的存在；现代建筑师未能改变时代的堕落性，反而随波逐流，甚至助纣为虐。对批评家们而言，美丽和历史是不可分割的，一座美丽的建筑必须让人联想起永恒的价值和历史的根源。而现代主义者却动了一台大手术，切断了现代建筑与精神内涵丰富的深刻历史间的联系。现代主义者不是艺术家，只是工程师。

举例来说，很多批评家发现陶特、格罗皮乌斯和勒·柯布西耶修建的那些预先定制的房子，虽然住起来让人感到效率很高，通风效果也很好，但同时让人觉得缺乏新意、冷漠无情；这些房子排斥小饰品和老家具，是缺乏情感的表现，毫不尊重历史和传统。一位批评家声称，在勒·柯布西耶设计的、由混凝土和玻璃构成的建筑——斯图加特著名的白院聚落（Weissenhof Siedlung）的局部——中，只有无根的知识分子和流浪者才会感到舒适自在。它看上去与周围的一切都是脱节的，似乎只是"从天而降，在地上待一会儿就要离开"。这位批评家认为，不是所有人都喜欢白天把床折叠起来，过着没有卧室的生活——一间可以做爱、休息、做梦、怀孕、分娩和死亡的卧室。奇特吗？是的；能住人吗？不行。[58]另一位批评家指出，白院聚落的"设计和施工完全不考虑一个家庭把居所变成家所需的一切"。房子的内部是密斯·凡·德·罗设计的，没有安装合适的楼梯平台和栏杆，用于通风的窗户也设计得过大，这样的房子对儿童来说非常危险。这些朝南的房子采光太好，必然会导致厨房里的食物容易变质；炉灶设置在了人们在室内的必经之处，而且没有地方用来放置被雨水淋湿的衣服。[59]有艺术感吗？是的；刻板呆滞吗？也是的。根据当地报纸的说法，陶特设计的汤姆叔叔住宅区点燃了"采伦多夫的屋顶战争",保守的批评家指责这种水平屋顶明显丧失了德国特色。

包豪斯学院自成立之初,就受到尖刻的批评,格罗皮乌斯最终迫于无奈,只好把学院从魏玛迁到了德绍。[60]更有甚者,对现代主义者的攻击逐渐与日益嚣张的种族主义思维纠缠在一起。1926年,德累斯顿(Dresden)的建筑学教授埃米尔·赫格(Emil Högg)抨击这类新建筑时,称它们代表的是"流浪者的建筑",这些建筑会导致"无根状态、精神贫乏和无产阶级化趋向"。[61]现代主义者倡导彻底割断与过去的联系,这无异于"布尔什维主义者的"建筑风格。相反,赫格赞赏那些师法传统建筑的设计师,即使他们的设计也是新式的。这才是真正的德国"民间建筑"(folk architecture)。赫格用于现代建筑的词语——流浪、无根、布尔什维主义——正是右翼用来攻击犹太人和共和国的词语。保守主义建筑师保罗·舒尔策-瑙姆堡(Paul Schultze-Naumburg)是现代主义者的劲敌,言辞间更是锋芒毕露。他在书中写道,现代建筑反映的是犹太人的血统,而犹人血统则破坏了德意志民族的种族世系。现代主义者不是"真正的"人;他们是"缺乏创新的人,无形无色,只是半人或四分之一人、丑陋的人,对美感毫无欲望,但这些人却把我们的时代打上了他们的印记"。[62]他们的建筑代表的是"没有灵魂的、无神的、呆板的世界"。他声称,真正的德国房子"让人觉得是从泥土中长出来的……如同一棵树,树根深深扎入泥土深处,与之合而为一。有了这一点,我们才能理解家[Heimat]的含义,才能理解自己与血缘和土地的血肉联系"。[63]对赫格和舒尔策-瑙姆堡这样的人来说,现代主义运动不过是一场去历史化和精神贫乏的噩梦。只有通过净化种族,才能迎来艺术和建筑的真正复兴。[64]

◇ ◇ ◇

陶特、门德尔松和格罗皮乌斯满怀期望地从事着自己的工作。他们相信，一种基于现代性语境、富有革新精神的新式建筑能够超越当代生活的碎片化状态。现代建筑能够弥合技术与美感、人类与自然、个体与社会之间的裂痕。这种建筑使人想到的是生命，而不是全面战争带来的生灵涂炭和巨大破坏，且能够实现革命的承诺，即他们所理解的复兴和重生。有机、水晶、精神——这些都是陶特、门德尔松和格罗皮乌斯的著述中反复出现的词语。

他们并不是孤军奋战。他们背后是整整一代杰出的欧洲建筑师，都生于19世纪80年代。除了陶特、门德尔松和格罗皮乌斯之外，这个名单上还有很多人，包括勒·柯布西耶、恩斯特·迈、密斯·凡·德·罗、马丁·瓦格纳和亨德里克斯·特奥多鲁斯·韦德弗尔德（Hendricus Theodorus Wijdeveld）。一战之前的岁月中，所有这些人都深受政治和文化领域中大规模论战和运动的影响。在建筑领域，相关的论战和运动包括现代主义的最初萌芽，以及有关住宅改革的广泛讨论。这些既发生在德国，也发生在其他很多欧洲国家。在慕尼黑求学期间，门德尔松与弗朗茨·马尔克（Franz Marc）和瓦西里·康定斯基等人在"蓝色骑士"（Blue Rider）组织的交际圈中活动。陶特属于先锋派艺术家的行列，这些艺术家经常造访风暴（Der Sturm）美术馆，这家美术馆支持表现主义艺术和抽象派艺术。陶特尤其受到无政府主义和社会主义作家的影响。陶特和门德尔松都很认真地读过列夫·托尔斯泰（Leo Tolstoy）的作品，不仅欣赏他伟大的文学才华，也是为了汲取精神信念和非暴力的思想——这是这位伟大小说家晚期思想的主要特征。格罗皮乌斯在彼得·贝伦斯——德国第一位杰出的现代建筑师——的办公室工作。陶特、门德尔松和格罗皮乌斯等三人都受到了荷兰和比利时建筑师的影响，尤其受亨利·凡·德·费尔德（Henry van de Velde）的影响最大。费尔德在一战前就凭借改革者的社会冲动，开始构建现代主义风格的建筑。出生于19世纪80年代的这一辈人，所身处的是欧洲文化——而不仅是德国文化——的世界，甚至也包括美国文化的世界，如果我们把弗兰克·劳埃德·赖特（生于1867年，比其他人年龄稍长些)包括在内的话。赖特对门德尔松和格罗皮乌斯都产生了很大的影响。这也是直接经历了第一次世界大战的一代人,他们经历了战争导致的生灵涂炭和物质破坏,感受了整个世界支离破碎、满目疮痍的惨况。他们明白,1914年之前的那个世界一去不复返了。1917—1921年,德国和欧洲的革命浪潮给他们带来了新的可能性,他们相信自己终于可以参与创建一个更加和平和睦的新世界,于是就设计住宅、工厂、研究所和商店——采用的都是现代主义风格。

对于格罗皮乌斯、勒·柯布西耶等很多20世纪杰出建筑师所信奉的绝对功能主义理念,陶特和门德尔松都拒绝接受。陶特和门德尔松虽然使用同样的材料,设计同样简洁的建筑,但会想办法让功能主义的生硬线条柔和一些,有时还会在设计的结构中加入轻松的元素。他们建造的不都是完美之作。门德尔松20世纪20年代设计的作品中,也有一些相当平庸的商业建筑。但是,他最好的作品生动表达了时代的种种可能性,无论科学类的建筑(如爱因斯坦塔),还是与商业和消费有关的建筑(如朔肯百货商场),都带有诗意的优雅和激情。格罗皮乌斯的一些建筑设计是二战后出现的那些最差建筑的鼻祖,陶特的卡尔·莱吉恩(Carl Legien)住宅项目也是如此。这个项目建于1929—1930年,位于柏林的普伦茨劳尔贝格区(Prenzlauerberg)。卡尔·莱吉恩住宅区类似于后来规模更大的公共住房项目,这些建筑毫无特色、缺乏个性;二战后,这些廉价住宅在整个西方世界大量建造,并席卷世界其他地区。但格罗皮乌斯的包豪斯学院一直都是魏玛现代主义的代表作;而陶特最好的作品——汤姆叔叔和布里茨两个住宅项目——将社会改革和美学敏锐性融为一体,创造了一种介入性建筑(engaged architecture)的典范。即便是卡尔·莱吉恩公寓的设计也很优秀,室内可以照进充足的阳光。[65]多年之后,很多德国人回忆起当年乔迁新居的情景,都觉得当时的生活水平有了很大提高。对于居住过的公寓和社区,他们的回忆都是愉快的,甚至是温暖的。只是他们还保留了油画和雕饰繁复的家具(令建筑师颇为苦恼),居民们还得忍受平面房顶,以及严格的规定——例如，禁止养猫，禁止在室外晾晒衣物（除了指定的日子），禁止在社区附近开设酒吧。[66]

◇　◇　◇

20世纪30年代早期，埃里克·门德尔松与荷兰的建筑师同行亨德里克斯·特奥多鲁斯·韦德弗尔德和法国画家阿梅德·奥占芳（Amédée Ozenfant），合作筹建一所新的艺术和工艺学校——欧洲地中海学院（European Mediterranean Academy）。学院还从很多欧洲国家招募了其他杰出人物加盟，包括作曲家保罗·亨德密特（Paul Hindemith）。这所学院将是一所高层次的艺术学校，计划教授建筑、绘画、雕塑、陶艺、纺织设计、排版印刷、戏剧、音乐和舞蹈、摄影和电影。[67]教授的科目与包豪斯学院比较相似，但门德尔松及其合作者，有别于格罗皮乌斯等包豪斯学派的艺术家，并不是严格意义上的反历史主义者。他们特意选择了地中海旁的某地作为校址，以便于从古代世界的历史遗产中汲取营养。门德尔松和很多合作者都是不一样的现代主义者，他们以自己独特的方式将表现主义和功能主义融合在一起。然而，他们创办欧洲地中海学院的时机非常不利。时间是1933年，世界经济正处于低谷，这一年也恰逢纳粹上台。学院最后未能建成，胎死腹中。

就在几年前的1930年，门德尔松夫妇搬进了柏林一栋他自己设计的房子。这曾经是（现在仍是——房子依然存在，为私人所有）一座优雅、现代的建筑，位于柏林西区哈弗尔河附近。这个长方形结构沿地面水平展开，光线可以倾斜而入。内部装饰的家具是门德尔松专门设计的。房子有一个露台，可以欣赏哈弗尔河的美景；夏天，这里会举办很多音乐会，包括这位建筑师的夫人路易丝·门德尔松（Luise Mendelsohn）的演出，她是一位很有才华的大提琴手。这座房子成了魏玛德国知识界很多杰出人士以及慕名而来的知识分子的聚会场所。

爱因斯坦就曾是这里的常客，欧洲联盟组织的早期倡导者——如理查德·康登霍维-凯勒奇（Richard Coudenhove-Kalergi）——也来过。1933 年 3 月 31 日，即希特勒掌权两个月后，门德尔松夫妇每人收拾了一只行李箱，就离家开始了颠沛流离的逃亡生活，先后来到荷兰、英国、巴勒斯坦，最终到了美国。[68] 此后，他们再也没有回过这个家。

1933 年 1 月 30 日纳粹上台时，布鲁诺·陶特正在国外。不久，他回到德国，却发现形势已急转直下。他被赶出了普鲁士艺术协会（Prussian Academy of Arts），一起被赶出来的还有埃里克·门德尔松，以及其他现代主义的倡导者。陶特从可靠的渠道得知，自己成了通缉犯。1933 年 3 月 10 日，他逃出德国，先去了瑞士，之后又到了日本。在日本，建筑界的同行给他提供了讲学和写作的机会。最终，他到了土耳其，这是马丁·瓦格纳逃出德国后的落脚之地。陶特之前的身体就不算太好，此时生活又如此艰难。在流亡海外的日子里，他的健康状况严重恶化；1938 年，他在伊斯坦布尔（Istanbul）去世。

1928 年，瓦尔特·格罗皮乌斯离开包豪斯学院，在外创办了私人建筑设计公司。但是，纳粹在掌权三个月后，即 1933 年 4 月，就关闭了这所学院，令他感到震惊。在纳粹看来，包豪斯学派象征着"堕落的"现代艺术。格罗皮乌斯还想着自己的公司能经营下去，但 1934 年，他也开始了流亡海外的生活。在英国期间，他很难揽到业务；1937 年，他离开英国，去了美国，在一位颇有些来头的友人帮助下，又重新做起了建筑设计的业务。1938 年，现代艺术博物馆（Museum of Modern Art）举办了一场重要的包豪斯艺术展，加上此前该馆馆长小艾尔弗雷德·H. 巴尔（Alfred H. Barr, Jr.）对包豪斯学派的溢美之词，这极大地影响了美国人，使其长期痴迷于包豪斯学派及其创始人。

然而，此时都已流亡他乡的三人中，没有一个能达到他们在魏玛时代最好的水平。门德尔松后期的建筑中——无论在巴勒斯坦，还是在美国——无一具有爱因斯坦塔和朔肯百货商场那般的活力与激情。在日本和土耳其时，陶特根本就没有设计建筑的机会。格罗皮乌斯成了著名的国际建筑师，并担任哈佛大学建筑系主任，成就了辉煌的事业。但是，他的后期作品中，也无一能达到德绍包豪斯大楼具有的那种内敛优雅之感，有些设计还是彻底的败笔。1964—1968年，他在西柏林的布里茨-布科-鲁多区（Britz-Buckow-Rudow）设计的公寓楼群非常丑陋，属于典型的单调乏味的后二战住宅建筑。更为糟糕的设计是纽约泛美大厦（Pan American building）——现更名为大都会人寿保险大厦（Metropolitan Life）——由他和彼得罗·贝卢斯基（Pietro Belluschi）合作完成。这座摩天大楼于1963年对外开放，像一个巨大丑陋的脓肿一样拔地而起，遮盖了美丽的学院派（Beaux-Arts）建筑纽约中央火车站（Grand Central Terminal），也破坏了公园大道（Park Avenue）优雅的视线。

在魏玛德国的激荡澎湃和希望乐观中，陶特、门德尔松和格罗皮乌斯被纳粹连根拔起，从此再也没有找到自己的方向，再也没有设计出能与20世纪20年代和30年代早期的那些伟大创造相媲美的建筑。而且，后来的现代建筑再也没有像魏玛德国时代那样完全奉献于公共领域。魏玛的伟大建筑并不是那些炫耀商业财富和权力的公司办公大楼，而是住宅项目、百货商场，以及教育和研究机构。沐浴在阳光中的公寓，令人沉醉的购物场所，给人启迪的学习空间——这些也是魏玛的承诺。

第 6 章

声音和图像

魏玛是由各种刺耳的声音和炫目的图像构成的。一对来自外省的夫妇来到柏林，先从安哈尔特火车站出来，走上一小段路，来到了波茨坦广场。这时，他们会感到车水马龙的喧嚣嘈杂和海报招贴——香烟广告、政治标语、卡巴莱演出广告、下届总统大选的候选人广告——的五颜六色一齐向自己袭来。入夜之后，各种灯光照明之下，整个城市灯火通明，令他们惊叹不已。一战前的德国没有这么繁忙，这么喧嚣，这么光华灿烂。

但到了20世纪20年代末，柏林出现了别的声音和图像，给外省的访客，也给引领潮流的柏林都市人带来了新的、刺激性的、有时也恼人的感受。小镇和城市中，德国人定期出门看电影，在刚建成的宏伟电影宫中，他们观看通俗片、喜剧片、旅行历险片和新闻短片。他们还听收音机——1921年，收音机传入德国后，如同野火般迅速流行开来。收音机把音乐、戏剧、布道和新闻报道带入了酒吧和舞厅，带入了人们私密的家庭之内。和柏林人一样，我们的外省游客也读那些流行的画报，里面全是来自世界各地的图片，非常醒目。他们可能参观了将摄影奉作艺术的美术馆，或者购买了一台小巧廉价的新款相机，然后就加入了当地的摄影俱乐部。柏林以及外省各地，人们用电唱机（plug-in phonograph）欣赏唱片，这种留声机在20世纪20年代取代了手摇留声机。在家中，甚至外面的长椅上，他们听着美国的爵士乐、意大利的歌剧和德国的交响乐（只能收听很短的片段，因为78转唱片的容量有限）。

所有这些媒介技术在1914年之前就发明问世了。摄影可以追溯到

19世纪30年代,并于19世纪末进入非专业领域。电影产生于19世纪90年代,留声机的出现则要更早一些,二者变得越来越流行,直到第一次世界大战。战争期间,军队开始使用比较原始的无线电通信设备。由于平版印刷术、莱诺铸排机(linotype)等带来的印刷技术的进步,1914年之前的数十年间,带有插图的周刊开始发展起来。

但毫无疑问,魏玛是所有这些新的交流和表达形式——这些形式迅猛发展,大受民众欢迎——的繁荣期。随着技术的重大突破,复制和传输的质量也随之提高,无论是通过广播频道、巨大的屏幕,还是高效的新型印刷机印制的纸页。[1] 随着消费成本的下降,很多德国人开始有能力购买收音机、留声机和照相机。这些新技术出现在一个已经"大众化"的社会中——在此社会中,多数人生活在城市地区,多数人通过劳动所得和在市场中购物来满足日常需求,而且最低限度的公共教育几乎已经普及。20世纪20年代至30年代初,在技术进步和大众社会的双重作用下,新的声音和图像传播到了德国社会生活的每一个毛孔中,将德国之外的世界展示在德国人面前——上海工人罢工的画面;纽约重量级拳击赛和巴黎音乐会的声音(播放时间只延迟了几分钟);或者是好莱坞的画面,查理·卓别林(Charlie Chaplin)在冰天雪地的阿拉斯加(Alaska),面对大自然和他那残暴的敌人。

随着新声音和图像的广泛传播,人们也产生了一些深刻的疑问,发人深省。电影和照片是艺术吗?抑或只是粗糙的商品?谁能决定德国人通过电波该听到什么,在报摊上该买到什么?把唱片放在旋转的电子设备上播放古典音乐,会不会破坏听音乐的体验呢?那些教堂、公立学校、艺术院校、政府审查部门——1918年之前,所有这些官方和半官方机构控制着德国人在公共领域所能接触到的文字和图像——突然发现,自己的权威瓦解了,起初是革命的爆发和共和国的建立所致,之后缘于新大众传媒的蓬勃发展。然而,摄影和电影、唱片和广播变成了另一个战场,各方就现代性的范围和意义展开交锋。越来越多的德国人开始涌向电影院,打开收音机,购买杂志,随着爵士乐唱片的曲子起舞。一些魏玛时代最伟大的文化名流创造了全新的视觉和听觉艺术体裁。

◇ ◇ ◇

几十年来，照相机都是四四方方的大家伙，价格昂贵，且操作复杂，非普通人可以问津。要把这种老式的大相机搬出来、架设好，十分吃力。照相的人得连着几分钟保持静止不动，等着以化学方式处理的感光板完成曝光。几乎所有的照片都有固定的套路：要么就是一对夫妇，妻子坐着，男人在她身后笔直站着；要么就是全家福合照，也是精心设计的摆拍，拍照地点在花园里，房子作背景，这是资产阶级家庭兴旺、举止得体的标志。偶尔，奥古斯特·桑德（August Sander）这样的摄影师，可能会带着三脚架和相机潜伏在某处，看见三个衣冠楚楚的乡村青年正走在去舞会的路上，在对方毫无心理准备时按下快门（图6.1）。桑德的照片所表现的，是人物的目光接触到镜头时那种表情自然流露的意外时刻。但这样的图像是罕见的，即使对桑德这样成功的摄影师来说也是如此。[2]

所有这一切在19世纪80年代和90年代开始有了变化。乔治·伊士曼（George Eastman）在美国的公司——最终定名为伊士曼柯达（Eastman Kodak）公司——生产出了相机用的胶卷，取代了十分笨重且只能拍一张照片的感光板。伊士曼柯达公司以及该公司很多美国和欧洲的竞争者，开始生产体积较小的相机，专门为这种新式胶卷所设计。与20世纪末的电脑一样，专业人士用的高端产品一直都很昂贵，但在19世纪90年代，体积较小、更为紧凑的相机价格开始下降，至少中产阶级是买得起的。可是，当时的相机还没有统一的设计标准，胶卷尺寸也大小不一。就在第一次世界大战爆发前，电影工业采用35毫米胶片作为自己的标准。一位雄心勃勃的纽约商人发现，电影胶片使用后剩余长度的售价只有正常价格的1/3。于是，整个欧洲和美国的生产商，

图 6.1 奥古斯特·桑德于 1914 年拍摄于韦斯特林山（Westerwald）的作品《舞会路上的农场青年》（"Young Farmers on the Way to a Dance"）。他试图捕捉德国社会生活的全景，这是其中最著名的照片之一。

第 6 章 声音和图像　　221

包括伊士曼柯达公司在内,也紧随其后,采用 35 毫米胶卷作为多数相机的标准。

但真正的技术突破诞生于 1925 年,位于韦茨拉尔(Wetzlar)的德国徕茨(Leitz)公司推出了徕卡(Leica)相机。这种相机 1911 年就出现了,但最终的改进型堪称奇迹,融合了紧凑的尺寸、便于使用的 35 毫米胶卷和出色的镜头等多项优点。徕卡相机体积很小,甚至可以藏在一个男人的夹克或马甲下面,瞬间就可以拿出来,拍下眼前正在发生的动作。摄影新闻和徕卡相机是携手向前发展的,虽然徕卡相机用了几年时间才真正跟上新闻摄影发展的需要。于是,全世界的生产商都开始大量仿制这种相机。[3] 徕卡相机以前(现在仍然)是相当贵的,这些仿品却比较便宜,这促进了摄影这项业余爱好的推广。

摄影当然是可以复制的媒介。[4] 绘画和雕塑每次只能完成一件。而摄影的底片可以多次冲印,一名高水平的摄影师在冲印过程中能够调整图像的色调和效果。最能将摄影作品传播四方的,是 20 世纪 20 年代出现的插图杂志。第一家——也是最成功的一家——杂志是乌尔施泰因(Ullstein)出版社在一战前创办的《柏林画报》(Berliner Illustrirte Zeitung,BIZ)。《慕尼黑画报》(Münchner Illustrierte Presse)和《科隆画报》(Kölnische Illustrierte Zeitung)先后于 1923 年和 1926 年创办。就连共产党也闻风而动,成功创办了《工人画报》(Arbeiter-Illustrierte-Zeitung,AIZ)。1930 年,仅《柏林画报》一家的发行量就达到了 185 万份,《工人画报》则达到了 35 万份,令人肃然起敬。[5]

读者翻看任何一家杂志——包括共产党的《工人画报》——就仿佛进入了各种奇幻之旅。他们(当然是以虚拟的方式)从空中俯瞰金字塔,观看中非的舞蹈,参加印度国会的开幕式,感受德国的隆冬时节,享受德国电影明星的陪伴,体验加利福尼亚的烈日和茂密的植被。还有另外一些图片将以下信息带回德国:中国的政治冲突、日本的地震、牛津与剑桥的人事较量、上海的一场赛马、堪称最新技术奇迹的建筑、高耸入云的广播发射塔。在照片、连载小说和体育报道之中和周围,充斥着大量的广告,共产党的《工人画报》也概莫能外(但相对而言有所节制)。那些生活方式产品(这是今天我们对它们的称呼)尤其显眼。香烟、香水、保健霜和美容霜、女士内衣、咖啡、巧克力、香槟——人们享受美好生活所需要的一切,可以让人看上去年轻10岁的物品,这些都是《柏林画报》的读者看到的那套广告词。男人们总是英俊潇洒,女人一概美丽漂亮,常常出门购物。广告商强烈推荐男人使用各种定型发胶;告诉女人什么才是健康的生活方式,如何保持苗条的身材,如何看着更年轻,如果都不管用,就推荐她们选用合适的内衣。

实际上,正如维吉·鲍姆(Vicki Baum)这位小说家和编辑在回忆录中所说,根据乌尔施泰因出版社的理念,刊登的照片要能表达生活的快乐(*Lebensfreude*)。《柏林画报》几乎所有的封面人物都以微笑或开怀大笑示人,或者享受着体育比赛的激烈场面(图6.2)。[6]他们几乎都是年轻人。从《工人画报》的封面来看,共产党人没有多少笑脸,但苏共除外。德国共产党人面临太多严酷的政治斗争,他们是笑不出来的,但即便一副坚毅刚卓的表情,看上去常常还是很年轻,而且长相不错。《柏林画报》刊登的是比较轻松的政治新闻——一张流传开的新内阁照片、一则国际经济学会的报道、远离德国的某地发生的社会动荡。相反,《工人画报》向读者呈现的,则是具有鲜明政治色彩和无产阶级风格的报道——发生在德国的游行示威,以及与警察爆发的冲突,发生在中国的武装革命暴动,苏联的经济发展和教育进步。[7]

但是,这些杂志上汹涌而来的图像象征着什么呢?——除了看着让人心情愉快之外。照片能构成艺术吗?还是只是商业主义的拙劣形式?它们捕捉现实的能力超过了绘画、雕塑和文字等其他媒介吗?还是照片改变了视觉感受的形式本身?摄影尤其会提出这些问题,因为这是一种最易复制的媒介,而且在20世纪20年代,除了专业人员外,业余摄影爱好者也能熟练使用相机拍出大量照片,并能冲印底片。摄影模糊了所有的界限——艺术和商业的界限、精英文化和世俗文化的界限、专业和业余的界限:随着摄影在20世纪20年代中期成为正式的职

第 6 章　声音和图像　　　223

图 6.2　1927 年 4 月 24 日的《柏林画报》封面，标题为"内战一触即发"（On the Edge of Civil War）。根据《柏林画报》的报道，尽管中国国内局势紧张，人们还是成群结队地前往观看赛马——这是这家周刊的典型风格，以阳光的心态面对生活。就算天塌下来了，该享受还是要享受的。

业,这种趋势就更加明显了。当时的摄影师还没有成为20世纪60年代初在罗马追逐名人的记者——在费德里科·费里尼（Federico Fellini）的电影《甜蜜的生活》（La Dolce Vita）中成了不朽的人物（当然,对他们也谈不上什么敬意）——也还不是今天那些盯着电影明星等要人不放的狗仔队。20世纪20年代,摄影成了一个非常自由的行业,但竞争十分激烈,且从业者多为男性。作为一个职业,摄影是向新人开放的,甚至是那些来自社会底层的人士或者外来族裔,如犹太人。这一点和那些等级森严的传统领域差别很大,如大学、政府机构和军队。多数出版社会聘请自由摄影师,按照录用照片的数量支付报酬——这样的就业结构凸显了这个行业的竞争性。很多摄影师在新闻、广告和艺术等领域自由进出,他们体现了这一媒介所象征的模糊界限。乌尔施泰因出版社刊登的大部分广告都是该社内部制作的,那些拍摄了赛马开幕式的摄影师可能也拍艺术照,并刊登在《柏林画报》的广告中,或者进入美术馆成为展品,或者登上了艺术杂志的封面。[8]

魏玛时代的摄影师还开辟了美学和理论的新领地。他们坚信摄影正是现代性的艺术媒介,于是拿起相机和钢笔,界定摄影与其他艺术形式的关系、与我们体验世界方式的关系。魏玛时代（以及之后）两位最伟大的摄影师分别是莫霍伊-纳吉·拉斯洛和奥古斯特·桑德。就美学感受与对此媒介的观念而言,二人截然不同,但都代表了摄影在20世纪20年代和30年代初所具有的艺术可能性。

莫霍伊-纳吉于1895年生于匈牙利。他虽然学的是法学专业,但第一次世界大战前就开始参与进步艺术团体的活动。一战后的革命转瞬即逝,匈牙利的政治形势越发紧迫,他便和很多艺术家、知识分子同胞一样,逃往了德国。1920年,他来到柏林,很快就和达达主义者有了交往,尽管他从来就不太喜欢他们故弄玄虚的荒诞主义风格,以及不断挑衅的做派。但是,达达主义者执着于抽象艺术,迷恋于技术手段,自由借鉴各种艺术类型,他们的自由精神使其作品充满活力,这些都深深吸引着莫霍伊-纳吉。[9] 于是,在达达主义的影响下,他从不局限于某个单一的媒介。在不同时期，除了摄影之外，他还广泛涉猎了绘画、雕塑、建筑、排版和电影等领域。他多才多艺、涉猎广泛，还写下了大量的文字。在艺术实践者中，很少有人能就如此广泛的艺术话题，写出如此深刻的评论。在他的整个艺术生涯中，包括在美国的流亡岁月，莫霍伊-纳吉一直执着于抽象的非写实艺术，坚持探索新技术的美学可能性。比起色彩，他的艺术更强调对光线和形式的探索（虽然他也创作彩色的油画，但彩色摄影直到 20 世纪 30 年代晚期才受到重视）。摄影师们对于几何图形——作为单个元素，更是作为整体的结构——表现出强烈的兴趣。

1922 年，传奇人物瓦尔特·格罗皮乌斯——包豪斯艺术学院的创办者和院长——在一次展览中见到了莫霍伊-纳吉的几幅作品，就立刻聘请他来到这所年轻的学院授课。正如我们在上一章所讨论的，包豪斯学派作为对 20 世纪的艺术和建筑产生了重大影响的艺术流派，不只是一种设计美学，而是一种乌托邦的思想体系。该学派的奠基者和早期参与者相信，现代主义美学能够克服弥漫于现代性中的异化现象，使人类重新成为"全人"。

莫霍伊-纳吉负责金属工作室，还教授摄影等其他很多课程，承担学院系列图书的编辑出版工作。格罗皮乌斯肯定有意气相投之感，因为莫霍伊-纳吉在艺术方面也表现出了类似的乌托邦倾向，虽然他在政治上并不积极。他提倡"完整作品"（*Gesamtwerk*）的观念，认为这有别于作曲家理查德·瓦格纳（Richard Wagner）著名的"总体艺术作品"观念——根据这一观念，歌剧融合了艺术的所有不同元素。和战争与革命之后的格罗皮乌斯等其他很多人一样，莫霍伊-纳吉在此基础上更进一步：他除了打破艺术的各个门类和媒介之间的界限，还力图打破生活与艺术之间的界限（而瓦格纳的观念坚持这样的界限）。1925 年，他写道：

所有的领域中，专业分工带来了难以预料的复杂后果，造成了四分五裂的局面，人们丧失了信心，不再可能把所有领域（即生活的总体）融会贯通……我们需要的不是"总体艺术作品"——生活与其并行共存或分道扬镳——而是融汇了所有冲动与活力，自发形成了无所不包的"完整作品"（生命）。这种"完整作品"绝不会各自为政，所有个别成就都源自生物的必然性，并在一种普遍必然性中臻于完美。[10]

根据这种观念，我们有可能消除生活中的所有裂隙，从而创造一个和谐有机的巨大整体。这是不切实际的看法吗？是的，毫无疑问。有点疯狂吗？是的。但这很大程度上与魏玛时代很多艺术家的目标是一致的，包括格罗皮乌斯以及布鲁诺·陶特、埃里克·门德尔松等建筑师同行。正是在这些不切实际——甚至乌托邦式——的理想引导下，莫霍伊-纳吉创造的作品具有经久不衰的魅力，也体现了对光线与空间协调关系的深入思考。

从大约拍摄于1930年的照片《新年的早晨》（"New Year's Morning"）中，我们看见柏林这座大都市变得空空荡荡（图6.3）。往常车水马龙、川流不息的景象突然没了踪影，我们只看见一个人独自骑着自行车，一对男女在路上走着。我们被这三人所吸引，他们身处这座大城市，感觉是那么形单影只、格格不入，更吸引我们的是这些线条和影子。这张照片是在临街的高处拍摄的（实际上是从莫霍伊-纳吉的公寓楼上拍摄的）。[11]当时一定是清晨，从骑车人和步行者拖出的长长人影便可判定。几个人和他们的影子几乎截断了那些电车轨道线——这些轨道线构成了画面的中心，与旁边的人行道是平行的。轨道线也同时几乎被头顶上空的电线投下的影子截断了，我们看不到电线，看到的只是影子。《新年的早晨》是通过对几何与光线、线条与阴影的分析得到的画面。

莫霍伊-纳吉酷爱从高处拍摄照片。大约1928年，他从柏林广播发射塔拍了一张未定名的照片，其中包含各种几何图形（图6.4）[12]。

第 6 章 声音和图像　　227

图 6.3　莫霍伊-纳吉·拉斯洛的作品《新年的早晨》,大约拍摄于 1930 年。这位艺术家的照片常常是从高处拍摄的。此时,这座平素喧嚣扰攘的大都会安静了下来,成为可以仔细观察其线条和阴影的对象。

图 6.4 莫霍伊-纳吉·拉斯洛于 1928 年前后拍摄的柏林广播发射塔,未定名。这张照片依然是从高处所拍,莫霍伊-纳吉仔细观察了不断重复的三角、网格和圆圈构成的不同几何图形。

我们首先会注意到高耸的广播塔，以及这个钢铁结构网架上众多规则的三角形，塔身底部有一段原样的阴影。但是，这些棱角分明的线条被下面的那些同心圆给搅乱了，这些同心圆由围着一个喷水池的户外桌椅和遮阳伞所组成。而反过来，这些同心圆又被长方形塔基周围成直角状排列的桌椅打断了。我们虽然看不到——从投影判断，这还是清晨时分——但可以想象柏林人享受啤酒、香肠的情景，他们沐浴在阳光下，或者沉浸于广播发射塔——作为现代性的伟大标志——的阴影中。但更重要的是对各种图形，对这些三角、线条和圆圈的总体感觉——它们共同构成了整个画面，也实际上构成了我们生活的世界。

最后就是拍摄于1929年的作品《马赛旧港的船只》（"Boats in the Old Port of Marseilles"），再一次表现了莫霍伊-纳吉对于不断重复的形式的关注（图6.5）。这些船只大致规则地一字排开，由码头隔成了三组。被放下的桅杆成纵向落在船的中央，凸显了一种整齐划一的感觉，一种从画面右下方向左侧的流动感。而右下方角落里那个外形参差不齐的码头，又使得这种流动感更加强烈了。拉起的桅杆投下了影子，形状酷似那些水平落下的桅杆。然而，莫霍伊-纳吉运用光线的明暗，搅扰了图形的规则性。有些小船如此白亮，似乎要从画面中跳脱出来，其他的好像融入了停泊的深色海水之中。那个外形不规则的码头呈现出的亮白色，增强了这种明暗反差的效果。

光线和形状：莫霍伊-纳吉的照片所利用的，正是这些日常生活固有的元素，我们只是习以为常，很难意识到罢了。正是通过对光线和形状的运用，他创造了美感。但他并不止于此，而是更进了一步。包豪斯学派要求在构造（composition）所使用的材料中发现美。根据这一原则，莫霍伊-纳吉极力主张摄影乃是对光线的运用，即光线是最适于现代的材料。[13]（我们可以想象，在柏林灯火通明的夜色中，那舞动的光线对他的思维产生了深刻的影响。）绘画是属于过去的媒介，而摄影属于当下和未来。绘画只是对色彩的静态再现；而摄影传达的是结构和运动，拓展了我们的能力，使我们能够看到肉眼无法捕捉的东西。莫霍伊-纳

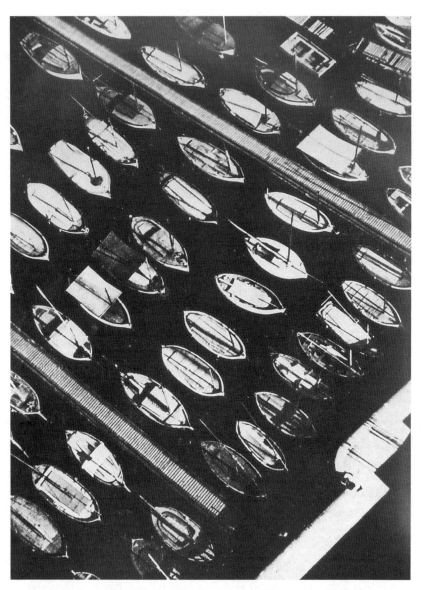

图6.5 莫霍伊-纳吉·拉斯洛的作品《马赛旧港的船只》，拍摄于1929年。莫霍伊-纳吉的照片体现了对于光线和形状的思考。这里，一排排整齐的船只列阵，在光线的明暗变化之中，显得有些凌乱。有些小船如此白亮，似乎要从画面中跳脱出来，其他的好像融入了停泊的深色海水之中。

吉写道,每一种媒介都有其内在的规律,如果我们最终能够理解摄影的规律,那么再现的结构就会达到顶峰,臻于完美,这通过(手工)技艺[即绘画]是绝对做不到的。[14]

而且,摄影不只是另一种创作媒介,而是打开了新的生活视界。"传统的绘画已成为历史陈迹,走到了自己的终点。每一刻,眼睛和耳朵都打开了——并充斥着——大量的视觉和听觉奇迹。只消几年更为积极进取的时光,再多几个摄影技术的执着追求者,人们就能普遍认识到,摄影是迎来一种新生活的最重要因素之一。"[15]莫霍伊-纳吉如此推崇摄影之于其他媒介的优越性,这听起来是那么迷人(也许画家不会这样想)、那么天真。这和他很多别的公开声明一样,有些言过其实。但这些思想点燃了他的艺术,如果他不相信摄影对于生命的诸多可能性,如果他没有竭力去发展这一媒介,是不可能创造出这些伟大作品的。就此意义而言,他代表了最优秀的魏玛精神,即富有表现力的乌托邦思想。这种乌托邦思想强调未来的重要性,力图渗入现代性的意义深处;对莫霍伊-纳吉而言,此意义就是摄影的意义,即各媒介中最为现代者的意义。

他在20世纪20年代中期创作的物影照片(photograms),正是这种哲学思想的表达。物影照片是"无需相机"的图像,是化学过程的产物,将不同的胶片叠放在感光纸上的结果。恰恰同一时间,柏林的莫霍伊-纳吉、巴黎的曼·雷(Man Ray)和莫斯科的埃尔·利西茨基(El Lissitzky)都在探索物影照片的多种可能性。有了这一媒介,莫霍伊-纳吉就能创造出形状完美的图像;这些形状似乎悬浮在半空,都是通过曝光时间的长短,展现光线的不同特质。他最好的物影照片几乎都有三维的立体感;有时,不同的图形是清晰可辨的,有时又似乎融为一体。莫霍伊-纳吉对于光线和形状近乎偏执,且明显表现在照片总体的构图效果,以及物影照片虚幻的轻盈之感上;这些作品展示了他的艺术才华,也说明作为一个媒介,摄影不仅能用来为最新的消费品做广告,而且还有其他可能性:可以用来思考人生的坐标(图6.6)。

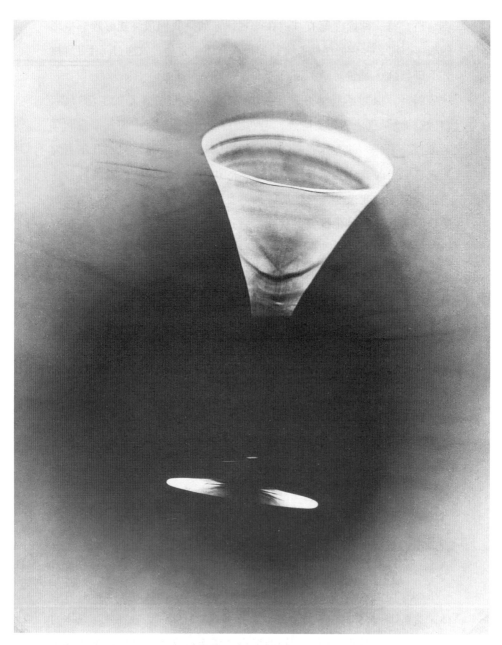

图 6.6 莫霍伊-纳吉·拉斯洛的物影照片，酒杯，大约拍摄于 1926 年。这是这位艺术家的一张无需相机的物影照片，将不同的胶片叠放在感光纸上制作而成。结果就出现了一幅几乎超现实的画面，虚幻而轻盈。

与莫霍伊-纳吉同时代的奥古斯特·桑德（生于1876年）年纪稍长，但并非一个艺术理论家。桑德大多通过相机来表达自己，极少诉诸写作、演讲、教学等五花八门的活动，也几乎不涉足艺术创作，而正是艺术创作为莫霍伊-纳吉的人生注入了疯狂的气息。桑德的工作也不涉及多个媒介，他只有一个了不起的想法，并为此花了40年的时间：他要把德国人生活的全景画面拍摄下来。第一次世界大战前，他就开始了自己的计划。20世纪的德国历史中，政坛权力更迭不断，他却矢志不渝。他的追求类似于爱德华·史泰钦（Edward Steichen）的"人类家庭"（Family of Man，最早在纽约的现代艺术博物馆展出）。这是在二战之后，纳粹倒台之后，桑德力图在人类的多样性中描绘"同一性"（oneness），他的这种做法具有典型性。[16] 桑德的这部作品虽只限于表现德国人，但数量更大，一共有4万多张底片。不幸的是，他收藏的这些底片都在1946年的一场大火中化为灰烬。尽管如此，其他不少底片和照片还是留了下来，我们依然能够欣赏他倾力付出后的劳动成果。

第一次世界大战之前，桑德在科隆已经是一名成功的室内摄影师。他的照片首次出版后，能接触到他作品的人多了很多。1929年，《我们时代的面孔》（Antlitz der Zeit）出版——由大作家阿尔弗雷德·德布林作序——立刻引起轰动。[17] 因为怀有宏大的抱负，"20世纪的人类"（Man of the Twentieth Century，桑德为自己的作品定下的名称）成为魏玛时代的典范之作——涉及范围体现了民主意识，志向非常远大——尽管他一战前就开始了这项工作。桑德是现实主义者，他鄙视抽象的艺术，对莫霍伊-纳吉等人的那些理论不以为然。在桑德看来，摄影胜过其他任何媒介，能够"按照原样"捕捉人物和风景。就风格和气质而言，他的方法与流行于20世纪20年代后半期的新客观主义相契合，而非一战后最初几年的表现主义艺术风格。新客观主义强调现实主义、低调内敛以及简洁的线条。1927年，桑德在科隆举办了个人摄影作品展。为了这次展览，他写道：

> 要给我们这个时代留下影像，没有什么比摄影更合适了，因为它最忠实于事物的本质……[摄影]既能以壮丽之美，也能以严酷之真再现事物，还能以匪夷所思的方式欺骗人。我们必须足够坚强，敢于直面真相，但最重要的是，我们应该将其传递给同胞和子孙后代……我最为痛恨的，是有些摄影作品会玩些小花招，摆出造作的姿势，制作虚假的特效，如同裹上了一层糖衣。因此，面对我们的时代，以及我们时代的民众，应该以诚实的心态诉说真相。[18]

令桑德坚信不疑的是，他能够描写德国人的全景画面，并由此创建真实的历史档案。他的照片表现出鲜明的人道主义冲动。他不仅描绘社会中的德高望重者，也记录那些残疾人、流浪汉、潦倒的艺术家、共产党人、具有双性特征的女人，等等。对于自己的摄影作品，他不作任何判断，也不发表任何评论（图6.1、图6.7、图6.8）。他只是按照人们的本来面目记录他们。正因为这些原因，纳粹查禁了他的作品：桑德展现了各种各样不符合雅利安理想的德国人——这些遭到纳粹迫害的人。

桑德的照片十分引人注目，同时也有一些封闭的感觉，有一点狭隘的元素：他所思考的只有德国和德国人。一种民族主义的傲慢在作祟，尤其表现在标题中，似乎德国人的照片就足以表现人类在20世纪的整体面貌。桑德很相信人的面相——就是指外貌能表现一个人的内在本质，或者此人所属群体的内在本质；这让人感到很不舒服，因为使人联想到纳粹的种族主义邪说，尽管面相说在那个时代相当盛行。当然，桑德一家都是坚定的反纳粹主义者，他的长子因为反纳粹活动而被捕入狱，最后死在了纳粹的监狱里。从很多方面来看，桑德从未真正离开他深爱的韦斯特林山——这是德国偏远西部一个保守的乡村地区，桑德是在那里长大的。

第二次世界大战之后，各种荣誉像雪片一样落在了桑德的身上，他的作品继续在德国内外展览。和很多魏玛时代的艺术家、知识分子

图 6.7　奥古斯特·桑德的作品《马戏团工人》("Circus Workers"),1930 年摄于迪伦(Düren)。桑德并不回避处于德国社会边缘的那些人,如这里的马戏团工人。他因此遭到了纳粹的迫害。

图 6.8 奥古斯特·桑德的作品《失业者》("Unemployed Man"),1928 年摄于科隆。桑德展现了失业者的悲惨处境,虽然此时大萧条尚未到来。

一样，莫霍伊-纳吉也被迫离开了德国。他最终来到了芝加哥，有了一家自己的设计学校，成了受人尊敬的教师。但是，他想创办一所新的包豪斯学院，却没有成功，也从未获得自己应得的声誉。[19] 莫霍伊-纳吉从事的摄影是一门抽象艺术、一种运用光线和形状——摄影这一媒介的要素，也是生活本身的要素——的思想活动；而桑德却认为相机只能捕捉现实生活。二人都是才华横溢的摄影师，但莫霍伊-纳吉能够更加深刻地探索并不断拓展所选媒介的可能性——因此，他代表了魏玛德国最优秀的文化。

◇ ◇ ◇

从技术和艺术而言，摄影当然与视觉影像的另一媒介紧密相关，这就是电影。从19世纪90年代到第一次世界大战，最常放映电影的地方是又小又脏的会堂，要么就是巡回演出的嘉年华和马戏团支起的演出大棚。很少有德国人能够骄傲地告诉别人，他们看过某著名电影公司拍摄的或某当红影星主演的最新影片。观看电影依然不是什么光彩的事情，承认自己受到诱惑，这只能在忏悔时对神父倾诉，不可公之于大庭广众之下。

但在魏玛时代，德国人成群结队地光临电影院，观看通俗片、喜剧片、探险片和新闻片，还阅读报纸上的影评。他们看的电影来自位于柏林之外的巴伯尔斯贝格（Babelsberg）电影制片厂，或者来自好莱坞、莫斯科等世界很多地方。即使在小镇里，电影院也盖成了标新立异的建筑，每天吸引着大批观众。在柏林这样的大城市，电影播放厅成了豪华电影宫。柏林格洛丽亚电影宫（Gloria-Filmpalast）的建筑风格像是巴洛克式的剧院，因而能为这种新形式的大众娱乐赢得地位；这家电影宫能容纳1600人，而国会电影宫（Capitol-Filmpalast）是1500人。[20] 埃里克·门德尔松设计的宇宙电影宫建于1926—1928年，是令人惊叹的现代主义建筑的典范，而且与电影艺术这个最现代的娱乐形式联系在一

图 6.9 埃里克·门德尔松设计的柏林宇宙电影宫,建于 1926—1928 年。这是 20 世纪 20 年代建于柏林的一家大型电影院,具有鲜明的门德尔松风格:一排排的玻璃、带有弧度的结构。如今,这里是一家重要的剧场——邵宾纳剧院(Schaubühne)。照片由作者本人拍摄。

起。鲜明的功能性设计和弧形外表使这座建筑颇有些动感(图 6.9)。电影院内部,一大片包厢楼座和普通座位也给人类似的动感——外部与内部设计相得益彰。"所有的线条和图形,"门德尔松写道,"好像都通过一个摄影镜头,交汇于屏幕这个所有观众瞩目的焦点。"[21]

宇宙电影宫所反映出的,恰恰就是电影的创新性、活力动感、变动不居和壮观场面。通过电影,观众被带往了远离当下语境的梦幻世界。电影院能释放人的情感——或恐惧,或兴奋,或热爱,甚至一齐涌出。电影包含了美,甚至能创造美,能促使人思考生活,甚至进一步思考现实的意义。魏玛时代的电影院做到了所有这一切,德国人也深受触动。和全世界的其他很多人一样,他们被视觉画面的独有力量所吸引,尤其这些画面以大于实物的尺寸展示于大屏幕时,就把他们带去了异域世界,激发他们的思考和情感。

如今，我们还能记住魏玛时代的那些伟大电影——《卡里加里博士的小屋》《大都会》《M 就是凶手》（*M*）、《蓝天使》（*The Blue Angel*）等很多这样的电影。它们在技术和艺术上都开辟了新的领域，探索了个人和集体的心理、欲望和渴望、现代城市风景和死亡，代表了最优秀的魏玛精神。但实际上，德国人看的绝大多数电影都是简单的通俗片，在全国播映时，场场爆满；要么就是查理·卓别林的喜剧片；要么——尤其在 20 世纪 20 年代初——就是文学和历史维度鲜明的戏剧片，德国电影制作人将古典名著以及英雄历史人物或事件拍成电影。但是，这类历史和古典题材的电影并不成功，受制于高雅文化传统的渊源，或者拘泥于戏剧的形式结构。电影院并不只是把一部戏剧从现场演出变为电影。摄影机从不同角度拍摄高速镜头的能力，灯光的不同效果，导演剪辑流动影像的能力——对于打开了全新艺术可能性的这一切，德国电影界是后来才慢慢认识到的。[22] 部分因为德国电影界的后知后觉，规模巨大、实力雄厚的乌发电影公司（Universal-Film-Aktiengesellschaft, UFA）宣告破产，不得不于 1925 年由米高梅电影公司（MGM）和派拉蒙影业公司（Paramount）注资，帮助其摆脱困境，由此美国公司获得了对德国电影产业的实际控制权。借此，米高梅和派拉蒙希望美国的电影在德国不会遇到什么竞争，但很快也陷入了困局，需要别人施以援手。1927 年，右翼的工业巨头阿尔弗雷德·胡根贝格收购了乌发电影公司。于是，这家德国最大的电影公司获得了一大笔资金注入，尽管之后仍面临经济困难。当然，胡根贝格主要对利润感兴趣，有时，艺术电影——或者说我们今天看来具有艺术气息的电影——符合这样的要求。

在乌发电影公司——还包括那些规模较小的公司——旗下，魏玛的电影业蓬勃发展。早期的战后影片——在乌发电影公司破产之前——后来逐渐被奉作表现主义的典范之作。表现主义流派的电影（以及绘画和文学）并不只是在影片中捕捉现实，而且探究片中人物的心理，也包括观众的心理，强调情感的复杂性以及意识的多层次特征。现实并不那么简单,当然也不会那么显见。比起表象,个人或集体意识深处发生的事情常常更加"真实",也当然更有意义。

就表现主义电影而言,经常提到的优秀范例就是《卡里加里博士的小屋》,这部电影于1920年首映。影片中浓墨重彩的场景布置显然取自戏剧舞台,摄影镜头别具一格,主要人物令人毛骨悚然,向观众呈现的是一幅现实与动机的画面,极其晦暗不明(见彩图7)。这桩杀人案的凶手,到底是医生,还是病人?梦境比"现实"更加"真实"吗?作为个人,我们向谁放弃了自己的自由?这样的自由独立真的存在吗?抑或,我们全都陷于卡里加里博士这噩梦般的幻想世界之中?导演罗伯特·维内(Robert Wiene)没有告诉我们答案。我们甚至不清楚,那时的观众在电影散场后,坐上有轨电车回家的路上,是否也想过这些问题。也许,他们只是沉浸在电影带给他们的神秘恐怖氛围中。但是,从20世纪20年代至今,影评家们却可谓大做文章,从未停止对《卡里加里博士的小屋》深层意义的探究。有时——著名散文家和评论家西格弗里德·克拉考尔就持这样的观点——从这类电影中,可看出一种德意志民族的无意识,即渴望威权人物的出现,最终他们找到了阿道夫·希特勒。[23]

1924年左右,电影摄制和很多艺术门类一样,从表现主义炙热的情感冲动和心理探索,转变为新客观主义冷静疏远的基调。新客观主义更趋向实际功能,关注外在的形象与和谐——人与周围建筑的和谐;内部设计(包括室内陈设)与外部建筑的和谐;人的劳动与机器生产的和谐。新客观主义中的现实主义成分更多,抽象成分较少。革命的希望变得暗淡之后,1918—1919年尤其是1923年的社会动乱平息之后——此时,理性和高效的商业原则成为当务之急,而非革命时期对民主和正义的诉求——新客观主义应运而生,这绝非偶然。[24]

1927年9月23日,默片时代德国最伟大的电影之一《柏林:城市交响曲》在柏林首映。这部影片由瓦尔特·鲁特曼担任导演,通过那些蒙太奇的画面,捕捉了这座魏玛城市的速度与迷茫,还表现了它的井然有序。电影开场时，一列火车正驶近柏林，观众感觉自己也坐在车厢里。他们向窗外看去，只见乡村景色逐渐融入城市的郊区，最终融入了标志着这座大都市的密集建筑群。渐渐地，城市开始苏醒，鲁特曼在影片中记录了人、动物和机器随着一天的开始而同时展开的活动。工人、商人、学生、女性白领和男性机器操作工——影片中，丰富的城市生活得到了充分呈现。生活的节奏与工业机器步调一致，先是缓慢启动，接着达到高速，午餐时间又慢了下来。但谁在指挥着谁呢？是机器在控制着人的生活，还是人在操控着机器？答案并不十分清楚，但这部影片略微传达了这种异化的状况，即生命现在失去了独立自主和自由意志。同时，鲁特曼展现了工业生产的壮观和美丽。机器活塞产生了有规则的节奏，同时伴随着不断重复的建筑形式，这和莫霍伊-纳吉那张从广播发射塔拍的照片——展现了塔身的格栅结构——非常相似。当时，《柏林：城市交响曲》并不叫好，甚至没有多少观众。今天，我们可以视之为艺术杰作，看作对现代都市的礼赞，展现了城市的步调、稠密和多样性；这些至少在某些时刻表现出城市自身的美感，也包括对机器力量的思考和担忧。

1930年上映的《星期天的人们》（*Menschen am Sonntag*）与《柏林：城市交响曲》有类似之处。作为魏玛时代另一部伟大的无声电影，《星期天的人们》也抓住了现代柏林的特质。工厂、桥梁和火车等镜头将观众带入了这座人口密集的城市，带进了城市的中心。但不只是城市风光，《柏林：城市交响曲》这部影片中是没有个人的，人们更多被表现为一个群体——他们是城市风光的一部分，而不是有着自己心理、欲望和戏剧故事的个人。在《星期天的人们》中，镜头很大程度上聚焦于几个德国青年。他们属于新中产阶级的成员，到了周末，就从市中心来到尼古拉湖（Nikolassee），这是柏林郊区一个可爱的湖泊。两个男人带着两个女人，似乎都是二十几岁的样子。他们在湖边嬉戏、调笑、游泳、野餐，必定带着留声机，用来听音乐。这部电影有些色情的感觉，片中的男人和女人衣服穿来脱去，相互追逐，彼此争风吃醋。

两个姑娘都看上了那个风流倜傥的男子;而另一个男子不过是个粗俗的小丑,她们视而不见,除非那人主动逗她们开心。其中一个镜头肯定会让20世纪20年代的观众震惊和难为情,那个风流男人最后拉着其中一个女子进了灌木丛,接着就是春风一度、云雨一番,而另一女子则在一旁黯然神伤。

《星期天的人们》的编剧是比利·怀尔德,导演是罗伯特·西奥德马克(Robert Siodmak)和埃德加·G. 乌默(Edgar G. Ulmer),摄影师是弗雷德·金尼曼(Fred Zinnemann)——所有这些人后来都在好莱坞成就了辉煌的事业。这部电影抓住了20世纪20年代那些朝气勃勃的柏林中产阶级年轻人的生活。他们身处那个时代的消费社会,争先恐后地购买最新的唱片(其中一个女子就在唱片店工作)。他们的穿衣打扮都很讲究,紧跟那十年的潮流,两个女子炫耀着短发、短裙和曼妙的身材;两个男人则帅气地穿着夹克,打着领带,甚至星期天往湖边去的路上,也是这身打扮。他们似乎不与家人住在一起——他们的社交圈都是与自己年龄相仿、地位相称之人,而不是几代同堂的大家庭,这样的家庭会把人们的生活禁锢在过去。这些年轻人之间的关系随心所欲,有的是性关系,有的不是,他们手中有时间,也有金钱——至少周末是这样的。和《柏林:城市交响曲》一样,《星期天的人们》对于魏玛的现代性是一种苦乐参半的态度。显然,这四个柏林青年要享受生活。但他们的关系中也存在很大的压力,而且这一天结束后,他们和成千上万人一起回到城市,到了周一就重新开始工作。影片最后打了一行刺眼的字:"下一周——400万人等待着。"现代城市的生活被分割成为异化人性的工作日和充满生机与快乐的美好周末。现代性意味着一种碎片化的生活,电影导演以视觉表现手法对此进行探索,而像马丁·海德格尔和西格弗里德·克拉考尔这样的哲学家和散文家则在著述中做了深入探讨。

外国的电影也在德国的观众和影评人中产生了强烈反响。查理·卓别林的《淘金记》(The Gold Rush)和谢尔盖·爱森斯坦(Sergei

Eisenstein)的《战舰波将金号》(The Battleship Potemkin)是两部最伟大的外国电影,都于 1926 年首映。《淘金记》一上映便立刻引起巨大轰动,这是卓别林——甚至是电影工业——至此最成功的影片。德国当局认为《战舰波将金号》是苏联的政治宣传片,要查禁这部影片。然而,经过旷日持久的法庭角逐,以及公开辩论后,当局被迫做出让步。这部影片的观影人数有限,但批评家由此认识到爱森斯坦的卓越才华和极出色的电影技术。两部影片都是 20 世纪 20 年代媒体全球化——不仅是美国化——的标志。共产党人、同情苏联的人士以及(世界某些地区的)大量民众观看了《战舰波将金号》。生于英国的卓别林在东京受到的欢迎,与在柏林和巴黎一样,更别说在美国各地风靡一时的盛况了。所有当时的评论都谈到,他在那些亲历过痛苦的人当中引发的共鸣。卓别林和爱森斯坦的成功凸显了大多数德国电影在 20 世纪 20 年代中期存在的问题——不能理解电影所开启的新美学,即电影的"人为性和文化氛围",这是现代学者约斯特·赫尔曼德(Jost Hermand)和弗兰克·特罗姆勒(Frank Trommler)的说法。他们的观点与魏玛评论家阿克塞尔·埃格布雷希特(Axel Eggebrecht)类似。埃格布雷希特在 1926 年写道:

> 如果我们认为电影根本有别于戏剧,那么这样否定性的结论也就足够了。但在那里[美国],因为没有历史包袱,而且极其天真幼稚,他们就纯粹从视觉维度拍摄电影。他们开始并不需要表达出所有的心理冲突,不需要将其转化为"画面",而仅从视觉表达出发,即使日常生活中没有意义的事情也是如此。卓别林之所以会出现,只是因为他们没有传统,可以——自下而上,完完全全,在物质上和思想上——将机器时代的表现形式投射到大屏幕上。唯有在此,电影才能实现其创造力与其所代表生活形式的工业基础之间的密切联系。唯有在此,电影才能成为完整的、延展的艺术工业,一种用以再现的工业。[25]

同为评论家的鲍拉日·贝洛（Béla Balázs）写道，在德国，一切都必须"深刻"，卓别林这样的"简单"被认为是无足轻重的。[26]

电影史上，《淘金记》和《战舰波将金号》都包含一些永恒不朽的画面。卓别林因人物塑造和喜剧画面而闻名，爱森斯坦在影片拍摄中则长于戏剧表现力和技术创新。《淘金记》中，卓别林是个落魄潦倒的流浪汉，只得出发去阿拉斯加寻找发财的机会，最后却沦落到吃鞋度日的境地。他对这一场景的演绎非常精彩，拿着刀叉，装模作样地要吃那不能吃的皮革，在此走投无路的困境中欺骗自己——同时也想把自己拯救出来。

在《战舰波将金号》中，爱森斯坦也展现了一个又一个充满戏剧张力的画面。故事的场景是1905年俄国革命，一艘战舰上的水兵又一次遭受了军官对他们的惩罚和暴行——用变质的肉做成的汤——于是发动了兵变。甲板上，最高长官集合了忠于自己的下属，命令他们用一块油布将这群哗变的士兵包裹住，接着又下令处死这些人。这个场景，爱森斯坦演绎了很长很长时间。最后，革命的英雄对着手握武器的军官咆哮起来，质问道："你们在朝谁开枪？"水兵和他们一样，都是俄国人。众人顿时大乱，起义士兵控制了军舰。爱森斯坦的摄影镜头在特写镜头和广角镜头间来回切换，凸显其中的能量和张力——这是现场表演的戏剧无法做到的。镜头聚焦那些个体、意志坚定的革命英雄、他们与军官群起战斗的场面。镜头先是停在船上的黄铜部件、砰砰作响的活塞和威力很大的长枪上，接着就拉了回来，让观众们大致可以看一眼这艘海上军舰的全貌。

在敖德萨（Odessa），镇上的居民听说发生了兵变，便向港口进发，声援那些水兵。镜头再一次来回切换，一会儿聚焦个人，一会儿通过广角镜头展现成千上万人走下长长的台阶，来到港口的情景。无论男女老少，无论穷人富人，全都团结起来，支持革命。突然，沙皇的部队出现了。他们排着整齐的队列，顺着台阶往下移动，朝人群开了枪，一波又一波的子弹射了出去，射向人们的后背。最先走到台阶下面的民众遭遇了哥萨克骑兵，骑兵将他们打倒在地。一位母亲拉起年轻的儿子——儿子被沙皇的部队射中，又遭人群踩踏。镜头在她身上一连聚焦了几分钟。她走向沙皇的士兵，哀求他们停止射击，却中枪倒下了。又一位母亲中弹了，倒在了她的婴儿车旁，这是电影中最著名的一幕。爱森斯坦的镜头跟随着这辆婴儿车，先是母亲松开了车，车就顺着台阶，疾驰而下，冲向了灾难性的结局。

爱森斯坦以自己的戏剧天赋表明，电影如何以独有的方式创造场景和戏剧张力。戏剧和小说都不具有电影的强大视觉表现力，不足以激起人们对于一个孩子命运的害怕和担忧，不足以营造孤独的革命战舰波将金号与对面军阵之间的紧张对峙场面。莫霍伊-纳吉曾就摄影评论道，摄影作为一种媒介有自身的规律，必须坚持自己的形式，而不能模仿别的艺术形式——对此观点，爱森斯坦以自己的导演才华给予了印证。台阶上的一幕实际上并非1905年"真实"发生的事，他对兵变的描写也不完全准确。但他的电影又是"更加真实的"，因为这些场景表现了革命大潮中一座城市的紧张气氛和激动情绪，表现了人民群众的力量，他们聚集在码头，支持起义水兵。《战舰波将金号》和《淘金记》象征着魏玛德国融入了这种可敬而激进的国际文化中，这种国际文化源自欧洲的边缘地带、美国和苏联；对此，德国右翼势力感到气急败坏。

所有这些都是无声电影。终于在1929年，德国电影业开始制作有声电影——比美国晚了两年，虽然部分有声电影技术是在德国研发的——此时，就需要又一次美学的转变。广播融合了声音放大和传输方面的技术进步，"说话的电影"则要把听觉和视觉革命融入一个强大的新媒介。和美国的情形一样，声音如同为很多无声电影演员——他们的声音绝谈不上动听悦耳——敲响了丧钟。而且，声音也终结了很多导演的职业生涯；他们很难理解的是，声音不只是一个附加元素那么简单，而是给电影美学带来了巨大的变化。乌发电影公司认为，这项新技术有助于公司摆脱一直以来的财务危机，而从全球范围看，声音也标志着世界范围内电影工业不断民族化的发展方向。把无声电影中的间幕转换成另一门语言是很容易的事,但要给有声电影做同步配音或配上字幕就困难得多,也昂贵得多。

共和国终结前的短短几年,德国电影业拍出了几部大受欢迎的影片。这些片子后来被奉为经典,影响了一代又一代的电影导演。弗里茨·朗(Fritz Lang)的《M就是凶手》于1931年首映。这是一个年轻凶犯在城市中逃窜的故事。导演技艺高超,营造了一种可怕的氛围。故事发生的场景是一个非常现代的城市,这个城市被渲染成了凶险之地,也是一个透明的地方。在最著名的一个场景中,这个由彼得·罗(Peter Lorre)扮演的年轻凶手往商店的橱窗看去——这种对外展示的宽大橱窗在20世纪20年代随处可见。"M"透过角落上的橱窗,看到了一路追来抓他的人,还发现自己的背上有个"M",就是谋杀犯的意思,这是有人之前用粉笔印在他外套上的。他还看到自己映在了橱窗里的刀面上。这是一个极其高明的电影构图,提出了以下发人深省的问题:商店的透明橱窗能够使人"看"得更清楚吗?比起不可能产生镜像的城市景观——无论是向人物自身,还是观众——这种多角度的影像更能表现人物的内心状态吗?《M就是凶手》也是一种布莱希特式的社会批判。与《三分钱歌剧》一样,流氓和警察携手合作,这一次他们共同追捕凶犯——凶犯甚至违反了流氓的所谓道德准则。但是,追凶过程中,秩序维护者与秩序破坏者之间并没有什么区别。

这种道德的模糊性深深刺痛了那些秩序的捍卫者。教士、市/镇长、市/镇议会代表、工会领袖和社会党政客共同声讨电影对道德的破坏、对人心的腐蚀。他们认为自己的行为是在维护道德操守,而这些操守正在被更严重的"垃圾和污秽"——正在从以往的廉价小说转移到诱人的大银幕——所颠覆。人们对电影趋之若鹜,他们一直对此忧心忡忡,首先因为电影的确对民主产生了积极的影响。德国的歌剧院或正统剧院(legitimate theater)中,即使能见到工人的身影,也寥寥无几。上层社会中,除非有意去体验下层社会的生活,否则很少有人会光顾那些简陋的酒吧，观看喧嚣的娱乐表演——而这些酒吧和演出存在于所有的德国城市。但到了20世纪20年代晚期，数以百万计的德国人走进了电影院。电影票相当便宜，只有那些赤贫者才买不起；而且这些电影有一定的艺术性，口碑也不错，至少能够吸引部分受过良好教育的人和富人。电影中的色情画面也让那些卫道士感到忧虑，他们既担心屏幕上出现的那些画面，也担心在黑暗中坐在一起的男男女女会出什么乱子。电影是典型的大众娱乐形式，使各种各样的人走到了一起，颠覆了政府和教会、富人和受教育者有关道德准则的金科玉律。在这一点上，社会主义者和他们保守的政治反对派如出一辙，都摆出一副清教徒的口吻。例如，1919年9月，慕尼黑市议会的独立社会民主党人投票反对增开新的电影院，因为电影"将那些没多少文化的德国同胞变成了无政府主义者，造成了他们在思想和精神上的堕落"。在共和国的整个历史中，很多人始终没有放弃这个看法。[27]

这些都没用。不管谁说什么，德国人依旧对电影院趋之若鹜。没有什么能折损电影受人欢迎的程度。1929年，德国共有5600家影院，而十年前只有2400家。仅柏林一地，1924年就售出了逾4亿张电影票；据统计，20世纪20年代中期，德国每天有200万人走进电影院。[28]弗朗茨·黑塞尔这个积习难改的浪荡子和评论家这样描述柏林人与电影之间的缠绵悱恻：

> 我们柏林人都是激情四射的观影人。每周上映的片子，弥补了所有我们未曾经历过的世界历史。两大洲最美丽的女人，每天都是属于我们的，我们在影片中看到她们的笑容和泪水。纪念教堂（Memorial Church）附近、选帝侯路堤上、波茨坦广场附近和城市郊区，我们都有自己宏伟的电影宫，还有数千家规模较小的影院，全都灯火辉煌，在周围昏暗的街灯映衬下，引诱着来往行人。哦，还有早间放映的电影院，精致温暖的大厅，可以安放身体和心灵。只要进了影院，柏林人就不再抱怨什么了，也不再理会报

纸上读到的影评人的看法，这和他们在剧院时一样。他们开始信马由缰，随幻想驰骋。对几百万人来说，这是生活的替代品，他们借此可以忘记日常生活的单调无聊。[29]

那些"道貌岸然的"德国人可能会紧攥双手扭动着，一副绝望的样子，但一个年轻的纺织女工比黑塞尔更能捕捉众人的情绪："有什么，你尽管说吧，说这片子粗制滥造。不管怎样，它能减轻我的忧愁，一笑解千愁啊。"[30]

◇ ◇ ◇

画报和电影把读者与观众带到了遥远的地方，带到了冰天雪地的阿拉斯加北部，带到了通向敖德萨港的台阶上，带到了有狮群出没的非洲大草原。20世纪20年代，声音传输领域产生了革命性进步，人们能够听到远处的说话者和表演者的声音，无论他们在人群中抬头看着舞台，还是在咖啡馆中，或是独自在家。我们现在可以看到卡尔·李卜克内西在1918年11月9日的照片，当时他正在柏林皇宫的阳台上宣布社会主义共和国成立。但是，下面一大群人中，到底有多少听见了他说的话？20世纪20年代初，慕尼黑宫廷啤酒馆（Hofbräuhaus）那些喝醉和清醒的客人，到底有多少人能听清阿道夫·希特勒在一次演讲中说的那些话？我们不知道，但答案很可能是——没多少人。当然，在扩音设备发明前的时代，演讲人已经学会放大自己的声音，比今天人们的声音要大得多。但大约从1930年开始，几乎从所有大型公共活动的照片上，我们都可以看到发言人站在麦克风前，通过扩音器或无线电信号传播自己的声音，或者两种方式并用。到了20世纪20年代末，无论演讲，还是音乐会，声音已经通过电信号传输了。

某种程度上讲，麦克风、留声机和广播等都与科技有关。麦克风和扩音器最初是作为电话的组件出现的，能够在电话机与说话人/听话人之间放大声音。但是，要实现声音的超远距离传输是非常困难的，且技术革新的到来需要时间的积淀。最终，科学和技术方面的突破在20世纪20年代就迅速到来了。这些新的扩音技术能够以不同的方式组合，用于所有不同的媒介和场所：公众集会、广播、留声机和电影。1925年，德意志博物馆（Deutsches Museum）新馆在慕尼黑落成。开馆仪式上，所有的发言和音乐演出都是通过扩音器播放的。对此，在场众人都觉得难以置信，佩服得五体投地。这个技术很快就推广开了，甚至进了教堂——在宏伟的科隆大教堂，牧师们也使用麦克风和扩音器传送布道的声音。[31] 至少，那些不太守教规的教区居民从此就不能再说自己听不见牧师讲道了，再也不能以此为借口，说自己不是有意要违反上帝（或教会）的戒律。

还是在1925年，留声机首次装上了扩音器，这也是麦克风的一项关键技术，不仅提高了音量，而且可以复制更广频度的音频。[32] 可插电、能扩音的留声机虽然远谈不上完美，但与旧式的手摇留声机相比，在电力和质量上算是有了巨大的进步。唱片产业也随之做出了反应，而且不限于德国。和电影一样，一个国际市场出现了。德国人购买的爵士乐唱片来自美国和法国，歌剧来自意大利，协奏曲来自澳大利亚。就德国国内来说，数量最多的产品包括轻管弦乐和声乐作品，这些是20世纪20年代最受欢迎的通俗音乐。人们可以在自家的私密环境中欣赏唱片。但他们也会收拾好留声机和唱片，带着去往湖畔的沙滩上，或者走进林中的酒馆里。咖啡馆、酒店餐厅和露天啤酒屋也会用唱片播放音乐，或者给现场演唱的乐手提供留声机和扩音器。[33] 很快，火车站和运动场也如法炮制。今天，一场赛马或拳击赛上，如果听不到播音员对着话筒飞快地转播赛况，是难以想象的；同样，在德国的火车站里，如果听不到喇叭里反复播放例行的通告——"火车正在进站。火车到站，请注意安全。请与站台边缘保持距离"——也是难以想象的。

广播将扩音技术和远距离声音传送技术融为一体，标志着魏玛时代听觉革命的巅峰。和电影一样，广播也在全国各地流行开来。1931年，德国登记在册的收音机达到了 370 万台。也许，我们至少需要把这个数字乘以 10 倍，才能得到广播听众的大致人数；比起 20 世纪 20 年代中期每天观看电影的 200 万德国人，这个数字要大得多。[34] 到 1932 年，差不多每四户人家就有一台收音机，而在柏林和汉堡地区，每两户人家就有一台。[35] 显然，城市中层和上层社会的德国人中，拥有收音机的比例较高；但很多劳工阶层的年轻人结成俱乐部，共同组装收音机，用来发送和接收信号。无论城市还是乡村的酒馆，提供食物和饮料时，顺带也会送上一台收音机，供客人使用。到 1932 年，德国已经建了很多发射塔，信号基本上覆盖了整个国家。

最初，人们感到了无尽的新奇感。多年之后，一位德国人这样回忆当时的情景："我第一次听说广播这个词……当时，大概三四岁的样子……父亲对母亲说：'现在出了个新玩意儿，叫作广播。如果他们在慕尼黑、法兰克福甚至美国播放音乐，我们［在维尔茨堡（Würzburg）］就能听到。'母亲回答道：'你疯了吧，音乐不可能有这么大的声音。'父亲听了，说道：'不，音乐先被切开来，转化成声波，通过空气传给我们。'"[36] 信奉共产主义的作家约翰内斯·R. 贝歇尔（Johannes R. Becher）写下了诗歌《广播——日常生活中的奇迹》（"Radio—Miracle of Daily Life"），以文学的形式表现了人们的惊诧和激动。在诗中，他写到了这种奇妙的"魔力呼唤"，听到来自大洋彼岸、来自高山之巅的声音后的奇妙感受。

> 时间和空间不再是障碍，
> 伟大的奇迹诞生了：
> 所有的发射器都连为一体，
> 共同唱起一首癫狂的歌。

广播是"我们这个伟大、奇妙时代"的信号！[37]

一开始，广播节目只能通过戴在头上的听筒收听，甚至是那种漏斗形的听筒，很像早期的留声机。但在1926年，第一批扬声器在市场上出现了，很快就被装入了收音机。[38] 至此，收听广播更是一种集体性的活动了。到完全一个人独自收听广播，这个转变的过程非常缓慢，二战后电视机的情况也是如此。家里的亲人、邻居和爱好者都会聚在一起，围着当时体积很大的方形收音机。有一个人是这样回忆当时情景的："周围这些人家中，甚至方圆很广的范围内，我们是最早拥有收音机的，父亲很骄傲。人们有的坐着火车来到这里，有的是走过来的……有些人，我们甚至都不认识。来到这里的每个人都想弄清楚，是不是真的能听到空中传来的音乐和其他声音……每个人只能听半个钟头，听完就轮到下一个排队的人。另一个房间，越来越多感兴趣的人都在等着。"[39] 酒吧、咖啡馆和游船有时为了吸引顾客，也配有收音机。人们有时会聚在大厅里，收听转播的讲座，但效果并不好。这种情况下，最初的热情通常维持不了多久——一开始，收听的效果很差，这样一个大厅需要现场演讲，才能吸引听众。可是，人们通过广播频道收听音乐时，就变得激情四射了。身处汉堡、柏林或慕尼黑的咖啡店或舞厅，收听从伦敦或巴黎传来的音乐，随之翩翩起舞——这使人们对于现代世界的馈赠生出一种奇妙而快乐的感觉。根据一位不来梅居民的回忆，一家咖啡店的老板在一个房间里安装了一台收音机，还配有十二副耳机，"挂在桌子上方的墙壁上，一个挨着一个。收音机多数时候调在了伦敦的频道上。客人们坐在椅子上，像老鼠一样一动不动，捧着一杯咖啡，红光满面地听着新的'天体音乐'（music of the spheres）。这信号从英国越过北海，一路吹到这里。耳机里常常有些杂音，很多人就郑重其事地说，这是大海的声音"[40]。1927年，记者奥托·阿尔弗雷德·帕利奇（Otto Alfred Palitzsch）略微有些夸张地写道，收音机是一个家庭的常规家当，就如同盆栽和橱柜一样。从某个角落，突然传来了小提琴的乐声、一个男人的歌唱，或者一个农场主谈论人造化肥的声音。"世界很大，有着各种各样、五花八门的音调。"[41]

20世纪20年代，收音机依然属于价格昂贵的商品，多数收音机是由个人独立组装或俱乐部成员合作组装而成的。一名工人广播协会的会员抱怨道:"德国的收音机-福特在哪里?"——换句话说,用标准的部件制成、能大规模生产的廉价收音机在哪里?——这反映出人们普遍对亨利·福特非常崇拜,在工人阶级中也是如此。[42]那所谓的收音机-福特,直到20世纪30年代才出现;然而,德国人还是迷上了这个媒介。也正是因为广播的流行和影响力,因为它过于重要,所以不能不对其有所限制。一些广播的积极倡导者将其吹嘘为重要的民主力量、一个传播"文化"的工具,能够打破阶级和民族之间的障碍,或者能创造不同的无产阶级文化。1930年,阿尔伯特·爱因斯坦狂热地将广播赞颂为"真正民主"的声音,使得"不同国家组成的大家庭和谐共处"[43]。但也有人认为,广播是危险堕落的"大众"社会的另一个标志,这个媒介更敏感,更具流动性,缺乏深层次的内容。还有些人——尤其是政府官员——认识到广播具有很大的潜力,希望利用它来提升民众的品位。如同学校和军队,广播也是公民教育的媒介,将正确的价值观灌输给民众,这里指的就是数百万围在收音机旁的听众。

1923年10月29日,柏林最早出现了"官方"的播音。很快,政府部门、制片商和生产商开始各显神通,争取控制权。到了1925年,政府在生产和消费两端的许可权方面都取得了控制权,虽然广播节目多数是由个人制作而成的。一家国家广播公司依法成立,其中相当一部分是私人资本,但德国邮政部拥有这家公司、9家地区网络和各个电台的多数股权。相关立法使得邮政部、内政部以及联邦各州获得了权力。只有获得政府批准的电台才是合法的,个人购买收音机必须登记,并支付许可费。节目制作的每个环节都要得到各地监督委员会——一般由高级官员组成——的批准。[44]工人政党——无论共产党,还是社会民主党——想建立自己的广播台,但没有成功;对那些未经官方许可、私自播送和收听广播的人,当局会处以重罚。根据1932年新法律的规定,政府完全控制了无线电广播。

有些人曾设想广播能成为自由、民主的媒介(如同一些电脑爱好者在20世纪80年代对他们的媒介所持的看法一样），几乎所有人都可以播放节目，或者广播可以成为痛批资产阶级社会的场所——但是，他们的希望都破灭了。一位当代的历史学家这样总结共和国末期的局势："公众的权力遭到了剥夺：400万听众需要支付费用，但只能保持沉默。"[45]在政府的管制下，节目制作基本变得循规蹈矩，不过也很受欢迎。广播电台播送各种不同的流行和古典音乐、家庭资讯类节目、奇遇历险和异国旅行的故事、对高科技奇迹的赞颂、宗教的布道与说教、关于科学和自然的讲座、专门为广播创作的戏剧。总的目标就是，播出的节目能够传播知识、弘扬道德、娱乐身心，当然绝不会制造更多的"垃圾和污秽"。指导原则是宣扬高雅文化，而非低俗文化。很多德国最著名的作家通过广播朗读自己的作品，其中一些甚至是专门为此创作的；听众还能听到柏林爱乐音乐厅演奏的音乐会，以及国家歌剧院的歌剧表演。共和国的最后一年，政府出台了新的、极其保守的节目制作指南：

> 广播参与了德意志民族的生活与工作。在家庭和家人中，在工作和政府中，德国的广播必须维护和确保自然的人际秩序。因此，广播不只是作为个体与听众交流，也作为国家自然秩序中的一员。
>
> 德国的广播坚守基督教信仰和行为，尊重异见人士的虔诚信念。无论什么，只要腐化基督教的信仰，或者威胁德意志民族的风俗与文化，都会从德国的广播中清除出去。[46]

于是，针对女性的节目就会宣扬家庭生活的价值、女性作为母亲和主妇的价值。通常情况下，她们会听到美容贴士、育儿指南以及家庭事务方面的建议。正如国家广播网主办的官方杂志所说："[广播]有可能将那些被束缚和肢解的东西重新联合在一起，能够帮助[女性]在家庭的中心位置找到安全感。家庭文化给儿子和女儿、丈夫和朋友都带来关爱和温暖,而如今,这种文化受到了正在肆虐的危机和现代怀疑论的威胁。但是,家庭主妇和她们的收音机结成同盟后,家庭文化能再次复兴。"[47]另一家刊物还看到了一个好处,即女性既能与外部世界保持联系,也能留在家中:"比起主妇们的孤独感,更可怕的是,家务的操劳和琐碎会拉大与外界的距离,她们无法再跟上丈夫的步伐,变得一无是处,逐渐与他们形同陌路……然而,收音机成了她们的随身之物(vade mecum),与印刷读物截然不同,不会占用主妇们的任何时间。"[48]收音机一开始是个笨拙奇怪的装置,拖着的电线和架着的天线到处都是,只能戴着耳机听,之后出现了内置扬声器,收音机就成了一件设计精美的家具,适合放在一个有品位的资产阶级家庭的客厅中。

政府当局一开始还主张节目制作应该完全独立于政治,但在这一点上,他们不得不向他们的"政治主子"——至少是那些认识到广播潜能的人——屈服。1924 年,听众首次听到了政治广播:总理和几位内阁成员的讲话,接着就是主要政党的代表就即将举行的国民议会选举发表的讲话。1925 年,主要的总统候选人保罗·冯·兴登堡和威廉·马克思向广播听众发表演说,但节目审查官禁止共产党候选人恩斯特·台尔曼(Ernst Thälmann)发言。[49]但是,播音的质量很糟糕,政治家们还没学会如何针对广播调整发言——在没有扩音设备的时代,面对大量群众,他们往往需要大声喊叫,但现在对着话筒,就不需要大呼小叫了。到了 20 世纪 20 年代末,负责节目制作的政府部门开始播送总理等领袖人物的政治辩论和演讲,还首次出现了新闻报道。但是,共产党人的声音在德国的广播中是听不到的,纳粹此时也尚未获准在广播中发声。当然,这种情况后来发生了变化:纳粹掌权后,包括广播在内的媒体都完全处于他们的控制之下。

然而,节目制作的方式不断变化,并不总是符合当局设想的严格标准。至少有些节目播送女性在职场中取得的成就。尽管遭到了某些团体的强烈质疑,体育广播节目也进入了人们的视野,并大受欢迎,有时还包括女子赛事。[50]1924年和1925年，出现了最早的现场广播；到了20世纪20年代末，随着技术的进步，电台能定期做现场转播。[51]但奇怪的是，现场转播的体育赛事最初都是帆船比赛，不是那种能现场解说的刺激性赛事。但很快，自行车、足球、田径和赛马就在广播节目中占据了重要的位置。作为德国文化的捍卫者，审查官开始认为拳击过于堕落，不能通过审查。但面对公众的口味，他们也做了妥协。到了20世纪20年代末，拳击爱好者也能听到从美国传到欧洲的拳击赛现场——或许有几分钟的延迟——转播了。1929年，德国听众收听了一场激动人心的美国重量级赛事，马克斯·施梅林（Max Schmeling）对阵保利诺·乌斯库敦（Paolino Uzcudun），施梅林经过15个回合才获胜。

但是，很多人对声音的扩大和传输心存担忧。一些评论家认为，广播的吐字发音是保证播送清晰度所必需的，这标志着文化的转变：声音优于图像，人声和音乐的结构组合优于空间，戏剧念白优于动作。[52]对于利奥波德·耶斯纳（Leopold Jessner）这样的著名戏剧导演和经理人来说，古典戏剧和歌剧非常倚重现场的观众以及演员的台词和动作，而广播只能传达其中的一鳞半爪。因此，耶斯纳呼吁人们创造新的戏剧形式，一种新"型"的艺术，专门为广播这种纯粹的听觉媒介量身定做的艺术形式。[53]另外一些人就比较尖刻了：这一新媒介最适于那些通俗剧，在不同场景之间、不同话题之间快速切换，这是对那些具有很高艺术水准的希腊悲剧和德国经典的玷污。缺少了演员在舞台上的视觉存在，念白的戏剧感染力就必须更鲜明，配音者传达的感情必须更饱满，才能吸引听众的注意力。照此看法，广播这一媒介创造的是堕落的文化。

就广播和唱片对于音乐造成的影响，很多作曲家和音乐家也同样有所担忧。对此，现代主义者和传统主义者并没有明显的差异。现代主义作曲家阿诺尔德·勋伯格（Arnold Schönberg）对广播进行了猛烈的批判。他指出广播"让耳朵听惯了难以言表的刺耳声调，听惯了大量含混不清的声音,使人们无法提高自己的艺术鉴赏水平"。令勋伯格担心的是,广播音乐或许会成为标准,而各种乐器的美妙音调将不复存在。广播给了音乐一种"叮当作响的声音",最终意味着"所有的音乐都会被吞噬,被消磨殆尽"。[54] 的确,广播问世后的最初一段时间,高频和低频都不能被充分接收,因此小提琴和低音乐器的声音几乎都听不到,或者难以分辨。一些作曲家和演奏家,如库尔特·魏尔,开始专门针对这一媒介,对他们(至少一部分)的曲子做出调整:简化管弦乐曲,减弱音乐的情感特征,创作出比较简洁的作品,强调音乐的清晰性。但在此过程中,还是暴露出了一些问题——如果一名歌剧演员的咏叹调缺乏惊人的力量,是可以通过舞台上的表演来遮掩的。而在广播和唱片中,只有声音,其中的缺陷也就暴露无遗了。[55] 有些音乐家担心,广播和唱片总体上使人们更重视技法,而放弃了对音乐的诠释。[56]

另外一些观察家却欢欣鼓舞,数百万人可以接触到德国古典音乐和其他有价值的文学作品与音乐;比起印刷读物,广播这一媒介要强大得多。阿尔诺·席罗考尔(Arno Schirokauer)是出版界和广播界的活跃人物,他写道:"艺术被社会化了。从私人所有品,变成了所有人共有的财产。和政治家一样,艺术家也是公众人物。他的创作不再属于某个资助人,不再是热卖品,不再属于消费者,而是属于 900 万广播听众。通过天才的复制装置,艺术家独特的创作成为共有产品。"[57] 席罗考尔或许有些过于兴奋了,但对此媒介表达出的激动之情,很多人也有同感。就连伟大的哲学家弗朗茨·罗森茨威格(Franz Rosenzweig)也指出,18 世纪晚期,音乐厅的建立标志着作为音乐欣赏者的"公众"诞生了,此后"公众"的范围不断扩展,甚至超越了音乐厅现场演出的时空界限;而广播和留声机正是 18 世纪晚期以来这一趋势的登峰造极之作。[58] 这些优点——文化产品的广泛传播及其无限的可复制性——为席罗考尔所称道,也被罗森茨威格所接受,却令很多其他人忧心忡忡。[59]

◇ ◇ ◇

广播和唱片、摄影和电影为德国人打开了新的世界。新的媒介使他们感觉到自己与伦敦、阿姆斯特丹,甚至与美国或中国联系在了一起。他们看这些遥远地方的图片,听这些地方的声音,这些都进入了他们意识的深处,比阅读小说、故事和历史论著要深刻得多——这就是我们的视觉和听觉的力量。德国人惊叹于银幕上快速移动的画面,以及那些来自"太空"的声音。

但是,魏玛时代的大众传媒文化真的改变了人们听和看的方式吗?改变了他们的生活方式吗?在魏玛德国最杰出的知识分子、政府官员和神职人员中,很多人都与其展开斗争。在某个层面上,所有这些人都认识到,新大众媒介带来了深刻的变化,无论从个人而言,还是就集体来说,皆是如此。广播、唱片、照片和电影等新媒介,不仅使现有的文学与音乐作品传播到越来越多的人群中去,还改变了德国人感受世界的方式,实际上也改变了德国人所感受到的世界之本质。

更为重要的是,人们接触一个视觉画面或一组声音,不再依赖现场表演或观看的独特经验,不再依赖某个令自己耳目一新的时刻——在安静的音乐厅中聆听贝多芬的奏鸣曲;在宁静的博物馆中面对浪漫主义画家卡斯帕·大卫·弗里德里希(Caspar David Friedrich)的杰作陷入深思;如果你足够富有的话,可以在自家的客厅中欣赏名画。在高层次的思想层面上,德国的哲学和文化传统从18世纪晚期开始,一直强调非凡的时刻和独特的经验。可是到了20世纪20年代,视觉图像变得可以复制了,无论在乌尔施泰因出版社的现代印刷机上,还是在电影制片厂里。屏幕上的画面迅速滑过观看者的视野,这些画面常常是在遥远的加利福尼亚制作的。唱片的设计也是如此,容易复制,德国音乐文化中的名家作品和普通作品都被压在了这些易碎的虫漆唱片上。有了广播之后,录音以及现场的表演也可以传到遥远的地方了。但是,如果一个人欣赏的音乐都是通过广播传送的,或者是在唱片上放出来的，这声音一定肤浅而刺耳，他又如何能对音乐有所顿悟呢？如果一个人只是坐在电影院里感受着银幕上的阿尔卑斯山，或者在家里翻看《柏林画报》上的图片，他又如何能像歌德一样被亲眼看到的这番景致所打动呢？

要回答这些问题，并不简单。只有一点是清楚的：自15世纪晚期约翰内斯·古腾堡（Johannes Gutenberg）发明活字印刷机以来，魏玛时代的德国人经历了巨大的媒介文化变革。资深观察家约瑟夫·罗特明白，这些新技术改变了德国人所听声音、所见图像的本质。在一篇有关电声传播早期形式——无线电话［Radiophon］——的文章中，他写道：

> 世界上再无秘密可言。一个沮丧的罪人发出的喃喃忏悔声，可能被社区中所有好奇的耳朵听见，因为有了无线电话，住在同一社区的人现在混在了一起。一对男女躲在公园中，耳鬓厮磨、甜言蜜语，孰料声音竟变得很大，羞煞人也。路过的那些粗人都竖着耳朵，听得十分真切。可怕的是，家人之间随意的闲聊，也被邻居们都听了去。
>
> 再没有了秘密的会议，没有了低声议事，没有了"沉默的封印"（seal of silence）。无线电话让这一切都暴露在大庭广众之下。谨慎变得吵闹，沉默发出声音，安静开始喊叫。
>
> 没有人再倾听夜莺的歌唱和良知的鸣叫。没有人再跟随理性的声音，每个人都任凭本能的呼唤把自己淹没。
>
> 现在，还有人知道两片叶子接触时，是如何沙沙作响的？蝴蝶何时拍动翅膀？暮春时节，所谓沉默的花朵何时落下？
>
> 无线电话是一个我们可以引以为傲的发明，能让我们行事有所节制。[60]

同样，他也担心照片中的人像，人像的样子并不稳定，也不能抓住某个特定时刻、某个特定的人，这也是桑德的看法。在罗特看来，照片正因为是为大众设计的,所以会塑造和夸大拍摄对象的某些特征。

> 这些新的照片并不"真实",反而"充满了表情"。它们再现的并非一副副稳定的面容,而是其变幻莫测的表情。[摄影师]拍摄的照片是用在橱窗里或报纸上的,不是为了存在相册里。总体而言,现代的肖像照片以各种手段来表现光影交错、手之形状、虹膜反光的重要性,即相机所带来的完美效果……摄影师并非描绘一张脸,而是一些特定的面部特征:突出的下巴、宽大的额头、凹陷的脸颊……那些没有任何表情的人,突然间有了一张侧面肖像照。那些眼睛毫无特色的人,突然变得引人注目。冷漠者变得若有所思,沉默寡言者变得幽默打趣,头脑简单者变得目标远大,不起眼的步行者看着像是飞行员,秘书像个魔鬼,经理成了恺撒。[61]

或许,一个人站在过去的一张肖像画前,可以看到各种各样的人类表情。而照片只能捕捉到一个时刻、一个表情,而且常常是做作的表情。

罗特当然有些夸大其词。这个世界过去有未解之谜,现在依然如此。人像照片和油画都有可能表现对象的各种丰富情感,也都有可能表现得肤浅而造作。但从某个层面来说,罗特——毕竟是为另一种现代性媒介即报纸写作的作家——这番话无疑是正确的。生活中的声音和图像本身已经有了变化。德国人通过广播听到了科隆大教堂的钟声、赛马的现场解说、齐柏林飞艇降落和起飞的声音。在电影院里,他们观看一场几百甚至几千英里外的赛跑,而且是已经结束的赛事,但他们还是对结果做出猜测,看着比赛依然热血沸腾。人类历史上,大范围的人群第一次无须在声音所及范围——教堂钟声自然传播的范围、交响乐大厅——之内,就可以听闻其音调和音色,也无须亲临拳击场或体育场,就可以观看赛事。

20世纪20年代,声音和图像可以远播万里之外,光线可以用化学手段处理，声音可通过电磁信号传送；这一切都挑战了生活中声音、味道和图像的变动不居，以往这些只能在固定的地方和特定的时刻直接体验。广播和唱片的确改变了听者通过电波和唱片听到的音质——尽管技术在不断进步，二者也在不断提高捕捉现场声音的能力。电影画面的移动速度越来越快，超出了人们之前的观影感受，表现出一种新的令人紧张的兴奋感（nervous energy）。如同罗特所指出的，这种新媒介与澎湃激荡的情感、突然萌生的念头都是密切关联的。

但这还不是全部。可复制的声音和图像也催生了新的艺术门类和新的美学形式，并启发了一些魏玛德国最具创造力的人物，促使他们思考自己所用新媒介的意义，并从更大范围思考现代生活的意义。即使今天，面对莫霍伊-纳吉·拉斯洛和奥古斯特·桑德拍摄和冲印的照片，人们也会驻足良久，思考他们对形式的处理，解读图像中折射出的生命，并追问抽象与现实，哪一个更有意义。或者，我们对二者都很欣赏，体会到为何两位摄影师都认为自己的道路是正确的，最能捕捉现实世界，最能深入探索其神秘之处。魏玛时代的一些著名电影导演探讨了城市的荒诞和复杂，这正是现代性的中心和象征。对于罗伯特·西奥德马克、埃德加·乌默、维尔纳·鲁特曼（Werner Ruttman）、比利·怀尔德、弗里茨·朗等很多人来说，柏林那些强大的机器、蒸汽腾腾的火车、步履匆匆的人群都有自身的美感，被他们展现在了电影之中。城市可能既是令人愉快满足的地方，也是让人感到神秘、危险和异化的所在。广播和唱片的拥护者喜爱听远方的音乐与戏剧，虽然他们也担心传输和复制过程中声音美感的退化，以及画质的损失。

魏玛时代的现代性复杂多变，矛盾重重，且争议不断；魏玛文化界最杰出的人物对此心知肚明，以他们运用的媒介——摄影、电影、广播和唱片——来反思现代性的意义。他们并不是孤例。一战之后，在所有发达国家及之外的世界，新的声音和图像铺天盖地，向人们袭来。英国人同样围聚在收音机旁，也涌入电影院；伴着现场的音乐或录制的唱片，阿根廷人手舞足蹈；只要有放映机，有可充作屏幕的地方，观众就对着查理·卓别林哈哈大笑。20世纪20年代，这些使用电力传输且可复制的声音和图像带来了文化的国际化，速度超过了以往任何时候；这些声音和图像给社会各阶层都带来了启发，也引发了忧虑。

经济和政治领域如此，文化领域亦是如此：20世纪20年代和30年代早期，在采用这些新媒介形式的过程中，德国人表现出了生机勃勃、激情四射的一面。电影、广播、画报和唱片给德国人带来了大量的娱乐和慰藉，暂时忘记了那些艰难困苦——战败、战后赔偿的重担和通货膨胀。在革命的激发下，人们乐于尝试新鲜事物，从声音传输，到动态图像，不一而足。很多艺术家、作家、导演和作曲家都急于抓住机会，尝试运用新媒体，正是因为新媒体象征着与过去的决裂，并提供了另一种途径，表达他们对于1918年之前德国的否定，否定那些皇帝、将军、贵族以及顽固刻板、暮气沉沉的艺术院校。

但是，由于革命并不彻底，革命的拥护者未能摧毁精英阶层占据的权力堡垒，必然就有很多声音反对电影、广播等新媒介形式带来的所谓堕落和淫乱。于是，正如宪法和社会福利政策一样，大众文化也成为众声喧哗、冲突不断的中心。然而，最令人感到伤心和讽刺的是，几乎所有在20世纪20年代推动了新媒介形式发展的大艺术家，那些思考了这些媒介对现代世界之重要性的大思想家，之后都被迫离开了德国。纳粹即将成为操控麦克风、广播和电影的大师。

第 7 章

文化和大众社会

1931年，哲学家恩斯特·布洛赫（Ernst Bloch）在柏林写信给他的恋人（日后成了他的妻子）卡罗拉·彼得科夫斯卡（Karola Piotrkowska），描述了自己与作曲家好友库尔特·魏尔一起度过的一个晚上。信中，他说自己喋喋不休，给魏尔讲了之前在咖啡馆读过的一个故事，是关于阿拉伯最后的说书人。这些说书人游荡于土耳其和中东，边学艺边谋生。可是，现在没有人再听他们讲故事了——人们都读起了报纸——这些故事正逐渐消失。布洛赫也有同样的担忧：他会不会成为最后一个梦想家，最后一个玄学家？资本主义毁掉了希望，把一切都变得世俗和客观，包括人们在土耳其和中东阅读的报纸。但是，他唤醒了自己。（我们可以想象，那晚讲故事的同时，二人喝下了几瓶葡萄酒和几杯干邑白兰地，对此，布洛赫只字未提。）也许，他是旧世界的最后一位梦想家，但也是新世界的第一个梦想家。布洛赫写道，他的哲学工作——他的形而上学——如同一个令人不安的白日梦、一个神话故事、一声晴空霹雳，搅扰了一成不变的日常生活。然而，这就是他的哲学目标——去探索、去扰乱，同时呈现一个更好未来的前景。[1]

几年前，青年学生汉斯·约纳斯（Hans Jonas）前往弗赖堡（Freiburg），后又来到马堡（Marburg），跟随马丁·海德格尔学习哲学。多年之后，约纳斯描述了当时的最初印象。海德格尔的讲座讨论的是圣奥古斯丁（St. Augustine）的《忏悔录》（Confessions）。约纳斯说，他几乎什么也没听懂，但他有"很强烈的感觉，这些东西极端重要，便下了很大的功夫"。与海德格尔相遇的那一刻，约纳斯有了些变化。虽然约纳斯仍然不是什么都能听懂，却一直都有这样的感觉，即海德格尔讲授的东西——不仅在那节课上——"非常重要,即使我并不理解……让我感觉这是深刻的思想"。约纳斯为海德格尔的深邃思想和创造性所折服。

> 所有这一切都超出了我的理解范围,但其中一些触碰了我的灵魂,也就是我的信念:这就是变动不居的哲学……海德格尔的深刻思想极具创造力,人们会一刻不停地怀疑,这只是幻觉罢了……总之,我觉得自己站在一个秘密面前,坚信加入这样的学者行列,是有价值的事情。[2]

布洛赫、海德格尔和年轻的约纳斯:这就是巅峰时刻的魏玛文化,对当下意义的深刻追索,对未来可能性的坚信不疑。当然,他们每个人的答案都大相径庭。布洛赫是马克思主义者;海德格尔虽然在20世纪20年代接纳了约纳斯、汉娜·阿伦特(Hannah Arendt)等众多犹太学生,允许他们参加自己的讲座和研讨班,后来却成了个纳粹分子。对于当下的巨大危机,两位哲学家都不愿贸然提出简单的答案。

他们这一众魏玛杰出的文化名流所深入探究的当下,到底是什么?一言以蔽之,这就是现代——城市的工业社会,混合了各种景象、声音和思想,这些与城市相关,与科学技术相关,与层级分明的官僚系统相关,与理性的思维模式相关,与复杂的社会等级相关——在这个世界中,资产阶级和无产阶级,旧贵族和依旧庞大的农民阶级,赌徒、窃贼、警察和娼妓构成的城市贱民阶层,受过良好教育并拼命维护自己声望和地位的中产阶级,尴尬地共存着。这就是"大众社会",既令人兴奋,也使人不安。从19世纪中叶以来,德国艺术家和思想家一直在探讨这个世界的意义。现在,在战争和革命的阴影下——干戈扰攘之中,无人可以置身事外——在魏玛政治永不止息的冲突中,这些艺术家和思想家的探索越发深入,他们的创造性表达诉诸纸页、舞台和画布,如此充满生机,就连20世纪20年代的巴黎或20世纪40年代和 50 年代的纽约,都不可与之相提并论。[3]

这就是魏玛文化:不停追问身居现代的意义何在,寻找适于现代喧嚣生活的新表达形式,相信未来的种种可能性。我们进入这一文化世界的向导,只有几位伟大的作家、艺术家和作曲家,他们在 20 世纪 20 年代和 30 年代早期红极一时,他们的作品,我们至今依然阅读、观看和聆听,依然心驰神往、满怀欣赏:托马斯·曼、贝尔托·布莱希特、库尔特·魏尔、西格弗里德·克拉考尔、马丁·海德格尔和汉娜·赫希。

◇ ◇ ◇

20 世纪 20 年代,托马斯·曼已是声名显赫的人物。他的第一部小说《布登勃洛克一家》(*Buddenbrooks*)以半自传体手法,记录了一个商人大家族前后三代的历史变迁。1901 年,小说一经问世,就好评如潮。1929 年 12 月 10 日,他被授予了诺贝尔文学奖。托马斯·曼的小说和故事探究了精致有序的生活带来的心理需求,这是一种他珍视的生活,是他所源自的资产阶级世界的特征。有序而正直的生活是脆弱的。人的情绪和欲望会不断试图打破束缚,而这些束缚恰恰保证了商业和艺术的繁荣,维护了家庭这一资产阶级秩序核心的地位。在《布登勃洛克一家》中,托妮(Toni)经过数月的内心挣扎,终于答应嫁给那个相貌平平、有些迟钝的商人,但据称会增加布登勃洛克家族的财富和经验。有了荣华富贵,她最终在珍爱的族谱上签下自己的名字——这本族谱记载了几代人的婚姻。为了家族,托妮牺牲了自己——所有的牺牲都是有代价的,这次牺牲甚至没能兑现承诺。人们后来发现,托妮的丈夫是个骗子,把公司和家族都拖入了困局。《魂断威尼斯》(*Death in Venice*)中,古斯塔夫·冯·阿申巴赫(Gustav von Aschenbach)来到了他钟爱的城市,结果发现城市笼罩在病态腐朽的阴影中。一直以来,他把性欲升华为艺术。在威尼斯,他渴望得到那个体态轻盈、模样俊俏的年轻男孩达齐奥（Tadzio），最后虽未能如愿，却破坏了他在生活中精心建构的秩序。这破碎的个人秩序反映出这场席卷整个城市的灾难。

个人如此，社会亦然。社会也是脆弱的，总是受到男女本能的威胁。只有众人齐心协力、英勇抗争，才能遏制逸乐和蹈死的欲望，社会才可能存在——这也是西格蒙德·弗洛伊德（Sigmund Freud）在《文明与缺憾》（*Civilization and Its Discontents*）中阐述的观点。[4] 对于个人和社会而言，一边是艺术、感官和情欲，另一边则是同样强烈的秩序和责任诉求，二者间存在着永恒的战争。对于托马斯·曼而言，这是北方与南方之间的冲突；是商业大都市吕贝克（Lübeck）与艺术和感官之地慕尼黑、意大利之间的冲突；是他那新教徒父亲（一个彻头彻尾的资产阶级）与生于巴西、有着德国和西班牙血统的天主教徒母亲之间的冲突；是义务、责任与艺术、放荡之间的冲突；是男人与女人之间，更准确地说，是男人的本能与女人的本能之间的冲突——因为托马斯·曼总是与自己的同性恋欲望发生冲突；最终，是唯美主义和禁欲主义之间的冲突。[5]

托马斯·曼曾如饥似渴地阅读尼采的著作，是他的追随者，而且在接触弗洛伊德的作品前就是一个精神分析学家。但是，与尼采的蛮横政治（unruly politics）和弗洛伊德的自由主义截然相反，托马斯·曼极其关注爱欲与秩序之间的冲突，他因此成为政治保守主义者。一战期间，他写成了《一个不关心政治者的观察》（*Reflections of an Unpolitical Man*），并于1918年出版问世。在他主要的作品中，这也许是最为露骨、最面目可憎的一部。托马斯·曼的保守本性在此书中表现得淋漓尽致，因为他毫无保留地支持德皇和战争。其中一些段落读起来像是总参谋部发布的战争宣传，或者备受右翼理论家推崇的思想。正如近年的传记作家赫尔曼·库尔茨克（Hermann Kurzke）所写，战争赋予托马斯·曼（丝毫不亚于其他很多人，有人可能会这样补充说）一种目的感，也把他从心理和创作危机中解放了出来。他能够认同那些最具男子气概的追求——战争和暴力——而至少暂时把同性恋的烦恼

彩图 1　乔治·格罗兹的讽刺画《灰暗的日子》（*The Gray Day*），作于 1921 年。图中，手持公文包的官僚背对着伤残的退伍老兵，正在角落中窥视的另一官员则将老兵视为潜在不安要素，面目模糊的工人低头独自行走，与其他人并无交集。

彩图2 "女同胞们！权利平等，责任平等。请投社会民主党一票！"社会民主党将社会主义的火红色融入平等的诉求，以争取女性选民，但图中的男同志总是领先一步。Hessisches landesmuseum Darmstadt.

彩图3 广告"今冬香水:时尚"。20世纪20年代,消费者广告日趋成熟,优雅阔绰的新女性形象能提高所有商品的销量,从肥皂到香水,一切皆然。这位女士浑身珠光宝气,散发着迷人芳香。请注意图中简洁流畅的字体。

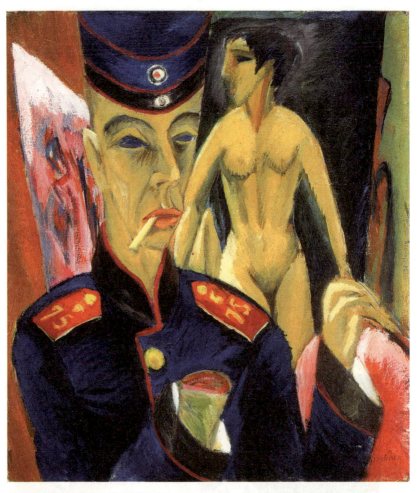

彩图 4　恩斯特·路德维希·基希纳（Ernst Ludwig Kirchner），《士兵的自画像》（*Self-Portrait as Soldier*），作于 1915 年。基希纳一战期间曾在前线服役，之后便精神失常。自画像中，基希纳身穿军装，被截了肢（但实际上他的身体在战争中并未受伤）。他失去了原本用来绘画的右手，背景中那个充满情欲的裸女模特是触不可及的，无论在画布上，还是生活中，都是如此。基希纳形容憔悴，面色凝重。这幅画的主题、棱角分明的线条和鲜艳的色彩，都是典型的表现主义风格。基希纳所要表达的是，战争暴力对人的影响如同灾难，且终生挥之不去。他的精神疾患从未完全康复，在精神抑郁和纳粹迫害的合力之下，他终于在 1938 年自杀离世。Allen Memorial Art Museum, Oberlin College, Ohio; Charles F. Olney Fund 1950.

彩图5 埃里克·门德尔松,爱因斯坦塔,建于1920—1924年。门德尔松是魏玛德国最杰出、最成功的建筑师之一。该塔包括实验室和天文台——用来验证爱因斯坦的理论。门德尔松力图从形式上捕捉相对论的本质。这一大胆的尝试,或许没有成功,但光滑的外观、内嵌的窗户、质朴无华的风格和整体的美感,都令其极具原创性,堪称现代建筑的典范。据说爱因斯坦第一次造访此地,就赞叹道:"有机的!"20世纪90年代,这栋建筑经历了一次非常成功的全面修缮,照片中正是修缮后的样貌。照片来自本书作者。

彩图 6　1923 年首届包豪斯展览的海报，由约斯特·施密特（Joost Schmidt，1893—1948）设计。在展览的开幕式上，瓦尔特·格罗皮乌斯发表了演讲《艺术与技术——新的统一》（"Kunst und Technik—eine neue Einheit"），系统总结了包豪斯学院的理念和教学成果。

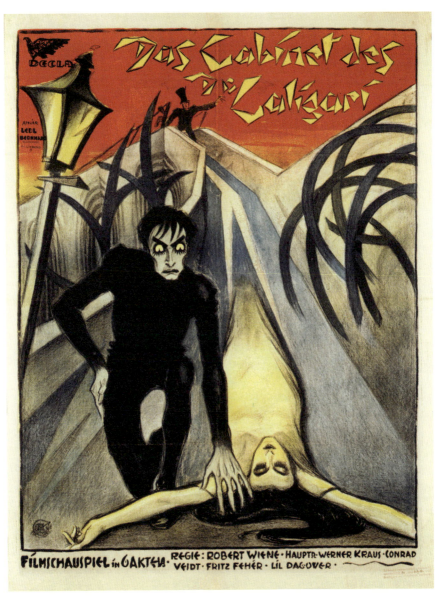

彩图7　1920年罗伯特·维内执导的电影《卡里加里博士的小屋》海报。这部默片是德国表现主义电影的代表性杰作。该片采用了阴森扭曲的舞台式布景,光影对比强烈,演员身着奇装异服、表演夸张,营造了一种神秘恐怖的氛围。

彩图 8 奥托·迪克斯（1891—1969）的木版画《记者西尔维娅·冯·哈登的肖像》（*Portrait of the Journalist Sylvia von Harden*），作于 1926 年。迪克斯与哈登相识于柏林文艺界人士经常聚会的罗曼咖啡馆。该画作以新客观主义的手法，刻画了魏玛时代新女性的特征：短发，抽烟，喝酒，拥有职业生涯，独自一人出现在咖啡馆等公共场所。Musuem of Modern Art at the Centre Georges Pompidou, Paris.

彩图9 "布尔什维主义招致战争、失业和饥饿",作于1918年。这是"反布尔什维主义联盟"(Association to Fight Bolshevism)——组织松散、昙花一现的右翼组织为数众多,这是其中一个——早期制作的一张海报。通常,布尔什维主义被刻画成夸张离奇的野兽形象,其中也有让人联想起非洲人的用意。Poster Collection, GE 1858A, Hoover Institution Archives.

彩图 10　恩斯特·埃格利，拉吉普·德夫雷斯别墅，伊斯坦布尔，建于 1930—1931 年。20 世纪 30 年代，奥地利建筑师恩斯特·埃格利多数时候住在土耳其。他为商人拉吉普·德夫雷斯在伊斯坦布尔建造了这栋别墅。如同诺依特拉的设计，这栋建筑的布局也比较开放，因此建筑内部获得了大量的自然光。这类别墅都是为土耳其共和国的新兴精英阶层设计的。照片来自 Ömer Türkoğlu。

彩图 11　恩斯特·埃格利，伊斯梅特帕夏学校，建于 20 世纪 30 年代。埃格利深受埃里克·门德尔松的影响。20 世纪 30 年代，他在安卡拉设计了伊斯梅特帕夏学校——以时任土耳其总理（后来又任总统）命名。可爱的天然木质窗框和粉色灰泥墙面，与土耳其湛蓝的天空相互映衬。照片来自 Ömer Türkoğlu。

彩图 12 布鲁诺·陶特,安卡拉大学文学系,建于 1937—1938 年。安卡拉大学文学系大楼是布鲁诺·陶特在土耳其最成功的建筑设计。这栋大楼具有陶特魏玛建筑的许多特色——弧形的正面(此处不可见)、内嵌的窗户。和埃格利一样,陶特也使用彩色灰泥,来衬托蓝色的天空;他还用石头作为屋基,以效仿奥斯曼帝国时代的建筑。照片来自 Ömer Türkoğlu。

彩图 13　布鲁诺·陶特,安卡拉大学文学系的接待厅,建于 1937—1938 年。在陶特设计的文学系大楼里,这个富丽堂皇的接待厅同样将现代主义和传统融为一体。带有弧度的方格天花板和墙砖上的蓝色线条,让人联想起奥斯曼传统;而那些固定的陈设和对自然光的强调,显然属于现代风格。照片来自 Ömer Türkoğlu。

彩图 14 布鲁诺·陶特,安卡拉大学文学系大楼内部的走廊,建于 1937—1938 年。文学系大楼的楼梯和走廊是陶特美学感悟的范例。螺旋状扶手展现了木质的美感。楼梯随着墙体的曲度向上延伸,透出一股活跃的动感。同时,不同色彩彼此交错,相互映衬,给人以温暖宁静之感。照片来自 Ömer Türkoğlu。

彩图 15　马塞尔·布劳耶，明尼苏达州的圣约翰修道院和大学教堂，建于 1958—1961 年。1958—1961 年间，包豪斯学派著名的资深建筑师马塞尔·布劳耶在明尼苏达州的科利奇维尔（Collegeville），建造了圣约翰修道院和大学教堂。这标志着教堂建筑取得了突破性进展。但这座建筑毫无魏玛现代主义的那些典范之作所具有的轻盈感。Bobak Ha'Eri / CC-BY-SA 3.0 / Wikimedia Commons.

彩图 16　布鲁诺·陶特，他在伊斯坦布尔的住宅，建于 1938—1941 年。陶特在伊斯坦布尔的一处山岗上建造了自己的住宅，由此望去，老城、伊斯坦布尔海峡和马尔马拉海（Sea of Marmara）可尽收眼底。陶特深受三年日本时光的影响，他将日本风格加以改造后引入了土耳其。但是，这所住宅未能跻身陶特最成功的作品之列。照片来自 Ömer Türkoğlu。

搁置一边。通过支持国家事业,并批判他信奉自由主义的兄弟海因里希(Heinrich),他能够得到——这是他的希望——自己渴望的巨大赞誉,实际上成为民族的桂冠诗人。的确,托马斯·曼因战争而落入北方和南方、责任与激情、阳刚与阴柔的二元对立之中。现在,作为负责任的人,他应该对于战争中的国家充满激情。[6]

这绝对不是托马斯·曼最辉煌的时刻。但他是一战前就已成年的德国人中的一员,在教养、知识和本性方面都趋于保守;20世纪20年代,他们认识到自己应该接受大众社会和民主时代。他们被冠以"理性的共和者"(*Vernunftrepublikaner*)的标签,即使他们并不甘心成为民主主义者,但至少在思想上给共和国提供了强大的支持。1922年10月15日,托马斯·曼做了一次精彩的演讲,标志着他从《一个不关心政治者的观察》出版以来走过的漫长道路。[7]这是一场为大剧作家格哈特·霍普特曼(Gerhart Hauptmann)的60岁生日举办的庆祝会,到场的听众大多是思想较为保守的学生。托马斯·曼的发言不同寻常,他提到了两个很少相提并论的人物——德国伟大的浪漫主义诗人诺瓦利斯(Novalis)和美国诗人沃尔特·惠特曼(Walt Whitman)——用以表达他对民主和共和国的支持。[8]在托马斯·曼看来,两位浪漫主义艺术家对生活有着类似的态度——二者都致力于保护历史的菁华,但也清楚在当下这个时代,共和国给人们提供了发展的机遇。托马斯·曼尽管没有使用这个词,但使人想到了"自我修养"(*Bildung*)的德国传统,即通过接触伟大的文化作品达到修身养性的目的。"自我修养"成了流行于德国中层和上层阶级的意识形态,但进入20世纪之时,却掺杂着势利自满之气。[9]托马斯·曼致力于回归"自我修养"的真正内涵,即威廉·冯·洪堡(Wilhelm von Humboldt)在19世纪早期所阐明的教育和培养。

托马斯·曼认为,只有在共和国,人们才能真正实现"自我修养"。他借助惯用的华丽辞藻,引用了诺瓦利斯和惠特曼的大量诗句,勇敢地向这些保守的听众提出了尖锐的批评。旧时代的君主政治已沦为咄咄逼人的军国主义（包裹在国家精神的表象之下），堕落到尼采式的纯粹权力（很多学生盲目服从这样的权力）。现在，只有共和国能体现国家的真正意义、人类发展的真正机遇以及人道这一伟大理想。托马斯·曼赋予共和国以精神价值：身处共和国之中，德国人无论作为个人还是集体，都能发展自己的内在潜能。共和国是个人与集体之间、特殊与普遍之间、德国和欧洲之间、启蒙运动和浪漫主义之间的伟大媒介和融合者，以及人道的表达本身。共和国也是色欲的对象、那些为国献身的男人团结一心的对象，由此创造了伟大的东西，创造了战胜死亡之力的生命力量。即使国家把男人送上了战场，也仍然如此。

有托马斯·曼这样声望高的知识分子站在共和国一边，当然是大有裨益的。这些都是19世纪的保守主义者喜欢用于普鲁士和（1871年之后）德国的思想，如果强加给20世纪20年代的民主政治，有人可能会质疑其效用。是否有任何民主政治、任何共和国能够实现托马斯·曼崇高的精神和情欲主张？而任何民主国家都面临着调和不同群体的利益这一基本任务，但托马斯·曼对此毫不关心。他祭出了德语中"文化国家"（*Kulturstaat*）这一保守概念——掺入了自己的同性恋思想——将其运用于魏玛，这一定令很多在场的听众莫名其妙。然而，这就是他的才智和学识的神奇之处，能够轻松地引用德国传统中的经典，以及惠特曼的作品，从而感染一些听众——至少，随着他的演讲不断展开，那些反对声和惊讶声就慢慢减弱了（从演讲稿的长度可知，他一定说了两个多小时）。

一战及战后各个时期也给托马斯·曼提供了肥沃的土壤，有助于他阐述腐朽衰败这一主题。《布登勃洛克一家》描写的就是吕贝克一个商人家庭的兴衰沉浮。造成数百万人丧生的战争灾难和战后的沧桑巨变，都给了托马斯·曼巨大的动力，促使他以更宏大的视角——不仅从一个家庭，或者德国社会，更从西方文明本身——思考腐朽和衰败。1924年，他出版了《魔山》，这是他继《布登勃洛克一家》之后最杰出的小说，也是20世纪文学的经典之作。小说甫一问世，就立刻被视为不朽的杰作。根据汉斯·约纳斯的回忆，犹太复国运动的"所有支持者"和哲学界的朋友"当然都在阅读［这部小说］……任何场合，都可能会有人引用或者提到这本小说；而只要有人提到，别人立刻就会明白"[10]。

《魔山》中，汉斯·卡斯托尔普（Hans Castorp）前去看望表兄约阿希姆·齐姆森（Joachim Ziemssen），地点在瑞士阿尔卑斯山的一家疗养院，里面住着患有肺结核等各种病症的病人。山区寒冷而纯净的空气，加上宫廷枢密官贝伦斯医生（Dr. Behrens）的看护和照料，是他们康复的唯一希望。贝伦斯医生立刻注意到汉斯也身患疾病。汉斯原打算只在这里待三周，结果一住就是七年。在此期间，汉斯与形形色色的人对话攀谈，思考生命和死亡的意义。我们这倒霉的主人公生出了一个又一个奇思妙想、一套又一套看法。他本是学工程出身，可时常说自己渴望成为牧师或画家，有时又要当个内科医生。虽然那位表兄时运不济，但汉斯对其军人做派心向往之。面对死亡时，他也绝无法像自律的约阿希姆那样振作精神、泰然处之。汉斯遭到了别人严厉的斥责，像个小男孩，抑或受伤的狗，耷拉着脑袋，一时竟无言以对。一连不知多少个月，他一直注视着自己所迷恋的克拉芙季娅·肖夏（Clawdia Chauchat）——这个女人"生着一双吉尔吉斯人的眼睛"——可就是不能鼓足勇气接近她。汉斯有着天才的敏锐心思，他毫不吝惜笔墨，洋洋洒洒记述了彼此如何眉目传情，手与唇的隐微动作。可是克拉芙季娅和汉斯都走不出各自的世界，相互还未有过任何言语答问，直到一天饮酒狂欢后，汉斯才抛开了这些拘谨。可惜，为时已晚——克拉芙季娅第二天就要走了（尽管之后还要回来）。

汉斯辗转于三个男人之间，三人分别代表三股不同的西方文明。当然，他们都是病人。他们为何要在魔山上消磨时间呢？卢多维科·塞滕布里尼（Ludovico Settembrini）是个了不起的人文主义者，不厌其烦地阐述自由和进步等伟大思想。他的祖父在19世纪早期是意大利民族主义秘密组织烧炭党（Carbonari）的成员；父亲在意大利复兴运动

（Risorgimento）——这场运动使意大利于1871年实现了统一——时期当过兵，也是人文主义者。塞滕布里尼尽管很反感欧洲人（不只是意大利人）承认德国理念的优点，却想方设法让"工程师"——他经常这样称呼汉斯——加入自由主义阵营，接受南方的思想，也就是意大利的思想，即渴望自由，信奉进步，对人类的伟大深信不疑，而不像日耳曼人那样嗜好秩序和纪律。然而，塞滕布里尼的这套说辞让人觉得有些乏味，其中大量引用了16世纪那些名不见经传的人文主义者的话，还提到了历史上的那些丰功伟绩。经过几个世代，自由主义的活动范围已经变窄了，塞滕布里尼的父亲和祖父曾投身激进运动，而如今在阿尔卑斯山与世隔绝的环境中，他自己只能记录下几个男人间百科全书式的生僻文章和讨论。似乎塞滕布里尼的人文主义只是19世纪的陈旧遗产。

但是，他的死对头，耶稣会会士莱奥·纳夫塔（Leo Naphta），更是个食古不化的老顽固。纳夫塔有着犹太人的背景，学问丝毫不逊于塞滕布里尼。他强调自己对中世纪基督教世界的信仰和荣耀坚信不疑，鼓吹教会应把秩序强加于社会，认为幸福的生活能带来安宁祥和，甚至为了捍卫基督教世界，必要时应能经受折磨之苦。"信仰是理解的载体，"他说道，"智识是次要的。"[11] 对此，塞滕布里尼做了反驳，认为一个人应该积极有为，遵从理性，辛勤劳作，并不断取得进步。纳夫塔和塞滕布里尼一连几个小时争论不休，而汉斯则听得入了迷。在二人面前，汉斯一会儿心驰神往，一会儿又心生嫌恶。

小说中，汉斯的第三位重要对话人出现较晚。这是个性情暴躁、咄咄逼人的角色，人称佩佩尔科恩先生（Mynheer Peeperkorn），他是一名荷兰的殖民地种植园主，在海外发了财。他人高马大，却不善言辞，这一点与塞滕布里尼和纳夫塔恰恰相反；他作风强势，惯于我行我素。他是个"名流"（*die Persönlichkeit*）——大人物——汉斯提到他，常用这个词。汉斯又被迷住了，这次迷上了一个实干家，此人在世上闯出了一番事业，聚敛了一大笔的财富，又喜欢对身边人发号施令、呼来喝去。一个放纵的夜晚，佩佩尔科恩把十来个病友招至身旁，以一己之力让他们挥霍了一回——打牌、盛宴、豪饮。结果第二天，疗养院半数的人醒来后，感到头痛恶心，这都是因为这位"名流"的胃口太大。但是，他自己也病了——从汉斯的角度看来，更糟糕的是——他带着克拉芙季娅一同来到了贝格霍夫（Berghof）。如果用一战前有些古怪的说法，两人算是"旅行伴侣"。

普通人——"大众"——极少出现在托马斯·曼的文学中。如果出现的话，都是些模糊难辨的角色，比如司机、仆人等，都是为了主角的生活和烦恼能继续发展而存在的；或者，他们是一群一群的无名之辈。比如在短篇故事《马里奥和魔术师》（"Mario and the Magician"）或者《浮士德博士》（*Dr. Faustus*）三部曲中，这些人群会被某个马戏团演员——或某个更险恶的操弄者——的骗人把戏弄得神魂颠倒。托马斯·曼沉迷于他所属阶级的艰难困苦，这是受过教育的中产阶级（*Bildungsbürgertum*），是现代德国历史中受人尊重的群体。毫无疑问，这是一个拥有财产和知识（*Besitz und Bildung*）的精英阶层，但总是面临着大众的幽灵。《魔山》中，汉斯消磨了七年光阴，对各项开销精打细算，但凭借从遗产中获得的红利，也能应付贝格霍夫极为昂贵的费用。除了财产和学识外，这个阶层还有性格内敛和注意保持人际距离的特点，即便家人之间也是不苟言笑、彬彬有礼。直到约阿希姆不顾一切地离开贝格霍夫——读者预感他还会回来——时，他才开口用"汉斯"这个名字称呼自己的表弟，尽管两人使用不太正式的"你"（*du*）来称呼彼此。同样在那个纵情狂欢、酒气熏天的夜晚，也就是汉斯终于向克拉芙季娅开口说话的那个晚上，他用了不够郑重的"你"称呼塞滕布里尼，结果令这位了不起的人文主义者大为不悦。实际上，汉斯这一违反礼数的举动，招来了塞滕布里尼没完没了的一顿数落。文明社会，或者文明本身，都需要一定的礼数和距离。

有些人在没有正当理由的情况下，使用非正式的代词或人名，

> 这是一种招人反感的野蛮行为、一种吊儿郎当的儿戏态度、一种无视和（无耻并无礼）践踏文明和人类进步之既定规范的做法。我称呼你"小伙子"时，千万别认为我是以那样的口吻对你说话。我只是从你们民族文学的杰作中引用了一段话。事实上，当时我正在以诗意的方式说话。[12]

"你"或许在普通民众当中是得体的用词——实际上，人们在劳工运动中有意采用了这个词，作为成员之间平等和友谊的象征。但对文化人来说，这是不合适的，他们必须通过得体的礼数，抵制这些大众社会的谄媚之词。

还是那个夜晚，在和克拉芙季娅·肖夏情欲绵绵的相遇中，汉斯也用了"你"。她声称（不知是否以此卖弄风情？）自己被他的轻浮所冒犯，他轻浮地挑战了文明社会所要求的性爱秩序。可是，克拉芙季娅的丈夫在"高加索山脉那一边"的某地，完全不见踪影，他总是允许妻子自由行事。她散发出的异国风情，那双"吉尔吉斯人的眼睛"的迷人魅力唤醒了汉斯的情欲，他终于宣布自己爱上了她。但即便在这个伟大的决定性时刻，他多少依然是个可怜虫。克拉芙季娅爱抚着他的头发，但这既是出于情欲，也是出于母性。对于汉斯的求爱，她闪烁其词，反而以仰慕的口吻提到了他的表兄。最后，她挥手向可怜的汉斯说了声"再见"，同时做了个花哨的动作，就离开了。她每次来的时候，也是这么一个花哨的动作。

但她可能——只是可能而已——邀请了汉斯去她的房间，因为她走时转过头去，温柔地提醒汉斯，别忘了把借的铅笔还给她。[13] 这个亲密的代词"你"也是大众使用的"你"，二者都构成了对资产阶级社会中有序世界的威胁。克拉芙季娅最终和佩佩尔科恩一同归来，汉斯和她会再次团圆。但这是一段命运多舛的恋情，最终因佩佩尔科恩的自杀而毁于一旦。佩佩尔科恩尽管实力雄厚，还是被病魔击垮了，此外，他还意识到自己的旅伴并不爱他。

汉斯·卡斯托尔普代表了资产阶级中的平庸之辈，他不像罗伯特·穆齐尔（Robert Musil）笔下"没有个性的人"那样茫然无措，却也没什么过人之处——聪明，却无经世之才；渴望建功立业，却优柔寡断；身体有恙，却无大病缠身；稍有质疑之思，却又颇为自满。他轻易就习惯了疗养院懒散的生活节奏——定时供应的餐食，一日五顿，一顿不少；病人按规定接受每日两次的"卧疗法"，躺在寒冷的室外空气中，身体裹着毛毯，享受着阿尔卑斯山稀薄而新鲜的空气；定期举行的讲座、音乐会和外出游玩；所有这一切都发生在一个没人需要劳作的世界，除了贝格霍夫的那些工作人员。和别的病人一样，汉斯完全没了时间感：星期变成月份，月份变成年份，间隔其中的都是些令人着迷的东西，但都持续不了多久——绘画、研究解剖学、仰望星空、滑雪、摆弄留声机。

可是，这一切又该做何解释呢？现代社会是否只象征着腐朽呢？无法走出这种文明的危机吗？《魔山》中，托马斯·曼一如既往，以讽刺、悲观且透出几分怀旧之感的笔调，缅怀19世纪那个给人安全和舒适感的资产阶级世界，它迥异于20世纪20年代和30年代早期那个风云激荡的魏玛共和国。小说中也会出现一些惊人的幽默时刻，通篇弥漫着的绝望感，因此有了稍许的缓解。尽管托马斯·曼的作品中存在精神和情欲上的紧张，但他也是头脑冷静的现实主义者。他很清楚——尤其经过了第一次世界大战的浩劫后——已经无法回到塞滕布里尼所谓简单的乐观主义，也无法回到纳夫塔所谓的宗教神秘主义，甚至不能回到佩佩尔科恩拼命挣钱的时代了。最终，汉斯·卡斯托尔普从魔山走了下来，投向了战争。他的很多同伴都死于疾病；很可能，他会死于捍卫国家的战斗。起初，托马斯·曼狂热地支持这场战争，但到了20世纪20年代中叶，他开始退避三舍、冷眼旁观。

汉斯将死于战争，但小说中的早些时候，他的选择是活下去。当时，他不顾危险，只身前去滑雪，不幸遭遇了暴风雪，突然间被卷入其中。他什么也看不见，方向感也错乱了。终于，他撞见了一间棚屋，屋顶至少能提供一点遮挡。在此神志错乱中，他如做梦一般，想到了某个可爱的宁静之地，沐浴在阳光里，孩童们在沙滩上嬉戏，俊男美女们起身上马，围成一圈跳舞。他脑中还出现了儿童吞噬怪兽的反视觉（countervision），还有中世纪的鼠疫等瘟疫和战争的画面。汉斯眼看就支撑不住了，就要向大山的狂暴低头臣服了，也象征着向梦境中绝望的一面低头。这时，一缕蓝色的天空刺破漫卷的风雪，把汉斯从癫狂之中唤醒。刚才，似乎过去了几个钟头，但实际只有几分钟而已。好天气又猛地将他拉回到之前的画面——沐浴在阳光下的爱与宁静中。"为了善与爱，人不能听凭死亡主宰自己的思想。"[14]他滑动雪橇，找到了返回贝格霍夫的路：他选择了生命。

个人如此，社会同样如此。生命是个复杂的东西，在欲望和死亡的撕扯下，不断受到威胁。秩序和安稳不过是暂时的成就。第二天早上，汉斯已无法清晰回忆起自己在大雪中虔诚奉献于生命与爱的情形。托马斯·曼的伟大小说以复杂优美的文字，捕捉了主人公面临的那些剧烈冲突，这些也是魏玛现代性的冲突：进步与传统的冲突，秩序与欲望的冲突，礼数和等级与大众社会均等化潮流之间的冲突。托马斯·曼告诉我们，想找到问题的答案，绝非易事；要回到战争之前的世界，也绝无可能。他克服了内心的巨大矛盾冲突，决定采取支持共和国的立场。后来，他尽管对纳粹怀有反感的情绪，但还是经过了长期的思考，顶住自己孩子——尤其是埃丽卡（Erika）和克劳斯（Klaus）——的强大压力，才抛开一切顾虑，成了一位伟大的反纳粹人士。然而，如同大雪中的汉斯，他也的确选择了生命。

◇ ◇ ◇

《魔山》是1924年的文学事件。由贝尔托·布莱希特所写、库尔特·魏尔配乐的《三分钱歌剧》是1928年轰动一时的剧目。1928年8月31日，该剧在柏林的造船工人大街剧院（Theater am

Schiffbauerdamm）首演。首演即获得成功，产生了轰动效应，引发了人们对一切现代之物的极度反感。观众和剧评人立刻认识到这部剧作的革命性特征。作品采用了一种在莫扎特、威尔第（Verdi）或施特劳斯（Strauss）——他们以音乐的形式表达了人类永恒的真理，因而深受赞助人的崇敬——手中成为经典的艺术形式，并使之流行起来。作品还采用了舞台形式来表达美丽、爱情和悲剧，并使之更为激烈，能够揭露资本主义的虚伪。该剧在一种18世纪晚期以来几乎有着标准化形式的音乐中，掺入了爵士乐和卡巴莱歌舞中不协和的颠覆性旋律。如剧评人赫伯特·伊赫林（Herbert Ihering）所说："剧作者布莱希特和作曲者魏尔……的成就在于超越了时事讽刺剧，将其转化为全新的艺术形式。同时，他们又融入了综艺表演（Varieté）的元素，开创了鲜活的戏剧表达新形式。"[15]

《三分钱歌剧》是布莱希特与魏尔之间创造性合作的产物。二人之中，布莱希特在政治上更激进，与共产党人过从甚密。魏尔出身于一个资产阶级犹太人家庭，接受过严格的古典音乐教育。但是，他能够敏锐地洞察"时代的精神"。除了阿诺尔德·勋伯格和阿尔班·贝尔格（Alban Berg）的无调性作品之外，他也听爵士乐。如同美国人乔治·格什温（George Gershwin）一样，他非常自觉地将现代城市的脉搏融入古典音乐的形式中，煞费苦心地为自己的音乐争取广大的听众。布莱希特正在为戏剧寻找新的语言和形式，寻找打破陈旧规范和增强感染力的途径。在彼此类似的寻找上，布莱希特和魏尔显然反映了魏玛时代的民主化脉动。

1927年，他们初次见面，共同创作了套曲《麦赫戈尼城》（*Mahagonny*）。麦赫戈尼城是一座虚构的美国城市，里面住着罪行较轻的犯人、资本家、警察和妓女，他们彼此几乎没多大区别。这些歌曲串起了资产阶级的价值观，包括秩序、纪律和勤劳。在作品的结尾，演员举起标牌，上面是用油彩写的反资本主义口号。魏尔的配乐本身就具有革命性——他引入了爵士乐风格的十人管弦乐队，包括两把小提琴、两支单簧管、两支小号、一把中音萨克斯、一架钢琴和一套打击乐器。在巴登-巴登举办的德国室内乐节（German Chamber Music Festival）上，魏尔的作品首次上演，而这样的音乐以前从未演奏过。听众并不满意：一些人喝起了倒彩，还大呼小叫；演奏者则吹起了哨声，还以颜色。（布莱希特之前料到会有这样的反应，事先就把哨子发给了他们。）[16] 通过形式、风格和内容，布莱希特和魏尔一夜之间就彻底改变了德国的音乐剧，而且影响波及德国之外。著名的《阿拉巴马之歌》（"Alabama Song"）——那天晚上的歌唱者是罗特·莲娜（Lotte Lenya），后来在舞台和银幕上成就了一番事业（并两度成为魏尔的妻子）——成了20世纪的经典。有些人是听了大门乐队（The Doors）在20世纪60年代演唱的版本，才知道这首歌，他们以为这是吉姆·莫里森（Jim Morrison）写的！

埃米尔·赫茨卡（Emil Hertzka）是维也纳环球（Universal）音乐出版社威名赫赫的老板。面对他对《麦赫戈尼城》的批评，魏尔写了以下这段文字，作为回应：

> 我之所以被布莱希特所吸引，首先因为我的音乐与他的诗歌能水乳交融……我深信，如果两个都富于创造力的个体能密切合作，就能产生根本意义上的创新。毫无疑问，眼下一种崭新形式的舞台作品正在产生，面向更多不同的观众，其魅力影响之大也非比寻常……我们的任务是创造出这种新的体裁。在我们这个时代，生活的外在表现发生了彻底的改变，这一新体裁就能够对其做出恰当的表达。[17]

如同建筑师埃里克·门德尔松和布鲁诺·陶特、摄影师莫霍伊-纳吉·拉斯洛等很多魏玛时代的名流一样，魏尔和布莱希特也费尽心思，努力寻找能够反映现代的快节奏、激烈冲突和民众愿望的形式与风格。他们希望创造出新的戏剧经验，既能激发公众的反响，还要赢得广大的观众。

布莱希特和魏尔之后将《麦赫戈尼城》套曲改编并扩展成一部成熟的歌剧，但某种意义上，即便这样的合作也只是序曲而已，之后产生的才是更为开阔，甚至更加惊天动地的作品——《三分钱歌剧》。关于《三分钱歌剧》缘起的故事，已经讲过很多遍了。布莱希特的伴侣伊丽莎白·豪普特曼（Elisabeth Hauptmann）之前听说，有一部名为《乞丐歌剧》（The Beggar's Opera）的18世纪早期的剧作，在伦敦又受到了追捧，剧作者是约翰·盖伊（John Gay），配乐人是约翰·克里斯托弗·佩普施（John Christopher Pepusch）。这部作品融会了流行音乐、俚语，以及当时街头流浪者的各种混音，形成了对英国上流社会的批判。其中的流行体裁和政治锋芒引起了布莱希特的注意。布莱希特只准备了几幕改编的短剧，向一位富于创新的戏剧制作人做了展示。《渣滓》（Scum）——最初的剧名——于1928年4月获得了出资人的委托，首演之夜安排在了四个半月之后。此时，这部歌剧尚未写出一个音符；魏尔甚至可能并不知道，布莱希特已在合同中授权他参与这个项目。

当然，布莱希特后来告诉了魏尔。1928年5月中旬，二人带着各自的妻子，去了海滨度假胜地里维埃拉（Riviera）。在那里，他们拼命写了几个星期。但是，到了8月10日开始排演时，无论音乐还是剧本都还在修改。排演场上爆发争执和冲突，已属司空见惯。开演那天晚上，所有的参与者——剧作者和曲作者、演员、制作人、杰出的舞台设计师卡斯帕·内尔（Caspar Neher）——都预感演出会遭遇惨败。研究魏尔的学者于尔根·舍贝拉（Jürgen Schebera）描述了接下来的事情："终于到了1928年8月31日这天晚上，这是一个将永载20世纪戏剧史的日子。《大炮之歌》（'Cannon Song'）这一幕之前，观众们一直都相当冷静。但接着，就有了突破。观众变得愈发心潮澎湃，嘴里嘟囔着赞许声，拍手鼓掌，响动越来越大，终于达到了高潮。之前，没人相信演出能够大获成功，最终却成为现实。"[18] 布莱希特的语言强劲有力，掺入了街头俚语，还有喜剧风格的巴洛克式语言结构；此外，魏尔融会了各种各样的音乐元素，包括对传统歌剧形式的戏仿，并辅以爵士乐的曲调。常常，看似严肃郑重的词语配上了艳俗或不协和的音乐伴奏后，字面的意义就消解了。自始至终，魏尔的曲子在"质朴的外表下"，表现出了"巧妙的精致感"，舍贝拉这样写道。[19]

这个故事描绘了一连串各色人物间的互动：乞丐王乔纳森·皮丘姆（Jonathan Peachum）；（对布莱希特而言）不可或缺的窃贼、警官和妓女组合；皮丘姆的女儿波莉（Polly）；当然还有麦基斯（Macheath），他更为人熟知的名字是尖刀麦基（Mackie Messer）。在1928年的柏林，有谁能够想到，1959年麦基的开场曲居然被改编成了美国流行乐的经典之作？巴比·达林（Bobby Darin）的演绎——无论有何优点（抑或没有）——剥去了这首歌的政治锋芒。脱离了原先的语境后，这首歌成了对一个酒色之徒的歌颂。但根本而言，布莱希特和魏尔合作完成的这部作品事关资本主义颓废、堕落和剥削的本性。人人皆撒谎，个个都行骗。警察与罪犯几乎到了难以分辨的地步。心地善良的妓女有着很大的梦想，却常常会破灭。性爱通常是一桩这样或那样的交易。伦敦那些最显赫的人物把男人和女人们打发到街头，扮作乞丐，以此大发其财。婚礼上的一应所需都是从伦敦各处偷来的赃物。害人性命的恶棍麦基最终得到了女王本人的宽恕，女王还赐予他贵族封号、一座城堡和终身享用的养老金。

资产阶级的职业伦理，我们就说到这里。《三分钱歌剧》中犀利的政治锋芒，通过某些台词表现得淋漓尽致："先得填饱肚子，然后才是道德"，或者"只有富人能过上惬意的生活"。这种犀利的锋芒尤其表现在两首出色的歌曲中。在节奏明快的《大炮之歌》中，麦基和警长泰格·布朗（Tiger Brown）带着怀旧的心情，谈起当年他们在全球到处杀人的光景：

> 军队处于
> 隆隆的炮声之下，

> 从开普省（the Cape）到库奇比哈尔（Cooch Behar）。
> 从一处行进到另一处，
> 他们直面
> 不同的人种，
> 这些人的皮肤或黑或黄，
> 转瞬之间被他们剁成了鞑靼牛排。[20]

没有人会误以为《大炮之歌》是对德国军国主义的歌颂。布莱希特和魏尔写下了众多强有力的反战歌曲，这只是其中之一。《凡尔赛和约》签订后，德国军队成了瘸子，但军事文化依旧十分彪悍。对于这样的德国，他们刻意羞辱了一番。

在《性爱沉迷之歌谣》（"The Ballad of Sexual Obsession"）中，布莱希特和魏尔讽刺了资产阶级的性道德。魏尔的曲子如同挽歌，而布莱希特描述迷恋与剥削的歌词却锋芒毕露，二者形成了鲜明的反差。

> 很多男人就这样看着很多男人死去，
> 伟大的思想被困于一个娼妓！
> 那些旁观者，无论发了什么誓言，
> 他们死时，谁来埋葬他们？妓女们！
> 别问他们是否愿意，他们做好了准备。
> 那就是性爱的力量。
> 这个男人遵循《圣经》，这个遵守《民法》（Civil Code），
> 这人是个基督徒，这人是个无政府主义者！
> 中午，他们逼着自己不吃芹菜，
> 下午，他们又考虑起崇高的事情。
> 晚上，他们说"我心情不错"。
> 可夜幕尚未降临之时，他们又得意忘形起来。[21]

首演当晚，观众看得如痴如醉，评论界却褒贬不一。共产党人声称，《三分钱歌剧》"没有讽刺任何的社会或政治弊端"。而保守派的报纸对其猛烈批判，斥之为"一种文学的恋尸癖"，或者"某种政治性的恐怖歌谣"。纳粹党的《人民观察家报》（*Völkischer Beobachter*）评价此剧用了"有毒的粪坑""一文不值的文化"等字眼，认为警方应当直接予以肃清。[22] 然而，其他剧评人对该剧创新性的赞美之情溢于言表。这部作品之后演了很长时间，非常成功。在柏林，就演了整整一季；一年之内，已经在50多个剧院上演，一共演了4000多场。到了1932年，已经翻译成了18种语言，很多欧洲国家演出后，也好评如潮。报纸由于刊登了该剧的活页乐谱，便销量飙升；在咖啡馆和舞厅，也能听到该剧的歌词与旋律。[23] 1928年10月，首演后只过了几周，《三分钱歌剧》的第一批唱片就正式发行了；由G. W. 帕布斯特（G. W. Pabst）执导的电影版于1931年上映（图7.1）。如此看来，对于《三分

图7.1　G. W. 帕布斯特执导的1931年德国电影版《三分钱歌剧》剧照，画面中的场景为警长泰格·布朗（中）前来参加尖刀麦基（左）和皮丘姆的女儿波莉（右）的婚礼。

钱歌剧》的成功,在魏玛时代取得长足进步的电影和留声机等新技术起了关键作用。

布莱希特在自己所有的作品中,都对表象提出了疑问。在他的揭露下,道德誓言不过是些陈词滥调,甚至更糟;社会地位也不过徒有其表,暗藏人性的狡诈和堕落,只是以谎言和剥削攀上高位者的面具罢了。布莱希特不会接受任何表面的价值,但他也并非愤世嫉俗之辈,尽管人们对他常做此评价。在他看来,一个生机勃勃的剧场,的确应该给观众带来震撼,但也不只是为了寻求刺激。剧场应该发人深省,如果他们能够看到社会的真面目,看到当下的虚伪和不公,那么未来就有了希望。其中绝无一丝多愁善感的成分,对未来也没有不切实际的幻想。布莱希特是那种文风最为粗犷的作家,运用凌厉的笔锋、简练的词语和刺耳的元素,以发出探问、激发思考,挑战任何简单、线性的道德观念,质疑任何个人或群体能代表纯粹美德的想法。英语世界著名的布莱希特评论家、翻译家和传播者约翰·威利特(John Willett)这样写道,布莱希特力图"抨击、评判、惊扰、驳斥;如此表明世界本身是可以改变的,而人们习以为常之物是非常怪异的"[24]。

布莱希特去掉了剧场中很多过度的装饰,摒弃了一掷千金的大场面作品,剥除了脱离日常生活的梦幻世界中的种种矫饰——这些在1914年之前皆为常态。20世纪20年代和30年代早期,戏剧观众们日常出现在柏林以及德国任何其他城市或小镇的街头、电影院、音乐厅和竞技场时,都会发现现代性的特征。埃尔温·皮斯卡托(Erwin Piscator)、恩斯特·托勒尔等人将这些特征搬上了舞台,而布莱希特则从他们的创新中获得了启发。布莱希特照搬了皮斯卡托的做法,有时也把电影片段或幻灯片投射在舞台背景上,或者让演员们举着抗议牌、喊着口号四处走动,模仿游行示威的场面和简洁明快的语言(这些很大程度上都是魏玛政治的一部分)。他致力于对舞台做全新的设计,仿照拳击台的样子——强烈的光线照亮了所有的角落,观赛的人群挨着赛台坐着,群情亢奋、嗓音沙哑。他的演员有时直接对着观众说话,或者让他们参与到剧情中来。这在如今已是老套的做法,但在20世纪20年代,却是巨大的创新,力求打破演员与观众之间的障碍。

这一切都是布莱希特的"叙述体戏剧"(epic theater),这是他本人的说法。[25] 就其根本的经典意义而言,这指的是一种不拘泥于特定时间和地点的叙事形式;这种叙述包括一系列以松散方式连成一体的事件,很像不同画面依次呈现的电影。情节的重要性减弱了,而演出的效果凸显了出来。但对布莱希特而言,叙述体戏剧不只意味着要有视觉或情感的冲击力。他在1927年写道:"叙述体戏剧的要义也许在于更多地激发观众的理性,而非情感。观众并不是分享某种经验,而是必须对一些事情能有所领会。"[26] 这就意味着,演员不应让观众迷失在剧情当中,不应让他们沉浸于剧中人物的感情和心理,而应与观众直接对峙,激怒他们,有时刻意用疏远他们的方式说话。后来,他将这些想法总结为"陌生化效果"(estrangement effect)这一概念,也就是让观众以新的、陌生的方式看到生活中司空见惯的东西,并以此质疑那些之前接纳的真理或真相。

魏尔创作的音乐与布莱希特的叙述体戏剧配合得天衣无缝。这些曲子通过戏仿与不协和的方式,搅扰了人们熟悉的寻常之物。魏尔采用标准的音乐形式,使其扭曲变形。刚开头,听众或许对熟悉的19世纪歌剧或交响乐小节还连连点头,之后却发现——可能有些心烦意乱——那些标准的音乐淹没在了爵士乐和卡巴莱歌舞的回响之中。有时,例如在《性爱沉迷之歌谣》中,魏尔让音乐的意义与歌词发生冲突。魏尔指出,在《三分钱歌剧》中,他刻意让曲子违逆剧情的叙事。"当时,那段情节是现实主义的,于是我必须让音乐与其对抗,因为我认为音乐是不具有现实主义效果的。如此一来,要么表演必须暂时中断,音乐才能插进来;要么,有意将表演逼得别无选择,只能歌唱。"[27] 魏尔的音乐一方面具有迷惑性,让人觉得很简单,而另一方面也能打破传统。

托马斯·曼、贝尔托·布莱希特和库尔特·魏尔的作品,都鲜明地表达了魏玛时代的精神。三人都试图揭示现代的意义,但他们各自守护的文化形式有很大的区别。对布莱希特而言,托马斯·曼过于精致,他的个人举止和写作风格都是如此,太过执着于过往的世界,而无法在艺术和思想上把握20世纪20年代的现代性。总之,他过于资产阶级了。尽管出身于奥格斯堡(Augsburg)的一个资产阶级家庭,布莱希特本人却醉心于底层社会和无产阶级悲惨的生活——至少他是这样宣称的。他穿着皮夹克,头戴无产阶级的帽子,是"以优雅的方式体验底层社会生活"(elegant slumming)的先锋,这与总是穿戴讲究的托马斯·曼截然不同。布莱希特的语言有力而利落,差不多是美国人的风格,而托马斯·曼却拖沓而繁复。布莱希特决心创造出一种介入性戏剧(engaged theater),有意识地挑战和刺激观众,着力发掘一种美学风格,以适应20世纪20年代桀骜不驯、矛盾丛生的现代世界。

　　魏尔取法众多音乐体裁,同时讽刺了所有这些体裁。结果证明,他高超的音乐创作是布莱希特的绝配。托马斯·曼——尽管他不愿承认——是共和主义者,本能地支持那些血统纯正、文化高雅的体裁。没有人会认为一个没受过什么教育的人能阅读曼的小说;而布莱希特和魏尔至少希望——至少他们是这样标榜自己的——这样的人会蜂拥而至,欣赏他们的剧作。20世纪30年代和40年代,他们三人最后都流亡到了美国。布莱希特和托马斯·曼彼此依然保持着距离,二人相互嫌恶,这也不是什么秘密。三人中,只有魏尔热爱美国的爵士乐,喜欢美国人生活中律动的节奏,身为流亡者,却毫无他乡之客的感觉。可是,他尽管也写了一些不错的乐曲,但流亡美国期间所作的曲子失去了旺盛的创造力和尖锐的锋芒,不及魏玛时代与布莱希特合作时达到的成就。他的音乐变得多愁善感,不再富于批判和创新,有点像失去了约翰·列侬(John Lennon)的保罗·麦卡特尼(Paul McCartney)。

◇ ◇ ◇

魏玛时代，影响深远的哲学家和社会理论家能够直接探索新的大众社会对于我们思维过程和观念的意义，探索现代性对于思想和视觉结构本身的意义。在个人情感、政治主张和职业道路方面，西格弗里德·克拉考尔与马丁·海德格尔是截然相反的。但是，二人都试图透过世界的表象，深入这世间——现代社会，尤其是魏玛德国以千姿百态和野火燎原之势呈现的——勃勃万象的背后。克拉考尔在柏林和法兰克福过着都市生活，城市带来的兴奋与刺激、对人的异化与解放，使他既陶醉其中，又十分反感。对海德格尔来说，令克拉考尔沉浸其中的现代世界代表了一种肤浅、亢奋的景观，人们身处其中，不可能有什么赋予生命真正意义的深度作为。根据海德格尔的思想，由魏玛如此彻底表征的现代性更偏好视觉，而非领会。现代人（他的确指的是男性）是一种注意力容易受干扰、思想贫乏的形象，他们的目光毫无目的、一刻不停地四处游荡，只是一种感官的知觉。生活沦为连续不断的无尽画面，人们不再能够对其意义作深入理解。对海德格尔来说，电影和每周画报——这些都是克拉考尔很多文章关注的焦点——都是具有典范意义的现象，构成了对品味的专制、一种缺乏个体性的大众风格，但所有人都对其心驰神往。海德格尔的回应不仅是思想性的，也关乎其个人：他离开了都市社会，来到山中隐居，生活在农民同胞当中；在那里，他发表了振聋发聩的言论，对现代性做出评判。但即使对海德格尔来说，当下的沉沦状态也带来了一些可能性：思想能够穿越当代的时刻，发现重新找回自我、开创本真生活的路径。

克拉考尔来自法兰克福下层中产阶级的一个犹太人家庭。他接受了建筑学的教育，以建筑师的身份开启了自己的职业生涯；此外，他还师从伟大的社会理论家格奥尔格·齐美尔（Georg Simmel）。克拉考尔游走于魏玛德国最顶尖的知识分子群体之中，其中既有声望隆裕的宿儒，也有初露锋芒的新秀，包括布洛赫（他也师从齐美尔，以及伟大的社会理论家马克斯·韦伯)、西奥多·阿多诺（Theodor Adorno)、卢卡奇·格奥尔格（Georg Lukács)、瓦尔特·本雅明（Walter Benjamin)、马丁·布伯等人。其中很多——但肯定不是全部——是犹太人。克拉考尔放弃了建筑师的职业，投身社会和哲学批判之中。他成了《法兰克福报》(Frankfurter Zeitung)——一家德国著名的自由派报纸——一位非常重要的作者和编辑，就各种话题写过2000多篇专栏文章。

如同好友本雅明，克拉考尔对现代性的态度也很矛盾，且远胜于海德格尔。克拉考尔和本雅明都沉溺于城市的景观和声响，对于现代文化的器物（artifacts)都写过鞭辟入里的分析文章，其中涵盖城市的空间布局、电影和摄影。但他们感到忧心忡忡，因为所有这些快速而亢奋的变动导致了感官的堕落。结果，所有感官活动（无论是触觉的，还是视觉的)、所有思维过程都加快了节奏，以因应快节奏的城市特征。弗朗茨·黑塞尔是位慵懒的都市漫步者（我们在第2章中接触了他)，悠游自在地在城市中闲逛，把一切慢慢收入眼中；克拉考尔则不同，他笔下的漫步者具有现代电影的特征，如快速剪辑般，从一个画面迅速切入另一画面。克拉考尔的漫步者步履矫健，目光快速游移，从建筑切换到人物，再到车辆。对克拉考尔（和本雅明)来说，这些新的感知模式是把双刃剑。漫步者吸收的事物更多，某种意义上成为更加全面发展的人，这方面优于海德格尔身边的那些农民；农民的世界也许整体性更强，但也因为他们的牛群、季节和天气，而受了很大的限制。但是，现代感知者也会被（打个比方）瞬间爆发的高强度电流击垮，如同一个不再能够引导电流的断路开关；或者被撕成碎片，就像一个爆裂粉碎的电容器。感知者沦为旁观者，如同无助的孩子，看着各种事件接连在眼前发生，而完全无法参与其中。

对克拉考尔来说，电影反映了工厂中的劳动合理化：每个产品都被分割为不同的零件，接着就快速组装起来。工厂和电影都不能被排斥：它们就是现代世界生活的真相。但希望依然存在。正因为与工厂之间的合作，电影并不只有负面作用（尽管它的确可能是负面的），也可能具有解放的潜力。电影能使个人（至少是理论家）抓住现代性的本质，这是实现参与的第一步。一旦感知者能心领神会，也就超越了旁观者的唯一身份，一个有着诸多可能性、经验可自由选择的世界就向他打开了。现代性造成的碎片化局面不是历史的终点。个人理解了当下的本质，就能够实现超越。黑格尔和马克思，还有布莱希特和魏尔，他们发出的回响如今依然清晰在耳。

《大众饰物》（"The Mass Ornament"）是克拉考尔最出色、最著名的文章之一。此文发表于1927年，是那几年中出现的一系列伟大作品之一——1924年的《魔山》、1927年海德格尔的《存在与时间》（*Being and Time*）（下文将会看到）、1927年的《大众饰物》以及1928年的《三分钱歌剧》。在该文中，克拉考尔的主题不是电影，而是魏玛卡巴莱歌舞中"女孩演的活报剧"。"杰克逊女孩"（Jackson Girls）、"踢乐女孩"在内的很多舞团受到了美式表演的启发，但她们在柏林的表演，动作更精准，水平也更高。大约30名衣着暴露的长腿女郎在舞台上一字排开，整齐划一地舞动着，动作分毫不差。尤其高踢腿是她们的招牌动作（图7.2）。

在克拉考尔看来（虽然很多男性观众也许并不同意），女孩演的活报剧丝毫没有色情的成分。相反，这些表演汇集了他两个噩梦般的影像：普鲁士军国主义和美国工厂。"这些女孩"高度组织化、纪律严明的动作，让人想起普鲁士-德国的军队，还有亨利·福特的流水线。她们所体现的不是欲望，而是异化，从男人和女人身上抽离了使其所以为人的东西，包括情欲。资本主义现代性似乎摧毁了人类生存的最基本要素，通过"踢乐女孩"的表演，用机枪喷射的象征性复制，以及流水线上的极度乏味，取代了性欲。当然，这样的效率极高——无论以战场上的"真实"形式，还是在工厂内，抑或舞台上的画面——但也是对生命的摧残。克拉考尔写道，这些女孩是"美国娱乐工厂的产物，不再是个体的女孩，而是无可分割的女孩组合，她们的动作是对数学

第 7 章 文化和大众社会 289

图 7.2 多种女子时事讽刺舞剧——皆以动作齐整和高踢腿闻名——彼时大受欢迎,踢乐女孩是其中之一。

的演绎"[28]。她们是"穿着浴袍的无性身体",只是"作为集体的部分"而存在。现代的通信和交通——电影、火车、飞机——意味着这些能被全世界看到,无论在最小的村落,还是最遥远的大陆。[29]"踢乐女孩"是一种全球化(彼时尚未出现这一名词)现象,无论当时还是现在,一直都存在矛盾和纠结:无论何地,人们可以获得相同的经验,他们的视野因此大为拓展,然而,这些经验又是从特定文化和社会之中连根拔过来的。伴随着经验的拓宽,产生了个体身份的失落感。

后来在《女孩和危机》("Girls and Crisis")一文中,克拉考尔写到了"杰克逊女孩",其中的机器类比更为直白:

> 女孩们的姿态让人想到了[船只引擎]活塞的机械运动。她们不太像军队里那样动作精确无误,而以某种别的方式,符应了机器的理想状态。按下按钮,这个女孩装置就会转动曲柄,开始运转,以32马力作精彩的表演。所有的组件开始转动,气流开始循环起来。如果机器如锯木厂或火车头一般异响、抖动或轰鸣,一个微笑就会在关节处不断滴入油脂,这样齿轮就不会突然停下。最后,一个无声的信号让机械的动作停了下来,死气沉沉的整体就自动解散了,化为有生命的各个部分。这是一个毁灭的过程,能把悲伤的情绪——这些部分至此完全无法独立存活——抛诸脑后。[30]

克拉考尔在"杰克逊女孩"机器般的动作中,深刻地看到了个体性的丧失。她们只能作为一个群体存在,唯一的目的就是运动——疯狂的、有组织的、毫无意义的运动。经济繁荣的时候,观众在跳舞女郎鞋跟的叩击中,能听到"生意、生意"。"当她们以数学式的精确把腿踢过头顶,便愉快地证实了合理化取得的进步。她们不断重复相同的动作,队形一刻未曾散开。人们仿佛看到了一串首尾相接的汽车,从工厂滑进了世界,便觉得繁荣是无止境的。"但是,如果在大萧条的低谷期,女孩们就渲染出了"鬼魂般"的气氛。[31]工厂关门歇业,这些女孩工厂(girlfactories）的工作也就变得空洞无物了。

尽管克拉考尔明显将"杰克逊女孩"比作资本主义的生产过程，但她们所代表的东西更为糟糕。资本主义制度下——按照受了马克思主义影响的克拉考尔的思想——商品的生产和消费，完全是为了盈利（更为专业的说法是剩余价值），而非商品可能拥有的任何内在价值。同样，这些女孩组成的舞团也没有内在的价值；她们仅仅创造了一种饰物，被观众用视觉来消费。如文章的标题所示，这是一种"大众饰物"，因此女孩作为个人没有独特的性格，正如工厂里的工人也没有个人的特点。克拉考尔这番分析的高明之处在于，他远远超越了马克思对于生产世界的聚焦（尽管马克思的确写到了商品拜物教的问题），而涉及了文化的生产与消费，以及它们在资本主义条件下所产生的异化——这既是作为演绎者（这些女孩本身）的异化，也是观众的异化。身处其中之人无法看到整个过程，正如资本主义生产机器上众所周知的工人-齿轮（worker-cog）看不到自己劳动的全部社会意义。实际上，就连她们身体的各部分也被肢解了。"踢乐女孩"的腿吸引了观众的目光，成了"她们身体的抽象符号"。[32]

然而在克拉考尔看来，这些表面之物——这个时代最肤浅的表象——为我们提供了深入理解的路径。无论这些大众社会的东西多么美丽或丑陋，多么缺乏或充满意义，都为这个时代的物质和精神提供了证据。如克拉考尔在《大众饰物》中所写："显然，通过分析一个时代中并不显眼的表层表述，就可决定该时代在历史过程中占据的位置……［这些表述］使我们能直接了解事物状态的本质。"[33] 敏锐的评论家能够窥见事物外表的背后和深层，并揭示其意义。他能对"踢乐女孩"的高踢腿作深入思考，辨识出其中隐藏的生活方式，即使她们的踢腿只呈现出直线和圆形的图案。

克拉考尔就是在其认为无意义的饰物中，试图寻找意义。更为重要的是，他拒绝接受简单的答案，拒绝做出轻率的结论。克拉考尔不停地追问，偏好紧张和矛盾，以上特质同样彰显于托马斯·曼的小说和文章、布莱希特和魏尔的歌剧与戏剧,以及(如下文所见)海德格尔的哲学沉思和汉娜·赫希的摄影蒙太奇。

克拉考尔很大程度上属于德国的文化贵族传统(mandarin tradition),最重视知识和自身修养,将受过良好教育的男性精英想象为文化使命的肩负者,以及德意志精神的化身。[34]那样的理念推动创造了卓越的高等教育制度;整个19世纪,这一制度面向犹太人和非精英背景的人士,变得更为开放,只要这些人在智力上具有天赋即可。在人类社会的世界中,克拉考尔同样赋予知识分子以首要的地位。如果采取批评的立场,知识分子就能体悟到"踢乐女孩"的意义,能够理解她们所代表的异化,进而超越这种大众饰物,进入一个非异化的乌托邦世界。

对很多文化贵族来说,对知识分子崇敬的同时,也伴随着对大众社会中普通人的某种鄙视,尤其是对女性,鄙视她们从20世纪20年代的视觉世界中得到的快乐。克拉考尔毫不掩饰自己的鄙夷之情,他以蔑视的口吻写到那些"商店里售货的小姑娘",她们去看电影,迷失在好莱坞和巴伯尔斯贝格(德国的好莱坞,位于柏林附近)的梦幻世界中。[35]毫无疑问,克拉考尔在以她们命名的文章——《商店里售货的小姑娘看电影》("The Little Shopgirls Go to the Movies")——中的主要观点是,电影复制了资本主义社会的价值观。作为一个行业,电影业是资本主义生产中不可分割的部分,因此就不敢发行对资本主义价值体系本身有所挑战的影片。相反,该产业会凸显那些廉价的煽情故事,以及虚假的危急时刻。影片中走出困境的方式是,流浪汉莫名其妙地发了财,或者年轻女佣嫁给了百万富翁。克拉考尔又写道,假如一部影片确实挑战了资本主义的本质——如苏联电影《战舰波将金号》——德国或其他地方的影评人就只讨论其美学价值和拍摄技术的创新,如此就排斥了电影的革命性意义。

但是,克拉考尔在文中谴责的对象并不限于资本主义,他也批评了那些商店女店员,任凭自己被电影中虚假的梦幻世界所吞噬。克拉考尔总结了十几部通俗影片的情节,每个剧情梗概的结尾都会以轻蔑的语气提到"商店里售货的小姑娘",她们沉浸为自己觅得金龟婿的梦幻中,或者想象自己"不经意间参悟人类的痛苦和上天的仁慈",或者陷入了军服所激发的情感。[36]"那些年轻店员认为,她们天才老板的内心也是金子做成的;她们等待着有一天,用自己愚蠢的小心脏,也能唤醒一个年轻的柏林人。"[37]克拉考尔的冷嘲热讽,让人感到不安。看电影只是短短几个小时的消遣,能暂时逃离车间、柜台或办公室里领班和老板的严厉监督,忘记(众多德国女性)薪水微薄、空间狭小的生活条件。有人会问,这到底何错之有?

◇　◇　◇

"存在(Being)的意义是什么?"哲学家马丁·海德格尔在《存在与时间》中提出了这个最根本的问题。此书首次出版于1927年,堪称20世纪最重要的哲学著作。海德格尔不啻于抛弃了苏格拉底以来的所有西方哲学。他继续回溯,回到苏格拉底之前的哲人们,他认为这些是最后提出这一探问的人,比那些后来者更接近问题的答案。并不是海德格尔无视或轻视西方的传统,根本不是如此。但他的确认为,有个根本的理论谬误进入了西方思想,并反映在了柏拉图、亚里士多德、阿奎那、笛卡尔、康德和黑格尔等大师的著作之中。

对海德格尔来说,这个谬误包括一系列的断裂——发生于知识与存在之间、精神与肉体之间、主体与客体之间、认知者与认知行为之间、真正的知识与日常经验之间。在海德格尔看来,笛卡尔的名言"我思故我在"从根本上是错误的,因为这一说法假定了个体与周围世界——包括他所感知的客体世界——的彻底割裂。海德格尔试图揭示存在[或者德语中的此在(Dasein)一词]的意义,这本质上关乎把人嵌入世界之中,看到人与环境的一致性、感知时刻与时间流的统一性。也许在"某个地方",某些客体的存在独立于人类对它们的知觉,但它们只有被人知觉才具有意义；领悟意义就必然诉诸解释。

在海德格尔的哲学中，存在具有整体的（totalizing）特征。他所写的并非关于单个物或人的存在。他在《存在与时间》的导论中写道："'存在'的'普遍性'不是属上的'普遍性'……存在的'普遍性'超乎一切属上的普遍性。"[38]海德格尔讨论了生存（existence）的意义本身（尽管"生存"这一术语在其著述中有着更为负面的联想）。存在具有某种自足性，类似于《希伯来圣经》中对上帝的不可定义（nondefinition）："我即我所是。"（I am that which I am.）[39]上帝是自足的，上帝是整体（totality），上帝是万物。存在也是如此。但这样一来，我们如何领会其意义呢？对于自己的问题，海德格尔也从未给出答案。海德格尔哲学的革命性在于他提出了这个问题，在于他为回答问题所提供的方法论，以及创造性地结合了某些思想与方法（在海德格尔之前，这些思想与方法属于不同的哲学领域）。甚至对海德格尔来说，很可能没有最终的答案，但问题的提出至少使人能够接近本真性（authenticity），接近存在。

语言是批判的，正是通过哲学的原初语言（ur-language），即希腊语，以及现代与其近似的德语，我们才开始走上通往领会的道路。"道路"（path）是极具海德格尔风格的隐喻，如同"光（明）"（light）、"照亮"（illumination）和"明敞"（clearing）。在追问的道路上，我们接近了一个被照亮的地点或一块林间隙地。知识显现在我们眼前——我们不用"抓住""占有"或"思考"知识。在我们朝向领会的脚步中，有着某种源初性、实验性的东西。[40]值得注意的是，海德格尔经常指出，正是在自然之中并且跟随自然——林间隙地、光线、林中路——我们才走到这些地点；或者在劳动过程之中并且跟随劳动过程，我们才接近了领会。那样的领会在很多方面并不是发现新事物，而是"去蔽"（uncovering）。这里有明显的宗教隐喻：自然、绽露（revelation）、照亮以及对超越（源于对存在的领会）的暗示。海德格尔放弃了自小浸淫的天主教思想，却没有放弃基督教的词汇。

与此同时，他的哲学完全是此世的（this-worldly）：超越来自此世中的知识和行动，而非灵魂所在的彼世（otherworld）。实际上，正是在日常生活的此世，而非脱离日常的理论思考中，人才能开始揭示意义。而这也不意味着人们只是接受日常事物赋予的印象。他们必须探究其中隐藏的意义，探索事物之间的关联，"思考"这些事物，理解那些哪怕司空见惯的琐事。揭示意义的行为需要认识到我们与世界之间的关联性，并不存在脱离世界的个体和个体性。同时，除了我们所赋予客体的意义之外，客体本身不存在任何本质的意义，因此解释在海德格尔的哲学中发挥了关键作用。[41]

为了阐明自己的思想，海德格尔在《存在与时间》中使用了非常实际的事例。最著名的就是木匠与锤子。[42] 我们可能会——事实上，海德格尔之前的哲学就是如此——割裂不同的部分：钉子、锤子和木板等互不相关的客体，以及用锤人的臂与手互不相关的动作。但海德格尔指出，这种理解过于简化了实际发生的事情。只有将这些客体和动作联系起来思考，它们才有意义。可是，即使是这一思想步骤（thought-step），也只能提供非常有限的理解。在某个孤立的时刻，锤子敲钉子。内含于那个时刻中的，是木匠过去的技能积累，以及这个行为的未来指向性：不仅仅是在敲钉子，更是在造橱柜。我们必须把行动和行动者，以及特定时刻所在的整个时间流放在一起思考。有时，只有在时间中之行动（action-in-time）被打断时——锤柄折断；锤击技术欠佳，钉子折弯；本应供应的木头未能到位——我们才能看到这些关系的整体，这种整体会"亮相……而世界就随着这一整体呈报出来"[43]。此例至关重要：使我们能够理解世界的是日常经验，而非抽象思维；世界是通过我们在世界中之行动（action-in-the-world）（而非思维）被揭示给我们的。但同时，对世界这种"物自体"（Being-in-itself）的揭示需要"解释"。[44]

因此对海德格尔来说，事物没有"真正的"本质，即没有本质存在于我们所感知到的东西背后，没有本质在事物的实践中展开。相反，我们只有领会客体与观看者之间、事物与能动者之间无法割裂的联系，领会所有这一切的内嵌关系，领会它们的此在（being-there）状态，或在世界之中存在（being-in-the-world）的状态，才能接近存在的意义。海德格尔总是质疑种种割裂——将客体自认识中割裂、将个体自世界中割裂、将认识自解释中割裂。海德格尔指出，在现代世界中，我们仅仅活在生存的状态之中。这是一种缺乏反思的状态，其特征是执着于表面现象与客体，以及毁灭地球的技术。总之，我们生活在一种异化的状态中，生活在一个缺乏本真性的世界中，且这种缺乏已有千年的历史。存在是本真的，生存则不然。

通过恰当的发问，人向着存在打开了自身，因此更具有人性。本真的发问假定了人们领会到自己内嵌于这个世界之中，领会到此在或在世界之中存在。海德格尔写道：

> 因此，彻底解答存在问题就等于说：就某种存在者——发问的存在者——的存在，使这种存在者透彻可见。作为某种存在者的存在样式，这个问题的发问本身从本质上就是由问之所问规定的，即由存在规定的。这种存在者，就是我们自己向来所是的存在者，就是除了其他可能的存在方式以外还能够对存在发问的存在者。我们用此在（Dasein）这个术语来称呼这种存在者。[45]

尽管海德格尔的语言循环往复、晦暗不明，但他思维之深广在这里表现得非常明显。实际上，循环往复正是其要义所在。海德格尔力图以此颠覆宰制着西方哲学历史的主客体间的割裂。"存在者"就是追寻（questing）和追问的个体。通过提出根本性问题，人就与存在发生了关系。人通过对存在的追问而获得了自己的本质特征——存在；人在存在中在此，在此在的状态之中。追问存在，使人更具人性。但这是一种人必须通过努力去达到的状态：此在是潜在的。"此在总是从它的生存来领会自己本身：总是从它本身的可能性——去是它自身或不去是它自身——来领会自己本身。"[46]

海德格尔强调通过个体性而实现本真性,这有力呼应了德国人对自我修养(教育和教养)的重视,而自我修养在现代德国历史中,发挥了非常突出的作用。如同托马斯·曼和克拉考尔,海德格尔重视有追求、有教养之人的作用——他们有潜力获得真正的终极知识,即关于存在的知识。尽管他从未明确表达出来,但似乎只有那些有修养的人,能够深入思考日常生活的人,才能变得本真,才能接近存在。

但是,在现代非本真的当下,尤其在魏玛德国,这无名的大众(mass),即"常人"(They),成为主宰,即使此在的潜在认知者也丧失了自身的个体性。此在就是"我":"此在就是我自己一向所是的那个存在者;[此在的]存在一向是我的存在……'这个谁'是用我自己、用'主体'、用'自我'来回答的。"[47]但是,还存在"我们本身多半与之无别"[48]的"常人"。在海德格尔的作品中,这一点具有某种复杂甚至矛盾的特征。如我们所见,海德格尔哲学中,没有完全抽象的"我"。人总是和他人共同存在:"本质上此在自己本来就是共同存在。"[49]因此,存在的获得就具有了社会性。但他人也可能并非个体化的自我(此在),而是大众,由此产生的是一个整齐划一的世界;在此世界中,我们并不考虑关于存在的根本问题,而只是在大众的意愿和欲望的支配下生存。[50]如摩洛神(Moloch)的"常人"凌驾于"我"之上,并碾压自我。

海德格尔总结了那些在魏玛时代蓬勃发展的现代技术和通信方式、公共交通和报纸,以说明大众具有可怕的误导性力量。如下这段文字值得详细引用:

在利用公共交通工具的情况下,在运用沟通消息的设施(报纸)的情况下,每一个他人都和其他人一样。这样的共处同在把本己的此在完全消解在"他人的"存在方式中,而各具差别和突出之处的他人则更其消失不见了。在这种不触目而又不能定局的情况中，常人展开了他的真正独裁。常人怎样享乐，我们就怎样享乐；常人对文化艺术怎样阅读怎样判断，我们就怎样阅读怎样判断；竟至常人怎样从"大众"抽身，我们也就怎样抽身；常人对什么东西愤怒，我们就对什么东西"愤怒"。这个常人不是任何确定的人，一切人——却不是作为总和——倒都是这个常人。就是这个常人指定着日常生活的存在方式……

常人……它［平均状态］看守着任何挤上前来的例外。任何优越状态都被不声不响地压住。一切源始的东西都在一夜之间被磨平为早已众所周知之事。一切奋斗得来的东西都变成唾手可得之事。任何秘密都失去了它的力量。为平均状态操心又揭开了此在的一种本质性的倾向，我们称之为对一切存在可能性的平整。[51]

这些段落在修辞上强而有力，形象地表现出一个压抑一切个体性、粉碎一切对于本真存在的希望的堕落世界，可与其他现代大众社会的伟大批评者——从卡尔·马克思、奥尔特加·伊·加塞特（Ortega y Gassett），到乔治·奥威尔（George Orwell）——的文字相媲美。对海德格尔来说，沉沦状态的根源不在于资本主义或20世纪极权主义的具体特征，而是隐藏得更深刻，且更复杂：它存在于哲学的谬误之中；存在于（当"常人"凌驾于个体化的自我时所具有的）一致性（conformity）的力量之中；存在于现代性的条件之中——现代性特别强调表面的现象和肤浅的忙碌，它赋予大众更大的力量，使人们身处其中的异化裂痕变得更宽。这是一个表面的世界，一个闲谈而非言谈的世界，一个"怕"（*Furcht*）而非恰如其分、发人深省的"畏"（*Angst*）的世界：这些都是这个沉沦世界的特征。[52] 当下生活的特征就是非本真状态（Inauthenticity）。

然而，《存在与时间》中存在这样的感觉，即从苏格拉底时代之前的状态跌落至当下，是不可避免的，不用为之哀伤。复归之路依然存在,尽管海德格尔或者其他任何人都不会找到它。通过烦(Sorge)、通过烦忙(Besorgen)、通过对他人的烦神(Fürsorge)、通过对在世劳动和活动的烦,通过对存在本身的烦,就能实现对存在的复归。其中,还涉及对生命的有限性、死亡的不之状态(Nichtigkeit),以及死亡不可化约的个体性的承认。他人的死亡可能会引起我们的种种感情,但最终我们的死亡只属于我们自己。认识到这一现实,将会令人获得去接近存在的自由,使人能深刻地追问,从而接近本真性。[53] 提出正确的问题,就有了得到答案的希望。如海德格尔所写:

> 在问之所问中还有问之何所以问……作为一种寻求,发问需要一种来自它所寻求的东西方面的事先引导。所以,存在的意义已经以某种方式可供我们利用……我们不知道"存在"说的是什么。然而当我们问道"'存在'是什么?"时,我们已经栖身在对"是"("在")的某种领会之中了,尽管我们还不能从概念上确定这个"是"意味着什么。[54]

在发问中,我们觉醒于生命的绽出(Ekstase):我们放弃了宁静的生活,带着一缕惊奇,探索存在的意义。但是海德格尔在《存在与时间》中,以隐微的方式——后来的他则更为直白——也将此在与共同体(community)联系起来,如此一来,民族或种族的有机共同体就成了扩大了的个体(the individual writ large):通过一个本真的共同体,存在便可被企及。这样的关联——对现代性的批判再配上苦劝,希望人们认识到自己深嵌于民族和种族共同体之中——在魏玛时代的右翼意识形态中是很常见的,也就解释了海德格尔何以日后会效忠纳粹。

《存在与时间》的妙处,很大程度上要归因于海德格尔所做的出人意料的创造性结合,这使他的思想、写作和讲座令人耳目一新:他指出领会来自日常,但也需要解释;他非常强调个体化的自我,同时强调个人的社会属性,即人嵌于实际上由自然、客体和他人组成的世界之中；他论称世界是被揭示给我们的，对存在的领会某种意义上是一种源初的能力，但同样需要解释。的确，很多人会认为这些组对（couplings）中存在很多矛盾之处；海德格尔的著作往往晦涩难懂、循环往复。可以称其为矛盾，也可以称之为张力：这些作品令海德格尔在20世纪20年代的学生们如痴如醉——如汉斯·约纳斯——并会继续引发人们的思考、评论和争辩。

海德格尔在哲学上取得了巨大的创新，他的天才毋庸置疑，但他同样根植于所处的时代和地方，即20世纪20年代至30年代初的德国。似乎，我们在他的著述——包括个人书信——中找不到任何证据，能够表明他的思想突破直接来自第一次世界大战，以及战后危机所造成的破坏。但无论时间多么短暂，他确实亲眼见过西线的战事；他无疑也与魏玛德国的政治与文化非常疏远。他的声音是主宰20世纪20年代右翼话语的"文明危机"大合唱中的一个（这个话题，我们还要回来讨论）。成名之前，他在写给友人（可能是情人）伊丽莎白·布洛赫曼（Elisabeth Blochmann）的信中，呼吁一种精神复兴，这恰恰呼应了右翼——有时也有左翼——各种人物的叫嚣。

> 我们一定要使精神生活在我们这里再变成真正的现实生活。这种生活吸取的必须是发自我们自己内部那种其势确如破竹的，推动着真正的反抗运动的力量。这种力量并不表现在自命不凡中，也不表现在玩世不恭中，更不体现为咄咄逼人。它仅仅表现为朴质无华。……精神生活只有通过自己的榜样的力量，通过陶冶才能改变。只有如此才可能使精神生活中所应蕴藏的内容直接以生活本身的存在的方式得到把握。[55]

海德格尔明白，他就是那个通过思考达成精神复兴之人，就是被这一力量所摄之人。

海德格尔极少离开德国的西南地区，他的大量时间都在隐居地度过，那只是一间位于黑森林的棚屋而已。爵士乐、表现主义艺术、车水马龙、熙熙攘攘、城市漫步——所有这些都与他的存在毫无关涉。其他蔑视现代性诸多方面的保守派思想家，海德格尔与他们有所往来。通常对他们来说，转折点是法国大革命。在他们看来，大众由此走上了政治舞台，并接受了自由个人主义的思想观念，人们因此开始疏远与土地、民族或种族的有机联系。现代工厂和现代城市是这种异化的主要表现形式，而不足为奇的是——根据保守主义思想——犹太人在以上二者中均扮演了突出的角色。海德格尔也持有这样的看法——虽然他的反犹主义思想是后来才出现的，他的老师埃德蒙德·胡塞尔（Edmund Husserl）就是犹太人，而且如前所述，他还有犹太学生——但相较其他大多数保守派人士，他发现这种异化的源头可以向前追溯很久。在海德格尔看来，这种衰败的始作俑者并非法国大革命这一政治行动；相反，他将源头追溯至古典时代的雅典人，彼时，根本性错误已经进入了哲学。海德格尔的著作中，有一种世界末日般的神学色彩，感觉人类自那时起就生活在沉沦之中，唯一走出危机的方式就是重新思考西方哲学的根本问题。（尽管海德格尔早年受过神学的训练，他却否认其哲学中含有神学元素的说法。）正是这种沉沦——本真性的缺乏——使海德格尔念兹在兹，也将他的观点与其他保守主义思想家联系了起来。

写完《存在与时间》后，海德格尔从对存在的领会这一问题中轻易地跳了出来，转而以某种方式构想一种能达成领会的有机共同体。该共同体的语言（德语）与哲学的原初语言（希腊语）之间，具有特殊的亲缘关系。他指出，只有这些语言才能真正探究存在的意义。他的有机论思想（organicism）使其著述开始面对各种不同的政治转折，尤其在《存在与时间》问世后，他明确拒绝对领会作伦理或道德分析。[56]但与此同时，他的哲学并不只是保守那么简单。他的诠释学方法——认识到知识是具体视角的产物，取决于人的诠释行为——动摇了保守主义思想所声称的确定性；这种保守主义思想认为确定的意义是存在的，且不容讨论，只能靠政治斗争解决意见分歧。

1933年，托马斯·曼、西格弗里德·克拉考尔、贝尔托·布莱希特和库尔特·魏尔逃离了德国，而海德格尔成了一名纳粹分子。乔治·斯坦纳（George Steiner）的观点很有说服力，认为海德格尔政治遗产的主要问题，并不在于纳粹统治期间他在弗赖堡大学（Freiburg University）的校长职位，不在于20世纪早期和中期他的亲纳粹言论，也不在于他默许对犹太教师——包括他的导师——的驱逐。较之那些相信纳粹为文明危机提供了解决之道的德国知识分子，他既不比他们好，也不会更糟。但更重要的问题是，1945年后他彻底缄默不语。[57]他从未谴责过民族社会主义思想，只在一次索然无味的评论中提到奥斯威辛（Auschwitz）——因而折损了奥斯威辛所表征的悲剧性。但就其哲学而言，情况就复杂得多了。他的哲学与纳粹及其他激进保守主义思想关系密切。然而同时，海德格尔哲学的诠释学方法也动摇了他自己政治理念的根基。在海德格尔的作品里，人们极少能发现讽刺或挖苦，而讽刺和挖苦能使艺术家和哲学家与他们描述的事件和思想保持距离。无论在托马斯·曼的小说中，还是在布莱希特和魏尔的现代爵士风格歌剧中，都是如此。[58]对海德格尔来说，哲学的危机太严肃了，真的严肃死了。

◇ ◇ ◇

海德格尔认为，报纸是无所事事的闲谈，他非常反感，这是人类在现代性时代中沉沦的标志。对艺术家汉娜·赫希而言，报纸刺激了创造性。从报纸和杂志的文稿与图片中，赫希发展出了摄影蒙太奇这一新的艺术形式。与魏玛的很多事物一样，这种体裁的谱系可回溯到1914年之前。就此例来说，可追溯至19世纪晚期，当时的设计师将相片和绘画拼贴在一起，用于广告和风景明信片。第一次世界大战中，精力旺盛的企业家把这种明信片大量出售给战场上的士兵。这样一来，士兵们很容易就能给后方家中的亲人写信。

然而1914年之前，很少有观察家称这些明信片和肥皂广告为"艺术"。"真正的艺术"代表了永恒的价值，展示于美术馆、博物馆和富人的厅堂中，供人观看欣赏。但战争期间，现代派艺术家开始在作品中运用日常器物；战争一结束，更是一发不可收拾。他们不像海德格尔以及很多其他人一样，排斥大众社会及其器物，也不像托马斯·曼——甚至克拉考尔——那样，做出非常暧昧的反应，而是选择拥抱工厂和报纸印刷机的产品。赫希是一位开拓性人物，她发展出了摄影蒙太奇，视之为典型的现代艺术形式之一。在她手中，摄影蒙太奇也具有鲜明的批判性。对于魏玛的现代性，她的作品既给予歌颂，又加以批判。但她并不孤立，她的友人库尔特·施维特斯（Kurt Schwitters）、约翰·哈特菲尔德和苏联艺术家卡西米尔·马列维奇（Kasimir Malevich）等，也都是这种新艺术形式的革新者，都是左派人士。哈特菲尔德和马列维奇都各自加入共产党，赫希曾经也是他们的支持者。

赫希和哈特菲尔德都通过广泛的渠道，收集摄影图片和打印文稿——报纸、流行杂志、广告——剪辑之后，以惊人的全新手法，把它们粘贴在一起（图7.3）。他们选取已印刷成品并传播开来的图片，与其他图片一起剪辑和拼贴，以此大胆宣称任何事物都不会永恒不变。他们会将报纸、杂志或广告试图固定下来的某个画面，重新进行组合，常常给人灵光乍现、天马行空之感。难怪布洛赫对摄影蒙太奇的评价很高：这是一种解放的美学，照亮了乌托邦的种种可能性。[59]

一战后的最初几年，赫希和哈特菲尔德都和达达主义关系密切；达达主义自豪地宣布了传统艺术的死亡，以及一种新"机器"艺术的诞生。在1918年著名的达达主义宣言（Dada Manifesto）中，生于罗马尼亚的法国诗人特里斯唐·查拉（Tristan Tzara）戏仿了所有的规范、所有对传统和永恒价值的信仰。"**达达主义没有任何意义。**"他大声宣布。它是理念、知识和胡言乱语，是对家庭、性压抑、逻辑、记忆和考古的否定。达达主义是对率性和愚蠢的赞美。"自由：**达达 达达 达达**——扭曲后发出的痛苦咆哮，对立面以及所有矛盾、怪异和无关之间的相互交织：**生命**。"[60] 在20世纪一系列融合了严肃思考和率性刺

图 7.3　乔治·格罗兹和约翰·哈特菲尔德共同创作的摄影蒙太奇作品《中午 12∶05 环球影城的生活与喧嚣》(Leben und Treiben in Universal City um 12 Uhr 5 mittags)，作于 1919 年。这幅作品后来用作 1920 年首届国际达达艺术博览会目录的封面。

激的神圣艺术运动中，达达主义位列第一。它大声疾呼，反对当代社会和传统艺术形式中的暴力、压迫和专制，但有时也感受到暴力的诱惑；它声称一切皆可以是艺术，从抽水马桶，到自行车。达达主义表达了由第一次世界大战的暴力——造成了巨大的伤亡和痛苦——所引发的绝望，以及战后出现的革命性希望。它吸引了欧陆各地的追随者，其中包括德国。一直以来，政治革命者（如共产党人）与美学革命者（如达达主义者）之间鲜有交集，但 1917 年和 1923 年之间，两个阵营都认为彼此同属一派。摄影蒙太奇将日常物品用于意想不到的组合中，这至少在 20 世纪 20 年代早期是达达主义的典型风格，虽然这一手法也会被其他运动采用，如同样影响了赫希的苏联构成主义（Soviet constructivism）。

赫希生于图林根（Thuringia）的一个下层中产阶级家庭，二十多岁时，就在一战爆发前，她前往柏林学习艺术。1916年，她开始在乌尔施泰因出版社担任图案设计师，20世纪20年代的大部分时间，她一直都从事这份工作，同时也在追求自己的艺术。她过着20世纪20年代新女性的生活——一位职业女性，与不同国家的人广交朋友，没有结婚，卷入了与异性和同性的各种恋情。她还体验了现代艺术所宣扬的风尚，在艺术与日常之间来回穿梭，艺术既是抗议，也是交易。她的艺术创作在美术馆和工作室中展出，也出现在乌尔施泰因出版社发行量很大的报纸和杂志上。

赫希的摄影蒙太奇赞美现代生活，同时也做出了尖锐的批评。在种族、性别和技术方面，她都表现得模棱两可、摇摆不定，她那些最优秀的作品反而因此魅力无限。与布莱希特和魏尔一样，赫希陶醉于现代性的典型特征：速度、技术、大众传媒、解放的可能性、世界的伦理和种族多样性。她的艺术充满了20世纪20年代的现代主义象征——摩天大楼、电影院、影星、新女性、美国——也充满了欧洲人与亚洲人、非洲人的碰撞。20世纪20年代早期的作品中，尤其具有某种轻快之感。人们感到这位艺术家发现了新的表达途径，并赞美现代生活的种种可能性——灯光、消费、景观、机器的力量、对未来的乐观和希望、更为公正的社会。女性之美显然令她陶醉。她的很多作品刻画的都是运动中的女性。她们是运动员，是舞蹈家，面部表情通常都是忙碌而快乐的，这正是20世纪20年代自由女性的象征。但即使是早期作品中的轻松感，有时也会被暴力画面——尤其是被撕裂的女性躯干——所破坏。赫希歌颂女性解放，猛烈批判女性常常遭受的暴力；她戏仿女性的商品化，戏仿她们在物品——从日常用品，到奢侈商品——买卖中被用来招揽顾客。[61]

在赫希创作于1920—1921年的名作《达达-恩斯特》(*Dada-Ernst*)中，观众被左下角一位女运动员准备跳跃的形象所吸引。她的上方是一个非写实的半裸女性，再往上是两个男性拳击手。右手边是一座摩天大楼。但人们如何解读占据这幅蒙太奇剪辑画上方的女性大腿呢？一只剪下的眼睛遮住了私处，相邻部位也被几枚金币挡住了。大腿骑跨在一位体态轻盈的女性上方。这位女性身穿长裙，头上像是戴着一顶高帽。一个像锯子的机器部件也占据了蒙太奇的中央。在此，赫希将那些不和谐的现代性意象聚在一起。她歌颂了那种女人和男人（拳击手）动感的身体形象——这类形象在20世纪20年代大量涌现——但似乎也有所影射：商业（金币）和暴力（脱离了身体其他部分的大腿、锯子、拳击）也是现代性的部分现实，对女性的影响尤为明显。《达达-恩斯特》一方面代表了乐观和解放，另一方面又象征着恐惧和暴力。

这一时期，她的另一幅著名作品是《用达达厨刀切开德国最后的魏玛啤酒肚文化时代》（*Cut with the Kitchen Knife Dada through the Last Weimar Beer Belly Cultural Epoch of Germany*, 1919—1920）（图 7.4）。由名称可见，该作品一片混乱。这幅蒙太奇作品由杂志和报纸上剪下的几十张图片组成，其中表现出的密集和忙碌，有力地表现了它所表征的现代性。人们看到示威中的一群又一群人、工业用的齿轮和滚珠、现代城市的摩天大楼。马戏团的演员与崇高的偶像、（看着像是）银行家和军官共处同一空间。本土艺术竖起了看似树干一样的东西。女人的脑袋被连到了男人的身上，其中有个女人似乎正飞翔着穿越这幅蒙太奇。多个著名的政客和运动员令这张画布熠熠生辉。德国总统弗里德里希·艾伯特出现在了并不尽是褒奖的画面里，昔日的德皇威廉二世和陆军元帅冯·兴登堡遭到了更尖锐的讽刺。著名的女演员也出现了，连同赫希本人和一张欧洲地图，展现女性在选举权方面获得的进步。这一整套各色形象是一种有节制的混乱，是现代性本身的混乱。赫希代表的是现代生活的不和谐声音，由不同的元素组成，从资产阶级的体面到革命，从工厂到舞厅和剧场的舞台，从杰出人物到抗议队伍中的人群。但赫希并不只是冷静的观察者：她对德意志帝国标志性人物——甚至是共和国的政治领袖——的讽刺，对运动中的女人的表现，词语"达达"或"反达达"的四次出现，都表现出她矢志于美学和政治革命。

大约从20世纪20年代中叶开始，赫希转向了独特的新客观主义，

图7.4 汉娜·赫希,《用达达厨刀切开德国最后的魏玛啤酒肚文化时代》,作于1919—1920年。赫希是摄影蒙太奇的先驱。在此,她剪辑并粘贴《柏林画报》(或许还有别的刊物)上的图片,从而打破了印刷物有着稳定意义的观念。脑袋和身体被胡乱拼接在一起。在工业生产的齿轮和滚珠轴承间,漂浮着诸多个体。人群聚在一起,举行示威游行。图中以讽刺的手法描绘了政治领袖。这幅作品所呈现的,是一种律动、亢奋和险恶的现代性。其中的忙碌和混乱也是达达主义运动——赫希在此阶段与该运动有所交涉——的典型特征。© Staatliche Mussen zu Berlin, Nationalgalorie.

她的作品变得更为冷静，风格更为朴素。一战后最初几年的那种密集、混乱的蒙太奇，大多不见了踪影。技术日益被看作能撕碎和毁灭人的可怕怪兽，而不是快乐的解放者。[62]但是，她后期创作的蒙太奇也有着更明确的批判性。她后期最好的作品严厉抨击了纳粹和其他很多德国人的极端种族主义。她的作品也带有更鲜明的女性主义锋芒，也许反映了她作为女性艺术家，在男性主导且厌弃女性的达达群体中所遭遇的困境（尽管她和包括莫霍伊-纳吉在内的一些男性艺术家结下了终生的友谊）。技术尤其毁掉了女性，现代性也意味着女性作为商品被展示。在很多作品中，她戏仿了新女性在没完没了的广告中出现时的光彩。如同很多别的欧洲艺术家，赫希吸收了原始主义风格的某些方面，也相信所谓非西方民族的自然与质朴，能够矫正现代性的压力和裂痕。在女性被商品化的大众广告时代，她在那些所谓更接近自然的非洲人和亚洲人身上发现了美。[63]在有着鲜明种族意识形态的时代，她创作了一些令其声誉扫地的艺术作品，把非洲人与欧洲人重组在一起。我们轻易就会批评这样的作品具有东方主义色彩——一个欧洲人一方面迷恋"原始"，同时又摆出一副居高临下的态度。但是，在她的后期作品中，还是带有对非欧洲人身体美感的欣赏。早期蒙太奇作品展现了对于材料和对象激进的创造性融合，后期作品则延续了这一趋势，同样融合了欧洲人、非洲人或亚洲人，时常是以色情的方式。这些作品打破了种族作为不同群体——彼此隔绝，且每个种族自身都拥有以血缘为基础的独有特征——的概念。而且，其中很多作品戏仿了对"原始文化"的展示，这使人想到那些民族志博物馆和自然史博物馆——甚至是一项更为臭名昭著的传统，即活人展览，也就是通过流动马戏团和狂欢节展示来自非西方民族的活人。

例如，在《丛林之爱》(*Love in the Bush*, 1925)中，赫希将一张（张着嘴、留短发的）白人女性的脸，与一个黑人男性的脸并置一处。他那过长的手臂一直伸着，能环抱穿着裤子的双腿。而这腿可能是男人的，也可能是女人的。植物的茎秆向外伸出，代表着灌木。《新娘》(*The*

Bride，1933）表现的是一个白人女性裸露的脖子和肩膀，连着一张非洲人或玻利尼西亚人的脸，头顶和背景有蕾丝，代表新娘的礼服。在《纪念碑 II：虚荣》(Monument II: Vanity，1926）中，赫希在一个底座上放了一个白人女性躯干的下半部分和双腿，往上是一个男人的胸部、一个非洲"巫医"戴着面具的脑袋和头饰，后者取自乌尔施泰因出版的《雕鸮》(Uhu）中的一张照片。通过所有这些图片，赫希挑战了有着固定身份概念的传统种族和性别意识形态。骇人听闻的是，她描绘了跨种族爱情和性爱，以及雌雄同体人或双性人的可能性。有些人会认为，《婚礼上的农民夫妇》(The Peasant Wedding Couple，1931）恰恰强化了传统的种族观，这幅画本身的确有种族主义意味。[64]但此画也可解读为带有讽刺意味的评论，对象是种族意识形态和右翼对农民的理想化观念。图中描绘的这场农民婚礼上，一个非洲人与一个长着夸张的猩猩脸——脸上方是典型的金发，编着小辫——的女人结合了；对于德国的保守人士来说，是可忍，孰不可忍！

赫希对于不稳定的种族和性别身份的看法，对于多种族、多民族大众社会的看法，有力回应了20世纪20年代盛行于几乎所有西方世界的种族意识形态，这种意识形态日后在纳粹统治下成了德国的官方意识形态。赫希运用现代性的产物——通过报纸和杂志复制的形象来再现现代性——创造出了本身就是现代主义标志的艺术。尽管她对技术的恐惧与日俱增，并对女性的商品化加以批判，但依然歌颂了大众社会。她所理解的"大众"远远超出了德国人，还包括非洲人和亚洲人。

◇ ◇ ◇

在特定的时间和地点，某一文化突然繁荣起来，艺术家、作家和哲学家突破了一个又一个边界，创造出新的表达形式——无论是在舞台、版面还是画布上——并立刻引起讨论和争辩，影响波及此后数十年之久；要想"证明"其中的原因，几乎是不可能的。但毫无疑问，魏玛德国就是这样的时间和地点。在这一时代的开创性作品中，托马斯·曼的《魔山》、布莱希特和魏尔的《三分钱歌剧》、克拉考尔的文章、海德格尔的《存在与时间》和赫希的摄影蒙太奇只是其中几例而已。今天，我们阅读、观看和倾听这些作品，也许不是将其作为历史档案，而更多的是活的文化表达；我们至今依然能从中获得有关现代性状况的洞见，有时甚至得到美的感受——语言、思想和形象之美。

经过整个19世纪的发展，德国产生了非凡的教育制度，魏玛时代的文化伟人大多是其受益者。即使像托马斯·曼——他只读完了文理高中（精英阶层的高中），没有大学的学位——这样的人，也在文学、哲学、历史、古典与现代语言方面，打下了扎实的基础。那些升入大学的人（如克拉考尔和海德格尔），或者进入艺术和音乐学院的人（如魏尔和赫希），则接受了西方世界所能提供的一流知识和技法。当然，这个年龄段中，只有极小比例的人能接受如此高水平的教育。但是，那些接受过这种教育的人——20世纪伊始，这些人中也包括犹太人和一些来自社会中间阶层的人士——就有了反思（如果他们愿意的话）传统范畴、创造全新表达形式的学识。

他们所属的社交世界重视人的学识，所以人数不会太多。布莱希特和魏尔游走于戏剧界、音乐界和文学界，其中，所有人似乎都彼此认识。他们和布洛赫、本雅明、克拉考尔等人喜欢一起坐在咖啡馆聊天；有时，他们都住在柏林的同一个地区。赫希认识一些包豪斯学派的人物以及达达派艺术家，与他们结为好友。在魏玛时代，托马斯·曼住在慕尼黑，但也去各地旅行和演讲。他们当中，几乎所有人——如第5章讨论的现代建筑师——都与更大的欧洲文化界相连。他们在巴黎度过时光，与荷兰、瑞士、意大利和苏联的艺术家与作家——他们当时正在打造自己的现代主义品牌——交往。只有隐居在黑森林的海德格尔似乎是个例外。

魏玛的艺术精英们都是饱学之士，他们构建了一个社会-思想世界，彼此启发、相互支持。毫无疑问，这个世界也普遍存在嫉贤妒能之辈，还经常爆发思想和政治冲突。即使朋友之间，也会发表文章相互攻击——例如克拉考尔对布洛赫一篇重要论文的批评——遑论咖啡桌旁的唇枪舌剑了。但结果看来，这种充满火药味的思想文化也对参与者起到了明显的激励作用。他们阅读、观看、倾听彼此的作品，这种批判性交流无疑磨砺了很多参与者的思维，并激发了他们的创造力。在此，海德格尔似乎还是个例外，但通过与新康德主义——尤其是兴盛于马堡、海德堡（Heidelberg）和弗赖堡（全部位于西德）的现象学——重要哲学著作的对话，他也逐渐成熟起来。

如同上一辈的哲学家和社会理论家——例如，成名于19世纪90年代的马克斯·韦伯、格奥尔格·齐美尔、斐迪南·滕尼斯（Ferdinand Tönnies）——他们也力图理解和批判现代性。他们勤力探究城市、工厂、大众消费和大众政治的意义。但是，这一辈人，即魏玛这一代人，还必须面对大众暴力和强烈的政治冲突（其规模是以前难以想象的），即战争与革命。这些军队或家庭中的经验，赋予他们的思想活动某种紧迫感、某种张力，也许要胜过英国、法国或荷兰同行们的感受，因为这些人生活在相对更有保障的社会与政治环境中。魏玛这一代知识分子力图理解、批判且于当下发现那些未来美好社会的种种可能性。如前文所提到的，他们的答案五花八门——如果确有答案的话。拒绝俗套和简单，渴望在艺术和思想中接纳与表达现代性的紧张和矛盾，这些都构成了魏玛文化的标志性特征。

如此看来，魏玛文化的那些伟人在20世纪20年代和30年代初，创造出了各自的巅峰之作，也就不足为奇了。是的，1933年之后，托马斯·曼也写出了重要的小说，贝尔托·布莱希特创作了戏剧杰作。但是，《魔山》——而非后来的小说和故事——一直都是20世纪的文学典范之一，《三分钱歌剧》也是布莱希特整个艺术生涯中具有突破性的剧作。海德格尔也写出了其他重要的作品，但都不具有《存在与时间》的标志性特征。克拉考尔、魏尔和赫希在之后数十年中，近乎默默无闻（到了20世纪80年代，才重新被人发现）——此时，人们只知道魏尔的《三分钱歌剧》，只了解克拉考尔 1947 年对德国电影的研究成果，即《从卡里加里到希特勒》(*From Caligari to Hitler*)。[65] 纳粹德国摧毁了他们——甚至包括纳粹党人海德格尔——曾经蓬勃成长的思想和社会环境。无论风景如画的太平洋帕利塞兹（Pacific Palisades），还是曼哈顿西区（West Side），抑或托马斯·曼、布莱希特、魏尔、克拉考尔等很多人抵达的任何流亡之地，这样的环境都不可复制，当然更不会是纳粹统治下的弗赖堡。赫希留在了德国，与数以千计的人一起开始了"内心流亡"，躲在各自的工作室和书房中，深居简出。但是，离开了公共生活，艺术家的创造力还能维系多久？

还有一批魏玛的知识分子，比我们讨论的这些人稍稍年轻一些，他们也踏上了流亡之旅，最终在整个西方世界，甚至西方之外都产生了深远的影响。与社会研究所（Institut für Sozialforschung）或者法兰克福学派（Frankfurt School）相关的马克斯·霍克海默（Max Horkheimer）、西奥多·阿多诺等人，都是 20 世纪 30 年代和 40 年代在美国流亡期间，或者 50 年代再次迁居到西德之后，才完成了最重要的作品。德国政治学院（Deutsche Hochschule für Politik）见证了几代魏玛知识分子，但在该校任教的年轻社会科学家——如弗朗茨·诺伊曼（Franz Neumann）——也被迫逃离了纳粹德国。同样，他们也给美国——以及之后 20 世纪 50 年代的德国——的学术生活带来了重要影响。值得一提的是，这两所学术机构都是在正式的大学之外建立的，极其保守的学术分科和大学结构几乎未受魏玛民主化浪潮的影响。尽管他们最伟大的作品是后来——共和国灭亡之后——才产生的，但终其一生，法兰克福学派和德国政治学院的知识分子都由他们在魏玛时代的经验所塑造。他们的研究和写作总是不断回到现代性的问题，尤其是回到民主和大众文化的问题。

可见，魏玛思想界和文艺界人士关注"大众"和"大众社会"的意义。这个思想和文化问题最早是由社会学家（当时，社会学本身是一门新的学科，是对大众社会出现的直接反应）和哲学家在 19 世纪 90 年代提出的。有些人——如布莱希特、魏尔和赫希——认为大众社会具有解放的力量。他们受此激发，从日常语言、节奏和物品中创造新的美学风格，创作剧本和乐谱，使得他们的艺术——他们希望——能吸引普通人的关注。海德格尔的反应简直就是恐惧和退避，于是逃离了城市生活的悸动之力，无论身体还是思想，都是如此。然而，"大众"的生存本身对海德格尔来说也是一种创造性冲动，帮助他在最深刻的层面上思考（截然不同于表面之平庸的）存在的意义。托马斯·曼的写作极少涉及大众社会。但他一生都在关注有知识、有教养者所面临的窘境，关注欲望与秩序之间、厄洛斯（eros）与逻各斯（logos）之间的紧张关系，这些在他的文学中无所不在。由此可见，他深刻意识到，在上层社会的人群——布登勃洛克家族，或者阿尔卑斯山疗养院的资产阶级病人——之外，总是存在着对他们造成威胁的大众。托马斯·曼高雅的美学风格有力地突出了自我修养的重要性，然而，腐败和堕落的威胁无所不在，有时这些威胁成了现实的存在。对其他人（如克拉考尔）来说，大众社会既是刺激也是麻醉，既具有实质的意义，又只是平庸的表象。然而，这些人物当中，没有任何一个（包括海德格尔）主张回归到1914年之前的美学风格和思考方式。他们形成了一种新的美学，希望能够抓住一个——受到毁灭性的世界大战、革命的冲突、现代城市和现代资本主义的躁动不安深刻影响的——时代的本质。

第 8 章

身体和性爱

1926年，荷兰医生特奥多尔·亨德里克·范·德·维尔德（Theodoor Hendrik van de Velde）前往德国举办讲座。之前不久，他出版了《理想的婚姻》（*Ideal Marriage*），这套有关性爱与婚姻的书最终共有三册，这是第一册。[1]这本书和他的讲座都大获成功。维尔德的语调，加上作为医生的专业知识，以及身为丈夫和父亲的经验，都深深吸引了德国民众——该书的美国版本在1941—1966年重印了44次，由此可见，这本书在其他地方同样大受欢迎。[2]在柏林，大批形形色色的人涌入柏林爱乐音乐厅，聆听他的演讲。媒体也来到现场，其中就有《福斯日报》的一名记者：

> 他们有的站着，有的坐着——其中有上了年纪的人，人们会觉得他们没必要再学什么了；有夫妻和恋人，脸上时而高兴、时而失望；还有小年轻，他们想学点理论知识，来开始成人的生活。当提出这样或那样的问题时，才知道他们都是带着心中的疑虑来到这里的。[3]

他说的是真话吗？他们会暗自思忖。是个骗子吗？在科学的外衣下，他不过是个想骗钱的投机分子？"这是他的心里话吗？如果他说的话是真实的、值得尊重，那对我们有帮助吗？"[4]在场的人群情绪激动，甚至快要爆发了，因为音乐厅的有些地方听不到维尔德的声音。这位记者并不那么感兴趣。对于生活中最基本却又很私密的方面，人们渴望听到解释和答案，可得到的答复却平淡无奇："治流感，可以热敷；

出汗的话，用阿司匹林；治疗性爱的痛苦（sexuelle Not），用些催情的技巧。"[5]

也许有些平淡，但他们还是买了他的书。德国各地的民众成群结队，前去听他的讲座。显然，很多德国人普遍受一种病痛的折磨：性爱的痛苦。维尔德和很多别的变革者——多数是内科医生——提供了诊断和疗法。他们直接描述了性爱的技巧，还很和善地提供咨询，以此告诉德国人如何拥有快乐健康的性生活。这反过来也有助于创造一个健康、繁荣、高效和富饶的社会。

维尔德的德国同行们也参与了这场影响广泛、组织松散的性变革运动。对他们来说，革命和共和国打开了全新的可能性。[6]与艺术和建筑领域一样，很多运动的倡导者在1914年前就完成了专业训练并开始工作。但随着帝制的瓦解和颠覆，官方的审查禁令大多废止，性变革者拥有掌权的政治盟友，尤其在社会民主党人管理的地方市政当局。而且，战争和革命导致道德与性的价值观发生了结构性转变。对很多德国人来说，战争以戏剧性方式展示了生命的短暂易逝。这么多男人在子弹、炮火和毒气的践踏下丧生，这么多女人失去了所爱之人，或者在痛苦中照顾重度伤残的亲人——如果有可能，何不纵情享受生活的快乐呢？为何要等到领取官方的婚姻许可后，才尝试性爱呢？为何只限于一个性伴侣呢？革命和共和国的建立，也标志着一个伟大的新开始，似乎一跃进入了民主社会和现代世界。曾经的德意志帝国由皇室、贵族和军队主宰，是一个保守、刻板和专制的社会，奉行的性道德是那么拘谨而虚伪，至此这些都被德国人抛诸脑后。现代意味着民主，也意味着对身体和性爱更自由、更开放的态度。

但是，性解放（liberated sex）——特别是20世纪20年代轻盈、健美和自由的"新女性"的形象——也招来了痛彻心扉、尖酸恶毒的攻击。工人代表会、罢工、宪法、战争赔偿、表现主义艺术、水平屋顶，所有这些魏玛德国的冲突爆发点中，没有一个像性爱、家庭，尤其女性——她们的所作所为，她们的衣着打扮——议题一样，引起了如此刻骨铭心的激情、如此多的辩论、如此大的敌意。在德国人的亲密关系和精神生活中，这些问题位于他们行为和思想的核心位置。对于德国人该如何生活在一起的观念，这些议题都造成了直接的冲击——是否如有些人认为的那样，氛围严肃、性生活节制的基督教家庭能够支撑起一个有道德的社会？还是如别人所提倡的那样，性快感有助于在未来开创一个自由、开放和民主的德国？在基督教家庭的捍卫者和性满足的倡导者之间，存在无法弥合的分歧。只有在一个问题上，双方能达成一致：无论对变革者，还是保守者来说，性爱绝不只是什么私事，没有人——即便是最激进的变革者——提倡为了快感本身而享乐。健康的性爱，即使是基督教信众的健康性爱，必须具有社会和政治目的。

◇ ◇ ◇

魏玛时代出版了很多性爱和婚姻手册，维尔德的《理想的婚姻》是其中的代表。该书表达了一种深刻的人文主义感悟，对人在生活中最隐私方面所遭遇困难的关注。维尔德建议他们不必默默忍受。融入了父爱式温情的科学会告诉他们，"常常如炼狱一般的"婚姻能够进入幸福的状态。婚姻"持久幸福"的关键，在于夫妻双方持续享受性快感。[7]

在维尔德看来，男人必须主动引导，这是他们在生活中的天然角色。但他对很多男人做爱的方式提出了严厉的批评。他们草草了事，有时甚至动作粗野，只在乎自己的性高潮。

性事方面，[男人]是妻子天生的教育者和引导者；然而，他们常常不仅缺乏领导和引导的能力，而且缺乏平等协作的能力！

他们对自己的无能毫无意识。因为有着"普通"性能力的普通男人——他们定期履行自己的"夫妻义务"，并从中获得生理满足——会想象自己满足了妻子能提出的所有要求。如果她不能得到满足，长期处于"性饥渴"的状态，那么男人就会感到懊悔或愤怒（取决于他个人的心性），就会数落她是个"性冷淡"的女人……哀叹自己命运不济，最后与她渐行渐远。[8]

男人必须清楚，"正是在常态（normality）的界限之内"，可能需要采取各种新花样，"才能克服由于床笫之上过于熟悉而导致的单调乏味"。丈夫必须知道妻子的性节奏是不同的，"真正的爱侣通过给予对方爱情的欢愉，而达到自己的高潮"。如果他不是"性爱天才"（维尔德显然认为，这样的男人罕见），那么他就需要"显性的知识"（explicit knowledge）。他必须学习如何做爱，科学可以做他的老师。[9]

很难想象维尔德的读者会在前几章耗时甚多，这几章几乎是全书的前半部分，精确地描述了男人和女人的解剖学构造。他们大概只是草草浏览一下，就很快翻到后面的章节，这部分详细描述了性爱的技巧。由于维尔德语气温和，肯定了性爱的快乐和性快感的天然属性，于是他那些非常专业的医学定义，以及对性爱每个阶段——接吻、抚摸、亲吻性器（这是他的用词）、交媾和各种体位——的精确分析，就变得温情脉脉了。当然，他的指导遵循了标准的性别意识形态：男人主动，女人被动；男人挑起性爱，女人做出反应；女人完全是一种性动物，男人只是部分如此；女人对男人的依赖是由生物学和自然所规定的。"从种族和繁殖而言，"他写道，"［男人］只需要向女人授精。性是女人的必需品，对男人则是附属品。"[10] 性行为中，雄性（maleness）是性伴侣双方的界定因素。

在难以解释的原始欲望驱使下，男人和女人希望在性行为中得到的感受是雄性的本质力量。这种雄性在某种对女性的猛烈和绝对的征服中得到了表达。因此，双方在一定程度的雄性攻击和控制（无论是实际的，还是表面的）——它们宣示了这种本质的力量——中，都能够获得，也的确获得了巨大的快感。[11]

有些变革者接受同性恋，并发起运动抗议针对同性恋的立法和歧视，其中最著名者当属马格努斯·赫希菲尔德（Magnus Hirschfeld）；与他们不同，维尔德提倡"正常的"（这是他的措辞）异性恋关系。他明确告诉男性，如果妻子有了同性恋倾向，"丈夫就能够帮助妻子克服这种反常情况，假如他懂得如何引导妻子的思想，如何熟练运用技巧使她产生正常的性欲"[12]。男人的同性恋是一个严重得多的问题，因为单靠身体的技巧，效果并不好，而且需要女性采取主动，充当通常由男性扮演的角色。[13] 他对性交（intercourse）的定义，听起来比较专业，认为在性倾向上，这是异性之间的行为，并主张那种被过分吹嘘的共同高潮。最佳状态是双方同时高潮，"通常的步骤是，男性开始射精，同时引起女性的高潮"[14]。维尔德在描述中，还加入了一幅图表，作为共同高潮具有科学性的证明。但是，如果女性未能达到高潮，男性就必须采取其他步骤；如果一切措施都未奏效，那么——用维尔德的话来说，这既是奇怪的，也是科学的——"自动治疗的方法（autotherapeutic measures）也许比无所作为要好"[15]。

尽管维尔德对性爱（sex）的定义比较传统，但他一直强调做爱时相互取悦的重要性。他主张前戏的时间要长，动作也应该温柔，这在他的著作中有所反映——单就"情欲接吻"的描述，就用了7页的篇幅；他那篇关于香水在性诱惑方面作用的论文，占了13页（英文版）。[16] 性事之后的温存也同样重要，男性高潮后的行为决定了他是否"在性爱方面是一个文明的成年人"[17]。他不能只是翻过身去、呼呼大睡，而应该温柔地亲吻和抚摸妻子，说些甜言蜜语。男性如果忽视缓慢和温柔的性爱，他的"罪过就不仅是粗鲁，而是毋庸置疑的野蛮；他如果草草了事，不仅会冒犯女性，令其反感，而且单单在生理上，也会伤害对方。这种敷衍的罪行不可原谅，也是愚蠢的"[18]。如果女性没有达到高潮，大多数时候都是因为男性伴侣"技巧不够"。对于这些男性，维尔德的措辞就很严厉了："如果每次妻子在性欲亢奋后，最终未能出现高潮，这对女方就是一种伤害；这种伤害如果反复发生，就会对身体和精神造成永久性——或者非常顽固的——创伤。"[19] 因此，维尔德严厉谴责将体外射精作为一种避孕措施：这只满足了男人，而非女人。

魏玛时期，维尔德的书以及其他性爱手册赢得了大量的读者，同时也影响了性变革运动。他和其他性变革者坚信，他们倡导的性满足能够创造更好的个人生活，最终产生更为富饶、人道的社会。避孕措施——主要是避孕套，也包括子宫帽——能使夫妻不会为生下太多孩子而烦恼，从而增进家庭生活的幸福感，以及性生活的满足感。这些变革者相信，与民主政治、保护工人免受经济周期波动影响的社会福利项目、质量优良且阳光充足的公寓住宅建设相比，他们的工作如出一辙。在魏玛时期，性变革者在建设更加现代、开放和人道的社会方面，发挥了核心作用，丝毫不逊色于《魏玛宪法》的主要起草人，也不亚于现代住宅开发项目的建筑师。

与此同时，很多变革者在远离德国的地方找到了其他不同的模式。威廉·赖希（Wilhelm Reich）或许是这群人中最激进的一个，他借用了布罗尼斯拉夫·马林诺夫斯基（Bronislaw Malinowski）对太平洋特罗布里恩群岛居民（Trobriand Islanders）性生活所作的田园诗般的描绘，说明压抑的资产阶级生活带来的沮丧结果。如同赖希对马林诺夫斯基的引用，特罗布里恩群岛居民嘲笑白人的性爱表现，因为白人很快就达到高潮，而当地人做爱的过程很长，这对性爱的双方而言都是愉悦的。[20] 马克斯·霍丹（Max Hodann）作为另一位变革者，在"东方"发现了不同的模式。按照他的说法，这是一种印度人和日本人的温柔做爱艺术。"自然的"性爱"如今在东方依然存在"，却在基督教社会丢失了。[21] 据此观点，一个民主德国的任务就是将传统非西方社会的性爱习惯，与现代生活的快节奏特征结合起来。

这些变革者不满于很多德国人的性生活被压抑、被剥夺——他们发现，这样的痛苦遍布整个社会。变革者们敲响了警钟，经常是以耸人听闻的语言。他们描写了性痛苦的"幽灵"，这个幽灵会出现在小巷和医生的候诊室里，也出现在穷人的陋室和富人的豪宅中。梅毒、卖淫、非法堕胎、性无能、不幸的婚姻——这些都是现实，这是四名医生和一名犯罪学家的看法，他们合作写成了魏玛时代的另一本重要著作，即《性灾难》(Sexual Catastrophes)。[22]

很多变革者是左翼医生，包括大量女医生，他们了解病人的困境。这些病人住在狭小阴暗、过于拥挤的公寓里，所有人都没有隐私可言，尤其是做爱的夫妻。女性被家务负担、外出工作和接连不断的怀孕弄得筋疲力尽。她们对性爱和生物学的无知程度，令人震惊。终止妊娠虽然是违法的，却非常普遍。很多女性在黑诊所堕胎后，遭遇了严重的健康问题。性病几乎已成蔓延之势，困扰着男人和女人的生活。很多变革者在性爱方面并不认同一夫一妻制，多数人主张婚前性行为。但他们也常常惊诧于放纵的性生活，以及随之而来的意外怀孕和危险堕胎，这是他们接触的很多女性所经历的事情。[23]

有些医生口口声声，说生命如何神圣，却枉顾这么多男女深陷其中的真实状况；在此状况下，每个孩子都是一种负担，草草了事——有时甚至动作野蛮——的性事几乎成了常态。霍丹这样的变革者抨击了这些同行。赖希——或许是最激进的性变革者——指出，性压抑如同"瘟疫"，困扰着社会的所有阶层，"击碎"了所有人，无论高低贵贱，造成了严重的神经官能症。[24]正确的疗法是"实现令人满意的性生活"[25]。这是一个再简单不过的处方了，但要付诸实施，却殊为不易。

赖希的观点还不止于此。他指出，性压抑有利于资本主义的利益，因此终究来说，唯一能够克服这种神经官能症的方法，就是精神分析法，以此导向健康的性爱，此外，还要通过革命来推翻阶级社会。[26]赫希菲尔德——最著名的性变革者之一，也是1919年性学研究所（Institute for Sexual Research）的创立者——在三卷本的《性病理学：给医生和学生的教程》(Sexual pathologie: Ein Lehrbuch für Ärtzte und Studierende)中，描述了各种类型的性行为。其中有一些令人感到恐怖的段落，涉及医学专家和政府当局通常对那些被视为性变态或患病之人施加的治疗，还涉及很多人所遭遇并需要忍受的自我厌恶和自残现象。[27] 历经第一次世界大战的大屠杀以及随后的革命和内战，赫希菲尔德写出了自己的代表作。战争的暴力令他心灰意冷。然而，他依然相信"肯定生命的爱情"——对赫希菲尔德来说，这种爱情既是异性之爱，也指同性之爱——能抵御战争对生命的否定。医生的任务就是指明前进的道路，通向生命而非死亡的道路。[28]

性变革者在一个高度政治化、非常激进的环境中提供咨询、写作和演讲。"性爱的痛苦""婚姻的痛苦""家庭的危机""人口衰减"：这些都是充斥于公共讨论中的词语，而每个政治组织都有自己的处方。变革者们在市级机构中获得了关键的支持，在此层级，社会民主党人——至少是魏玛联盟中的党派——控制着很多市议会和政府；此外，变革者们还得到了众多群众运动的支持。结果，从事家庭和性爱咨询的诊所大量增加，就连小城镇也是如此。多数诊所是由医生、女性活动家以及各种性变革联盟的官员负责管理——诊所中，一个人通常要充当多个角色。这些性变革联盟拥有的会员超过 15 万人，通过出版物、讲座、诊所、避孕套销售以及其他避孕措施，其影响远远超出了自己的会员群体。联盟中的成员包括非专业人士、保健专家、社会工作者、社会主义和共产主义政党中的激进人士、政府官员。[29] 其中很多人积极参与了反对刑法第 218 条——认定堕胎违法的法律条文——的群众抗议运动。1931 年，在街头、立法机构、剧院和报纸上，出现了大规模群众运动。在魏玛时代，这是极少数几个跨越了阶级、性别和政治路线的运动之一。数十万德国人主张女性有权在安全健康的环境中实施堕胎，且没有刑事诉讼之忧。共产党人为争取个人权利——他们很快就出尔反尔——而一时兴起，喊出了"你的身体属于你！"这一口号。令人惊讶的是，这场运动是在大萧条期间——这算不上什么有利的时机——发展壮大的。这场运动未能达到修改法律的目的，但这是又一个标志性事件，说明 20 世纪 20 年代和 30 年代初的人们有着强烈的身体和性意识，而且性变革者在魏玛政治和社会中扮演了显著的角色。

性爱的痛苦是无法量化的，但统计数据能说明一部分问题，所反映的现实令德国人感到忧虑。根据1925年的人口普查，男女之间的比例是1000∶1067，比1919年的数据稍稍接近了平衡的比例，但还是令人不安，证明了战争中男性死伤严重，由此导致了人口统计数据中的不平衡现象。[30]家庭规模滑落到了平均每户1个孩子，工人阶级家庭平均只有3.9人。1933年，德国是欧洲出生率最低的国家：14.7‰。这个出生率是1900年前后的一半；在柏林，这一比率从19世纪70年代的43.1‰，降到了1923年的9.89‰。1933年，柏林超过35%的已婚女性没有孩子。同时，离婚率直线上升，每年可能有100万名女性（当时德国女性的总人数为3120万）堕过胎。据估计，每年的死亡人数从4000激增至12 000，每年还有5万名女性因堕胎而遭遇健康方面的并发症。[31]对于那些认为一国之力取决于人数众多且充满活力的国民的人，以及所有为很多德国人悲惨的健康状况和生活境遇感到痛惜的人来说，这些数字实在堪忧。

◇　◇　◇

人们在私生活中是否实际出现了不同的行为举止？性爱是否有所增加？性生活质量是否改善？同性恋是否有所增多？这些都很难说，但是，至少在主要的城市地区，尤其是柏林，性革命似乎已然发生。这是多重因素作用的结果：战争和革命导致了公众态度的变化；避孕用品，尤其是避孕套得到大量使用；图书、宣传册、讲座、诊所、杂志和电影中有关性爱的词语和图像大量涌现。一定有人在不停做爱，使用避孕措施：制药产业每年生产出8000万至9000万只避孕套。[32]柏林、汉堡以及其他大城市出现了大量男同性恋酒吧，以及（男、女）同性恋人士的地下出版物。

"新女性"是20世纪20年代性革命中人所共知的象征。她们一头短发，也就是著名的波波头（*Bubikopf*）；她们身材苗条、充满活力、性感迷人，还不愿生孩子。她们喜欢吸烟，有时还穿上男人的衣服。

她们独自出门，随意享受性爱（见彩图 8）。在另一本魏玛时代关于这一话题的书——《这就是新女性》(*So ist die neue Frau*)——中，埃尔莎·赫尔曼（Elsa Herrmann）写道，她们只为今天、为自己工作——通常在办公室任职，或从事艺术工作——和生活。昨天的女性为丈夫、孩子而活着，为家庭做出了牺牲。新女性认为人人拥有平等的权利，并努力实现经济上的独立自主。赫尔曼认为，战争没有给女性带来任何实质利益，但的确"把她们从消沉麻木中……唤醒，使她们肩负起自己的命运"[33]。

当然，这是理想化的形象，即使在柏林，也很少有德国女性真的能做到。很少有女性能像好莱坞明星那样光彩夺目，或是财务独立。1925年，所有女性中，大约 1/3 属于领取薪酬的劳动大军，但绝大多数在工厂和办公室做着低薪工作。新女性很大程度上是一个有着阶级局限性的形象，都是来自中层和上层阶级的女性，她们独立，也有财力去追求自己的兴趣和欲望（图 8.1）。而对大多数女性而言，光彩照

图 8.1　德国女子汽车俱乐部（Deutschen-Damen-Automobil-Clubs）活动，柏林，1928 年。Bundesarchiv, Bild 102-05735 / CC-BY-SA 3.0 / Wikimedia Commons.

人的美好生活是遥不可及的。

尽管其来源具有阶级的局限性，但作为一种风尚、一个目标，新女性的形象还是顺着社会等级结构逐渐往下渗透，并蔓延至全国各地，甚至进入了乡村。共产党人对外宣传他们自己的新女性形象——短发细腰，却较为稳重，不太妖艳，当然还致力于无产阶级的事业。[34] 至少一些工厂中的女性——尽管她们生活艰难——表现得比较独立和积极，代表了工人阶级中的新女性形象。她们没有被家庭和工厂中繁重的劳动完全击垮。在《我的工作日，我的周末》这本1930年出版的自传体文集中，她们描述了自己如何为了享受周末而活着，到了周末，就可以享受热爱的大自然，享受亲友的陪伴。"自然多美啊，身处自然之中，人会彻底安静下来，快乐极了！"其中一位女性写道。[35] 上班的时候，她们会梦想着周六下午或周日，可以在林间漫步，或者骑车外出。森林清新怡人，能让工厂中难闻的气味散去，至少有一天的时间可以享受。少数幸运的女性甚至在乡下有个家庭小屋，周末可以在那里享受清静的生活。很多年轻女性描述了自己跟随社会主义青年团体去乡间旅行的经历：他们燃起营火，唱着歌谣，沉浸在组织成员之间的友谊之中。有些人主动加入了工人互助联盟（Workers Samaritan League）这样的团体福利组织；另一些人在工厂委员会或工会中任职，全力为工友争取健康保险或伤残抚恤。偶尔，她们也去剧院或电影院，阅读书籍或社会主义党派的报刊；她们强烈感受到自己在劳动过程中遭受的不公，希望能改变周围的世界。

但有些时候，要做到这些，又谈何容易。她们要上班，要做家务，四处奔波，照顾孩子和父母，每天在工厂要干11个小时左右，哪里还有时间和心情享受满意的性爱，每天去锻炼身体，参与政治活动以及提高自己的文化层次？一个女人写道："我常常感到筋疲力尽，没力气再去读书、写文章了。我需要时间睡觉，这样才有力气干活。才智是个领养的孩子，总是不被人当回事儿。"可是，尽管负担很重，她还是尽力"做个真正的人，至少得活得有个人样"[36]。至少对这个女人来说，所有表达了平等、满足的字词和形象都赋予她一种能力，去想象更美好的生活。总体上，魏玛文化，尤其是社会主义思想，使她能够抵御纺织厂中机器人一般的生活，而尽力做个"真正的人"——这是她的解释。

◇ ◇ ◇

新女性的形象——无论现实生活中有着怎样的局限性——引发了潮水般的评论，有的表示支持，有的则恨之入骨。女性能够决定自己的生活，可以决定不结婚，并选择拥有不同的性伙伴，而且未必都是男人，这些都是当时的观念；看电影，读通俗小说，甚至题材严肃的小说，这些都是女性表现出来的欲望——所有这一切都引发了深深的震撼，对男人和女人都是如此。如同20世纪20年代和30年代初引发冲突的其他焦点问题一样，围绕新女性的争论席卷共和国。人们要么将共和国看作女性解放之源（至少是盟友），要么看作堕落和罪恶之源。有关女性地位变化的讨论和评论来之不易，经常充满火药味，成为所有公共空间一时热议的话题——报纸的专栏、配有插图的杂志、广播、讲坛和政府的大厅。20世纪20年代至30年代初，在民主化和新媒体的推动下，公共领域得到了很大的拓展，围绕新女性展开的冲突因此更为引人注目、持续不休。

1929年，德国最重要的一些文学人物出版了《明天的女人：我们希望她如何》（*Die Frau von Morgen: Wie wir sie wünschen*），他们在书中反思了女性的变化，并想象了女性的未来。[37] 这些撰稿人——全部都是男性，其中的讽刺意味似乎被这些文学家忽略了——高度评价了女性地位的巨大进步，标榜女性是社会的平等成员。但其中很多文章明显有一种不安，感觉女性也许太过出格了，变得太像男人了，放弃了自己的特征。有些作家对女性明显有一种居高临下的傲慢，字里行间似乎认为是男性的恩赐赋予了女性如今据为己有的特权。性别冲突四处弥漫开来,在出版物的纸页上已经显而易见了。

作为重要撰稿人的著名作家斯蒂芬·茨威格(Stefan Zweig),对此有着不同的感受。他明显为新女性所吸引——在思想上、政治上,尤其在情欲方面。之前任何一个时代,"都没有像我们的时代这样,所有的道德和性关系都发生了狂风暴雨般的剧烈转变,都是有利于女性的变化"[38]。如此戏剧性的潮流必然一直发展下去,直到最终实现自己的目标,因此是不可阻挡的。茨威格写道,只要随便浏览一下15年或20年前的画报,就能看出差别。

> 女性当时真的是这样一副打扮四处走动的吗?像木乃伊一样裹得严严实实,里三层外三层,真是太可笑了,穿得密不透风,还把带子系了个结结实实,如同中世纪一般。像个老古董……她们把胸衣束得很紧,用打褶的布遮住颈部,通过裙摆和衬裙显出身段,如此一来,每个动作和手势都显得做作——只过了一代人的光景,昔日古董般的女性就变成了如今的女性。她们衣着轻盈,穿在她们靓丽自由的身材曲线上,如波浪般动感十足。在这个晴朗的日子,她们引来了风,引来了空气,引来了所有男人的目光——千万别被吓着了!——曾几何时,女人只能在某些场所这样做,到底是什么地方,我就不敢说了。但是,对于刚获得的身体自由和精神自由,她们根本不觉得有什么不道德,我们也不觉得。这恰恰与以往相反。[39]

茨威格对新女性心驰神往:

> 如此短的时间内,女性就成功塑造了全新的环境。女性在自己的身体、血液、自由、独立地位方面都获得了巨大的解放——这一切都不会停止,不会因为几个老古董受到惊吓,几个落伍道学家勃然大怒就停止。[40]

有一点是肯定的,茨威格接着写道:上了年纪的女人、贵族出身的太太、资产阶级的主妇、不结婚的老女人——所有这些囿于固定角色的不同类型女性,都有着自身独特而虚伪的性道德——这些"类型"者都属于一个逝去的时代。"伙伴关系"(Companionship)是如今人际关系的标志。女性站在自己的男人身边,与他是平等的关系,不会从属于他;她有自己的职业,因而是独立的。她按照自己的意愿做出决定,无论与别人建立长期的两性关系,还是做回露水夫妻,无论享受运动,还是参与知识竞赛。[41] 新的自由也意味着新的情欲释放,只是出于对性病和意外怀孕的担心,才有所节制。根据茨威格的预测,医学的进步能针对这两方面提供安全的预防措施或治疗方法,男人和女人在性关系上将实现完全平等。最终,这会给性爱的痛苦画上句号。女性将成为"自己爱欲的主人"、自己道德的主人。[42]

但是,其他作家的态度就要暧昧得多,可能比茨威格更为接近大众的情绪。同一本书中,剧作家和诗人亚历山大·莱尔内特-霍勒尼亚(Alexander Lernet-Holenia)建议"明天的女性"可以美丽一些,但不要过于有思想。她应该按照自己的天性来生活,这样做总是对的。莱尔内特-霍勒尼亚还赞美了男性的"体贴",赞美他们理解女性从当下困境中解放出来的渴望。[43] 作为作家和记者,阿克塞尔·埃格布雷希特在文章中表现出了更为矛盾的视角,对于女性活跃于公共领域,他似乎既深受吸引,又觉得反感。

在日常生活的所有领域,我们经常会遭遇"女性"。她们充满自信地活跃于所有的职业,出现在政府部门、办公室、咖啡店、街头、议会和剧院。她们做事沉着冷静,她们工作,她们和我们一样享受快乐。所有这些女性竞争者、朋友和同事,显然是没有性别特征的。然而,所有的时候,她们作为女性,对我们产生了影响,不管我们是否承认这一点。常常会有一些小的刺激,但现在我们几乎察觉不到,因为已经习以为常了。但这种刺激的状况还是普遍存在的——这一点毫无疑问。这是一种最小剂量的毒药，让感官麻木，但人们习惯了。只要我们体验一小时强烈、公开的情欲刺激，这种麻木的效果就会很明显。[44]

这种性紧张（sexual tension）是明摆着的：所有这些女人，所有这种血脉偾张，可这样的紧张最终都是毒药。困扰着埃格布雷希特的原因是很深刻的：

> 同时，所谓的解放带来的结果只是情欲，这显然是消极的。这种男女关系的不安全感，几乎到了令人无法忍受的地步。如今，如果一个男人与一个女人走到一起，他并不清楚这种结合会把他带向何方。即使假定他显然有着强烈的性欲，他也不知道自己的冲动能持续多久，是昙花一现，还是持久爱恋。[45]

茨威格简直为新女性而神魂颠倒，他的作品也是春心荡漾；与他不同，埃格布雷希特陷入了性焦虑和自我怀疑，所能做的就是苦苦哀求，希望能再次构筑男女之间的壁垒。男人需要再次施展自己的魅力和影响，来赢得女性；而女人"每次都应该假装不从、半推半就，来挑起男人的情欲，帮助他克服性欲冷淡的问题"[46]。

◇ ◇ ◇

新女性是20世纪20年代道德和性爱革命的象征，她们最为引人关注，最为人津津乐道，招致的冲突也最多。但这不是唯一的象征。似乎男人和女人的身体都躁动不安，随处可见，这是以往不曾有过的情形。他们穿的衣服越来越少，甚至惊世骇俗，或者干脆就赤身裸体，招摇于舞台和沙滩之上，行走在街头（尽管还没到一丝不挂的地步！），刊登于杂志，出现在电影院。如茨威格所指出的，对任何观察者来说，

1900年左右的柏林街景——女人穿着紧身胸衣，裹得严严实实；男人则穿得正正经经，一丝不苟——与1926年时的差别是显而易见的（见图2.4）。

但这样的变化，该做何解释呢？每个评论家都会说：战争。我们则还要加上一个：革命。这两者都严重瓦解了人们对权威的敬畏，包括德意志帝国时代关于道德和性的标准。对很多人来说，身体的解放——无论发生在床头、街上，还是海滩——是进入现代的一个强有力方式，表达了对1918年前德国那个囚笼般世界的否定。此外，大众媒体以展示美丽的身体为生。电影、摄影、杂志都蓬勃兴旺，因为视觉形象——无论广告，还是某种艺术形式——有力呼应了人的需求，而到了20世纪20年代，这些形象又轻易就能大量复制（如我们在第6章所见）。而且，业已形成的"大众"社会现在能够聚集成千上万之众，观看竞技比赛，无论是拳击赛，还是足球赛。这些赛事也可通过电台实况转播，或者在报纸上得到报道。或许（仅仅是个假设），20世纪20年代至30年代初，所有对于健康性感之身体（无论男女）的关注，或许是大众的一种心理反应，回应了第一次世界大战造成的伤残——人们到处可以见到战争的伤兵，有的截了肢，有的瞎了眼睛，有的部分毁容。

无论如何，各种思想交织混合之中，人们的身体被组织、被解放，这是很多魏玛经验的典型特征。德国人爱上了跳舞，胜于以往任何时候。得益于收音机和留声机的广泛使用，酒店和咖啡馆每天下午晚些时候会举办舞会——叫人有些吃惊的新鲜事（图8.2）。到了晚上，大型舞厅挤满了成百上千的人。如果德国人终日流连于舞池，更有甚者，终日欣赏美国爵士乐，模仿美国的时尚——如跳狐步舞（fox-trot）和查尔斯顿舞（Charleston）——那如何有时间工作和照顾家人呢？穿插歌舞的时事讽刺剧是柏林卡巴莱歌舞表演的基本特色。如同著名的火箭女郎俱乐部（Rockettes）或者哈莱姆区（Harlem）棉花俱乐部（Cotton Club）的舞蹈演员，柏林红极一时的卡巴莱表演中有"女孩"节目，主要特点是穿着紧身衣的女性站成一排，做出整齐划一的舞蹈动作——

图 8.2　1926 年，在柏林埃斯普拉纳德（Esplanade）旅馆的花园中，人们在爵士乐队的伴奏下跳舞。Bundesarchiv, Bild 183-K0623-0502-001 / CC-BY-SA 3.0 / Wikimedia Commons.

批评家和社会理论家西格弗里德·克拉考尔在一篇名文（第 7 章中对此做了讨论）中指出，令人奇怪的是，这种表演融合了普鲁士的军国主义和魏玛的性感（图 7.2）[47]。

尽管魏玛的很多辩论都聚焦于女性，但男人也没怎么被遗忘。即使是主流的《柏林画报》，也辟出关于男性之美的版面——当然不是裸体男人，而是理想化的德国男性形象。这些形象来自电影和种族的固有观念，即在雅利安人和犹太人之间做出严格的区分。从黑发的神秘形象，到开放迷人的形象，一整套风格各异的图片，给该报一篇名为《男性美之魅力》（"The Magic of Male Beauty"）的文章增色不少（图 8.3）[48]。可是，从中我们看不到任何犹太人或非欧洲人的形象。电影明星保罗·里希特（Paul Richter）被描述为一个有着齐格弗里德那样身材（Siegfriedgestalt）的人，演员罗纳德·科尔曼（Ronald Colman）被认为是一个"现代型的美男子"。甚至自由主义的乌尔施泰因出版社都推崇的阳刚之美，此时已成为传统。

图 8.3 《男性美之魅力》,《柏林画报》,1927 年 6 月 26 日。魏玛社会对身体的迷恋同样也延伸到了男性。

但阳刚之美也更为强悍。20 世纪 20 年代,拳击成了大众当中风行一时的运动项目。数千人蜂拥而至,围着拳击台观看马克斯·施梅林与其他偶像相互搏击(图 8.4)。文学和文化精英对他们百般讨好,为比赛和拳击手的身体赋予重要的哲学意义。[49] 贝尔托·布莱希特、约翰·哈特菲尔德、乔治·格罗兹等很多文化名人——无论左翼,还是右翼人士——都成为施梅林的拥趸,对他极尽溢美之词。当然,他们希望潜移默化中也能沾染些拳击手的阳刚之气。对很多德国人来说,这名拳击手标志着男性勇于竞争和格斗的传统再度复兴。拳击台上,一个

图 8.4 马克斯·施梅林（中）和他的教练（右）及经纪人（左），1931 年 6 月。Bundesarchiv, Bild 102-11915 / CC-BY-SA 3.0 / Wikimedia Commons.

男人与另一个男人对峙，这是一场个人之间的原始斗争形式。拳击手以强大的力量战胜了现代男性堕落的体格——这群无法辨认的人，身型肥胖又驼背，他们成群结队在人世间跋涉，或者在战争中受了重伤。拳击手不属于这个人群，在身体和精神方面重新燃起了希腊人的理想。但拳击手也是现代人：硬朗、干净、敏捷，一个由美国思想塑造的人，强而有力。

对一些人来说，施梅林的形象只是个开始。身体只有褪去衣衫，才是正道，才能获得美誉。裸体主义能将灵魂和身体、人与自然重新合而为一。剥去束手束脚的衣衫后，德国人才能在森林与湖泊中运动嬉戏，才能重获原初的德国精神。汉斯·苏伦（Hans Surén）大获成功的《人与太阳》(*Der Mensch und die Sonne*) 仅一年之内就印了 61 次，共售出 25 万本。该书融合了陈旧的哲学、老套的浪漫手法和夸张的文字，以此向自然和裸体主义致敬：

向你们所有这些热爱自然和阳光的人致敬！你们愉快地漫步于田野与草地，徜徉于山丘与溪谷。你们赤着脚，身穿亚麻宽袍，领口松开，身后背着包，快乐地闲逛，无论天空碧蓝，还是暴雨肆虐……但是，如果你在溪边或湖边脱掉衣服，沐浴在阳光和水流中，愉快的感受就更深刻了。奇妙的自由之感从你们身体中流淌而过，你们为此欢欣鼓舞。现在，你们体验了自身，体验了自己的身体！……在我们自然的赤裸中，有一种纯洁、一种神圣。我们在裸体的美丽和力量中，体验到奇妙的神启。这裸体由神一般的纯洁幻化而来，这纯洁从这只睁开的清澈眼睛中发出光亮，而这眼睛又反映出一个高贵而探究的灵魂所具有的全部深度……因此，向所有在自然、健康的裸体状态中热爱阳光的人致敬。[50]

只有在需要忍受太多阴雨天的气候中，才会有人就阳光和裸体写出如此糟糕的文字。

苏伦的书中会反复出现以下主题：太阳、裸体、健康——这些是通往幸福的道路，个人如此，作为一个民族（Volk）的集体，同样如此。苏伦声称，古希腊人和古罗马人懂得阳光和裸体的益处。他们只用最单薄的衣服来应对严酷的天气，只穿着草鞋跨越万水千山。条顿人的（Teutonic）祖先也懂得这一点，但遗憾的是，基督教的胜利导致了很多这些优点的沦丧。苏伦甚至宣布，希腊文化属于日耳曼人，因为古希腊人来自日耳曼人。无论这段历史多么离奇，无论希腊人与日耳曼人一脉相承的观念多么奇怪，这样的立场使得苏伦认为，通过在裸体的状态中嬉戏，当代德国人正在重现祖先的生活。回到过去，就能重塑民族体魄（Volkskörper），即德意志种族群体的健康。[51]

男性赤裸着身体在草地上奔跑，在工作中吸收阳光，从山坡上往下滑雪，在湖中嬉戏——这些在《人与太阳》中不断出现（图 8.5、图 8.6）。显然，一种明显的同性爱欲成分，尤其是对男性古铜色赤裸身体的崇拜，贯穿于苏伦的作品之中。然而，苏伦也对未婚和已婚女性

第 8 章　身体和性爱　　337

图 8.5　汉斯·苏伦，德国体操运动员。众多个人和团体都鼓吹裸体是通往健全的道路，对于右翼则意味着德意志精神的复兴。在现代社会的腐蚀下，个人乃至社群的身体与精神变得羸弱，而沐浴在阳光下的裸体操练可令其重振。苏伦的书《人与太阳》大获成功。G. Riebicke, Galerie Bodo Niemann, Berlin.

图 8.6　汉斯·苏伦，运动后的石灰浴。剧烈运动后，就到洗个石灰浴的时间了，彼此轻松地嬉戏一番。苏伦是右边那个古铜色皮肤的男子，正慈爱地观察着他的学生们。照片中同性恋的色彩显而易见。G. Riebicke.

图 8.7　汉斯·苏伦，出自多拉·门茨勒（Dora Menzler）的《你身体之美》（*The Beauty of Your Body*）。苏伦并未忽视女性，倡导一种理想化的女性之美。

提出了建议："女人必须强壮而坚毅，但也绝不能丧失规定自我本性之物，即女性在运动和身体中表现出的和谐。"通过和着音乐的有节奏运动，她会发现自己的天赋和能力，这能帮助她融入群体之中，既强化了自己的个性，也强化了更大范围的社会（图 8.7、图 8.8）[52]。

在各个政治派系中，苏伦所宣扬的这种身体文化都有支持者，即

第 8 章　身体和性爱　　339

图 8.8　汉斯·苏伦，冯·拉班（Von Laban）舞蹈学校。依苏伦之见，女性还必须进行协调性训练，最好全身赤裸。

使不是所有人都会像他那样，到了提倡裸体的地步。几乎所有的政治运动或政党都宣称，国民的健康有赖于健康的身体，以及与自然积极的交流。德国人囚困在工厂之内，做着重复的动作，遭受工业城市中烟尘的毒害，工业时代所需的艰苦劳动侵蚀了他们的健康，而参与城市外围山林中有组织的徒步旅行，能使他们重新精神焕发。积极有为的身体能使个人再次变得完整，并借此修复德国全体国民的身体。共产党人和社会主义者各自都有裸体、自行车和健步社团，旨在提倡健康的生活方式，号召人们参与徒步登山、骑车旅行，在精神和身体上保持无产阶级本色，团结起来展开阶级斗争。所有人，从共产党人到纳粹分子，都提倡体操——这种大力倡导可以一直追溯到 19 世纪——提倡健康、慈爱的女性形象。

所有的政党也都有一个反面形象，即患病、虚弱、堕落的身体，用来代表"他者"。在共产党和社会民主党的政治宣传中，老板被描画得肥头大耳、虚弱无力，象征着奢华和财富的堕落。这个旧日的形象可回溯到19世纪，甚至更早。共产党人使社会民主党人看起来更是一副病恹恹的模样。（在共产党人看来）社会民主党人跨越了无产阶级和资产阶级世界之间的界线，于是就被表现为软弱变节者、老板和官僚的马前卒，都是大腹便便、自以为是的家伙。女性常常被描述为受压迫、被践踏的人，资本主义剥削的受害者，因而需要英勇的男人救她们于水火。

共产党人所呈现的社会民主党人，与另外两个形象有着一些惊人的相似之处：由来已久的反犹太人描写、慵懒堕落的新女性形象。二者作为危险之缩影，反复浮现。这些人的身体无一是挺拔的形象，要么驼着背，要么就胖得瘫作一团，一副欲壑难填的自私模样。新女性是现代、高雅和时尚的，完全一副自我放纵的样子。这些形象中，她们对国家或族群没有任何贡献——提供不了货品、价值、关爱，当然也不能生育孩子。20世纪20年代，每个右翼政党和运动都公开散布反犹形象，变得甚嚣尘上。犹太人肯定都驼着背，留着长胡子，看上去阴险恶毒。他们一律长着大鼻子，眼睛从深陷的眼窝里，不怀好意地往外张望。他们的四肢——与其说是手臂和腿，还不如说是触角——张开来，趴在地上，或者趴在那些不明就里的受害人身上，诱其落入圈套，以此实施犹太人征服世界的阴谋。这种形象丑陋堕落，而最终的悲剧和讽刺之处在于，纳粹先剥夺了犹太人的生存条件，然后创造了他们所表述的犹太人之羸弱身体。

但是，具有威胁性的男性形象有时并不虚弱，而是强壮的庞然大物，外形如猩猩一般，夸张地长着非洲人的五官，对德国造成了威胁。保守派人士既用这种形象来描述法国殖民地军队，他们参与了对莱茵-鲁尔区的占领（详见第3章）；也用来描述布尔什维克士兵，他们随时可能颠覆这个国家（见彩图9）。

魏玛时期的身体文化有着强烈的军国主义色彩。共产党人组成纪律严明的方阵向前行进。苏伦受雇对德国国防军的运动和体育项目实施改革，并于1933年加入了纳粹党。保守的右翼不顾现实中发生的机械化战争，不顾第一次世界大战中以工业化方式实施的屠杀，坚持使用过时军事战术中的英雄形象。士兵骑在马上，保卫着国家；步兵端起火枪，上好刺刀；熠熠生辉的军服，铜质的纽扣，阳光下闪烁的勋章：对于一个在战争中败落、在国内冲突中四分五裂的国家而言，这是令人感到慰藉的形象。

◇ ◇ ◇

带来性刺激的塞壬之歌、身体的躁动不安也使人深感忧虑。所有这些疯狂的举动意味着什么？有时，即使是那些左翼人士也表达了担忧。爵士乐及其伴奏下的舞蹈节奏紧凑、动作夸张，似乎代表了一个错乱的世界、一个空洞无物却疯狂寻找意义的世界，徒劳无益地追求时尚和新潮，以取代对于深刻存在的永恒思考。卡塔琳娜·拉陶斯（Katharina Rathaus）和阿莉塞·格斯特尔（Alice Gerstel）在重要的思想杂志上指出，昔日舞蹈中"闲适的步态"被查尔斯顿舞动感疯狂的动作取代，爵士乐队伴奏下的舞蹈有着"绝望力竭、轻快恣意、气喘吁吁而无拘无束的步调"[53]。有失，也有得：失去了19世纪有序、可控和从容的资产阶级世界；通过爵士乐和美国——原始与现代之结合，在德国人眼中，这尤其由非裔美国人所代表——自由力量的影响，而得到了解放。

性革命能够施加自身的压力，尤其对那些涉足"进步"和"解放"圈子的女性。只要拒绝性爱的要求，就会招来心理学军火库——这是20世纪20年代有关性压抑的心理学呓语——发出的猛烈攻击。1930年，作家和记者格蕾特·乌伊海伊（Grete Ujhely）在一家魏玛时代的顶尖思想刊物上写道："你是否曾经对造物主说过不？……结果，有人会从精神分析的角度,在接下来的半个钟头对你作时兴的说教,重点强调这个美好而便利的词语——压抑(inhibitions)。如果这套说辞毫无效果,此人就会依照自己的逻辑振振有词地得出结论,要么说你性冷淡,要么就是冥顽不化。通常,二者兼而有之。然而,他不会得出以下的结论——无论如何,这样的结论是可能存在的——他的鼻子也许并不吸引你。"[54] 她的结论?"所有的女人都有这样的权利,但绝无这样的义务。"

魏玛著名的评论家西格弗里德·克拉考尔做出的评价,甚至更加尖锐。对克拉考尔来说,所有对身体的关注都只是欺骗,是一种对表象的兴趣,掩盖了资本主义现代性在大众消费阶段的压迫和不公之特征。

> 体育运动的推广并不能解决人的心理症结,而只是大规模压迫的征候之一;它也无助于社会关系的重塑,但总而言之,这是去政治化的一个重要手段……水上运动在柏林如此流行,并不只是因为这里湖泊众多。成千上万的年轻雇员梦想着泛舟湖上……[或者]为了驾驶帆船,而放弃所有其他的娱乐……赤身裸体逐渐演变成从普遍社会制约中摆脱出来的个体之象征,水被赋予了神秘的力量,能够洗净工作场所的污垢。正是因为经济体系的"水压",我们的室内游泳池才人满为患。但实际上,水只能清洗身体。[55]

克拉考尔的赞美中也有些阴霾,一种尖刻冷淡和冷嘲热讽,似乎人们享受几天或几小时的快乐,就如同犯了什么错似的。

> 一天晚上,月亮乐园(Luna Park)的喷泉有时会有表演,由孟加拉烟火照亮。一道道红色、黄色和绿色的锥形火光不断重现,旋即又堕入黑暗。这番烟花绚烂之后,才知道这火光来自几个小圆筒粗劣的软骨状结构。喷泉与很多雇员的生活相仿,逃离了恶

劣的处境，进入愉悦的状态，让自己被孟加拉烟火照亮，又消失在黑夜的空虚中，毫不在乎自己源自何处。[56]

对克拉考尔来说，水没有什么重要的精神意义，只是能洗去污垢。光明堕入了虚空。也许如此。但是，所有这些娱乐，这种身体意识，果真如此不堪吗？德国人花上几个小时在酒店跳舞，在万湖游泳，观看赛马或拳击赛，或者相互偎依着躺在地上，就如此糟糕吗？即使第二天早晨，他们又回到生产车间、办公室或者销售柜台。

◇ ◇ ◇

但是，对于所有这些有关性的讨论、这些招摇于朝市的身体裸露，教会尤其大声疾呼、明确反对。在新教和天主教教会看来，这一切都明目张胆地标志着这个时代的精神危机——它们认为，这场危机是在公众的积极怂恿下造成的。尽管路德宗与天主教教会观点相左、相互敌视，但还是发出了相似的基调：家庭是社会的根基，只有融入了基督教价值观的家庭，才能为建设健康、富饶的社会和有德、强大的国家打下基础。不奉神的世俗共和国——两大教会对其不断谴责——敬人而不敬神，导致了道德的瓦解和家庭的弱化。基督教徒认识到，健康的家庭生活需要一定的经济基础，他们批判了很多德国人一贫如洗的境况。但是，他们也把经济危机的责任归咎于共和国；最终，他们最关心的还是精神问题，以及"自由恋爱"（free love）对基督教教义造成的威胁。

几乎每个星期天，教区居民都能在教堂听到这些观点。更大规模的信众集会——例如，路德宗和天主教教会定期召开的全国会议——提供了一个重要的论坛，用以重申教会的教义并猛烈批判共和国造成的性道德沦丧。1924年的路德宗教会大会上，身为教授和教会重要官员的 D. 蒂蒂乌斯（D. Titius）也做了类似发言，他宣称："我们的大量信众抛弃了永生的上帝，转而沉溺于世俗的享乐，并将人作为崇拜的对象。"[57] 蒂蒂乌斯重申了标准的路德宗教义，即家庭是教会和国家的"活的根基"。"在基督教徒的婚姻和家庭生活中，上帝和人、自然和仁慈最为隆裕。"[58] 天主教徒在1929年的会议上发表了相同的观点，当时会议的主题是"挽救基督教家庭"：

> 家庭的堕落与国家的堕落是密不可分的。出于自然和神的意旨，家庭是国家的基础。但如果基石被掏空，并开始崩裂，那么整个建筑就会受到威胁……毫不夸张地说，我们可以把家庭问题描述为当今最严重的社会问题。[59]

人口出生率急剧下滑、可耻的堕胎数字、性病发生率快速上升，这些都是令人担忧的现象。新教人士指责说，在德国某些地区，婚前性行为已经成为新的道德准则，而"婚前守贞"却成了个别例外。甚至婚外私生子的出生都不再被视为一种罪孽。[60] 社会秩序"曾经如此牢不可破，此时已松动瓦解，严重威胁到了对女性的保护和女性尊严……[威胁到了]男性固有的荣誉感和责任感"[61]。

什么造成了这样的道德危机？是激进的社会主义和极端的个人主义，二者都蕴含于共和国之中——这是教会领袖的看法。所有这些力量都被视为对现存婚姻秩序的威胁。它们支持自由恋爱，这绝不是重振道德的基础。实际上，主张自由恋爱和崇尚情欲者在欲望的祭坛前顶礼膜拜，毁掉了爱情和婚姻的真正意义。相反，真正的爱情意味着对配偶缺点的容忍，意味着彼此间的体贴和关爱。真正的爱情意味着一夫一妻制，彼此忠于对方；真正的爱情能够管控欲望。"就身体和道德而言，家庭生活正处于最剧烈的变动之中。"一位领袖在1924年新教的秘密会议上如此宣称。"只有巩固和延续婚姻与家庭生活，才能重塑德意志民族。而这只能建立在福音的原则之上。"[62]

与新教徒一样，天主教徒相信基督教家庭几乎在所有方面受到了魏玛文化与社会的威胁。必须针对世风日下、道德崩坏，针对自由主义者、社会主义者和共产党人对天主教青年信众的影响，发起一场真正的战争。[63] 教会只有斗志昂扬、枕戈待旦，才能挽救家庭，才能确保以正确的基督教方式培养天主教的青年信徒。1929 年的会议上，一个又一个发言者反复强调婚姻是神圣的，家庭是社会的核心单位，天主教世界面临着危机。家庭受到的威胁象征着国家和社会所受到的挑战，因为二者都依赖于家庭这一核心单位。修道院院长阿达尔贝特·冯·奈佩格（Abbot Adalbert von Neipperg）在开场发言中说，"这个时代最致命的病症"是家庭抛弃了上帝，无法受到"上帝神光"的荫庇。其他与会者都群情激奋、异口同声地认为："现代生活崇拜的是人……而人则崇拜自己。"[64]

任何人胆敢松动德国严格的离婚法，或者企图取消堕胎的禁令，两大教会都会坚决反对。路德宗和天主教信徒认为，这类改革都直接违背了基督教——有关婚姻之神圣性和人类生活之圣洁——的教义。他们也强烈反对在公立学校中减少或取消宗教教育的各种改革提议。蒂蒂乌斯在路德宗的会议上宣称："我们所致力的道德重建不能通过松动婚姻关系来实现，要通过对此关系的净化达成。"[65] 只有通过家庭、教堂和学校中的基督教教化与教育，通过在公共和私人生活中敬奉上帝、复兴基督教的道德，真正的家庭生活才能重建。人口出生率的骤降不仅说明人的自私，也表明人抛弃了上帝的意志和国家的利益。[66]

正如 1929 年的天主教大会宣称的那样，女性面临着特殊责任："每个女性必须知道和懂得，一旦有了婚姻的约束，她就要承担其作为家庭灵魂的首要责任。有了这一责任，她就必须认识到，爱的奉献是自己人生的理想。"[67] 信奉天主教的工会官员约瑟夫·戈克尔恩（Josef Gockeln）重申了天主教教义中有关女性特质（*Eigenartigkeit*）的内容。"对我们来说，保存和宣扬女人真挚的天性，要比赋予她们正式的法定……权利更为重要……对于女人，我们无论做出何种努力，都绝不能忘记她们是母亲。"[68]

对于虔诚的基督教徒来说，共和国就等同于性话题的讨论、限制家庭的策略、新女性、剧增的堕胎率和离婚率。共和国缺乏道德内核，实际上还积极地走向了其反面，即道德沦丧。

◇ ◇ ◇

在魏玛时代，人们对性的讨论如此郑重其事，至少在后人看来，有点滑稽的味道。无论如何，以科学或官样文体写成、宣称何谓快乐的宣言或学术文章，不大能够带来愉悦的感觉。德国母亲权益保护协会（German Association for the Protection of Mothers）捍卫一夫一妻制，但同时也承认婚姻未必能包括"所有合理的爱情关系"。这个组织的工作目标承认："人类的性欲是一个强有力的工具，不仅用来繁衍后代，还能不断发掘生命的快乐。"该组织继而宣称："人是感官和情感的动物，其思想和身体的特性同样有权获得健康和持续的发展。"[69] 非常感谢，这是人们对此做出的回应。现在我们已经懂得，性是一种常态，而且应该是愉悦的。

然而，这样的回应是不公平的。显然，德国人因为性和家庭而感到忧虑，因二者导致的关系失衡而痛苦。他们需要得到指导，至少阅读了魏玛时期不可计数的性爱和婚姻手册以及其他著述后，情况似乎是这样的。性变革者们——其中很多是医生——对很多病人性生活中表现出的限制、拘谨（有时是野蛮）感同身受。多数变革者都是左翼人士，很多是社会民主党或德国共产党的党员。他们从自己的诊疗实践中，了解到病人艰难的处境和悲惨的故事。对于有些人的伪善和对性的道德谴责——很多人只是在人的正常欲望驱使下行事，却因此感到悔恨、罪恶和绝望——他们也予以批判。这些变革者相信，对公众的性教育和更为人性的法律，能够减轻不安全堕胎、性病和不和谐的两性关系带来的痛苦。随着生活条件和性教育的改善，伴侣之间亲密的关系和愉快的性爱就能成为日常生活的一部分。在这些变革者身处的专业领域中，他们必然认为自己拥有所需的知识和技能，向病人提供教育、咨询和诊治；而只有通过他们提供的启蒙，人才能成为完整意义上的人。

对于魏玛时代有关性和身体的讨论与形象，整个德国的保守派人士——尤其是新教和天主教教会——都深恶痛绝。对他们来说，这一切代表了享乐主义、无神论和物质至上主义世界观的胜利。对此，他们予以猛烈回击，同时也反对共和国——他们把德国肆虐的堕落现象归咎于共和国。20世纪20年代和30年代，其他西方社会也就新女性和性解放展开了激辩。但在德国，这些议题与政治制度的关系如此密不可分，也许没有任何其他国家可以比拟。一方期待共和国能够为充分、美满的性生活创造机会，另一方则斥之为道德堕落的渊薮、德国人生活中所有弊端的肇因。

"正是因为战争，大量女性才不再遵从男性的典范，并随之放弃了传统的女性角色，"小说家罗伯特·穆齐尔写道，"女人……已决心创造出自己的典范。"[70] 如约瑟夫·罗特所写，历经革命，人们曾经认为稳如泰山、永恒不朽的东西，结果证明是脆弱和短暂的。[71] 道德观念如此，政治体制亦然。在摧毁人们对既定权威的敬畏方面，战争起到了很大的作用。通过战争，人们也看到了生命是如何转瞬即逝的，一个曾经活力充沛的强健身体如何突然间只能蹒跚而行、饱受煎熬。在此氛围中，享受人生的快乐也就刻不容缓了。至少对一些德国人来说，战争尽管造成了如此浩劫，却也摧毁了流行一时的性观念。在革命的推波助澜下，这些变革从工兵代表会，波及了画家的画布、建筑师的蓝图、床上的男女，且呈现出不同的组合方式。

然而，这不仅涉及整体和快乐。经过第一次世界大战的暴力，随处可见战争中的伤员，有些人的身体上留下了可怕的伤疤。对此，德国人竭力转移自己的目光，却办不到。有时，这些截肢后的身体激发了人们对毛骨悚然之物的迷恋，常常从伤兵转移到了各种女人的身上。乔治·格罗兹和奥托·迪克斯（Otto Dix）这样的画家，在画布上描绘了被肢解的、血淋淋的女性身体；涉足准军事组织的作家则表达出对女性的原始恐惧,并且以最残忍的男性幻想和无所不在的右翼暴力,回应这种恐惧。[72]

在共和国的末期,对家庭的恐惧以及男性的性焦虑,引发了对女性猛烈无情的攻讦。这一时代中所有的社会不安全感,都和对女性的批判——指责她们是文化堕落和经济危机的始作俑者——搅在了一起。新女性似乎对国家或种族的生存造成了威胁。她们追逐自身的享乐,表现出的自我放纵一点一点侵蚀了民族的核心价值观:女性应该生儿育女,以弥补战争中损失的人口。

随着20世纪30年代初经济危机的进一步恶化,女性已经无力为平等的薪酬而斗争,她们不得不为工作的权利而战。此时,人们众口一词——工会成员、政府官员、宗教领袖、社会改革家——呼吁女性放弃带薪的工作,为男性腾出岗位。这样的要求几乎没有什么经济学的依据,却引起了强烈的共鸣。而且,魏玛自我标榜的福利国家愿景在很多方面受到了攻击,"消极优生学"(negative eugenics)——阻止那些基因质量低劣者繁衍后代的观念——得到了越来越多的支持。[73] "女人越来越失宠了。"魏玛观察家希尔德·瓦尔特(Hilde Walter)写道。或许,在"一种莫名的性恐惧"驱使下,男人发表了如此不可理喻的言论,即只要把女人驱逐出劳动力大军,陷入绝境的经济就能复苏。[74]

但是,对新女性的攻讦不再限于经济领域,而变得肆意妄为起来,尤其在共和国的最后几年,因为新女性似乎成了魏玛精神的化身,于是敌视共和国者就在宣传中把新女性的形象与犹太人和布尔什维克混为一体。性开放的女性、犹太商人、共产主义革命者——都被混为一谈,成为右翼心中的梦魇。

然而,魏玛还是提供了别样的自由愿景。多数性变革者在一战前就接受了教育,有些人——如赫希菲尔德——已经从事写作和演讲多年。魏玛德国使他们有机会赢得了大量的受众:这是可遇而不可求的机遇。魏玛社会的开放性使他们的思想获得了广泛传播;魏玛政治——全国范围的医疗和福利立法、锐意改革的市政当局、数百个半公半私的协会和诊所——为他们的工作提供了制度性平台，较之同时期的其他欧洲国家要宽广得多。变革者主张，满意的、负责任的性生活是现代生活的关键部分。

魏玛时代，关于自然和身体享乐的幻想历时良久。但即使在此方面，魏玛的现代性也有其局限性，即从来不能不干扰个人或夫妻。满意的性事背后，总有某个社会和政治目标，如国民的身体、道德或文化健康。而关于这一点，至少各方——主张基督教家庭节制性事的人、致力于改善性爱质量的人——都能达成一致。但是，关于自由女性和愉悦性爱的每次发言、每篇文章和每个视觉形象，都令很多德国人勃然大怒，其中既包括那些不明确忠于新教或天主教教会的人，也包括不忠于右翼政治势力者。他们的反应中充满了敌意，折射出根深蒂固的心理和性焦虑。当然，很多社会是可以与这些紧张气氛相安无事的。但在魏玛，这些焦虑逐渐发展成为具体的政治表述。对于共和国的很多不同敌人来说，正是共和国这个"体制"——这是他们的说法——把德国出卖给了外国列强，毁掉了德国健康的经济，向犹太人以及其他所谓的外国人打开了大门，并造成了性放纵。

可是，后人应该为这些性变革者的努力和行动鼓掌——尽管他们有自身的局限性——并且扪心自问，在性的问题上，我们与20世纪20年代相比，到底取得了多大进步。

第 9 章

右翼的革命和反革命

共和国的缔造、宪法、令人惊叹的现代建筑作品、对于现代性意义的哲学和文学玄思、令人炫目的戏剧作品、引人入胜的电影、女性解放、性爱实验、新的社会福利方案——所有这些魏玛时代的伟大成就，每走一步，都引来激烈的争议。反对势力，来源甚广。有的是共产党员，他们支持其中的一些进步，同时又在一定程度上导致魏玛共和国多数时候都深陷乱局。但是，这些共产党员从来没有得到（获取权力所需的）足够的资源和支持。

相反，共和国最危险的敌人总是来自右翼。其中有些右翼位高权重，居于社会中最有权势的机构——军队、新教和天主教教会、国家官僚机构、工业和金融业、中小学和大学。只有在公共服务部门，魏玛政府才能做出一些人事调整，向那些拥护民主制度的新人提供职位。即使在公共服务部门，实施的效果也会打折扣。其他领域——重要机构的中上层——的人事安排，很大程度上延续了1918年前的帝国体制，其中的神职人员、军官、公务员、教授和商人具有强烈的反民主倾向。但是，魏玛的敌对者中，也有来自下层社会的各色人等：无家可归的一战老兵、心怀不满的教师和店主、街头政治中的煽风点火者、民间的天主教和新教信徒。他们建立了新的组织——政党、协会、出版社、准军事集团——推行新型的暴力政治，很大程度上造成了魏玛社会的激进和混乱。最终，魏玛的敌人——那些当权的保守分子和激进的右翼——会走到一起，在纳粹党的领导下形成一个巨大的联盟。他们会摧毁共和国，摧毁共和国带来的所有文化繁荣、社会进步和个人解放的机会。

当权右翼与激进右翼之间的和睦相处，绝非易事，彼此也从未完全和解。毫不夸张地说，激进派人士建立了数百个组织，直到20世纪30年代初，大多被纳粹党人所吞并。激进右翼势力的成员常常过于捉摸不定、行事凶悍，他们来自社会底层，毫不敬畏那些将军、大主教、土地所有者、银行家、教授和国务秘书——这些人构成了德国传统的保守派精英阶层，渴望回到过去那个有序、专制的德意志帝国。同时，全面的战争和革命改变了这些掌权的保守派。他们总体上不再信奉君主制，并认识到群众被动员后产生的力量。紧随一战后的几年中，他们支持对遍及整个中东欧的革命力量诉诸大规模暴力；很多情况下，以更坚决的态度反对犹太人。20世纪20年代和30年代初，他们渴望有一个强势的领袖，能够带领德国走出他们所谓腐败堕落和道德沦丧——这些都是共和国的特征——的泥沼。

简而言之，旧式的权力精英为了反对共和国，愿意支持新的思想和制度。他们背后是庞大的中产阶级，该阶级所渴望的无非就是秩序和稳定。大萧条导致了政治和经济危机，加之纳粹党极度活跃，希特勒个人魅力很强，在这些因素共同作用下，共和国形形色色的掘墓人终于携起手来。无论这个联盟内部多么脆弱，内部关系多么紧张，但整个魏玛时期，当权右翼和激进右翼在某些理念和价值观上达成一致，彼此拥有共同语言，因而关键时刻能团结一致。两个阵营的成员在1920年都支持了卡普政变；对于马蒂亚斯·埃茨贝格尔和瓦尔特·拉特瑙二人遇刺，均拍手称快；双方曾携手反对杨格计划，并最终支持和接受纳粹执掌权力。

有些关键词和短语包含了右翼的共同语言——民族性（*Volkstum*）、德意志民族特性（*Deutschtum*）、过度的外来影响（*Überfremdung*）、背后捅刀（*Dolchstoß*）、凡尔赛的律令（*Diktat von Versailles*）、投机商的共和国（*Schieberrepublik*）、可耻的共和国（*Schmährepublik*）、犹太共和国（*Judenrepublik*）、斗争（*Kampf*）、第三帝国（*Drittes Reich*）、领袖（*Führer*），这里仅列举一些最重要的例子。这些词语在讲坛上被大肆宣传，在报纸、传单和小说中被印制，在议会中被抨击，在标语牌上被展示，在东普鲁士庄园和整个德国境内豪华住宅的晚餐桌上被人谈起。这些词语表达了对某种德意志人本质的信念，即所谓一个有道德、勤劳、审慎和富于创造性的民族，其端正的品性乃是源于共同的"血统"（"民族性""德意志民族特性"）。这种德意志性（Germanness）的种族意识渗透进了诸如教会——教会明确反对种族意识形态——这类机构的语言中。按照这样的思路，德意志民族受到了各种敌人的威胁。这个国家及其国民、血统正在遭到不同外国势力的渗透，尤其是犹太人，还有波兰人在内的斯拉夫人。他们正在涌入德国（"过度的外来影响"），剥削德国人，把财富建立在德国人的痛苦之上，毁掉了这个国家的种族纯粹性。就是这些人在第一次世界大战的巨大浩劫期间，从内部削弱了德国，在背后捅了一刀（"背后捅刀"），并且在所有社会领域继续为非作歹。他们与德国境外的敌人——尤其是将《凡尔赛和约》强加给德国的法国——沆瀣一气，建立了共和国。这是一个高利贷和剥削者的体制（"投机商的共和国"），令德国人声誉扫地（"可耻的共和国"），最终成了犹太人的共和国（"犹太共和国"）。这与德国人的本质格格不入、背道而驰。人民现在需要一个新的、第三个帝国（继中世纪的神圣罗马帝国和1918年之前的德意志帝国之后），即由一位"领袖"——他是德意志民族的本质和命运的化身——统治的"第三帝国"。这个伟大的人物将肩负"斗争"的使命，反对共和国所代表的所有放纵堕落的人与思想，带领德国人前往繁荣的乐土，赢得文化成就和民族荣耀（重要性不亚于前者）。

纳粹党人有效利用了所有这些词语，这样的语言在各阶层的民众中产生了共鸣，因为一连串的危机对共和国造成了沉重打击。但这些词语绝不是希特勒自己发明的。它们构成了魏玛时期当权右翼和激进右翼的通用语言。纳粹分子精于此道，借用了这些词语，但知识分子和神职人员又提炼加工，使其臻于完善。通过新教和天主教教会的无数会议和出版物，通过学术文章的大量扩散和大肆的政治宣传，这些关键词和关键短语在整个魏玛社会散布开来。至希特勒于 1933 年 1 月 30 日被任命为总理，民众对他的乃至右翼的语言已耳熟能详。

"保守的革命者"（conservative revolutionaries）——20 世纪 20 年代，他们就已这样被人称呼了——在右翼思想的发展过程中起到了关键作用。正如这个自相矛盾的措辞表明的，他们融合了某些旧式的保守观念——如遵守等级秩序，渴望伟大领袖——和现代人对于技术、政治宣传与民众动员力的重视。其中很多领导人——埃德加·容（Edgar Jung）、马丁·施潘（Martin Spahn）、卡尔·施米特（Carl Schmitt）、奥斯瓦尔德·斯宾格勒、恩斯特·荣格——都是杰出的知识分子，都曾受益于德国一流的精英教育制度。最近数十年来，这样一个观念流行起来，即广义上的右翼政治，尤其是纳粹主义，只是出自那些利欲熏心、自私自利的精英和一帮恶棍暴徒之手。但这样的理解是错误的。实际上，很多时候，德国的保守革命者都是严肃的思想家和作家，只是他们恰好也极其反对民主制度，（很多情况下，当然不是所有情况下）也反对犹太人。[1]

奥斯瓦尔德·斯宾格勒所著的《西方的没落》(*The Decline of the West*)就是掌权右翼和激进右翼的一本奠基性文献，这本书红极一时，影响力远远逸出了这些群体的范围。该书第一卷出版于 1918 年，恰逢德国遭遇战败的危机时刻；第二卷于 1922 年问世，当时德国正处在《凡尔赛和约》影响下的严峻现实之中。斯宾格勒文笔精湛，竭力说明所有文化都依据亘古不变的规律兴起和衰落，这在德国及德国之外的民众当中都产生了共鸣。书中的理论引发了辩论，还经常遭到专家的驳斥，但对斯宾格勒的走红，几乎没什么影响。到 1926 年，该书光在德国就已售出了 10 万本以上，真是一个不得了的数字。[2] 由著名出版商艾尔弗雷德·A. 克诺夫（Alfred A. Knopf）发行的英文译本，在美国和英国都赢得了书评人的赞誉。这本书还被翻译成了很多其他语言，包括阿拉伯语。哲学家汉斯·约纳斯（海德格尔的学生）多年之后回忆道，《西方的没落》第二卷的内容，他全都"欣然接受"了，因为这本书对古代世界的认识，与约纳斯在自己第一本书中的观点是一致的。约纳斯曾经写道，斯宾格勒尽管在学术上是个外行，却揭示了古代世界的特征，而别人完全没有注意到这些。[3] 左翼作家阿诺尔德·茨威格（日后成了共产党员）宣称，《西方的没落》是"最为激动人心的[spannendes]书，我很长时间以来都在寻找这样一本书"。尽管他理解不了斯宾格勒的数学，并认为斯宾格勒写康德的文字乃是一派胡言，但"其中有着精彩的视角和奇妙的观察。你坐在这本书前，感觉心脏在跳动，可以不吃东西，也不喝水"。[4]

今天再读斯宾格勒的书，就会难以理解约纳斯、茨威格、克诺夫等很多人为何对他的书如此倾心。《西方的没落》当然展示了丰富的历史和哲学知识，但其中也充满了矛盾、未经证实的文化与文明兴衰之"规律"，还将数学和自然科学随意而奇怪地应用于历史的流变。这书读起来像是一位博学的怪人，甚至可能是个低能特才写的。但是，《西方的没落》显然一定程度上捕捉到了一战后德国内外的某种情绪。席卷而来的悲观气氛，加上不切实际的重生和复兴愿景，书中心理学与历史的混合，该书宏大的目标——不仅要抓住整个人类历史的全貌，还要预测未来——与很多德国人的绝望和憧憬形成了共鸣。

书中使用的语言、表达的思想也包含了右翼的标准语言和思想，但这似乎既没有使约纳斯和克诺夫这样的自由派，也没有令茨威格这样的左派感到担忧。斯宾格勒以种族界定民族，然而与多数右翼相反，他认为界定各个种族的是共同的命运，而不是共同的生物特征。但是，不同种族之间相互隔绝是人类的基本特征，根本而言，种族之间的关系是通过战争建构的。"战争是所有生物的主要政治活动……战斗和生命是一体的，存在和战斗意志一同死亡。"[5]《普鲁士主义与社会主义》(*Preußentum und Sozialismus*) 写于《西方的没落》的两卷之间，并于1919年出版。书中，斯宾格勒更是直言不讳："战争是高层次人类存在的永恒形式，国家为战争而存在；它们是战争意志的表达。"[6]

这种达尔文主义的生命观认为，生命是敌对群体在各自国家的领导下展开的持续暴力斗争，是永无止息的战争。这对于第一次世界大战后跻身右翼军事集团的老兵，因《凡尔赛和约》强加的军事禁令而恼怒的德国国防军军官，以及希特勒这样的野心家和煽动民意者——他们一心要推翻共和国和凡尔赛体系，使德国再次成为世界强国，并开疆拓土——而言，是很中听的。不管斯宾格勒多么离奇古怪，他仍表达了法西斯主义的心态，歌颂暴力和死亡。

《西方的没落》经常流露出悲观的色彩。文化先是发展，接着就会衰落。该种族就变得虚弱无力，不再能够通过伟大的斗争获得英勇的成就。斯宾格勒并不一味感到绝望，也给人以希望：那就是领袖出现的时刻，他是民族命运的化身，能够将民族带向更大的荣耀。伟大人物不是只会空想的知识分子或神父，而是付诸行动之人，凭直觉行事，总能找到正确的道路，让自己个人的意志符应天命。斯宾格勒认为，一旦伟人现身世间，整个民族都要听他号令。[7] 所有这一切将在新的帝国——第三帝国——发生。第三帝国一词流行于右翼群体中，之后更是借助阿图尔·默勒·范·登·布鲁克（Arthur Moeller van den Bruck）及其同名著作《第三帝国》（Das Dritte Reich）广泛传播开来。但斯宾格勒也起到了推波助澜的作用。[8] 在流露出绝望感的字里行间，斯宾格勒还强有力地展现了令人陶醉的愿景，即一个胜利的种族在一个伟人的领导下主宰世界。

斯宾格勒采用并继续发展了另一项有影响力的语言革新——民族主义与社会主义的融合。他写道，德国真正的社会主义革命并未发生在1918—1919年，而是德国走向战争的1914年8月。[9] 对斯宾格勒来说，社会主义象征着以纪律严明、牺牲小我、富有生产力和创造力等普鲁士精神为鲜明特质的民族团结和民族斗争。他指出，这些特质见于德国全境，并不限于普鲁士的土地。[10] 以此方法重新定义社会主义和民族主义的人，并不独有斯宾格勒一人。但他的表达很出色，赢得了大量的读者。社会主义一词在剥去了马克思主义和国际主义的意涵之后，获得了广泛的关注，因为它隐含着团结、集体命运和创造性劳动等概念；

该词一旦与"民族"合流,就使共同体的边界清晰起来,并助长了这样一个观念——当时已很强烈——即德国与其东西邻国相比更为优秀。最终,斯宾格勒通过论述社会主义和革命的著作,帮助右翼摆脱了与传统保守主义的联系,尽管他本人一直都忠于一个举足轻重的贵族阶层(但不是皇室)。新的右翼成了革命的右翼,并在攫取国家权力的过程中,赢得了当权保守派的支持。这些保守派觉得民族社会主义的话语与他们的思想相当契合。

斯宾格勒认为,让德国摆脱危机的方法就是征战不息,第一次世界大战中实施的国家和社会的军事化延续下来,成为生活的常态。这样的看法美化了那些沉醉于暴力斗争——无论是真正的战斗、暴乱,还是针对共产党人和犹太人的街头斗殴——的德国人的行为。尽管斯宾格勒反对第三帝国——除了其他说法外,他称之为"由那些逃避工作者收拢的无业人员组织"——但如此众多的纳粹党人认为斯宾格勒是自己阵营中的一员,也就不足为怪。[11]

凭借那种超世俗的精神批判,斯宾格勒指出,德国没有中间道路可走,要么全面胜利,要么就是灭顶之灾。在他看来,魏玛只是延续了协约国对德国的胜利,恰恰是德国惨败的象征。斯宾格勒面对很多德国人发言,这些德国人相信一个伟大的人物能带领他们摆脱艰辛的劳作,走向德国更高的、近乎宇宙层次的个人与集体荣耀。这是斯宾格勒奉献的礼物,颇具诱惑力,也很危险,是一个简单的解决方案——一个寄寓了德国人所有希望的伟大人物。这种礼物也见于魏玛社会的其他场域中,如围绕诗人斯特凡·格奥尔格(Stefan George)的人群——格奥尔格吸引了很多保守派知识分子和其他社会精英。

斯宾格勒虽然是个喜好与人争辩的怪人,但有很多同道中人,他们共同合力,助长了右翼的倾向。其他人也就民族社会主义和战争荣耀著书立说。即使在(第一次世界大战战场上的)大规模、无差别屠杀的时代,他们也以男性的战斗精神、男性之间的友谊和大规模屠杀为荣耀。他们创造了一种死亡、毁灭和大屠杀的美学。对于每一个埃里希·玛利亚·雷马克——士兵出身的反战作家，著有《西线无战事》——来说，至少都有这么一个战斗美学的鼓吹者：例如，恩斯特·荣格，这是一位备受欢迎的高产小说家、回忆录作家和散文家，他战后的作品不断回归英勇战斗、光荣牺牲的主题。荣格的作品——《钢铁风暴》《125号小树林》等很多作品——把战争描写成一场振奋人心的英勇斗争，赋予生命以意义。125号小树林是一座小山丘，默默无闻，毫无意义，但恰恰吸引了荣格。他描写了攻占这座山头的战斗，赋予其男性气魄和民族事业的本质。在这部作品中，荣格描写了战争中伟大的理想主义精神，这是一场年轻人与前辈的陈腐苟安心态所做的斗争。[12]

在荣格的描述中，这些新生的浪漫英雄身体中流淌的生命力是种族的血脉，直接联系着他们手中的钢枪和另一生命力——自然。机器与人，战争与自然：在荣格手中，暴力成了美学，技术被赋予了自然的色彩。机枪的速射被描写成了"萤火虫"，飞机像"美丽的蝴蝶"一般舞蹈，轰炸机是"一只小巧、鲜艳的蜻蜓"。[13]战斗的风景美不胜收。这片土地上没有一棵树，沉浸在早晨炎热的阳光中；野花"使战壕沐浴在花香的热流里"；"歼敌的精神［被］"镌刻在这片土地上。尽管明显身处战斗与死亡之中，"但万籁俱寂，只有自然在喃喃自语"。[14]

荣格赋予杀戮以情色之感。在一章接着一章的文字中，他以情爱的细节描写杀人的场面，如同一个画家描绘自己代表作中的每一个笔触。[15]对荣格而言，只有在死亡的现实和暴力的行动中，才能感受自然之美；只有通过杀戮的行动，才有可能成就男子汉的美德。暴力是通向高层次存在的途径，是对美德的考验，是卓越的标志。如同斯宾格勒、希特勒等很多人，荣格相信只有通过战争才能实现复兴，那些极力逃避这一基本自然规律之人，就显得"滑稽可笑"了，沦为"文明的害虫"，其信念造成了文明的腐朽。[16]在工业化杀戮的时代，对战争的推崇恰恰符应了纳粹对男性暴力的美化。纳粹认为凭此可以征服卑贱、叛逆的魏玛共和国，并开创一个属于雅利安人的光明未来。[17]

根本来说，荣格这样的激进主义者，以及斯宾格勒这样在当权右翼和激进右翼之间左右摇摆者，大多都是反基督教人士。然而，他们所宣扬的语言和思想，同新教和天主教教会不断抨击魏玛的言论，多有近似之处。也许最为重要的是，有了基督教组织的那套辞令，纳粹就显得较为文雅（salonfähig），也就容易为上流社会所接纳。

教会对魏玛的厌恶折射出对于现代世界持续的不安心理——而魏玛政治、魏玛"精神"恰恰就是现代性的缩影。如我们在第8章所见，家庭和性的议题是教会敌视魏玛的主要方面，但还有其他议题。新教和天主教人士都表现出了对于一个逝去时代的怀旧心态，据说，彼时一切井然有序，基督教精神渗透在生活的各方面。在教会看来，德国人抛弃了与上帝和自然的深刻联系；相反，他们身处的现代社会是机械、理性主义、自我中心和个人主义的。[18]天主教教会抱怨说，教区信众被现代生活的快节奏和无法摆脱的养家之累拖得精疲力竭。一天结束时，他们累得一头倒在沙发上，听着收音机，其中传来的"噩梦般音乐如同安眠药"[19]。精神问题被忽略了，父亲没有时间与孩子相处。他也许养活了全家人，但"不再是一家之长，不再是家人的朋友、同志和导师，不再是丰富深刻的宗教-道德、精神-灵魂、愉快-亲密的家庭生活的来源和中心"[20]。所有这一切都是当下"理性主义-启蒙"思想及其利己导向——把个人，而非上帝，置于一切的中心——造成的结果。[21]

在魏玛时代，天主教徒和新教徒彼此势不两立，但对于魏玛政治和魏玛社会，双方都以同样诋毁的声音说话。他们重申了基督教关于教会与国家关系紧密的传统教义，但同时警告国家——他们指的是魏玛共和国——不要过分插手教会的生活。[22]尽管基督教神学长期以来强调国家是上帝在世间的载体，是维系社会秩序的主要力量，但教会在魏玛时期一直保持了选择的开放性。如果现有的国家继续沿着道德沦落的道路发展下去，不能供养民众、保护家庭，教会就不再忠于国家。如此一来，新教和天主教的支持是有条件的，这严重削弱了魏玛共和国,实际上为别人——如纳粹分子——创造有关新秩序的想象,铺平了道路。

基督教神学当然反对激进的意识形态。但无论路德宗教会,还是天主教会,动辄就频繁使用民族性一词,该词到了20世纪20年代就染上了浓郁的种族意味。这个词意味着民族的"世系血脉"中有着鲜明的特征,德意志的民族性是与生俱来、代代相传的东西。[23] 教会也并不回避对于犹太人和犹太教的特定攻击。1924年路德宗的大会上,作为主要发言人之一的保罗·阿尔特豪斯(Paul Althaus)指出,"犹太精神"给德意志民族带来了威胁。阿尔特豪斯宣称,尽管"疯狂的反犹思想"并不健康,但教会必须立场鲜明地反对"犹太人对我们民族性格的威胁",反对犹太人在经济、传媒、艺术和文学等领域产生的影响。他呼吁基督徒"自觉地与这类不道德的影响做斗争"。他接着指责说,我们憎恨的并不是犹太人,也不是血统,甚至不是犹太教的信仰,而是"已彻底堕落和正在堕落的城市精神带来的威胁,这种精神的首要载体就是犹太人"[24]。阿尔特豪斯表达了所有保守者——无论是当权派,还是激进派——对于共和国及其文化的憎恨。魏玛是城市的、现代的、堕落的和犹太人的,这几点集于魏玛一身。阿尔特豪斯反犹思想——他声称,这甚至并非针对犹太教——的"合理性",使其显得尤为危险。

会上,他的发言获得了代表们的"热烈掌声",还有副主席的高度赞誉。[25] 与很多人一样,阿尔特豪斯为基督教和纳粹思想之间的和解扫清了道路。这样,他们就能自我欺骗,认为纳粹并不敌视基督教,因为两者在其他很多问题上看法一致。很多基督徒相信"基督教世界与德意志性的结合"是德意志民族最伟大的成就,并因此走上了纳粹的道路。[26]

◇ ◇ ◇

奥斯瓦尔德·斯宾格勒、恩斯特·荣格、保罗·阿尔特豪斯——这些人都出身于德国资产阶级的中间阶层。阿尔特豪斯是一名教授,并在教会中担任很高的职位。为他鼓掌的人当中,很多都是教授、牧师、政府的中高级官员——只要看一眼参会人员名单,就清楚了。斯宾格勒和荣格是德国文理高中和大学优质教育的受益者,拥有广大的读者。所有这些人都宣传了与激进右翼有关的思想。但是,他们绝非孤立和边缘的激进人士,而是位居德国社会的中心。

他们明确表达的思想都有别于魏玛世俗的现代主义民主。当然,他们彼此之间绝不是完全一致的,与纳粹的关系也晦暗不明,有时甚至还很敌视。但是,三人都以共同的语言写作和发声,这语言很大程度上也是纳粹主义的语言。他们讨论种族、德意志性、堕落、重生、领袖、艰苦奋斗、影响应被抹除的敌人。他们与共和国及其代表的一切势不两立,这非常符合纳粹分子的第一个目标:通过口诛笔伐,通过创造一个——以种族为基础的民族共同体的——别样愿景,从内部摧毁共和国。

在意识形态和修辞方面,纳粹没有任何新的发明。希特勒与斯宾格勒、荣格、阿尔特豪斯以及右翼的所有其他势力,说同样的语言,使用同样的单词和短语;只是他比别人更激进、更疯狂,且表现出的知识和风度不及别人。1924年,希特勒在《我的奋斗》(Mein Kampf)中写道:"如果没有犹太人参与其中,尤其在文化生活中,还会有任何形式的肮脏或荒淫存在吗?"这番话与阿尔特豪斯在新教大会上的发言极其相似。[27]希特勒谴责犹太人把"黑奴"(Negroes)带进了莱茵兰,目的是通过种族间的通婚来毁掉白种人;这番话使人想起德意志民族人民党为反对《洛迦诺公约》而祭出的政治海报(第3章,图3.7),还有右翼针对法国占领而掀起的激烈抗议运动。[28]德国卷入了反对各种国内外敌人的、生死攸关的斗争,这个想法只是重复了之前盛行的那套反对《凡尔赛和约》和魏玛的修辞，也是天主教徒和新教徒在各自的大会和讲坛上听到的辞令。希特勒谈到犹太人通过剥削德国而发财时，重复了之前盛行于战争和通货膨胀期间的语言。这套语言当时针对的是投机商和牟取暴利者，当然这些人总会和犹太人画上等号。（希特勒和其他人的）这套说辞，时常与"凡尔赛的律令"和"对德国人的奴役"联系在一起，让人想起广大世界针对德国人的阴谋，影响到了他们个人和集体生活的方方面面，从维系家庭的能力，到维护国家领土完整。每一个问题都是犹太人（der Jude）造成的，而在这套话语中，犹太人具有神秘的超世俗力量。[29]

纳粹说着右翼共同的语言，他们自身的创新则在于战术和战略方面。他们发展出了一以贯之（至少从1926年起）、咄咄逼人的政治战略，格外强调坚持不懈的行动；分别在纳粹党内、党的准军事组织和党的青年组织中，另外建立了一套机构；把阿道夫·希特勒宣传成了天才的演说家和政治战略家。他们还瞄准了一个特定的敌人，即犹太人，将其视为德国所处困境的万恶之源。较之任何一个掌权的保守主义者，他们此举更为疯狂，历时也更久。

希特勒从1923年政变的惨败中吸取了教训，再也不会完全信任那些当权的保守派，决心通过魏玛共和国的民主程序向权力进军。他再也不会尝试武装暴动的方式。相反，纳粹党人会利用魏玛赋予的新闻、集会和言论自由，来笼络大量的追随者，并通过选举制度来赢取德国的总理或总统职位。大萧条之前的几年中，纳粹党人在德国政治和社会的边缘，组建了一个很不起眼的小党。但他们充分利用三年时间，建立了一个追随者无比忠诚的政党，希特勒则确立了自己英明领袖和所谓德意志民族命运之化身的角色。该党对一些人来说也是一个旋转门——很多人加入进来，之后又离开了。但那些留下来的人，日后成长为非常忠诚的活跃分子。

他们是谁呢？各种人物都有。后来，尤其他们掌权之后，更高比例的党员来自位高权重的精英阶层。但最显著的一点在于，纳粹分子组成了德国第一个人民党（*Volkspartei*），即成员来自各个社会阶层的政党。所有其他主要政党都有特定的社会或宗教背景——社会民主党和共产党的绝大多数党员来自工人阶级；天主教中央党成员主要来自天主教徒；德意志民族人民党成员则主要来自有产者、商人和农民。纳粹党吸引了来自各个阶级以及基督教近乎所有教派的人。尽管如此，该党来自社会下层中产阶级和中层中产阶级背景的代表，比例相对较高：职员、教师、公务员、店主。也有工人和天主教徒加入进来，但所占比例较低，因为其中很多人之前已被组织起来，加入了社会主义工人运动或者天主教会，而这些地方，纳粹党人很难渗透进去。

但是，无论路德宗信徒还是天主教徒，工人阶级、中产阶级还是上层阶级，城市还是乡村，都被纳粹党所吸引；因为它激情四射，强烈反对马克思主义，无比敌视共和国。他们相信，民族社会主义能够让德国人收获繁荣和力量，而这种荣耀是德国人闻所未闻的。他们当中，有些人是激进的反犹主义者，另一些则对所谓的"犹太问题"漠不关心。但是，他们即使之前并不反对犹太人，只要加入了民族社会主义德意志工人党，成了忠实的党员，就会认为犹太人是德国所有问题的罪魁祸首。

还有另一条线把纳粹党员串联在一起——他们绝大多数都是魏玛时代成长起来的男性。最高领导层年纪稍大一些，很多是一战的老兵，如希特勒、恩斯特·罗姆（Ernst Röhm）、鲁道夫·赫斯（Rudolf Hess）、赫尔曼·戈林（Hermann Goering）和莱因哈德·海德里希（Reinhard Heydrich）。但地位仅次于他们的人觉得自己生不逢时，没有赶上战争的伟大挑战，没有赶上考验自己男子气概和对祖国忠诚度的伟大机遇。其中一些是未婚青年，恰逢魏玛社会艰难的社会经济状况，他们从未通过"正常"途径获得稳定的工作，也没有稳定的家庭生活。有些人是街头的恶棍，逮着机会就打架斗殴；要么就是被革职的军官，只有在类似军队的环境中，他们才觉得舒服。另一些人是受过良好教育的中产阶级，他们慢慢也相信德国真的被国内外敌对势力所背叛；种族是世界存在的方式；德国需要一场全面的革命，赶走那些叛徒，向国外的压迫者发动战争，在各地建立由德意志人统治的种族社会。

维尔纳·贝斯特（Werner Best）和约瑟夫·戈培尔是后一类中的典型代表。[30]贝斯特来自优渥的中产阶级家庭，戈培尔则出身于下层社会的家庭。但是，一战导致局势每况愈下，魏玛早期也动荡不安，二人各自都目睹了家庭的衰败。他们早年都有过痛苦的经历：戈培尔小时候生过一场病，因此足部畸形；一战爆发后的最初几个月，贝斯特就失去了父亲，当时他15岁。贝斯特和戈培尔都精明过人、野心勃勃，对各自的艰难处境、德国在一战中战败和国家在战后世界中的颓势都满怀愤恨。他们很快跻身右翼政治，很早就加入了纳粹党，戈培尔是1926年，贝斯特在1930年。后来二人在第三帝国都大权在握，成就了一番事业。戈培尔成了宣传部部长；贝斯特担任过很多职务，其中最重要的有在党卫队国家安全部（Reich Main Security Office），以及在法国与丹麦的德占管辖区，担任莱因哈德·海德里希的代表。戈培尔是名强悍的意识形态宣传者，喜欢动员全党，之后又鼓动德国社会对犹太人、共产党人和国外强权发起猛烈攻击；贝斯特是个头脑冷静、行事高效的管理者和知识分子，扩充第三帝国警力的很多措施都是根据他的想法实施的。种族是他们二人的执念（idée fixe）：雅利安人有优越性是毋庸置疑的真理，而且雅利安人需要通过政治革命树立自己的权力。犹太人构成了主要的威胁，只有消灭他们，雅利安人才能兴旺发达。在一位伟大领袖的领导下，通过艰苦卓绝的斗争，一个无比强大的国家才能开创未来的种族乌托邦。二人都是纳粹党和第三帝国需要的人才：一个是大嗓门、惹人嫌却能召集民众的宣传者，另一个是头脑清醒、办事得力的官僚和知识分子，同时二人都痛恨魏玛，都决心建立种族国家和社会。

20世纪20年代和30年代初，贝斯特、戈培尔等成千上万忠诚的纳粹党人都干了什么？他们搅乱了局势，到处不停地演说，发表文章，组织难以计数的会议、集会和示威，以传播激进右翼的语言。紧锣密鼓的狂热活动是他们的策略。戈培尔和贝斯特之前辗转于不同的右翼组织——无论当权派，还是激进派——最后才决定与纳粹党同呼吸、共命运。对于贝斯特来说，早在15岁时，就觉得"不能像父亲那样去当兵、为德国的胜利而战，成了青年时代的痛苦。后来的岁月中，我因此产生了一种内在的动力——自己常常意识不到——只要有机会，就积极投身工作，不管身处何处"[31]。在20世纪20年代的学生运动中，他为"种族界线"（*völkisch* line）——立刻驱逐犹太人——而展开斗争，很快跻身这场运动的领导层。在莱茵兰地区，他组织力量干扰法国人的占领行动，并在经济上（以及其他方面）得到了德国保守-民族右翼中不同势力的支持：学生运动、商人、富有的显贵和一些政府官员。贝斯特严厉谴责"凡尔赛的律令"，呼吁发动民众，甚至进行一场全民动员（*levée en masse*），对法国敌人以及德国国内所有打算再次"背叛德国"的"失败主义者"，发起这场"最后的世界大战"。贝斯特指出，如同反抗英格兰人的爱尔兰人，德国人民必须拿起武器，抵抗占领者。[32] 戈培尔在莱茵兰地区来回奔走，面向党内同志和更多的公众发表演说，也为自己在党内的晋升仔细谋划。经历了最初的犹豫不决后，他开始对阿道夫·希特勒阿谀奉承。作为高明的宣传家，他参与塑造了近乎超人的领袖形象。毫无疑问，这是希特勒很快任命戈培尔为柏林-勃兰登堡区党部书记的部分原因。

所有这些动议和行动都有所回报，即使在大萧条之前，在纳粹突然得到空前的支持之前。戈培尔和贝斯特这样的人不知疲倦地工作，培养出了一整个忠诚的干部梯队，其中多数是年轻人，一律为男性，他们接着也开始进行同样的宣传。下萨克森（Lower Saxony）的村庄阿芬豪森（Affinghausen）就是很好的例子。从1928年开始，一名纳粹活跃分子从邻近的城镇来到这里，讲述农民悲惨的处境和纳粹发起的运动。和这里的村民一样，他也是个农民，因此了解他们的诉求，懂得如何跟他们说话。起初他每隔几月回到这里，之后更加频繁。接着，别的纳粹领导人也来了。他们吸纳新的党员，一旦新党员吸收了纳粹的信条，就会四散进入邻近村落，重复相同的过程。[33] 没有任何其他政党能够展开这样深度的组织工作，或者有这样的决心，在农村等政治上无足轻重的地区进行动员和组织。

在德国各地的城市，纳粹展示了咄咄逼人的凌厉攻势，主动与共产党人、社会民主党人和犹太人展开对抗。戈培尔尤其擅长煽风点火，挑起这类活动。1927 年 2 月，柏林威丁区——这里是共产党人的堡垒——的纳粹组织在当地举行了一场集会，戈培尔是主要演讲人。这当然是一种蓄意挑衅。根据一份纳粹党的内部报告，现场来了 1000 人，4/5 是纳粹党冲锋队员，还有 1/5 是共产党人，外围的街道上则聚集了更多的人。开始，共产党人想要阻挠会议，使其无法按原定计划进行，接着，人群中有人冲着纳粹发言人起哄。突然间，"一场野蛮的斗殴"爆发了。椅子、啤酒杯和桌子都扔到了空中。根据报告，有 85 名共产党员受伤，而纳粹党员只有 15 人。纳粹党报大肆鼓吹这是一场伟大的胜利："马克思主义的恐怖行动遭到了血腥的镇压。"[34] 对于该事件的胜利和意义，纳粹党人显然是夸大其词了。就事件本身来说，几乎没有对共产党的支持率产生任何影响，但的确生动展现了纳粹党人的忠诚和决心，而这当然是很重要的。

纳粹渗透到了附近居民区、村庄和城镇，每周——甚至更频繁地——在这些地方散发传单，举行示威活动，派驻面色冷峻、纪律严明的冲锋队员。1930 年，在塔尔堡（Thalburg）——一个中等面积的汉诺威小镇——纳粹几乎每隔一周就召开一次会议。为了宣传，他们拟定了以下主题："沦为国际资本家利息奴隶（Interest-Slave）的德国工人"，"在民族社会主义国家中挽救中产阶级"，"十一年的共和国——民众十一年的痛苦"，或者"为敌人所豢养并谋杀德意志民族的马克思主义者"。[35] 这些口号直接以多数为中产阶级的城镇居民为受众。如同在柏林的威丁区一样，纳粹党人蓄意挑衅，精心设计举行集会和示威的时间，如此就能与社会民主党和德国共产党的类似活动针锋相对。纳粹党的冲锋队员和社会民主党的准军事力量德国国旗社

（Reichsbanner），双方都配有木棍、指节套环和小型轻武器，并在街头、酒吧和集会场所发生冲突。对于那些早就对"马克思主义者"——在这个镇子，指的就是社会民主党人，因为这里没几个共产党人——怀有敌意的中产阶级来说，很容易把这种无序和混乱归咎于支持社会民主党的工人。据一位家庭主妇回忆，"民族社会主义德意志工人党的队伍中，都是年轻人。他们郑重其事地参加进来，因为他们支持社会正义，或者反对失业。在纳粹党人中，有一种焦躁不安的情绪。你经常会看到卐字饰被人用油漆涂在人行道上，要么就是人行道上被纳粹党人撒了一地的宣传单。我被这个政党的力量感吸引住了，尽管其中有很多十分可疑的东西"[36]。在塔尔堡以及其他城镇，首先有几个地位显赫者加入了当地的政党组织，其他人随之加入，就会觉得脸上有光。

大选期间——共和国最后几年，这样的选举有很多——纳粹变得更加肆意妄为，搅起乱局。塔尔堡就是一个典型。为了举行大选集会，纳粹党人动员了周边地区所有的支持者，他们仿佛从天而降，来势汹汹。纳粹党人穿着制服携手前行，手中摇着旗帜，冲锋队员从卡车上抛撒传单，铺天盖地。这样一来，纳粹党人凸显了自己的强悍形象。尤其在重要的集会上，当地的纳粹党人会请来著名的党内领袖或军官，这些人也愿意为这样的活动站台背书。其中最重要的，就是希特勒的到访。当地纳粹党人事先要花上几周时间准备，在镇上各处张贴海报，征召周边的纳粹党人前来驰援。一切都准确无误地做了计划——车队行经的路线、负责安保的冲锋队员、发言嘉宾的名单，所有这一切都围绕希特勒的讲话这一高潮。这个场面对很多德国人来说都是巨大的诱惑——铺天盖地的卐字饰高高举起；人们你推我挤；座位留给了退伍老兵，以及那些所谓在与社会民主党人和共产党人战斗时负伤的纳粹；人们看见希特勒的飞机从云层中下降，落在附近的平地上；希特勒起身讲话时，人们群情激昂、山呼海啸。[37]

所有这些场合中，这些纳粹党人不仅看上去年轻，也很现代，会使用最新颖的技术。希特勒是第一个在竞选期间乘飞机前往各地的德国

图9.1 1932年4月4日,正值德国总统大选期间,希特勒在柏林卢斯特花园(Lustgarten)的集会上发表讲话。戈培尔(右二)等人随行,参与造势。Bundesarchiv, Bild 102-14271B / CC-BY-SA 3.0 / Wikimedia Commons.

政治家。在大型集会上,该党的忠实信徒会设置好麦克风和扬声器。后来,希特勒会使用广播,戈培尔则用上了电影,效果都很棒(图9.1)。借助扩音器和传声设备、汽车和飞机——20世纪20年代的新传媒和新交通手段——纳粹保持了在公共领域持久和显要的存在。

但是,纳粹不只是发言和打斗,也通过设立流动厨房和发起慈善活动,向穷人和失业者提供物质帮助。与纳粹所做的其他所有工作一样,这类社会服务项目大多需要自筹资金。他们通过党员的捐款、参加集会者缴纳的小额入场费,加上富人支持者的大额捐赠等途径募集资金。由于慈善活动,他们能够收到本地商人和周边乡村农民的捐款。1931年年底,纳粹在塔尔堡每天向200人提供食物。[38] 对于年轻人,他们也提供极好的机会,让这些年轻人在非宗教、非社会主义的环境中享受娱乐活动。一位塔尔堡的居民是这样回忆自己1930年参加希特勒青年团（Hitler Youth）的原因的：

> 我参加了［希特勒青年团］……只是因为想加入一个男生俱乐部，在那里，我能够为民族主义理想而努力。希特勒青年团举行露营、长途跋涉和小组会议等活动……这些男孩来自各个阶层的家庭，但主要是中产阶级和工人。这里没有社会和阶级差别，我觉得非常好。当时也没有直接或明显的政治教化，直到后来才有了变化……尽管没有刻意招募新成员，但塔尔堡的希特勒青年团发展迅速。其他男孩多数也是出于同样的原因加入进来的。他们想找一个与其他男孩聚在一起的地方，做一些刺激的事情。[39]

一个在巴特哈尔茨堡（Bad Harzburg）加入该党的年轻人描述了当时热血沸腾的感受：“对我来说，这是全新生活的开始。全世界对我来说只剩下一件事，那就是全心全意为这场运动服务。我所有的心思都以运动为中心。我只能谈论政治……唯一的兴趣就是动员和宣传。”[40]

纳粹党令人耳目一新，它充满活力、激情四射，凸显了青年的形象，向男孩和年轻男子提供了参与娱乐性和刺激性活动的机会。（1933年之前，女孩和年轻女子得不到多少这样的机会，但第三帝国时期发生了决定性变化，她们得到了同样的待遇。）纳粹党许诺要一洗"国家的耻辱"，解决民众现实生活中的困难——很多德国人经过一连串困扰共和国的危机后，对这些困难有了切身的体验。纳粹党虽煽动混乱，但以非常巧妙的手腕，成功把自己塑造成一个遵纪守法、维护秩序的政党，不同于很多德国人忌惮的共产党人和"域外势力"。纳粹说的是右翼通用的语言，但其自身态度之激进、决心之坚定是不可比拟的。该党还确立了自己的敌人，只要对其镇压，就能使德国和德国人再次变得伟大。

但是，这些都不足以使纳粹获得权力。为此，还需要其他两个因素：掌权右翼的支持和经济大萧条。

1928年，魏玛共和国正处于"黄金岁月"的巅峰，社会民主党人凭借更大的政党联盟回归了政府。但是，令人担忧的迹象依然存在——鲁尔钢铁工业区的企业主将工人关在了门外，纳粹党人在萧条的农村地区正赢得一些支持，大量从原先政党中分裂出来的小股政治派别投入了选举——但是，社会民主党在大选中时来运转，极端政治派别获得的选票减少，施特雷泽曼的外交政策总体上取得了成功，这些对共和国来说都是好的兆头。

接着就爆发了世界经济危机，开端就是1929年10月美国证券市场暴跌。这种影响很快就波及了德国，到1930年春，德国经济正在螺旋式下坠中。不久，股价崩盘，加速了银行业的危机。雪上加霜的是，此时美国金融机构要求德国企业和政府偿还短期借款。资金蒸发导致生产快速下滑，接着，就出现了需求危机，消费者和企业都缺乏资金，无法在市场上购买货物。到了1930年季春，一场全面的经济萧条在德国开始了，最明显的标志就是工厂倒闭和大批工人失业。这一代德国人经历了三场社会灾难：全面战争、恶性通货膨胀和此时的经济萧条，其严重程度以前谁都没有经历过。

由此导致的政治后果立刻显现了出来。在失业保险的问题上，社会民主党领导的联合政府出现了分裂。此时，税收急剧减少，越来越多的工人排队领取失业保险赔付，政府面临着严重的预算缺口。社会民主党人和一些天主教徒希望能够保持甚至增加福利。而保守派要求降低薪资水平，福利也要受到限制。这些政党都退回到了自己的立场，无论达成一致，还是相互妥协，都是不可能的。在此局势中，总统兼陆军元帅保罗·冯·兴登堡任命天主教中央党的海因里希·布吕宁担任新总理。新总理组建了新一届政府，其中有些成员来自上届政府，但社会民主党人不见了踪影，也没有了古斯塔夫·施特雷泽曼这位力主在对外政策中做出妥协的人物——他死于1929年秋季，就在大萧条开始前。

布吕宁采取了通货紧缩政策，即通过大幅削减人员和服务（如我们在第 4 章所见）来平衡国家预算，想以此引领德国走出大萧条。布吕宁相信，国家的做法应该推广到私营部门。企业不应该指望政府提供援助，应该削减采购和投资，减到市场能达到平衡的水平。到了那时，企业会再次发现投资和生产是有利可图的，于是开始雇用更多工人。在如此前所未有的痛苦时代，布吕宁认为只有公共和私营部门都实行稳健的财政政策，才能重振德国经济。就国际而言，布吕宁的政策发生了变化：他逐渐认为，施特雷泽曼的履行和约政策，向西方强权让步太多。尽管布吕宁继续推进谈判，但此时他已决定推翻《凡尔赛和约》，恢复德国的强国地位。在他总理任期的最后几个月，德国走上了当年恶性通货膨胀危机后曾经放弃的对抗道路。

然而，布吕宁的政策无法在立法机构达成一致。国民议会一直处于深度分裂的状态。他号召重新举行大选，并十拿九稳地认为，自己在投票中能获得广泛支持，这暴露了他对自己的误判和政治上的短视。这是一个极其愚蠢的举动：毫无疑问，正在滑入危机深渊的民众不会成群结队地走出家门，来支持一个不能采取积极政策减轻他们痛苦的个人或政府。1930 年 9 月 14 日的全国大选中，纳粹党突然发力，赢得了 18.3% 的选票和国民议会中的 107 个席位。这种冲击力是巨大的，从报纸用大号黑体字标题大肆宣传纳粹胜利的新闻，就可见一斑。

纳粹党曾经只是居于政治体系边缘的小党，至此成了一股重要的力量。德国此时面临极度困难的政治形势，因为国民议会中党派林立，而且彼此在社会和政治问题上分歧很深。常规的议会机制已无法控制局面。纳粹党人从来没有指望能在此体系内有效发挥作用。他们只是利用德国所有的立法机构——从国民议会，到州议会，再到市议会——来作为从事宣传活动的竞技场。

时局对致力于民主的德国人来说，是一场灾难，却给布吕宁提供了绝好的机会。他企图利用自己的职务颠覆共和国，并创立某种专制的政治制度。他随心所欲地操弄兴登堡总统赋予的权力。布吕宁行使权力的依据是《魏玛宪法》第 48 条——赋予总统宣布国家进入紧急状态的权力，此时总理可以依政令治国，只要他的政令没有违反宪法。根据立法者的设想，第48条只有遭逢共和国受到威胁这一偶发情况时才可使用。然而，第48条却成了频繁使用的统治手段，因为国民议会在所有重大事项上都无法达成一致。之后两年半中，德国的国民议会依然存在，布吕宁必须听取其意见，宪法规定的自由依然有效。但本质而言，德国处于总统的独裁统治之下。政治上，共和国早在希特勒上台前，就已被颠覆。

布吕宁依赖于兴登堡总统定期宣布并延续的紧急状态，而兴登堡也乐于如此。1925年和1932年，兴登堡两次当选总统，这是魏玛的重大失败。中间派和右翼势力崇拜他，认为他是个行事干练、井井有条且稳定可靠的人物，有着过往帝国时代的遗风。对于此人，我们能给出的最高评价就是，他担任总统期间，没有积极颠覆共和国，也能恪守他对宪法的誓言。但作为一个将军，他骨子里是敌视民主制的，因此他的当选是对共和国的嘲讽。此外，1932年兴登堡再次当选时，已是八十好几的高龄，饱受年老体弱之苦。随着大萧条的开始以及随之而来的政治危机，这种在1925年看来有些滑稽感的领导人形象就不再荒诞不经了。魏玛需要一个精力充沛、忠心耿耿的民主人士掌舵，而不是一个年届八旬、老态龙钟的陆军元帅。

整个1930年下半年、1931年，直到进入1932年，布吕宁颁布了一道又一道行政命令，解雇了大量公务员，削减了失业救济以及其他社会福利。人们翘首企盼，却看不到任何经济复苏的迹象。相反，德国在经济萧条中越陷越深，政治体系越发陷入瘫痪。根据官方统计数据，到了1932年夏天，将近1/3的劳动人口处于失业状态，但实际的数字甚至更高。女性通常最先被解雇，相比而言，她们很少能领到失业补贴。人们普遍的看法是，男人需要养家，他们的岗位应该保留；如果女人的丈夫有工作或者领取失业补贴，同时她们自己也有，那么就会"双重受薪"。

同时，纳粹不断煽动民众，持续攻击共和国。他们正在赢得越来越多的支持者。报纸每天都会报道纳粹党人卷入的斗殴。德国处于危机之中，德国人正遭受痛苦，但似乎看不到出路。作为民主制度最忠实的支持者，社会民主党人被等同于一个正在沦落的制度。很多社会民主党党员与纳粹展开了激烈斗争，希望与之全面对抗，也许可以和德国共产党联手行动（只有二者的联盟采取共产主义路线，德国共产党才会支持）。但是，社会民主党的领袖除了捍卫共和国之外，也想不出更好的办法，尽管共和国的实质正在被布吕宁及其继任者掏空。在国民议会，社会民主党的代表对布吕宁的施政忍气吞声。1932年春的总统大选中，该党两害相权取其轻，号召支持兴登堡。人们眼看着社会民主党人所支持的都是反民主的人物，一个与皇室和军队等专制主义堡垒有关（兴登堡），另一个追求的是20世纪的现代独裁政体（布吕宁），这样的局面是可悲的。一种沮丧低落的情绪席卷了整个社会民主党。

布吕宁施行的政策也在逐渐丧失效力，最终失去了兴登堡和其他保守派人士的支持。两个因素发挥了决定性作用。内政部部长断定，纳粹越来越胆大包天、为非作歹。于是，他要对他们有所约束，就颁布命令，禁止纳粹的冲锋队员上街游行。但这没有得到很多保守派的支持，他们想利用纳粹推翻共和国。更重要的是，布吕宁在极力削减国家预算的过程中，试图取消政府对普鲁士有产者的补贴。这原是一项向德国最精英的群体——普鲁士贵族，包括总统本人——支付福利补贴的政策。兴登堡身边的一小撮幕僚谏言，布吕宁必须下台，并说服了兴登堡。1932年5月30日，如他们所愿，布吕宁被解除了职务。

1932年春，希特勒再次向权力发起冲锋（第一次是1923年，他企图发动政变），与兴登堡展开角逐，竞选总统。对于是否发起这场选战，他原本非常犹豫，但在戈培尔和其他纳粹高层人物的怂恿下，还是采取了行动。希特勒明白，纳粹党如同一台引擎，必须不断加速，必须使其支持者处于被高度煽动和动员的状态。该党无意参与政府常规的管理工作，权力是该党最直接的目标和存在的理由。如果不在1932年采取行动——此时，德国的政治和经济形势坠入了低谷——对希特勒

图9.2 魏玛时期,德国人淹没于政治的海洋中。这是1932年春天德国总统大选期间的波茨坦广场。兴登堡的宣传海报上写着:"选一位伟人,而不是党派!"而一张希特勒的海报上则赫然印着:"德国的总统名叫阿道夫·希特勒。"在这些政治宣传品的下面,人们各自忙碌着:一些人愿意光顾挂着兴登堡竞选海报的素食餐厅,其他人想走进希特勒海报下方的糕点铺。Bundesarchiv, Bild 102-13203A / CC-BY-SA 3.0 / Wikimedia Commons.

的政治支持就会土崩瓦解。他拼尽全力,但没有成功。他的确逼着兴登堡与自己展开了一轮决选,但最终兴登堡胜出了(图9.2、图9.3)。

此时,希特勒心烦意乱,而纳粹党则懊恼悔恨。对于掌权的保守派而言,这似乎是最完美的局面。他们既要利用纳粹去推翻共和国,又不想把权力完全移交给纳粹。纳粹依然过于暴力、过于捉摸不定,因此不能完全信任。此时,弗朗茨·冯·帕彭粉墨登场了。他是威斯特法伦(Westphalia)的一名天主教贵族,曾经是天主教中央党党员,至此被兴登堡指定为布吕宁的接班人。帕彭同样相信,经济萧条的出路在于采取通货紧缩政策。帕彭也想颠覆共和国和凡尔赛体系,这一点与布吕宁相比,有过之而无不及。而且,帕彭也认为纳粹有助于实现目标。1932年7月,他解散了普鲁士民选政府——这是魏玛民主制度的大本营——并用自己的人取而代之。帕彭是个蠢材,重复了布吕宁的错误:

第 9 章 右翼的革命和反革命　　377

图 9.3　政治深深地渗入了社会，渗入了乡村，甚至渗入了社区的各栋建筑。1932 年，在柏林威丁区的集体拒付房租行动中，有些公寓飘着纳粹旗，其他一些则飞扬着共产党的锤子镰刀旗。墙上随便涂了一句口号："先有食物，后缴房租。"Bundesarchiv, Bild 146-1970-050-13 / CC-BY-SA 3.0 / Wikimedia Commons.

他号召举行大选，相信自己能获得民众的有力支持，而利用这样的支持，就能施行自己的方案。但是，处于经济萧条之中的民众不太可能支持本届政府，因为政府的政策对于缓解他们的艰难处境，没有起到立竿见影的效果。

1932年7月31日，德国人走向了投票站。纳粹党得到了37.3%的选票，这是他们在自由选举中得票率最高的一次。至此，该党成了德国的最大党，在国民议会中有230名代表。他们为此举行了庆祝活动，但值得强调的是，他们在自由选举中没能获得——之后也未能获得——多数选票。他们赢得了很大比例的选票，超过了1/3。但是，德国人从来没有通过选举让纳粹掌权。近乎2/3的选民投票反对纳粹党。

然而，作为德国最大党的领袖，希特勒再次向权力发起冲锋。他相信总理一职非他莫属。他前去拜会兴登堡——普鲁士军官团做派和信念的化身。在兴登堡眼中，希特勒是个出身低微、性格粗野的煽风点火者，虽在一战期间服了四年兵役，却只得到了下士军衔。兴登堡接见了他，但拒绝任命他做总理。

帕彭以临时总理的身份继续行使职权，直到新一届议会在1932年9月召开。和布吕宁一样，他也依政令治国。但纳粹党人认为，自己被帕彭出卖了，因为获得总理任命的是他，而不是希特勒。9月初，国民议会召开会议，赫尔曼·戈林代表最大党成为议会议长。纳粹发起了针对政府的不信任动议，共产党人表示支持。帕彭的政府就这样胎死腹中，于是，必须举行新的大选，这就是1932年的第三场重要选举——就争取民众对共和国的信心而言，这不是什么有利的局势。

1932年11月6日，德国人举行了投票，结果引人瞩目。纳粹的这次攻势未能奏效。他们的得票率跌至33.1%，议会代表数降为196人。德国在政治上远未达成共识，纳粹通向权力的前景也扑朔迷离。事实上，该党此时陷入混乱之中。希特勒在1932年两次向权力发起冲锋，都铩羽而归。纳粹的资金已经耗尽，党内还出现了大量针对希特勒的抱怨和反对声。1932年深秋，纳粹掌权还只是一种可能性而已——绝不是什么必然之结局。

1932年，魏玛德国的第三任总理是库尔特·冯·施莱歇尔，他是兴登堡总统的亲信，也是部队的将军。他宣称自己有了应付经济和政治双重危机的计划。他相信，通过政府的支持来增加就业机会，他就能组成一个联盟，囊括从左翼社会民主党的工会，到右翼反希特勒的纳粹党人。施莱歇尔也深受误判之苦：各政党之间的裂痕实在太深，他的想法根本无法实现。

与此同时，1933年1月初，在兴登堡总统身边一小撮幕僚的撮合下，帕彭和希特勒开始了秘密谈判。掌权的保守派现在正式和激进派展开了谈判。整个1932年，所有其他的计划和政策措施都以失败告终。在其他几个商人和银行家的支持下，兴登堡周围的军官、贵族和高官都认为，他们可以利用纳粹党来实现从内部推翻共和国的目标。而纳粹党人也相信他们可以利用保守派达到同样的目的。双方有着共同的语言，有足够的共同目标；于是，最后几周中，筹建一个反魏玛大联盟也就水到渠成了。他们都憎恶共和国，希望在国内施行专制制度，在国际上恢复德国的大国地位。他们极力推动一种种族政治，这意味着对犹太人采取严格限制的措施，且刻不容缓。工会、社会主义的所有派别、现代艺术、性改革运动——所有这一切都要从公共生活中清除出去。这一联盟反对民主制、社会主义和犹太人。掌权的右翼没有完全拥抱希特勒和纳粹党人，认为他们依然过于激进、难以预判。但是，所有之前的计划都未能奏效，加之德国依然在形式上是共和国，依然深陷经济萧条之中，依然处于《凡尔赛和约》的限制之下，于是，掌权的保守派和大部分中产阶级也就接受了希特勒和纳粹党人。

因此在1933年1月，兴登堡的幕僚向他提交了一个新政府的计划：阿道夫·希特勒担任总理，弗朗茨·冯·帕彭担任副总理。政府的其他十名阁员中，只有两个是纳粹党人。政府中有了这么多的保守派，兴登堡就放心了，按捺住了对于希特勒的反感。1933年1月30日，遵照宪法的合法方式，他任命希特勒为总理。魏玛德国就此终结。

◇ ◇ ◇

魏玛的灭亡是总统身边的一小撮权臣阴谋让阿道夫·希特勒掌权的结果。事情发展到这一步，并非历史的必然。第三帝国的出现，亦非不可避免。

纳粹党人树立了自己勇于进取的政党形象，能够解决经济危机、重建道德，并恢复德国的荣耀。在这一点上，他们无疑是非常成功的。他们还把希特勒打造成一个魅力四射、机智过人的人物，因此很多德国人把希望寄托于他。但是，若非魏玛接踵而至的危机提供了有利的机遇，希特勒不过是魏玛又一怪诞人物，纳粹党也只是又一个处于激进势力边缘的微末群体。战争中的伤亡、《凡尔赛和约》、恶性通货膨胀，乃至最终的大萧条，使民众处于水深火热之中；至1932—1933年的冬天，他们在绝望中迫切需要某种解决方案。此外，德国长期存在"民主赤字"，绵延不断的专制结构和心态可以追溯到1871年建国之时，这在后一战时代为各种右翼政治提供了强大的基础。

但是，无论纳粹如何变换花样，展现自己的激进姿态，无论希特勒本人如何魅力难挡，无论共和国末期的局势如何不堪，纳粹在民主条件下从未获得多数人的支持。没有当权的保守派，没有精英阶层中军官、商人、公务员和贵族的支持，纳粹是不可能上台的。如同魏玛时代的一切，他们的胜利也饱受争议。直到他们决心使用强大暴力来对付所有——无论真实的，还是想象的——反对者，这些争议才消失。

纳粹掌权是对革命的反动，在于它颠覆了1918—1919年革命所取得的伟大成果。平等的普选权、政治自由、选举、民众参与所有机构的权利——所有这些很快就遭纳粹破坏，所用手段是废止共和国和宪法，尽管二者在形式上从未被取消。革命还带来了十多年的创新热潮，无论在艺术领域，还是各种个人和集体自由方面。而这些也受到了纳粹的沉重打击，尽管在建筑和其他领域保留了一些外在形式上的现代主义。纳粹上台是对革命的反动，还在于1918—1919年遭受打击后被迫做出各种政治、经济和社会让步的精英阶层,在1932—1933年又卷土重来,并摧毁了共和国。社会民主党人在革命中性格怯懦、目光短浅,提出了"拒绝试验"(no experiments)的口号,拒绝对军队、教会、经济、大学和国家官僚机构中精英权力的社会和经济基础发起挑战。由此产生的负面影响,在第三帝国漫长的12年中,一直如影随形、阴魂不散。

但纳粹掌权也是一场革命。那些谋划并接受希特勒总理任命的保守派很快就遭到了纳粹的侧击。他们的所得比预想的多了很多,但最终,纳粹对德国旧式保守精英集团的覆灭,发挥了重要作用。纳粹试图获得能控制所有个人、所有社会领域的绝对权力,这标志着最为激进的背叛,完全背离了一般意义上的保守势力,也背离了自由主义思想。魏玛民主的公民权观念被种族国家和社会取代,这是我们可以想见的最深刻、最致命的革命。

1933年1月30日,以及之后几天,纳粹党人以盛大火炬游行的方式,慷慨豪迈地走过德国各城镇和都市。路易丝·索尔米茨(Luise Solmitz)——一位嫁给了军官的上层中产阶级(upper-middle-class)女性——欢欣鼓舞地写道:

> 希特勒……是德国的总理!好棒的内阁!!!我们在7月份还不敢有此梦想。希特勒、胡根贝格[德意志民族人民党党首]、塞尔德特(Seldte)[退伍军人组织钢盔团的领导人]、帕彭!!!
>
> 他们每个人的身上都承载了一部分德国人的希望。民族社会主义德意志工人党的干劲、德意志民族人民党的理性、钢盔团的非政治性,另外别忘了帕彭。这太神奇了,令人难以置信……曾几何时,德国度过了美妙的春天后,还能经历一个幸福的夏季?也许只有在俾斯麦统治时期。兴登堡成就了多么伟大的业绩啊!……
>
> 在兴登堡和希特勒的面前,民族社会主义德意志工人党和钢盔团的成员举行了盛大的火炬游行活动,二者终于再次携手合作

了。1月30日是一个值得纪念的日子！[41]

在柏林，贝蒂·朔勒姆几天后写信给自己的儿子格尔肖姆·朔勒姆——伟大的犹太学者，几年前移民到了巴勒斯坦。她写到了家里的印刷生意、在合同和顾客等事情上遇到的麻烦、亲朋好友的来来往往、严冬的天气。她似乎对纳粹的胜利不太在意。"如同一场蔓延的流感一样，市场上到处高喊希特勒万岁。"她在1933年2月7日这样写道。两周后，她在另一封信中写道，政治变局总会影响生意。人们花钱更加小心翼翼了，纷纷取消合同。她还说起在国家剧院（State Theater）观看了精彩的《浮士德》（*Faust*）演出。[42]

他们都被骗了。路易丝·索尔米茨后来才明白，纳粹正蓄势待发，要在德国发动一场右翼革命。她所拥护的保守派——先帮助希特勒掌了权，其中大部分人在整个第三帝国时期继续支持他——很快就被纳粹打败。贝蒂·朔勒姆还将发现纳粹带来的致命后果。他们没收了她宝贵的财产——家族的印刷公司。1939年，70多岁的她流亡海外，最终在澳大利亚的女儿那里找到了安身之所。在那里，她很快就得到消息，自己的另一个儿子——前共产党人维尔纳（Werner）——在布痕瓦尔德（Buchenwald）集中营被纳粹杀害了。

第 10 章

魏玛遗产：一个全球视角

贝尔托·布莱希特写道，洛杉矶是个"地狱"。郁郁葱葱的花园里，植物长着奇形怪状的叶子，果实闻着没有气味，尝起来也无甚滋味。城市里到处是"面色红润的人——不知从哪里来，也不知要去往何处"，还有即使住了人也阴森骇人的房子。[1] 相反，布莱希特曾经的艺术合作者库尔特·魏尔很喜爱美国的新鲜空气。1943年，魏尔在一封寄给远在巴勒斯坦的父母的信中写道："这是个美妙而愉快的变化……我已经成了美国公民！"[2] 在1944年写给侄女的信中，他说自己的歌《低声细语》（"Speak Low"）大受欢迎，"到处都在播放，连'自动点唱机'上也在放"。平·克劳斯贝（Bing Crosby）又录制了另一首曲子，由他配乐的两部电影很快就要上映了。[3] 同时，作家和文化评论家路德维希·马尔库塞（Ludwig Marcuse）并不能肯定，自己是否离开了德国。马尔库塞住在洛杉矶，在南加州大学（University of Southern California）教书，但那里的德国流亡者太多了，他发现自己"身处魏玛共和国之中……几乎意识不到这里有美国人"[4]。

20世纪30年代中期，在地球另一端的土耳其安卡拉（Ankara），建筑师马丁·瓦格纳——一个完美的组织者——正忙着把德国同事安排进土耳其共和国的政府机构担任要职。紧随其后的还有另一位伟大的魏玛建筑师——布鲁诺·陶特。那时他正游历于日本，沉浸在日本美学的世界中，撰写和讲授一种新的现代主义，而他的这种现代主义思想借鉴了日本的艺术风格和文化传统。在墨西哥，德国共产主义者组织活动，声援西班牙共和国，出版反纳粹的报纸和书籍，并计划将来建立一个共产主义德国。几年后，美国物理学家J. 罗伯特·奥本海默（J.

Robert Oppenheimer）——20世纪20年代曾就读于哥廷根（Göttingen）大学——召集了许多逃离欧洲纳粹统治的科学家，在新墨西哥州的洛斯阿拉莫斯（Los Alamos）成立了科研团队。在这个杰出的科学组织中，奥本海默与同事们研制出了第一枚原子弹。

纳粹上台后，所有这些人——知名的艺术家和知识分子，鲜为人知的政治活动家和科学家——不得不逃离家园。即使近一个世纪之后，他们在政治、文化和科学方面的影响依然深远。魏玛时代富于创新的戏剧家、建筑学家、艺术史家、电影制作人、物理学家和数学家，以及众多文学家、开创性的作曲家和政治理论家等流散到了世界各地。许多人（但绝非所有人）都是犹太人，他们加入了——之前为逃命而离开的——反对第三帝国的社会主义者、共产主义者以及其他政治反对派的行列。作为个人，这些流亡者建造了惹人瞩目的建筑，谱写了新颖的乐章，推动了科技进步，创作了无数书籍和电影剧本。作为一个群体，他们改变了学术和文化生活，也许在美国这个流亡者众多的国家，表现得最为深刻。但这些流亡者带来的魏玛精神，也在远离柏林、慕尼黑和弗赖堡的地方——如巴西、土耳其、日本、巴勒斯坦、以色列和南非——产生了重要影响。魏玛精神意味着严格的训练和深厚的学识，意味着对何谓现代的问题不断追问，意味着寻找能够捕捉紧张情绪和解放潜能的发现与表达形式，此外，还意味着探寻现代性的潜在危险。德国因为纳粹而丧失的东西，在地球上最遥远的地方，造福了当地的文化、科学和政治生活。

对于多数流亡者来说，魏玛精神的那种不断质疑的特质——在他们的流亡生活中——沾染上了一丝悲剧色彩。只有少数杰出人士——托马斯·曼、阿尔伯特·爱因斯坦等人——流亡到落脚之地后，无须为物质生活操心。绝大多数人骤然远离了自己的语言、社会环境、朋友家人和养家糊口的生计，总是不确定会落脚何处，会被哪个国家禁止入境或驱逐，因此，他们的生活就成了日复一日的挣扎。除个人境况外，第三帝国的群体性灾难对他们曾相信的一切、对他们的生命，都造成了巨大而深刻的威胁，他们不禁要问：到底出了什么问题？魏玛共和国曾是他们很多人的机遇之源，是他们最富创造性作品的促成因素，但对纳粹德国造成的灾难和悲剧，是不是也起了推波助澜的作用？

这些都是无法回避的问题。流亡中的魏玛成了——至今依然是——一个沉重的政治象征，使用者中既有评论员，也有博客作家；既有卡巴莱歌舞表演经纪人，也有博物馆馆长；既有学者，也有政治人物。2012年秋，希腊陷入了金融危机，并不断受到欧盟的施压，总理安东尼斯·萨马拉斯（Antonis Samaras）担心会发生政治动荡，担心极右翼势力开始猖獗，于是警告说，希腊社会正面临"不断升高的失业率，就像魏玛共和国末期的德国那样"[5]。2009年，美国保守派评论家帕特里克·J.布坎南（Patrick J. Buchanan）谴责美国联邦储备银行（Federal Reserve Bank）主席本·伯南克（Ben Bernanke），称他造成了魏玛式通货膨胀，并称这将摧毁美国的中产阶级。[6]布坎南的确对魏玛有着挥之不去的兴趣，他不断援引魏玛的性观念，以告诫自己的同胞：一旦道德废弛，对同性恋放任自流，必然导致美国文明的终结。[7]另一方面，在纽约以及其他许多全球性都市（包括柏林），卡巴莱歌舞表演的场面似乎都是魏玛的翻版，所有的客人都沉醉于20世纪20年代柏林那种所谓脏乱而开放的性文化之中。[8]

无论右派，还是左派，"魏玛"如同警讯般引发了不安情绪，原因就在于后来的灾难。魏玛成了民主脆弱性的试金石。无论提出何种解决方案，魏玛总是一个为冲突所累的典型社会、为民主本身所累的典型社会、过于"大众"的典型社会——大众政党、大众游行、大众暴力、大众文化。所有的政治派别都利用魏玛这一象征去证明：一个社会，特别是民主社会，必须加以控制和规范，否则就会偏离轨道。但是，魏玛依然是激动人心的样板，代表了各种形式的解放，包括激情四射的文化生活、思想生活和性爱生活的解放。"魏玛"——无论作为现实，还是象征——永远不会让人意兴阑珊。

◇ ◇ ◇

即使在流亡之中，魏玛一直都是最重要的政治思想和艺术创作之源。流亡者们携带着自己在20世纪二三十年代的经验，并以各种方式融入了各自的新环境。例如，汉斯·J.摩根索（Hans J. Morgenthau）几乎开创了国际关系研究中的国际政治学领域。他的经典之作《国家间政治》(*Politics among Nations*)——最早出版于1948年——开启了"现实主义"的方法论，至今在该学科依然举足轻重，深刻影响了无数强势的政治家，而亨利·基辛格（Henry Kissinger）只是其中最著名的人物之一。再举一个非常不同的例子，赫伯特·马尔库塞（Herbert Marcuse）成了"60年代"最重要的哲学家。《单向度的人》(*One-Dimensional Man*)——首次出版于1964年——的英文版售出了数十万本，并被译为数十种语言。在巴黎、罗马、布宜诺斯艾利斯、东京、伯克利、纽约，学生们如饥似渴地阅读着这本书；在那个冲突不断的十年中，只要是罢工和游行搅动现有秩序的地方，这本书就被人们争相阅读。但是，摩根索和马尔库塞彼此大相径庭的政治思维方式源于二人在魏玛德国的经历，这一直不为广大读者所知。事实上，二人的思想在20世纪二三十年代就已萌芽，并在早期发表的作品中有所体现，《国家间政治》和《单向度的人》只是更为成熟的版本。

◇ ◇ ◇

"这简直太可怕了。"汉斯·摩根索多年之后回忆道。[9]他指的是自己在科堡（Coburg）——巴伐利亚州上弗兰肯行政区的一个小镇——的青少年时代。较早时，也就是1933年纳粹掌权的十年前，科堡的纳粹党势力就很强大。当时，反犹思想肆虐，摩根索——一位杰出的犹太医生的儿子——经常因为自己的犹太人身份，就遭到言语辱骂和人身攻击。和许多被同化的犹太人一样，他的父亲是一位有着狂热爱国思想的德国人，而这恰恰加剧了儿子遭受的心理创伤。[10]费利克斯·吉尔伯特（Felix Gilbert）和许多其他流亡者喜欢追怀的魏玛解放精神，似乎并未出现在摩根索长大成人的过程中。一战后即延续数年的社会动荡、恶性通货膨胀、右翼的强力政治动员——这些魏玛的阴暗面在他的记忆中留下了烙印。摩根索怀着愉悦的心情离开了科堡，却发现自己无法摆脱反犹主义思潮，即使身处法兰克福和柏林这样彬彬有礼、时尚优雅的城市环境中，也是如此。[11]作为回应，他在心理上开始退避三舍，退回内心的自我，试图以冷静客观的态度看待一切事物，从而确定它们的内在合理性。摩根索强烈的现实主义源于他对魏玛德国高亢情绪的反应——源于魏玛政治，以及他在青少年时代的家庭生活。[12]

摩根索前往法兰克福和柏林学习法律与哲学。一番周折之后，他得到了一份工作，在法兰克福担任胡戈·辛茨海默（Hugo Sinzheimer）的实习生。辛茨海默身边聚集了一些胸怀大志的青年民主人士，如摩根索、弗朗茨·诺伊曼、恩斯特·弗伦克尔（Ernst Fraenkel）和奥托·卡恩-弗罗因德（Otto Kahn-Freund），他们都是男性，日后在纳粹逼迫下流亡海外，并成为著名的理论家。在魏玛德国受人操纵的法庭上——司法部门被右翼控制——他们力争扩大劳工在共和国内部的权力和影响，之后又为捍卫共和国的存在而斗争。摩根索找到了一份从事学术研究的职位，而学术与政治是直接相关的。[13]诺伊曼开始提出一种更有活力的民主理论，而在同一个领域，摩根索对国际法做了深入研究。

这一切都发生在法兰克福大学。在那里，摩根索还遇到了神学家保罗·田利克（Paul Tillich）和马丁·布伯，新成立的社会研究所的创始成员马克斯·霍克海默和西奥多·阿多诺，还有赫伯特·马尔库塞、埃里希·弗洛姆（Erich Fromm）、卡尔·曼海姆（Karl Mannheim）等人。法兰克福成了政治思想的温床，也是魏玛共和国衰落时期产生的伟大知识分子的聚集地。他们多数人还相当年轻，且最重要的贡献是流亡期间在国外做出的。

然而，与魏玛共和国后期许多胸怀志向的学者一样，摩根索费了很大周折才找到稳定的职位。[14] 他以优异的成绩取得了法学博士学位，但这没能帮助他获得大学的教职。反犹主义思想在德国大学里十分肆虐，再加上拥有博士学位和大学授课资格论文（Habilitation）——获得教职所需提交的第二篇论文——的年轻人供过于求。摩根索申请了不同的助教岗位，幸运的是，他收到了一份来自日内瓦的录用通知。在那里，他完成了大学授课资格论文，这一定程度上得益于另一位有影响的法律学者——汉斯·凯尔森（Hans Kelsen）——的支持。那时，纳粹已经掌权。经过数月饥寒交迫、朝不保夕的生活，摩根索于1935年3月到达马德里（Madrid）。在那里，德国海外学者紧急委员会（Emergency Committee for German Scholars Abroad）在洛克菲勒基金会（Rockefeller Foundation）的资助下，为摩根索找到了一个职位。但是，西班牙于1936年爆发了内战，在西班牙继续稳定生活的希望破灭了。和许多难民一样，摩根索和新婚妻子开始了四处漂泊的生活——西班牙、法国、意大利、荷兰——他们动用了所有的积蓄，终于在1937年7月，在紧急委员会的再次帮助下，从阿姆斯特丹启航前往美国。[15]

摩根索来到美国后，继续过着居无定所的生活，这也是很多难民的命运。他和妻子几乎到了揭不开锅的地步，但后来总算维持了温饱。这得益于妻子在梅西百货公司（Macy's）有一份帽子售货员的工作，摩根索也先后在布鲁克林学院（Brooklyn College）和堪萨斯城大学（University of Kansas City）担任临时助教，课务繁重，却收入微薄。此时，他已经发表和出版了一些广受好评的文章和著作。1943年，他出乎意料地接到了来自芝加哥大学（University of Chicago）的电话。在这所名校，之后在纽约城市大学城市学院（City College of the City University of New York），摩根索将成为20世纪最有影响力的社会科学家之一。作为杰出的教师、演讲者、顾问和研究者，摩根索先后培养了两代美国政治学家，他们日后都在大学和政府机构中担任要职。

"现实主义"——摩根索在国际关系领域的标志性贡献——将国家定义为始终追求其权力利益的个体行动者。冲突是国家间关系的内在属性。冲突可以得到缓和与调节，而绝不可能从国家间的相互关系中消除。任何认为世界能够永远和谐、和平的想法都纯属误导。更糟糕的是，建立如此乌托邦的努力是与人性背道而驰的，因为人类总在追求权力。实际上，国家表现为放大了的人性。如果忽视人类的这种基本心理特征，任何政治理论、任何政治运动最终都会导致极权主义的独裁——就是这样的独裁毁了摩根索自己的世界，逼迫他离开祖国、亡命天涯。

1933年和1934年，摩根索在日内瓦教书期间开始提出自己的观点。在他最早出版的著述——出自其学位论文的《"政治"概念和国际争端理论》(*La notion du "politique" et la théorie des différends internationaux*)、大学授课资格论文《规范的现实》(*La réalité des normes*)和相关文章《国际制裁理论》("Théorie des sanctions internationales")——中，摩根索努力界定政治领域的独特性，以及如何将其与司法领域区分开来。[16] 在此过程中，他批判了欧洲法学的主流思想，即法律实证主义（legal positivism），批判了将法律化约为行政的做法。他写道，政治总是受制于具体的语境，取决于时间和地点。某一时刻炙手可热的政治问题，在另一时刻，可被化约为依法行政（legal administration）。因此，政治和法律之间并没有严格的区别。但政治事关利益，尤其与国家密切相关时，利益就显得更为紧要。摩根索提出的定义也是他反复回顾的对象："政治……就是国家的权力意志在其对象与国家之间所建立关系的特定强度。"[17] 主权根植于单个国家，法律也由单个国家所执行。国际法没有自身的机构；如果存在国际法，那就由主权国家之间的协议所制定。不存在国际主权，因此国际规范（international norms）也不能独立存在，甚至连"社会事实"也算不上。[18]

在这些早期著述中，摩根索就已指出，正是因为对权力的渴望，冲突是政治的内在属性。[19] 他写道："外交政策只是维持、增强或展示自己力量的意志。"这三种动机体现于三种不同的政策：维持现状、帝国主义和追求声望。[20] 此三位一体之概念出现在了《国家间政治》这一专论现实主义的杰出著作和奠基性文献之中,观点几乎没有修改,只是做了更为详细的阐述。

当然,对权力的追逐会遭遇阻力,因此政治总是关乎斗争。虽然斗争是魏玛政治的主题,几乎所有的政党都以非常正面的意义使用这个词,但摩根索试图缓和与控制政治中固有的斗争。斗争必须受到法律和道德的约束;在国际上,要受到条约和外交策略的约束。由于纳粹德国力图推翻一切制约,发动全面战争,以图谋实施全面统治,摩根索更加迫切地寻求一种政治思想体系,以现实主义的态度理解个人和国家对权力的永恒追求,同时也对这种追求加以限制。规范、道德和法律"提供了一个不诉诸暴力就能展开势力范围斗争的场所"[21]。像其他自由主义和社会民主主义理论家一样,他从未放弃冲突,但总是试图摆脱魏玛政治中典型的世界末日和乌托邦特性。就此意义而言,他想到了自己曾如饥似渴读过的另一位德国理论家——格奥尔格·齐美尔。齐美尔在论文中肯定了冲突的积极性和给生命带来的满足感,这与主流政治观是对立的。主流政治观认为,所有政治最终都指向"总体"(*auf das Ganze*);伟大的划时代斗争过后,和谐将主宰一切,无论是基于雅利安人的种族统治,还是无产阶级的最终胜利。[22]

摩根索对人类生活和政治清醒冷静的理解,构成了他对 20 世纪 20 年代和 30 年代初狂热政治的反动。他的思想也是由魏玛德国的思想环境塑造而成的。20 多岁时,摩根索就通读了尼采的全部作品。[23] 对摩根索来说——如同对托马斯·曼、马克斯·韦伯和西格蒙德·弗洛伊德——正是尼采的不懈追问,持续探究,剥去障目的层层表象,从所有的悲剧维度抵达人类生存的本质,才具有如此魅力。但还有别的东西:尼采的权力意志。政治学家摩根索引用了尼采的思想,描述了人类自我保存(self-preservation)和自我主张(self-assertion)的本能,以及与此本能相关的乐趣,这是决定个体和政治领域的潜在自然之力。[24] 在政治和生活中,权力意志是一种创造性力量,但也极具破坏性。要理解国家,就必须拨开层层迷雾,发现国家利益的本质,而国家利益则以权力欲望为基石。

摩根索总是寻求一种审慎的政治,这与魏玛共和国的激进政治截然相对。来到美国后,他发现了另一种乌托邦思想,这种思想依然使他想起了最激进的魏玛政治。这是自由的、"科学的",无疑是20世纪中期美国学界和政界的主流认识。多年之后,摩根索对一位采访者说:"我对美国思想传统中的乐观主义和实用主义特点感到震惊。"[25]

对于法律实证主义、法律实证主义将政治化约为行政,以及他现在面对的美国乌托邦政治等,摩根索又发表了新的批评。实际上,他的第一本英文著作《科学人对抗权力政治》(*Scientific Man vs. Power Politics*),语气激进而犀利。美国人往往过于自信,认为所有的问题都可以被识别、研究、量化和解决,他觉得其中有着某种极其可怕的东西。对摩根索来说,这种乌托邦思想未能把握人类生存的复杂性,甚至悲剧性,即人类固有的权力欲和心理的不稳定性。

在对20世纪中叶美国主流社会思潮的尖锐且近乎讽刺的挑战中,他定义了"科学的"观点的特征:

> 政治应该"改革"并"合理化"。科学的"计划"应取代政治操纵,科学的"解决方案"应取代政治决策,"专家"取代政客,"智囊团"取代政治家,"法律工程师"取代立法者。企业的技术效率成为评价政府活动的标准,"工商管理"成为完善政府管理的理念,甚至革命也成了一门"科学",革命领袖成了"革命工程师"。[26]

摩根索几乎无法忍受"将国际法作为政治行动标准的幻想、社会世界自然和谐的假象,以及社会科学模仿一种自然科学模式——这种模式已不被现代自然科学本身所接受——的错觉"[27]。他呼吁真正的政治家透析生存的奥秘,了解对手的心理,能够引导对手,保持清醒的头脑——这是一种尼采的风格。摩根索写道:"政治是一门艺术,不是科学。掌握政治,需要的不是工程师的理性,而是政治家的智慧和道德力量。"[28] 成功的政治家要了解人类状况的真相,能够应对生活中的所有不测。他理解生存中悲剧的一面,但也能推进国家的利益。[29]

摩根索一再重申,权力欲是人类生存的普遍现象,冲突也是如此。如果我们的行动建立在权力欲可消解的假设之上,就会造成政治瘫痪,而非社会安定。如果政治进退失据,就会导致妄想和极权。《科学人对抗权力政治》虽然不能被美国读者理解,却是一位目睹过太多乌托邦式政治的人士发出的呐喊,他担忧以行政取代政治会重蹈类似结果。一些不稳定、危险甚至邪恶的东西存于人类心理的基础,因此也存于人类社会的基础。[30] 我们可以对其加以调节和制约,但无法通过自由法(liberal law)将其驱离人类生活的领域。

《国家间政治》于1948年首次出版,之后多次修订和增补,至今仍是政治学专业学生的标准读物。摩根索一如既往,对政治领域的独特性做出界定。他在《国家间政治》中写道:"与所有政治一样,国际政治是权力之争。"[31] 他直截了当地说,权力是"人对他人思想和行为的控制"[32]。隐藏于这一切——以及他于20世纪20年代和30年代提出且此后不断重申的观点——之下的,是"人所共有的生存、繁衍和支配等基本欲望"[33]。摩根索写道,所有的政治活动——无论国内,还是国际——都表现为三种形式:"保持权力,增强权力,或展示权力。"[34] 这与他1933年学位论文中的观点一致。行使权力——尤其在美国这样的民主国家——无疑是富有成效的:"穿上了意识形态外衣的权力,以及以国家之名和为国家利益而追求的权力,成为所有公民必须为之奋斗的善举。"[35] 魏玛是一个得不到公民完全效忠的共和国,它的那些符号一直争议不断;摩根索鼓吹国家符号(national symbols)关乎"个人对国家权力的认同"之重要性时,他不大可能忘记魏玛。[36] 魏玛和纳粹德国必定都在他的脑海中,他写道,国内局势不稳以及之后社会成员的不安全感,大大增加了"集体情绪在激进民族主义中寻求出路的可能性"[37]。在国内和对外政策层面，内部稳定——魏玛所缺失的重要因素——是审慎政治的关键。

摩根索在思想领域锐意探究，终于开拓至他此前著作中尚未明确涉及的唯一方面。这是一个重要的转变。在他心中，核毁灭的幽灵始终挥之不去。现在，寻求和平与稳定——二者一直都是他前进的动力——就字面最基本的意义而言，成了生死攸关的问题。只有避免核战争，人类才能生存，文化和社会才能繁荣。他所有的理性对策——承认国家利益和强权政治的现实，发挥道德、伦理和法律的调节作用——已捉襟见肘。全球局势如此危险，社会如此脆弱，我们再也不能满足于一个由主权民族国家（sovereign nation-states）统治的世界。摩根索呼吁建立一个权力范围远超联合国的世界国家（world state），这一思想变化令他最热情的支持者一直感到不安。[38]

然而，摩根索提出用以实现这种新政治形式的手段是相当传统的，可谓完全不合时宜。[39] 他没有呼吁人们去支持很多已相当活跃的和平与反核运动，只是主张重振外交。在《国家间政治》的结尾部分，摩根索未对世界政府作更多论述。相反，他回到了现实主义立场，提出了一套教科书式的指导方针——"外交必须摆脱十字军精神……外交政策的目标必须根据国家利益来界定"，以及诸如此类的观点。[40] 这致使读者抛弃了他的世界政府思想。事实上，在《国家间政治》中，结论部分的指导方针可能是许多拥护现实主义的读者唯一实际阅读的部分。

《国家间政治》出版后立刻成了畅销书。此书抓住了冷战的风向。对抗苏联如何有利于美国的国家利益？美国决策者此时正在厘清其中的细节，芝加哥大学这位德裔政治学家的书可谓恰逢其时，这本书逻辑严密、史料丰富，为追求"国家利益"提供了理论工具。

尽管摩根索对政治保持了清醒的态度，但他始终主张，规范性价值观（normative values）也是政治的核心。用威廉·肖伊尔曼（William Scheuerman）的话来说，摩根索是一个"不安的现实主义者"[41]。与几乎所有的魏玛知识分子一样，摩根索吸收了康德、韦伯和尼采的思想。他以典型的康德式思想，将法律、伦理和道德定义为独立于政治的领域，有其自身的规则、方法论和内在逻辑。对于追求权力的政治，它们必须施加制约性影响；否则，作为人类境况根本特征的权力欲就会失控。

在自己的著作和演讲中，摩根索在权力运作的现实性关注和权力效果的道德性关怀之间摇摆不定。有时，他的著作和公开声明前后矛盾，常常把他的崇拜者和评论家弄得晕头转向。20世纪60年代中期，摩根索公开反对越南战争，并产生了巨大的影响力，更胜于他对核战争危险的警告。这激励了反战人士，也激怒了自由派主战人士——包括林登·约翰逊（Lyndon Johnson）总统的核心圈子——主战者受到《国家间政治》的影响，原以为可以依靠这位著名的现实主义者，来支持他们的事业。事实上，摩根索公开反对战争，显示了现实主义在其思想中的主导地位。他对越南问题的立场主要基于以下前提：过度扩张的权力只会削弱美国在世界上发挥积极作用的能力，使国内应对社会弊病的努力化为乌有。

然而，摩根索的立场也暴露了其思想的局限性。他从未对政治目标有所界定，而政治目标是——或应该是——追求权力的内在本质。"国家利益"在其著作中显得苍白无力。除权力外，什么界定了国家利益？除了追求更多的权力，行使权力的目标是什么？这些都不清楚。对摩根索来说，逃离魏玛德国高度意识形态化政治的路径，是以相当肤浅的政治观念告终的。在康德的启发下，他试图将道德和伦理从政治中分离出来——尽管实际上，他又不得不让二者进入政治——这是此种倾向的最明显证据。

摩根索只在《国家间政治》一书中，他陶醉于西方文明的成就——的几个段落中，逐渐对政治目标做出界定，认为其不止于追求权力。正因为西方文明缓和了权力斗争和公开暴力，并将权力之争引入和平的追求——如竞争财富和声望——之中，因此是"任何文明所能成就的最好结果"[42]。摩根索至多表达了类似以赛亚·柏林（Isaiah Berlin）的对消极自由的强调，即在最有序的社会中，国家对私人生活的干预最少，个人可自由追求自己的欲望。在不可避免的权力欲与法律、道德的调节机制之间，有序的社会和有效的国际秩序能够实现平衡。

摩根索对政治的理解也受制于他那以国家为中心的鲜明思想方式。对他来说，魏玛也是反面教材。魏玛政治极度活跃——几乎不断的罢工、示威、集会和暴乱——他因而故意忽视了作为民主化和自由之源的大众领域。事实上，在一个以国家间的竞逐为特征、相对规范的政治领域中，大众政治即使出现在他的叙述中，也是一个极具破坏性的因素，而几乎不是什么创造性或民主性因素。[43] 他对政治家的强调中，也有一种近乎尼采式的元素——政治家预卜人类生存的悲剧，并为国家利益而追求权力。但这是出于什么目的呢？政治家应该努力扩大人类自由的范围吗？他们要确保个人在社会中的经济安全吗？如许多评论家所抱怨的那样，关于这些问题甚至都没有给出只言片语的暗示。

最终，摩根索的成就是综合性的，他将德国和美国的传统融为一体，为美国政治学的一个全新领域——现在已不再过于依赖法学的国际关系学——打下了基础。摩根索借鉴了魏玛和纳粹的经验，将道德和政治利益以令人不安的方式加以融合。肆无忌惮地追求权力——如第三帝国——只会给人类带来毁灭性后果。但乌托邦式的道德主义也是如此，在人类生存的悲剧维度上仍然没有根基。许多魏玛政党和运动所宣扬的乌托邦思想，本质上是一种反政治（antipolitics），至少摩根索是这样认为的，因为他把政治定义为追逐权力和追求国家利益。在他看来，乌托邦主义根本是反人类的，因为乌托邦社会不可能存在——只要权力意志是人类存在的基石和本能驱动力之一，只要人类精神的核心存在某种不稳定甚至危险的东西，这种社会就不可能存在。

审慎是摩根索思想的标志性特点，这一思想方式深受鲁莽轻率、为害甚深的魏玛政治影响。真正成功的政治家——摩根索企盼的领导者——能仔细评估国家利益，并以理性的手段追求国家利益；同时始终认为，政治必然是一个冲突性领域，个人和整个社会会轻易地诉诸表象下的危险情绪。

◇ ◇ ◇

1927年，年轻的赫伯特·马尔库塞刚刚取得博士学位，他读了马丁·海德格尔的《存在与时间》。这本书刚刚出版，读起来有振聋发聩之感。终于有了一位杰出的哲学家开始研究这些重大问题——生存、存在和生命。和其他一些才华横溢的年轻男女一样，马尔库塞前往弗赖堡，师从海德格尔。此时，马尔库塞已经是一名马克思主义者，经历了革命。1918年，他作为年轻的士兵加入了一个工兵代表会——德国革命的先锋。激进的左派遭到镇压后，马尔库塞对社会民主党大失所望，而共产党人也未能就革命所承诺的最终解放提供任何可行的路径。

尽管如此，在马尔库塞的整个人生和颠沛流离的职业生涯中——从海德格尔的演讲厅，到社会研究所（俗称法兰克福学派）的研讨会和期刊页，到美国政府办公室，再到他吸引新左派活跃分子的大学教室和礼堂——他仍然保留了对革命、对乌托邦未来中诸多可能性的信念，这是他在德国革命的冬天初次体验到的情感。[44]尽管马尔库塞对共和国、对第三帝国和第二次世界大战的巨大灾难、对20世纪50年代冷战期间美国的停滞不前感到失望，但他仍然是魏玛的乌托邦主义者。马尔库塞的政治思想与汉斯·摩根索的观点大相径庭，然而同摩根索一样，他的思想也源于魏玛共和国混乱的民主政治和激烈的思想生活。在全球几乎所有大陆上，这些思想——在20世纪60年代的标志性著作《单向度的人》中得以重申和发展——在数百万走上街头的学生和群情激奋的工人中引起了反响。魏玛化身为赫伯特·马尔库塞后走向了全球。

1927年，马尔库塞来到弗赖堡，决心在马克思主义与海德格尔思想之间做些融合工作。在魏玛共和国的黄金时期，如果政治激进主义对年轻的马尔库塞来说是个不切实际的选择，那么，至少他可以参与革命思想的发展。海德格尔细致入微，努力将哲学思维置于日常生活的实际之中，马尔库塞对此饶有兴趣。超越仅仅生存，到达此在（Being），到努力把握生命的意义，就意味着承认生命在世界上的地位。尽管海德格尔自己的著作也许是抽象的，甚至深奥难懂，但哲学未必抽象。然而对马克思主义者马尔库塞来说，海德格尔最大的失败在于缺乏历史性。"生命"与"在世界之中存在"并非永恒不变的本质，它们在历史中不断演化。用马克思主义的术语来说，不同的生产方式产生了不同的在世界之中存在的形式。马尔库塞以批判的方式写道："'现象学'意味着让物（things）自身显露出来，但客体（objects）本身已经在历史性之中。"[45] 根据马尔库塞的说法，海德格尔最终陷入了同一个死胡同，即同样脱离生命具体情境的抽象性，而他又试图从此情境中拯救哲学。

但是，马尔库塞从海德格尔那里吸收了什么呢？其中最重要的是以下这一信念：不仅哲学是一件严肃的事情——这是几乎所有魏玛思想和文化的共同倾向——而且人类生命的终极问题至少可以被提出，也许最终能得到解决。[46] 海德格尔的哲学中，有一种解放的色彩和一种乌托邦思想，容易与马克思主义相互契合。此外，马克思主义强调实践，强调在世间的自觉行动是历史变革之动力，这与海德格尔强调由追问、探索的主体所创造的本真性，多有相似之处。[47] 努力变得"本真"，从仅仅生存，到达此在，意味着自觉的行动，而这种行动总是和其他行动共同发生："生存的世界是一个共享的世界。"马尔库塞这样描述海德格尔的思想。[48] 在此，海德格尔的思想，与马克思为构想世界的社会属性而排斥个人主义的做法，显然也多有互补之处。

马尔库塞的这些主题，是在与海德格尔（还有黑格尔，我们很快就会看到）的对话中，在魏玛那活跃而混乱的政治语境中发展起来的，此后也依然是马尔库塞思想的基调。马尔库塞在1929年的重要文章《论具体哲学》("On Concrete Philosophy")中，对于人类在资本主义和现代技术条件下丧失权力（disempowerment）做了批判。35年后，这些话几乎一字不差地出现在了《单向度的人》中：

> 尽管当代社会正日趋技术化和合理化，但人类对自然和"物"所施加的人的力量（human power），不增反减！今天，作为"经济的主体和客体"，人服务于商品经济，而商品经济已变成自主的"物"，而不是人用以生存的适当手段。同样，他们的"工具"——机器、交通工具、光、电——变得如此广泛而强大，以致从人类的角度看，人越来越需要按照工具的意愿来组织自己的生活，来为工具服务……如此才能使工具维持"运转"……在资本主义社会中，所有人的价值丧失了，或者要服务于技术和理性的"客观性"。[49]

只要稍做改动，这些话就可能被认为出自马克思或海德格尔笔下。

马尔库塞在马克思和海德格尔之间发现的相似之处，同样也吸引他去关注黑格尔。在此，马尔库塞与卡尔·科尔施（Karl Korsch）和卢卡奇·格奥尔格等其他魏玛时代伟大的知识分子一起思考、写作，他们重新发现了马克思主义思想的黑格尔之源。黑格尔辩证法为他们所有人提供了强有力的工具：他们知道，无论魏玛共和国、第三帝国，还是冷战中的美国，当时的形势都不是历史的终点。黑格尔辩证法——拒绝接受世界的现状，拒绝在主导性条件下预见未来——始终激励着马尔库塞。后来，马尔库塞在他首部用英文写成的著作《理性和革命》（*Reason and Revolution*，1941）的1960年版序言中写道，辩证思维力图"打破全世界既存事实……的力量"，抵制现存世界"堕入极权主义、消减所有反对意见和界定整个话语领域（universe of discourse）"的趋势。[50]

尽管与卢卡奇、科尔施一样，马尔库塞已经注意到马克思主义中的黑格尔元素，但1932年马克思的《1844年经济学哲学手稿》（*Economic and Philosophic Manuscripts of 1844*）首次出版，才如同人们期盼已久的认可。[51] 在这里，马尔库塞看到马克思本人如何解决存在这一根本问题，看到他对当下——当下不仅由资本主义的不平等"本身"及其导致的苦难来界定——的批判。这个问题远不止于此。资本主义产生了异化——人与劳动、人与自己、人与类存在物（species-being）之间的异化。马尔库塞对1844年手稿的阅读，坚定了他的乌托邦倾向。和魏玛时代许多别的伟大知识分子和活动家一样，马尔库塞认为政治关乎社会的根本重组。而摩根索倡导的审慎政治，几乎配不上"政治"之名。

起初，马尔库塞以典型的马克思主义方式，将劳动作为社会的革命性变革之源。马尔库塞重新解读了马克思1844年手稿的要点——以及黑格尔和海德格尔思想的某些方面——认为，劳动是人类自我生产的根本创造性之维；如果在非异化条件下，即在社会主义条件下，劳动将以令人难以想象的方式，释放人类的创造力和生产力。

但马尔库塞很快就认为，任何形式的劳动都有压迫性，而不只有创造性。马尔库塞反对整个哲学和政治经济学——至少追溯到18世纪晚期的重农主义者（Physiocrats）、亚当·斯密（Adam Smith）和大卫·李嘉图（David Ricardo），以及黑格尔和马克思（在某种意义上，可以回溯到最早的基督教神学）——并认为，如果人必须劳动只是为了养活自己，那么，不管何种形式的劳动，都是将人囚禁于必然王国之中，而非解放于自由王国。[52] 他发现游戏是真正具有解放潜力的生活领域，这也是他移居海外后在《爱欲与文明》（*Eros and Civilization*, 1955）和《单向度的人》（1964）等重要作品中再次回归的主题。相比在劳动中，人类在游戏中更客观地看待自己。更重要的是，他自由地确定了自己可能想要遵守的规则。人可以自由创造。

> 终于，人可以完全随心所欲地对待物；人将自身置于物外，

"自由"于物……把球一下掷出去，投掷者就战胜了客观化，成就了人类自由的伟大胜利，远胜于技术劳动所能取得的最大成就。[53]

劳动是高度组织化、按部就班、周而复始的，而游戏是自我创造、自然而然、短暂易逝的。

简言之，马尔库塞吸收了马克思在1844年手稿中对异化劳动——在资本主义的具体条件下——的分析并做了概括：所有的劳动都在异化中。[54] 安东尼奥·葛兰西（Antonio Gramsci）批判了同时代的福特主义（Fordism），认为现代工厂的劳动制度从根本而言是对生命的摧残、对性欲的扼杀；与之类似，马尔库塞则认为，劳动不具有任何解放性。虽然马尔库塞在其文中没有专门提及性爱，但无疑受到了魏玛共和国所有性言论的影响——其中，威廉·赖希等许多人认为，只有在性生活得到满足的基础上，才能创造出真正自由的社会。马尔库塞当然也清楚魏玛社会所有关于劳动合理化——努力提高劳动效率——的讨论。他言简意赅地驳斥了"劳动科学"（science of labor），视之为资本进行操纵和压迫的工具；之后，他不断重申这一立场，尤其是针对"劳动科学"在美国的变体，即工业社会学（industrial sociology）。[55]

通过深入研究黑格尔、马克思和海德格尔，马尔库塞发展出了自己的思想。在此方面，他并非孤例。1933年，他加入了社会研究所，在此，他将发现此后数十年间纳粹政权、第二次世界大战和冷战之间在思想上的亲缘关系。这家研究所于1923年成立于法兰克福——因此简称为"法兰克福学派"——但直到20世纪60年代才闻名于世，此后数十年一直是"批判理论"之源、文化研究的思想策源地、后现代主义的重要影响源。但就其本源而论，这家研究所绝对是魏玛的产物。魏玛共和国激烈的介入性政治和思想生活，为法兰克福学派复兴批判性马克思主义、开辟通向未来解放的道路，提供了创造性源泉。数年之后，这些思想于流亡过程中，在日内瓦、巴黎、纽约和洛杉矶结出了硕果。1950年，法兰克福学派的主要成员——马克斯·霍克海默、弗里德里希·波拉克（Friedrich Pollack）和西奥多·阿多诺——将研究所迁回了德国。[56]

在一位富人的捐助下，研究所的主要人物才能在德国僵化保守的大学制度和左翼政党环境中保持独立。但是，该研究所确实与法兰克福大学有着松散的联系，所长也在该大学里享有教授职位，而这也是共和国变革的一个标志——马克思主义者卡尔·格林贝格（Carl Grünberg）和马克斯·霍克海默也先后在大学里担任教授！尽管如此，德国大学体系中，学科之间存在非常明确的界限，且彼此相互猜忌戒备，因而在此体系中，无法开展与社会主义历史、反犹主义、文化政治的批判研究、广义的理论、心理学等的相关研究。与该研究所有关的主要人物——如霍克海默、波拉克、弗朗茨·诺伊曼、阿多诺、埃里希·弗洛姆、马尔库塞等——大多是犹太人，很少有人指望自己能在魏玛德国拥有辉煌的学术生涯。

所幸的是，在纳粹掌权的前几年，该研究所的资金转入荷兰，又在日内瓦建立了前哨站。纳粹上台时，马尔库塞就在那里，研究所的其他成员也随之而来。之后，他们去了巴黎，最后来到纽约，在那里，哥伦比亚大学的校长给了他们一个家。1934年，马尔库塞抵达纽约，一直留在那里——中间除了在洛杉矶住过几次——直到1942年，他才离开，去了后来的美国战略情报局（Office of Strategic Services）工作，之后又服务于美国国务院。与20世纪30年代研究所的其他成员一样，马尔库塞大多用德语写作，这是有意做出的决定——至少霍克海默和阿多诺是这样的——目的是保存一种有别于纳粹主义的文化，但这又很大程度上造成了这些批判理论家与其美国同事少有往来。他们一直置身于路德维希·马尔库塞在洛杉矶所描绘的德国流亡者的封闭世界中。

正是在洛杉矶，批判理论最为兴盛。[57]洛杉矶沐浴在独特的光线之中，从科罗拉多（Colorado）遥远的山川河流中引来的源源活水，浇灌着郁郁葱葱的花园。这里还有流亡者租住的平房和公寓，以及电影明星和电影大亨居住的豪宅。在布莱希特看来，这座城市拒人于千里之外；身处这样的环境中，霍克海默和阿多诺写下了对大众文化和启蒙思想的尖锐批评。尽管霍克海默有时会津津有味地描写南加州的美景，但大部分时间，他和挚友——也是思想上的灵魂伴侣——阿多诺，只看到了启蒙运动总体性力量的弊病，看到启蒙辩证法把工具理性推上了至高的地位，人类生命因此全部沦为——无论资本主义的美国，还是纳粹德国——维持统治现状的手段。他们生活在电影产业中，生活在美国新爵士乐——于20世纪50年代发展成了一种风格独特的西海岸爵士乐，既复杂又和谐，最重要的是非常时尚——的一大中心，但是，他们感觉不到快乐，当然也看不到任何解放的可能性，只有谎言、欺骗和统治。"文化工业"（culture industry，他们创造了这一术语）以及"大众文化"（mass culture，这个词在魏玛时代无所不在），是现代性的标志性特征，有着令人无法逃避的力量和破坏性。

对霍克海默和阿多诺来说，他们曾经在魏玛目睹的民主堕落，在他们于美国西海岸的流亡之地达到了高潮。他们对文化工业——主要以好莱坞电影和美国爵士乐为例——的批评，当然借鉴了魏玛德国更大范围的话语，即视广播、留声机和电影为堕落文化的技术。新技术造成了艺术作品的可复制性——遑论新技术所产生的声音和图像的肤浅——这只会造成对艺术苍白无力的模仿。个人邂逅现场表演或挂在博物馆墙上的绘画，与之深入交流，由此升华到崇高境界，这样的时代已成为历史。具有极大讽刺意味的是，马克思主义者和德国保守派长期以来对"大众"的批判，遭遇了捍卫高雅文化（high culture）的壁垒。

对霍克海默和阿多诺来说，不仅纳粹主义，就连现代性本身也是极权主义的。然而，在德国和美国，法兰克福学派不只有这两个人。研究所中，并非所有的重要人物都接受霍克海默和阿多诺完全悲观的视角；二人把自己推入了思想的死胡同，无法提供摆脱工具思维和文化工业品宰制的方法。当然，魏玛民主的失败和纳粹思想历时12年的统治，深深铭刻在了法兰克福学派所有人物的思想之中。他们的作品总有挥之不去的悲剧色彩。而其他成员则不懈寻求解放的试金石，无论是通过弗朗茨·诺伊曼的民主理论，还是通过弗洛姆和马尔库塞所阐述的爱欲。

可以说，马尔库塞成了法兰克福学派中最有影响力的思想家。[58] 马尔库塞开始用英语写作——远早于霍克海默或阿多诺——以使美国读者能接触到他最初在魏玛提出的思想。在早期的英文论文《现代技术的一些社会意义》（"Some Social Implications of Modern Technology", 1940）中，他拓展了1929年发表的文章中对技术所作的批判。[59] 马尔库塞写道，技术具有组织性和约束性，为第三帝国这样的独裁政权提供了巨大的资源，用以操纵和统治民众。民族社会主义是一种"恐怖主义的技术统治"（terroristic technocracy），其特点包括劳动的集约化、社会的全面组织化和宣传的广泛使用。[60] 事实上，"战争经济"具有统摄一切的驱动力，及其为了物质和文化生产而运用技术的强大能力，因而界定了民族社会主义的根本性质。[61]

和法兰克福学派的同事一样，马尔库塞认为，技术已经从根本上摧毁了个人主义的自由，而这种自由正是16世纪以来资产阶级社会的标志。技术已经成为统治个人的摩洛神。在一段值得详细引用的节选文字——因为这些思想后来启发了20世纪60年代的抗议者——中，马尔库塞写道：

> 个人主义理性已转化为技术理性……自由的经济主体……已演变为大规模组织与协调的对象，个人成就已转化为标准化的效率……个人的表现受到身外标准的激励、引导和衡量……只有当个体的行为是符合工具客观需要的正确反应时，该个体才成其为有效率的个体；他的自由仅限于选择最适当的手段，以达到并非由他设定的目标。个人的成就与外界的认可无关，且只能在工作自身中得以实现；但提高效率是可以获得回报的行为，且只能通过其对于工具的价值得以实现。[62]

马尔库塞认为，这种自由——"选择最适当的手段，以达到并非由他设定的目标"——根本就称不上自由。

马尔库塞的论点与20世纪50年代普遍存在的对"组织人"（organization man）和"孤独人群"（lonely crowd）的批评，有着相似之处。但马尔库塞的独特性在于，他的思想源于马克思与魏玛，因此，他对技术的批判相较美国社会学家和记者更为深刻。马尔库塞再次借鉴了马克思和海德格尔的观点，认为在官僚化的技术世界中，个人被剥夺了自我决定（self-determining）的能力。他们淹没于大众之中，但此大众并不是洛克（Locke）、卢梭（Rousseau）以及18世纪与19世纪的民主运动所设想的自我建构型共同体（self-constituted community）。[63] 同时，由于功能的极度专业化分工，个人被原子化了。他们处于人群之中，却孤立无援。这两种情况都剥夺了他们的批判理性，使其易受操控。只有作为可控效率的对象，个体人格才有意义。

马尔库塞描绘的人与社会的画面确实是残酷的，他区分了法西斯主义和自由民主，但认为二者都是发达资本主义的模式。在此模式中，技术作为一个社会过程，几乎消灭了自由领域。然而，即使在1940年，马尔库塞——从来都是乌托邦主义者，与霍克海默和阿多诺也迥然不同——提出了一个新自由阶段的可能性，以此预见了《单向度的人》所提出的观点。技术如此先进的条件下，社会可能达到一个阶段，即提供物质必需品所需的劳动量大幅减少；人们因此获得了自由，能够"回归自身的欲望（passions）"[64]。

这些欲望能够在游戏中获得最大程度的表达——只要克服了民族社会主义条件下的畸形游戏。此处，马尔库塞再次回到他在魏玛时代首次勾勒出的主题。在20世纪40年代的一篇论文中，他论述了民族社会主义条件下，对休闲（leisure）的组织化是其最为非人化的特征之一。纳粹甚至把游戏领域变成了一个组织化、不自由的领域，从而摧毁了对抗全面组织化生活的最后堡垒之一。[65] 民族社会主义提供的不是自由，而是安全，"将个人束缚在现代社会最具压迫性的工具之上"[66]。

的确，民族社会主义甚至扭曲了性欲。尽管性快感能够，也应该是自由的，但马尔库塞借鉴了魏玛时代的广泛讨论，指出在民族社会主义之下，自由的性爱变成了统治集团人口政策中一个功利主义的方面。性这个在快乐和个人自由方面最少受到管制的领域，已变成"有利可图的行为……［为了］控制交配和繁衍"[67]。受管制的个人"使一个仅以个人为压迫手段的世界永久存在"[68]。

之后在20世纪50年代，马尔库塞在提升游戏地位的过程中，借鉴了德国伟大的诗人、剧作家和古典主义时代的散文家弗里德里希·席勒（Friedrich Schiller）及其《审美教育书简》（*Letters on the Aesthetic Education of Man*，1795）。[69] 书中，席勒把游戏领域描述为人生的舞台，人于此最有创造力、最自由。席勒写道："只有人是完整意义上的人时，他才游戏；也只有游戏时，他才是完整意义上的人。"[70] 尽管席勒是个浪漫主义者，对政治经济学也一无所知，但他依然描绘了现代人（在18世纪90年代的魏玛！）如何在一个控制力越来越强的国家和一种功利主义生活态度的作用下，开始异化于自然以及人自身。"今天，需要（Necessity）就是主宰，它迫使堕落的人类屈服，委身于专制的枷锁之下。效用（Utility）是这个时代的伟大偶像。"[71] 与18世纪以来几乎所有的德国思想家一样，席勒渴望完整性（wholeness）。只有人可以自由玩耍时，有机的统一才会到来，他们在游戏中才会有创造性。

◇ ◇ ◇

《单向度的人》是20世纪60年代轰动一时的著作之一，在世界上最遥远的角落也有人阅读和谈论。[72] 就马尔库塞的所有作品而言，这本书没什么新意。自20世纪20年代末以来，他就一直在表达同样的观点，甚至在20世纪40年代和50年代初，他作为政策分析专家为美国政府工作时，亦是如此。但这本书切中了彼时的风向，马尔库塞因此一举成名，同时也声名狼藉。《单向度的人》严厉批判了"发达工业社会"——该词用在副书名中,也许比用"发达资本主义社会"更安全。发达工业社会是极权主义的,因为它囊括一切,如此成功、如此强大,足以排挤任何一点异议的迹象,甚至将私人领域排除在外,使其沦为细枝末节。这一体制力图管理生活的所有领域,将一切领域都用于消费,使其整齐划一。

"统治""话语领域""极权主义"——这些术语在《单向度的人》中反复出现,但并不适用于苏联,因为它们首先针对的是发达资本主义社会。马尔库塞扎根于法兰克福学派的批判传统,看到生活全都受制于管理,而不是被自由、自决的个人所塑造。诚然,发达资本主义提高了人们的生活水平,但对生活的宰制同样无处不在。"话语领域"成了独白,只证实了当前事物组织的一切。这个体系是极权主义的,因为它围绕现状的自我永续来组织整个社会。它侵入了生活中最私密的领域,生活围绕所谓的客观事实运转,使理性沦为现有秩序的再现,而非批判。"来势汹汹的激进经验主义"否认了"理性的超越性因素"[73]。

马尔库塞描述了社会中的异化过程,即人沦为物的过程。这一描述再次借鉴马克思1844年的手稿,并延续了马尔库塞早期作品中的观点。[74]但他更进了一步。即使是艺术和性——自由的伟大源泉——也被工具化了,表现为完全受支配的结果;生活没有了色欲,艺术和性的画面只沦为地图上的斑点。[75]这些令人愉悦的自主领域受到压缩,为宰制个体创造了条件,并成为塑造威权人格的一个关键因素。[76]相反,一种欺骗性的"幸福意识"——基于对消费、对好莱坞娱乐产品的无尽追求——即使在核毁灭的威胁下,也依然盛行。[77]

然而,对人类如此悲观的看法,马尔库塞是不会满意的。他无法生活在霍克海默和阿多诺所构建的那个局限而压抑的世界,犹如身处宰制的黑箱之中,无路可逃。对马尔库塞来说,他总是回忆起德国革命(无论多么短暂),总要借鉴黑格尔以及辩证法思维。[78]魏玛时期,人们还讨论了性的解放潜能。在威廉·赖希、马格努斯·赫希菲尔德等很多人的著作中,真正自由和民主的社会,只有在性生活美满的基础上才能创造出来。对马尔库塞来说，批判思想无论在当代社会如何羸弱，却总是可能存在的，总是既存现实所固有的。对当下的否定始终是现存秩序的本质。这些矛盾绝不可能完全消除。

奇怪的是——或者准确说，从辩证思维来看——全面的社会管理确实提升了主体的角色。现在，个体不仅仅遭受奴隶主的鞭笞与资本家无时不在的威胁——随时让工人流落街头，令其全家忍饥挨饿。全面的统治需要付出巨大的努力，需要广告、消费、世界的量化等手段——这些都基于对个体思想和行为的塑造——发挥强有力的作用。但是，个体仍然保有思考的能力，能够运用理性思维；所有那些尽了最大努力后依然难以量化的领域——如价值观、伦理和政治——都可能成为反抗之源。尽管马尔库塞是优秀的黑格尔主义者，但他从科学的崇高角色中，看到了超越当下状况的可能性。一旦科学将劳动的需求降至最低限度，就能解放人类，使其享受"生活的艺术"。[79]

这个世界已变得似乎如此稳定，如此理所当然，如此理直气壮地成为历史的终点，马尔库塞的伟大作用就是使这个世界不再那么自然而然。他在魏玛时期研读海德格尔，又回溯了德国伟大的思想传统——康德、席勒、黑格尔、马克思——这些都为他的哲学方法打下了基础。与摩根索不同，马尔库塞并不排斥乌托邦思想，反而向其张开怀抱。

如此一来，他在20世纪60年代赢得了大量的读者。据《洛杉矶时报》(Los Angeles Times)的报道，"暴动的学生关闭了罗马大学(University of Rome)，报纸描述学生的标语牌上写着'马克思、马尔库塞、毛泽东'，全世界的读者才恍然大悟。'谁？'在这个名单中，马尔库塞的名字看起来像一个醒目的错误"[80]。但是，这三位人物的名字也会在巴黎被人涂在墙上。《纽约时报杂志》(The New York Times Magazine)称马尔库塞为新左派的意识形态之源。[81]《经济学人》(The Economist)同样如此，称其为"巴黎新左派的资深预言家"[82]。在巴黎，这家杂志的外国编辑评论道："他们一直在街垒旁念诵他的名字，而在整个西欧，他的书正成为新左派教义的一部分。"[83]1979年，马尔库塞去世,《晨报》(*Le Matin*)——巴黎的一家日报——称其为"伟大的德国哲学家……20世纪60年代末抗议学生的精神之父"。数月后,他的名字就被人传颂并铭刻于墙上,与马克思和毛泽东组成"3Ms〔三人姓氏均以字母M开头。——译者注〕……赫伯特·马尔库塞:这个名字如同彗星划过各大洲。美国,1964年;意大利,1966年;法国,1968年5月……在意大利,发现他的是左翼天主教徒;在法国,则是左翼人士,他们当时已感觉马克思主义作为一种理论并不完备。对所有那些感到幻灭和失望的人来说,他是一个敢于大声拒绝者、一个勇于表达欲望者"[84]。

但是,马尔库塞也招来了冷战知识分子的巨大愤怒,因为他们知道此人与众不同,是个马克思主义者,绝非克里姆林宫(Kremlin)的酷吏,否则就会轻易被人抛弃。他们对他的《苏联的马克思主义》(*Soviet Marxism*)等书感到迷惑不解,于是就撰写评论和文章,对其口诛笔伐。伯特伦·D. 沃尔夫(Bertram D. Wolfe)——众多冷战期间的前共产主义者之一——在1958年发表于期刊《共产主义问题》(*Problems of Communism*)的一篇文章中,谴责马尔库塞本质上是隐秘的共产主义者。[85] 著名哲学家悉尼·胡克(Sidney Hook)甚至更为尖锐。胡克发现,纽约城市学院——他敬爱的母校——的一个学生组织曾邀请马尔库塞作为莫里斯·拉斐尔·科恩讲座教授(Morris Raphael Cohen Lecturer)发表演讲,而该讲席是以胡克敬爱的导师的名字命名的。胡克勃然大怒,愤然辞去了在该机构委员会的职务,并写信对主席控诉说,向"公然为压迫和狭隘思想代言的哲学家"马尔库塞发出邀请,玷污了对科恩的回忆。[86] 在世界的另一端——无论对此做字面还是政治上的理解——苏联人也惊诧于马尔库塞引来的关注:"马尔库塞、马尔库塞——西方媒体不断重复这个70岁的'德裔美国哲学家'的名字,令原本默默无闻的他突然名声大振……〔他〕开始向马克思主义发难,还像影星一般被人大肆宣传。"[87] 与此同时,正在加州大学圣巴巴拉(Santa Barbara)分校教书的马尔库塞成为死亡威胁的目标。有人称他为"肮脏的共产主义走狗",在"美国只剩下72小时活头了"。[88]

◇ ◇ ◇

安卡拉和洛杉矶——很少有人能把这两座城市联系起来。一个是土耳其共和国的首都,一座被国家官僚机构和军队控制的城市。洛杉矶是美国梦工厂所在地,是不同街区与不同种族交错并置、四处延伸的城市。洛杉矶的一个山坡上有座房子,由出生于维也纳的理查德·诺依特拉(Richard Neutra)所设计。在安卡拉一条连绵起伏的街道上,也有一座房子,设计师是恩斯特·埃格利(Ernst Egli),他同样生于奥地利(彩图10)。20世纪20年代初,诺依特拉曾就职于埃里克·门德尔松在柏林的公司,后来移民美国。在洛杉矶,他创造出了加利福尼亚的现代风格,在20世纪四五十年代风靡一时——当然,是对那些足够富有的人而言。埃格利在1927—1940年的大部分时间在土耳其度过,他学习土耳其语,设计了20多座重要的建筑。其间八年,他在土耳其教育部担任总建筑设计师,又在土耳其美术学院(Academy of Fine Arts)担任教授。他本人也深受门德尔松的"动态功能主义"(dynamic functionalism)影响。

诺依特拉的利昂·巴沙住宅(Leon Barsha house)和埃格利的拉吉普·德夫雷斯别墅(Ragip Devres villa)都背街向内,但光线极好,面朝花园景观;在室内,人们可以轻松地来回走动。两位建筑师都采用了形成于维也纳和柏林的现代主义风格,经过拓展后,用以表达加利福尼亚南部和安纳托利亚西部的富裕和温暖。诺依特拉的客户是洛杉矶人,他们的收入来自电影、房地产、牧场和供水;埃格利的客户是土耳其共和国的新精英阶层,包括穆斯林商人、政治家和高级军官。

安卡拉和洛杉矶都成了德国移民的目的地,两座城市对现代主义风格都持欢迎的态度。在这两座城市,那些努力向上的奋斗者希望现代建筑能够体现他们新获得的财富和地位。数十位建筑师之前就逃离了纳粹德国，或是想寻找新机遇，于是就随着埃格利来到土耳其；另外一些人，如门德尔松，就跟着以前的门生诺依特拉，到了加利福尼亚。其中最杰出者——如诺依特拉、埃格利和布鲁诺·陶特——所主张的现代主义，没有照搬德国、瑞士和荷兰的风格，而考虑了他们所在国家的特殊气候、地形和文化传统。门德尔松和陶特推进了对瓦尔特·格罗皮乌斯和勒·柯布西耶所奉行之严格形式主义的批判，并试图在现代主义和传统之间进行某种融合。后来，格罗皮乌斯——在现代艺术博物馆馆长小艾尔弗雷德·H. 巴尔的大力支持下——和勒·柯布西耶也名声大振。可以说，陶特、门德尔松等人发展出了一种现代主义建筑，较之功能主义的信徒们所提倡的风格，融入了更多的人文主义原则——陶特、门德尔松等在魏玛时代即已有此作为。

埃格利、陶特等人来到了之前已有操德语的建筑师抵达的土耳其。巴格达铁路（Baghdad Railway）大约在 20 世纪初已开工修建。这项工程很大程度上是德国的项目，推动者是德皇威廉二世，资金主要由德意志银行（Deutsche Bank）提供。不少德国建筑师承揽了铁路的工程，主要采用盛行于德意志帝国时代的历史风格。[89] 有些人——如埃格利——于 20 世纪 20 年代去了新成立的土耳其共和国。纳粹上台后，很多人立刻来此投奔他们。前往土耳其的德国流亡者总共不过七八百人。但这些都是受过高水平教育的人士，包括被迫逃离纳粹的建筑师和城市规划师群体，如陶特、马丁·瓦格纳、玛格丽特·许特-利霍茨基（设计了著名的"法兰克福厨房"）、恩斯特·罗伊特（Ernst Reuter，德国社会民主党领导人，二战后曾任西柏林市市长）等人。

就在他们逃离德国的那一刻，土耳其正在发展自己的大学制度，总体上在学习现代国家和社会所需的建筑风格。土耳其共和国成立于 1923 年，继承了奥斯曼人历时六百余年、疆域辽阔、种族和宗教多元的欧亚帝国的残余势力。经过十多年战争——最后以第一次世界大战中的惨败告终——帝国的核心地带，即安纳托利亚地区，已发生了巨变。

一战中，青年土耳其党人（Young Turks）政府与德国和奥匈帝国结盟，对亚美尼亚人和亚述人实施了种族屠杀，对希腊人进行了种族清洗。[90] 1923年，这个不可一世的土耳其——这是民族主义运动所取得的军事胜利的结果，该运动是由穆斯塔法·凯末尔（Mustafa Kemal），即后来的穆斯塔法·凯末尔·阿塔图尔克（Mustafa Kemal Atatürk）领导的——所受伊斯兰文化和土耳其文化的影响，远超安纳托利亚曾受到的影响。

土耳其的新一代领袖们急于让社会打上自己的烙印。凯末尔在建立自己权威的同时，还掀起了一场现代化运动，涉及范围之广，令人惊讶。同时奉行民族主义与共和主义的土耳其禁止戴头巾，废除了哈里发的职权，改用拉丁字母，将阿拉伯语和波斯语的影响清除出了土耳其语。国家扶持教育，促进穆斯林发展贸易，以取代亚美尼亚人和希腊人的商行——这些商行在奥斯曼帝国时代垄断了国际贸易。

凯末尔对建筑有强烈的癖好。这么说，一点也不夸张。现代建筑能够代表新的现代土耳其，不是在伊斯坦布尔这座帝国旧都，而是在安卡拉这座几乎平地而起的新城市、新首都。对于渴望找到工作的德国建筑师来说，这是一个完美的环境。他们不光从事设计工作，很多人还在土耳其的综合性大学、理工学院和国家机关谋到了职位。20世纪30年代的土耳其，总共约有200名德国学者和专家以这样的方式就业。[91] 但第二次世界大战爆发后，他们的境遇就开始恶化了。纳粹集团对土耳其施加了强大的压力，逼迫其加入轴心国。尽管土耳其共和国最终保持了中立，但政府收回了很多流亡到此的德国犹太人和左派人士的居住证。于是，多数知识分子逃往了更远的流亡地，而留下来的很多人被关押在该国腹地的集中营里。同时，来自意大利和德国的法西斯主义美学产生了更大的影响。结果就是20世纪40年代的碑铭主义（monumentalism）风格，目的在于彰显国家和统治者的荣耀，这是现代主义中最恶劣潮流的一种表达。

然而在20世纪30年代，这些流亡建筑师还是建起了一些魏玛（和奥地利）现代主义风格——根据土耳其的具体情况做了修改——的典型

390

建筑。埃格利和陶特沉醉于土耳其欧亚大陆型的中东气候。不像德国的冬天那么落寞与阴沉，炙热的太阳、碧蓝的天空是土耳其的典型特征。贫穷也是。只有在安卡拉和伊斯坦布尔，土耳其才有少量欧化的中产阶级；该国很难称得上消费型社会，没有场所能像门德尔松在开姆尼茨设计的朔肯百货商场那样，可以让人们尽情沉浸于五光十色、琳琅满目的货品之中。私人委托的建筑业务很少，仅限于一些别墅项目。但国家主导的现代化运动需要自己的建筑，尤其是新一代世俗化了的土耳其爱国者要接受教育所用的中小学和大学。

埃格利是最早一批直接从土耳其政府获得合同并以现代风格从事营建的设计师之一。[92]他设计了一所女子中学，在一个只有男孩接受教育的社会，这是此类学校中的首例。颇为恰当的是，该建筑具有鲜明的现代风格，没有装饰、凹窗或弧形墙面。埃格利设计的伊斯梅特帕夏学校（İsmet Paşa Institute）（彩图11）——该学校以伊斯梅特总理命名，他日后成了阿塔图尔克总统的继任者——代表了对现代风格更为大胆的表达，表现出了门德尔松和陶特的直接影响。[93]该学校的建筑主体是一个水平结构（horizontal structure），两端呈弧形，并以多个立方体与建筑的下部相连。它没有连续的条状窗户——这是朔肯商场以及门德尔松其他设计的标志——但学校建筑中的很多窗户和两个弧形凸显了水平方向的运动感。

埃格利不是理论家，但职业地位赋予他巨大的影响力。结果证明，他的讲座对很多人产生了影响，之后数十年中，这些人都跻身土耳其顶尖的建筑师之列。埃格利力劝他们不要模仿国外的风格，比如别墅，而要认识到土耳其传统家园之美，"其建筑理念和整体格局如此独树一帜，对空间的安排令人吃惊，各部分如此富于表现力，细节方面如此令人陶醉"。[94]但是，令埃格利懊恼的是，在他生命的最后岁月，陶特非常成功地将现代性与土耳其和奥斯曼传统融为一体。[95]

埃格利尽管非常厌恶别墅，但还是在伊斯坦布尔设计了好几幢。其中最优秀者当属拉吉普·德夫雷斯别墅（彩图10），建于1930—

1931年；与诺依特拉在洛杉矶设计的房子一样，埃格利这座别墅的布局同样比较开放，运用了光线和立方体结构（cubic structure）（尽管每层楼中，阴面房间的光线较暗）。当然，此类典型的现代别墅在柏林和维也纳都曾修建过，但埃格利的设计——与诺依特拉一样——尤其适合温暖的气候与灿烂的阳光，安纳托利亚西部（至少每年大部分时间）和美国西部的南加利福尼亚就属于这种气候中的典型。对于住得起这类房子的土耳其精英阶层——很奇怪，与加利福尼亚精英阶层一样——来说，别墅代表一种新的生活方式、一种欧洲尤其中欧式的现代主义，并融入了安纳托利亚的气候和地形。最大的改变是，这种新风格摒弃了过去奥斯曼和伊斯兰建筑规范中严格分割两性空间的做法。现代风格表达的是新生的现代土耳其社会，这个社会的代表是共和国的技术和官僚精英。

数十名德国建筑师和城市规划师受雇于土耳其政府的部门和机构之中。[96]最著名的是马丁·瓦格纳，他曾任柏林城市建设顾问。在格罗皮乌斯的资助下，他于1938年启程前往美国，受聘于哈佛大学；此时，格罗皮乌斯已是该校设计研究生学院（Graduate School of Design）院长。瓦格纳与陶特有过一段交集，曾在20世纪20年代中期将陶特召至柏林，1936年又帮助他来到土耳其。在瓦格纳的支持下，陶特在土耳其美术学院获得了教授职位。这是一个地位显赫、薪水丰厚的岗位，还负责教育部建筑办公室的领导工作。在剩余的短暂时间里，他将成就土耳其最成功的现代主义建筑。但来土耳其之前，他刚刚在日本旅居了三年时间，这对他的设计原则产生了重大影响。

陶特当然不是第一个对日本产生强烈兴趣的西方艺术家或建筑师。1933年，他痛苦地逃离了纳粹德国，一路颠沛流离、历经劫难，辗转了半个地球，才来到日本。在此，他要参透日本美学的秘密，弄明白自己为何青睐日本美学。所有努力最终凝结为《日本的房屋与人》(*Houses and People of Japan*)，书稿用德语写成，他的日本出版商将其翻译成了英文。书中有很多陶特拍摄的照片，还有他的一些水彩画，都栩栩如生地印在了书中，让人联想起他的《阿尔卑斯山的建筑》。但是，阿尔卑斯山的奇幻建筑现在被他转化为日本的景观，强调建筑与环境的和谐关系，强调日本山川地貌的壮观，尤其体现于富士山。

在日本建筑之中，在日本人生活之整体的"深刻简洁和自然"之中，陶特发现了美。[97]打动他的是一种"精神之丰裕"，他发现可从日本房屋的功能之美捕捉到这一特点。[98]这些房子开放而简洁——他经常用这两个词描述日本——具有一种高度美学化和艺术化（而非装饰性）的匠人工艺。即使是最简单的房子，其建筑设计也因应了自然、景观和气候。冬天虽严寒，但日本人的房子是为应对夏季的炎热和雨水而建的。房子开放通透，即使最热的夏日，微风也能给屋内降温。屋顶坡度很陡，屋檐很大，便于雨水流走，也能挡住一些烈日的强光。

陶特认为，日本的建筑设计无论多么讲究功能，其中的美学特征要胜过理性主义。他描述了富裕的农场主使用很粗的木柱、很重的横梁来支撑房子的屋顶，用料之多远超实际所需。但木匠的巧手技艺能使木料之美散发出来。[99]陶特认为伊势神宫（Ise Shrine）是纯粹日本建筑的最高典范，并评论道："理性没有被冒犯，因为如同在希腊，支撑和负重都非常清晰地表现了出来……建筑的各个部分如此简单地拼接起来，我立刻就断定，以其他方法是断不能做到的……显而易见，一切都立足于美，理性也乐于为此效力。"[100]陶特也对小径和房间的简洁，印象深刻，"留白（omission）的艺术被推向了极致……建筑的纯粹性通过简洁而达成"[101]。这一原则，陶特将运用于之后设计的几个建筑中——但地点在土耳其，而非日本。

即使在城镇和村庄的布局中，美学——尤其对自然的强烈感悟——比理性的规划更重要。日本人不用抽象的线条或者对称的布局；相反，他们房屋和村落的布局与地势的走向相吻合，由此产生了温暖亲近之感，把人与建筑、自然融为一体。[102]因为怀有这样的感受，陶特便告诫他在日本的友人和学生，不要简单照搬西方的现代主义，这与埃格利在土耳其的做法如出一辙。陶特建议他们发展出自己的现代主义风格，要吸收日本的传统，考虑日本的气候和地貌。让现代主义百花齐放——这也许是他的格言。但他也感到担忧，自己在打一场注定失败的战斗，工业化的进程——现代社会对速度和大规模生产的强调——正在让日本的传统美学变得无足轻重、可有可无。[103]

陶特总是非常亲近自然，从《阿尔卑斯山的建筑》可见一斑。他在日本度过的时光凸显了这个最根本的核心感受，也加深了他对现代工业和现代建筑方法的怀疑。是不是因为魏玛——现代性的典型标志——的覆灭、纳粹的上台强化了他对自然的情感，也强化了他对大规模生产和廉价商品的敌视？在自然和现代的平衡中，流亡时期的陶特更加强调自然的分量。的确，尽管《阿尔卑斯山的建筑》中的幻想在于阿尔卑斯山中的建筑，但在日本，富士山美轮美奂，是自然一尘未染的壮丽典范，也是日本的象征。在《日本的房屋与人》的开篇，陶特描写了自己和妻子乘火车离开东京时，既为他们所爱的日本而倾倒，也为肆虐的现代性席卷这个国家而忧心。

> 阳光灿烂，空气清新。以前，我们从未如此清晰地看过富士山。山顶只剩下一点雪；一丝薄云在山前掠过，投下淡淡的影子。山的轮廓沿着极其优美的线条，一直向下伸展。
>
> 对山的外形作些装点，是不可能做到的。这是一件艺术品，尽管出于自然之手。如果我们将其与别的山峰作些比较，那些山峰就显得赤裸、嶙峋、粗犷……这就是日本，这就是外形简洁的日本精神。[104]

在日本，陶特没有机会从事建筑工作。与很多流亡者一样，他感到漂泊无依，总是要为生计而挣扎，尽管他在一家公司有份工作。该公司主要设计椅子、门上的五金件、雨伞和烟灰缸，这些产品都深受欢迎，并批量生产。[105]陶特明显钟爱日本的社会和文化，并陶醉其中。他四处旅行，深入研究日本的建筑形式和技艺，为自己赢得了很多仰慕者。他的著作和讲座影响了整整一代日本建筑师。[106] 但是，他担心自己缺乏足够的影响力，担心西方影响下的日本低劣建筑高歌猛进，可能破坏他如此仰慕的传统工艺和美学。为此，他心情沮丧，以致病倒。结果，他婉拒了日方提供的教授职位。

于是，他离开日本，前往土耳其，接受瓦格纳的邀请。此时，瓦格纳在那里已人脉甚广。陶特担任了位于伊斯坦布尔的土耳其美术学院建筑系主任一职，还担任位于安卡拉的教育部建筑办公室主任。[107] 在这个部门，他领导着至少五位已功成名就的德国和奥地利建筑师——其中几位曾与陶特在德国有过密切的合作——还有数量大致相当的土耳其建筑师，其中一些曾在德国接受过培训。

在日本历经三年的旅行、思考和写作后，陶特投入了设计工作。身为教师、组织者和推动者——早在近20年前的德国革命时期，他就是如此——陶特有着强烈的自觉，要发展出一种现代建筑，既借鉴他在魏玛德国所做的设计，也受到流亡地具体情况和三年日本经历的影响。他提倡一种修正的现代主义，吸收了土耳其的历史传统，及其独特的气候和地形状况。他不愿把产生于中欧的现代主义原样照搬到安卡拉，而希望根据当地的情况加以融合。与在日本时一样，他渴望影响新一代土耳其建筑师。但陶特也相信，他能够以一种蕴含民主元素和社会担当的现代建筑，影响新的土耳其民族主义。大致与此同时，门德尔松在巴勒斯坦登陆了。两位流亡建筑师感到，他们来到的"新大陆"都在拥抱现代主义，二人都提出忠告，不可对中欧的美学亦步亦趋。[108] 他们在设计的建筑，以及教学和写作中，表达了一种人文主义的情感，这与格罗皮乌斯、密斯·凡·德·罗和勒·柯布西耶刻板的功能主义迥异其趣。[109]

在写给日本友人上野伊三郎（Isaburo Ueno）的信中，陶特激动地谈起自己得到了在安卡拉新建一所大学的机会。艺术上，他被赋予完全的自由，并获得一大笔预算，用于修建这个新土耳其文化的中心。[110] 尽管他没能设计整个校园，但安卡拉这所大学的文学系（Literature Faculty）

大楼是他在土耳其最成功的作品，实现了他的愿望，即将现代主义融入建筑所处的文化、景观和社会中。从某些方面看，这座建筑有着纯粹的陶特风格——有弧度的立面，内凹的窗户。他对色彩的偏爱——人们会回忆起20世纪20年代早期他在马格德堡使用了彩色灰泥，这与德国人保守的品味格格不入，因此造成了一桩丑闻——明显体现于这座建筑的局部，淡粉的色调一跃而出，与土耳其的蓝色天空形成强烈且诱人的对比（彩图12）。

但是，设计中最鲜明的方面也许体现在建筑的内部。在此，他修建了巨大、开阔的空间，四周有灯光环绕，空间表面贴有打磨过的各色石板，墙上贯穿着一道道规则的蓝色线条，反映出奥斯曼的传统（彩图13、彩图14）。醒目的楼梯旋转扶手——几乎与功能主义没有关系！——这不仅体现了奥斯曼的历史，同时也反映出日本对陶特的影响，即从正面展示了木材经过精心打磨后的美丽。讲座厅和接待厅有着开门迎客的风格，沐浴在自然光的波浪之中。

但是，陶特的建筑获得的并非一致好评，即使是他的一些朋友，也认为他对功能主义的批判有失分寸。对于陶特为安卡拉歌剧院绘制的草图，瓦格纳感到愤怒，并在给格罗皮乌斯的信中说："让我大失所望。没有一点功能的影子可言。与很多这个年纪的人一样，他又回到了文艺复兴的基本思想，找不到通往现代的道路！……难以置信，一个烽火离乱的时代把［人的］灵魂-精神面向也吞噬了。"[111]

也许如此。但瓦格纳的抱怨可能同样针对包豪斯学派的建筑师马塞尔·布劳耶（Marcel Breuer），此人以钢管椅的设计而闻名。布劳耶来到美国，与瓦格纳一样就职于哈佛大学。在明尼苏达州寒风刺骨的平原上，他为圣约翰修道院（St. John's Abbey）修建了一座教堂，展现了现代主义最拙劣的方面，远胜于陶特的草图。教堂凭空拔地而起，与周围环境毫无关联，面对着一个庞然大物般的水泥屏障，与身后的墙壁也没什么联系，墙壁上满是六边形的彩色玻璃（彩图15）。这是丑陋的纪念碑式建筑，如果放在后来在安卡拉建成的很多政府大楼当中，就不感到突兀了。[112]

如果安卡拉的这栋文学系大楼称得上是陶特最成功的作品，那么最奇怪者，当属他在伊斯坦布尔的住宅——至今依然存在，为私人所有（彩图16）。房子坐落于几根混凝土支柱和一个从山体伸出的混凝土平台之上，仿佛悬浮在空中。这一幕让人想起的不是奥斯曼的历史，而是日本的佛寺。起居室是八角形的结构，可以看向四面八方，伊斯坦布尔海峡（Bosporus）和伊斯坦布尔老城，皆可尽收眼底，但固定好的顶棚挡住了炙热的阳光，让人想起的还是日式风格。[113]

不幸的是，陶特没有活到房子完工的那天。他一直疾病缠身，最终于1938年12月24日去世，就在凯末尔·阿塔图尔克去世大约六周之后。陶特最后的设计作品——完成于36个小时之内——是阿塔图尔克的灵柩台。

留下了什么呢？在陶特人生的最后一年，土耳其政府合同中要求的建筑风格正在转向更为高大威严的法西斯主义，其政治导向远超陶特或埃格利先前的预料。陶特最佳设计中的那种优雅没有了。随着纳粹德国对土耳其的直接压力越来越大，忠于第三帝国的德国建筑师进入了陶特等流亡者曾占据的重要岗位。[114]这些新的纳粹支持者将对土耳其建筑师产生持久的影响。而在很多年中，陶特的影响微乎其微。[115]但是，从20世纪80年代开始，似乎人们对他的理论著述和设计再次发生了兴趣。他设计的建筑至今依然存在，尤其是文学系大楼，见证着海外的魏玛文化。

◊ ◊ ◊

"德国是一个奇妙的地方。"日本现代戏剧的领军人物千田是也（Senda Koreya）多年后回忆道。他学过文学，后又在东京登上小而繁荣的先锋戏剧舞台，1927年他去往柏林。"柏林真的是世界戏剧的中心……在柏林，你可以看到世界各地最重要剧目的演出。"[116]他在不同的德国电影中演了些小角色——永远都是"东方人"——以维持生计，但大部分时间都花在了剧院里。他观看了布莱希特和魏尔首轮巡演的《三分钱歌剧》。千田是也当时的思想正转向马克思主义，他很快就加入了德国共产党，又去了苏联游历。1931年，千田是也回到日本，凭着记忆写下了日本版的《三分钱歌剧》，很快就搬上了舞台。通过布莱希特和魏尔，他力图创造一种新的、大众的，同时又高度政治化的戏剧。[117]然而，戏剧的排演碰到了很大的难题，因为日本演员要么受的是表演训练，要么是歌唱训练，不能二者兼顾，因此千田是也亲自出演"尖刀麦基"这一角色。《三分钱歌剧》的日本版首演不温不火，差强人意。[118]

千田是也从未在柏林见过布莱希特，但由于当初在这座城市的经历，他的一生都投入了布莱希特的全部作品。千田是也漫长的职业生涯一直延续到20世纪90年代，并以90岁高寿辞世。他把布莱希特的众多戏剧搬上了舞台，此外还有莎士比亚、莫里哀等著名欧洲戏剧家的经典之作。他还翻译布莱希特的作品，撰写相关论著，坚持不懈地传播布莱希特的表演和舞台理论，尤其是"陌生化效果"。在《三分钱歌剧》以及布莱希特的其他剧作中，千田是也看到的艺术形式不只是供人娱乐，而且具有破坏性，旨在发人深省，去改造世界。而这正是布莱希特一直致力于刻画的内容。二人之间还有另一纽带——莎士比亚。"布莱希特对布莱希特最感兴趣。"研究日本戏剧的学者托马斯·赖默（Thomas Rimer）如此说道。[119]但他的确偶尔也承认，莎士比亚确实相当有趣。对于千田是也和布莱希特来说，莎士比亚是介入性戏剧之源，无论他多么滑稽可笑，多么激动人心。

因此，千田是也在20世纪30年代——后又于60年代——上演了《哈姆雷特》以及《三分钱歌剧》。1938年，日本当局停演了千田是也的第一版《哈姆雷特》，因为他们惧怕这部质疑权威和皇权的戏剧。二战时期的大部分时间，他们要么将千田是也关入监狱，要么将他软禁在家。但是，20世纪50年代，他制作了布莱希特的其他剧作；1963 年，他精心重制的《三分钱歌剧》上演。千田是也后来回到了柏林，此时，柏林是一座遭到了分割的冷战城市，他还去了东柏林查找关于布莱希特的档案资料。他查遍了这些档案，《三分钱歌剧》每次的创作笔记，只要能找到，他都仔细阅读。令他担心的是，这部剧作——包括魏尔的悦耳音乐——的娱乐价值会弱化其中的政治意涵。早在 1932 年，G. W. 帕布斯特执导的电影版《三分钱歌剧》——在日本广为人知——上映时，布莱希特本人就有此担忧。而且，20 世纪 60 年代，美国音乐剧开始在日本上演。"我讨厌［它们］。"千田是也写道。这些音乐剧过于关乎个人，过于多愁善感，没有任何政治锋芒。[120] 但是，20 世纪 60 年代的日本观众能够理解《三分钱歌剧》，无论将其作为纯粹的娱乐，还是政治抗议。该剧在东京等很多日本城市巡演，大获成功。

布莱希特与魏尔创作的这部戏剧，诞生于魏玛德国，主题是反资本主义，描写了警察、罪犯、老板和政客，这些人似乎都是一丘之貉。这样一部剧在冷战期间，在麦卡锡主义大行其道的美国，会遭遇怎样的命运呢？那些自信而富有的美国人，如何会喜欢一部冷嘲热讽的现代歌剧呢？对于该剧的音乐所引起的反应，明尼苏达大学（University of Minnesota）音乐和戏剧系主任说道："天哪，太过于中欧风格了。在美国绝对是行不通的！"[121]

结果，这部戏在美国大受欢迎。1954 年 3 月 10 日，《三分钱歌剧》在格林尼治村（Greenwich Village）一家破败的外百老汇剧场开演了。魏尔已于 1950 年死于心脏病。1949 年，布莱希特被传唤到众议院非美活动调查委员会（House Un-American Activities Committee）接受质询，接着就狼狈地匆匆离开美国，去往东柏林。罗特·莲娜曾于 1928 年参演了最早的柏林那场戏，她是魏尔的遗孀，此时扮演的是海盗珍尼（Pirate Jenny）。演员、导演和制作人都很担心，奉行麦卡锡主义的右翼势力会强行禁演此剧。但是，除了中间停了 15 个月，这部戏一直演到了 1961 年。直至今日，这部音乐剧仍保持着最长连续上演时间的记录。[122]对于《三分钱歌剧》,乐评人和剧评人——那时,纽约至少有6家重要的日报,每家都有严肃的戏剧专栏——开始是毁誉参半。但是《先驱论坛报》(*Herald Tribune*)的维吉尔·汤姆森(Virgil Thomson)和《纽约时报》(*The New York Times*)的布鲁克斯·阿特金森(Brooks Atkinson)这样的重要人物,对该剧赞赏有加。很快,演出就观众如潮,甚至那些原先摇摆不定的评论家也改变了看法。汤姆森将马克·布利茨坦(Marc Blitzstein)的译文描述为"现存最精美的译文……我们几乎难以相信这是翻译过来的"[123]。阿特金森称这部剧作是"戏剧风格的胜利……一部伟大的作品"[124]。总共算来,大约75万人观看了演出。[125]历史上,第一次有人为一部外百老汇的演出录制了原声专辑。路易斯·阿姆斯特朗(Louis Armstrong)之前录制了《恶之教典》("Mack the Knife")这首歌,大获成功;1959年,巴比·达林凭借这首歌的爵士版,连续几周登上流行乐排行榜。达林的专辑卖出了200万张,凭借自己的演唱赢得了格莱美奖。[126]

尽管布利茨坦的翻译非常出色,但译文中,布莱希特原作歌词中有关政治与性欲的部分事实上变得很平淡。魏尔去世前已经成为非常成功的百老汇作曲家。值得注意的是,这次演出被宣传成了魏尔的《三分钱歌剧》,而布莱希特的贡献被淡化了。[127]一定程度上,这是莲娜在暗中作祟,她不遗余力地宣传魏尔的遗产,却大肆渲染自己对布莱希特的厌恶(这种反感,除了她之外,很多人也有)。但是,考虑到当时美国压抑的政治气候,极力淡化布莱希特的作用无疑也可看作一种审慎的预防措施。即使是制作方,也在尽力淡化政治色彩。"我们两人制作这场演出,绝不是因为喜欢布莱希特的社会批评,"导演卡门·卡帕尔博(Carmen Capalbo)和制作人斯坦利·蔡斯(Stanley Chase)说道,"我们这么做,是因为我们认为这是一部伟大的戏剧。"[128]

但有些戏迷喜欢《三分钱歌剧》中的锋芒和政治。阿特金森之前已经和麦卡锡主义者发生过冲突,布利茨坦也有这样的经历。现在是反击的时候了。巴比·达林或许没有注意到这部音乐剧中的政治,但其他人视之为打开20世纪50年代美国社会的一个楔子。《三分钱歌剧》从来无法褪尽其激进色彩。托马斯·赖默在纽约观看了这部戏在20世纪50年代中期的演出。"这是《南太平洋》(*South Pacific*)演出的日子。我以前去剧场看音乐剧，从未有人对你说，你的思想多么腐朽。这很奇妙。我之前不知道你在剧场能这样！"[129]

的确如此。作家、导演、演员——他们都会抓住布莱希特（对魏尔的关注则少了很多），无论抵抗运动出现在何处，在舞台上，或是街头，通常二者兼而有之。根据布莱希特的观念，戏剧应该创造出陌生化的效果，这必定会搅扰观众习以为常的思维和行为方式；此外，布莱希特还认为，戏剧应该使劳工大众成为自己的观众——所有这些对那些反对既定秩序的人有很强的吸引力，无论在日本、美国、拉美、南非，还是其他任何地方。[130]在日本，从20世纪60年代开始，千田是也被新生的日本先锋派所超越，他们更为左倾，甚至谴责千田是也本人是个"资产阶级"，未能传达出布莱希特戏剧中真正的激进风格。[131]无论怎样，布莱希特和魏玛德国总是表现为介入性批判戏剧——远不止于娱乐的戏剧——的样板。

◇ ◇ ◇

对于魏玛的全球遗产，我们总体上也可以作此论述。来自德国的流亡者心里从未踏实过。即使这些魏玛流亡者有了新家和稳定的收入，这种——个人的、思想的、艺术的——漂泊感一直如影随形。伟大的政治理论家弗朗茨·诺伊曼深入思考了美国和德国思想传统之间的巨大鸿沟。"我仿佛至今还能听到我的哲学教授对洛克、孔狄亚克（Condillac）和杜威（Dewey）的讥笑……德国流亡者是在重理论和历史、轻实证和实用的环境中成长起来的，却进入了一个截然相反的思想环境：乐观、偏于实证、去历史化，而且自以为是。"[132]

然而，诺伊曼——如同摩根索和马尔库塞，如同诺依特拉、埃格利和陶特——找到了在新加入的国度开展工作的方法。魏玛流亡者从德国带来了美学和思想的视角,又在他们的安家之地——无论美国、日本、土耳其,还是地球上的很多其他地方——接触到了主流的思想和传统。在最有利的环境中,他们在二者之间做了既紧张不安又有创造力的融合。具体的融合方式各不相同——政治也是如此——有的保守,有的自由,还有的则具有社会主义色彩。但是,无论作家、科学家、艺术家,还是建筑师,魏玛流亡者创造的文化总是具有介入性,总是不断探索。处于最佳状态时,这种文化充满了洞见、发现和壮美。

结　语

自覆灭以来，魏玛的余光延续了好几十年。我们深深为其希腊式的悲剧所吸引——诞生时即命运多舛，一生中冲突不断，落幕时又遭遇大祸。如同希腊悲剧，魏玛促使我们思考人类行为的意义——在追求创新和卓越的过程中遭遇绝对邪恶，善意的愚笨遭遇本应谨慎者的鲁莽。

魏玛在政治领域鲜有英雄人物，这里也没有无辜者，没有美狄亚（Medea）的孩子，尽管几乎所有人——从军官到共产党员——都声称自己的清白受到了侵犯。但是，魏玛确有执着的活动家和杰出的天才，他们创造了新的文化表现形式，为建设更加人性的社会而大胆工作，对现代性的意义做深入思考。他们规划了新的住宅项目，改善了大量德国人恶劣的居住环境。他们就性的话题写作、演讲，并设立咨询诊所，坚信所有的男人和女人都应拥有美满的性生活。他们缩短了（一战前的工业界普遍存在的）不人道的工作日长度。他们以诱人的创造力和对现代意义的深入思考，谱写乐曲，写作小说和哲学文章，拍摄照片，制作摄影蒙太奇，上演剧目。有时，他们甚至创造出令人屏息的美。至今，人们只要细心品读托马斯·曼的一段文字，或者在可爱的夏日凝视埃里克·门德尔松的爱因斯坦塔，就能体验到这种美。在纳粹的淫威下，他们被迫流亡海外，却还带着这种情感和那些成就，来到地球上最遥远的地方，并对这些地方的政治、文化和科学产生了深远的影响。

这些都是魏玛非常伟大的成就。在20世纪的漫长岁月里，就其耀眼的光芒和长期的文化与思想影响而言，很少有其他任何地方和时段能与20世纪20年代的柏林——及其在德绍、慕尼黑，甚至弗赖堡、海德堡和马堡的前哨站——相媲美。海德格尔的《存在与时间》对于二战后的存在主义和20世纪晚期的后现代主义，都产生了很大的影响。魏玛的建筑——本身就极具创造力——对于1945年之后国际现代主义风格的发展，发挥了关键作用。走过高层公寓楼群这一漫长而沉闷的弯路后，规划师和建筑师回归了布鲁诺·陶特在20世纪20年代的最佳作品——这些作品表明，住宅项目可以用更人性化的方式规划设计。托马斯·曼以雅致的方式呈现了19世纪的思想和价值观念，依然对我们的时代具有意义。先锋派导演不断回归到贝尔托·布莱希特及其叙述体戏剧的思想。

魏玛不仅培育了一些创造性人才，而且产生了整整一代勇于探索、不断追求的艺术家和知识分子。为何这一特定时刻、这一特定地点具有如此的创造力，很难有确切的答案。但部分原因一定是人们有这样一种感觉，即旧的社会在第一次世界大战中彻底瓦解，革命又清除掉了更多的残存瓦砾，至少人们会在一定时期内感觉未来似乎是自由开放的——不仅在德国，而是在整个欧洲大陆。魏玛伟大的天才们产生于整个欧洲范围的动荡和革命之中，产生于不断与很多不同国家的艺术界和思想界同行的对话之中。

这种无限可能性的感觉不会，也不可能长期延续。政治和经济的限制很快就走上前台。但曾经一度，做出某种全新的创造是可能的，这种感觉为汉娜·赫希、布鲁诺·陶特、埃里克·门德尔松、莫霍伊-纳吉·拉斯洛等很多人的创造精神提供了动力。随后的岁月里，他们的作品渐趋拘谨。但这并不意味着这些艺术家经历了两种不同的生活、两个不同的时代。他们是在早期的想象力和创造性突破的基础上继续向前的。很可能，他们在自己最伟大的创作来临之时，已经学会了控制革命激情的火焰——但是，没有当初的激情澎湃，就没有后来的韬光养晦可言；同样，没有开始的表现主义，也就没有新客观主义。

魏玛是个充满张力的地方，这一点毫无疑问。众多的激荡起伏、转瞬即逝的稳定局势、从未达成的意见统一——这就是魏玛社会。战争的失败给政治和经济施加了格外的负担，给整个国家蒙上了心理阴影。但是，战争只是部分原因。魏玛的紧张和激烈冲突也是由其在东西方间的地位决定的——这不是从地理意义而言，而是说，魏玛德国深受革命的影响，丝毫不亚于苏维埃俄国。然而，魏玛的革命是不彻底的。它仿照西方的模式创建了宪政制度，但是，从根本上反对民主的精英阶层毫发无损。

魏玛是一个难以生存的地方，但也产生了生机勃勃的创造力。静止、麻木和自满的社会——这样的社会的确存在——是不会去质疑和探索的。多数魏玛德国的伟大艺术家和思想家在第一次世界大战前就已接受了教育，并创造出自己早期的作品。一旦他们退伍回来，或者在战争的灾难发生后着手重建生活，也就为自己创作行为的爆发做好了准备。他们大多属于左翼，但也有来自右翼的人士，如恩斯特·荣格和马丁·海德格尔。他们鄙视共和国，但他们的作品在此环境之中也得到了滋养。

年轻一代也觉得从过去的束缚中解放了出来。历史学家费利克斯·吉尔伯特——他是在战败的阴影中，在革命、内战和通胀的动荡中长大成人的——六十年后回首往事，写道："我们有一点是肯定的，那就是，没有什么是确定的。"作为门德尔松这一名门望族——该家族在19世纪普鲁士和德国社会生活的方方面面都举足轻重——的后代，吉尔伯特回忆起自己和友人们如何意识到彼此作为同一代人的关联。

> 我们强烈感觉到，战后是新一代人。我们喜欢夏天不戴帽子，晚上出门不穿无尾礼服，在酒吧的高脚凳上，一坐就是好几个钟头，却不去体面的葡萄酒餐厅，这些都吓坏了长辈们。我们想过自己的生活，不愿被束缚在那些为我们量身定制、排得满满的日程表上。[1]

他们对性的态度很简单：让人们做他们想做的事情，诚实一点，别做道德判断。这显然也适用于同性恋,尽管法律是明文禁止的。他们觉得柏林是自由的城市,至少比很多别的城市自由。[2]

吉尔伯特和朋友们所享受的自由,并不只是某种难以名状的战后氛围或情绪的产物,也是政治的产物,即1918—1919年革命的结果。这场革命确立了政治自由,打开了新的表现方式,宣告了女性的平等权利,最重要的是,废除了审查制度。这些伟大的成就逾越了正式的政治体制,也使得很多人能够过上更自由、更解放的生活,无论是参加自由裸体协会或共产主义无线电俱乐部这样的正式团体,还是一些非正式的活动,如朋友们一同去俱乐部或舞场。

但是,这些自由也招来了很多非议。现代艺术、新女性和性放纵都是冲突的爆发点,都积聚起来,化为人多势众的右翼不断叫嚣的、对民主赤裸裸的仇恨。最终,这些反对力量压倒了魏玛的自由。似乎某个不为人所知的过程在发挥作用,似乎在某个难以界定的时刻,一系列社会冲突逐渐达到顶点,一切都土崩瓦解;但魏玛并不只是因为这些而灭亡的,而是遭到了扼杀。魏玛是被德国的反民主、反社会主义、反犹太人的右翼势力蓄意毁灭的。最后,这股势力与纳粹——最热烈、凶猛、成功的势力——沆瀣一气。魏玛的民主主义者也许太少,愿意挺身而出、捍卫共和国者也许太少。魏玛遭受的危机之多是任何民主制度都无法承受的。当然,激进的左翼都成事不足。德国共产党对社会民主党人的攻击、对魏玛体制的攻击,都造成了普遍的绝望情绪,进而削弱了民主制度。但共产党人从未能接近任何资源——无论人力资源、物质资源,还是军事资源——所以无力对共和国成功发动进攻。在共和国早期,他们就三次企图颠覆这个制度,都遭遇了惨败。1919年、1921年和1923年,右翼成功的希望与20世纪30年代初一样渺茫。

右翼的确拥有重要的力量。右翼有智识资本,就是那些有地位的专业人士和文化人物,他们与纳粹党人用同样的语言发声和写作;还有精神资本,即很多牧师和神父,他们认为纳粹主义至少是可以接受的。右翼占据了政府机构和军事指挥部门,控制了国家大量的工业和金融资源。当然，不是所有的商人和牧师都是亲纳粹分子。对于那些策划了最终毁灭的人来说，与其说他们喜欢希特勒，还不如说能够容忍他。但这些人控制了德国的资源，占据着重要的机构，认为具有公共意识、文化上趋于现代且创新的民主社会是不可接受的。他们作为一个群体对共和国是敌视的——他们就是毁灭共和国的人，没有这些人，纳粹绝不可能上台掌权。他们对魏玛的攻击，加上纳粹党人可怕的政治本能，瓦解了这个体制。紧随他们之后的是人数众多、类别不同的德国中产阶级，还有很多人来自社会底层，他们对这种无序非常忧虑，这当然是可以理解的。德国人无法确保挣到足够的钱养家，也不能保证辛勤劳动换来的积蓄能保持币值稳定甚至上升；内战和街头的政治械斗爆发时，他们甚至不能保证在自家附近安全走动。在此基本的安全层面——任何政府体制的第一要务——魏玛表现不佳。之后的年月中，右翼精英阶层人士以及其他很多人都认识到，他们实际得到的远远多于他们在1932年和1933年预想的。因此，他们无意去控制那些纳粹合作者，但这无异于作茧自缚，最终自食苦果。

魏玛的历史告诉我们，缺乏共识的社会、没有主导性思想和群体的社会或许是危险的。几乎所有的议题都被放大为一场关于终极意义的意识形态之争，这样的状况令民主政体不堪重负。但尤其令它难以为继的是，这一制度的精英力图从内部瓦解民主。他们虽然在此体制中依然拥有特权，依然掌握巨大的资源，但内心的不满日益强烈。

魏玛提醒我们民主得以昌明的条件。对于民主制度的建立和繁荣来说，我们很难想象还有比一战后的德国更为不利的环境。战败后的负担、革命与内战、经济危机——即使在一个民主文化根深蒂固的社会，这些情况都会使民主的信念和实践遭受巨大的考验。人们渴望获得保障——能够保护自己的生命，保护自己的经济利益。如果一个民主制度无法满足这些基本要求，即使是最忠实的民主主义者也可能逐渐抛弃它，转而寻找更偏向威权主义的出路。

魏玛也表明，选举作为民主的标准是有局限性的。魏玛当然有自己的选举制度，并施行民主竞选。但是，魏玛的司法制度极其保守，很少惩罚那些右翼军国主义者和恐怖分子，反而乐于拘押和指控左翼激进人士。魏玛官僚集团——尽管有社会民主党人和自由派天主教徒加入其中——的很多部门始终对民主制度极为敌视。魏玛还有一个商人阶层，他们对共和国也没有多少忠诚可言。民主制度需要民主信念和民主文化，而这种民主文化能渐次波及社会所有的建制，而不只是正式的政治机构。但是，在共和国的很多关键部门，民主难觅踪影。魏玛的问题或许不在于民众的民主赤字，因为共和国的根基主要是工人、偏向改革的天主教徒、艺术家、作家以及一些专业人士。教会、军队、中小学和大学、工业组织等主要机构大多对共和国怀有敌意，或者漠不关心；而这些机构都位居社会上层，由有权有势者所占据。

由于共和国的覆亡，本书提到的很多专注创新者都遭受了巨大的个人痛苦。鲁道夫·希法亭（Rudolf Hilferding）——一位从医学转行的犹太经济学家，研究马克思社会民主思想的伟大理论家之一，共和国恶性通胀时期的财政部部长——逃离了纳粹德国，流亡到法国，却于1941年在那里被维希（Vichy）政府逮捕。原定他要被移交给盖世太保，却在拘押期间死了，也许是自杀，因为他清楚一旦落到盖世太保手中，等待他的命运会是什么。其他很多人逃离德国后，去了美国、土耳其、日本、墨西哥或者其他任何愿意收留他们的国家。流亡者中，只有少数几个在魏玛就事业有成者——如托马斯·曼、贝尔托·布莱希特——依然锐意进取，保持了很高水平的创造力。其他人，如布鲁诺·陶特，只取得了零星的成就。陶特在日本没有得到任何建筑设计业务，尽管他在土耳其的确设计了几座令人印象深刻的建筑。瓦尔特·格罗皮乌斯、马塞尔·布劳耶和马丁·瓦格纳来到了哈佛大学，取得了事业的成功。但他们似乎需要魏玛德国的那种激越、那种暖房般的环境，才能创造出最好的作品。格罗皮乌斯二战之后设计的很多建筑，使人联想起呆板僵化的现代主义建筑最丑陋的一面，想起根据功能主义理论却以反人性的方式修建的房子。埃里克·门德尔松在流亡期间费了很大的周折，才有了安定的生活。也许因此，门德尔松后来的设计中，再也没有了他那些魏玛杰作的光彩。库尔特·魏尔热爱美国的自由，成了百老汇最受人尊敬的作曲家之一。但他后来的乐曲中，也没了当年《麦赫戈尼城》和《三分钱歌剧》配乐中的锋芒和创新。

即使就右翼而言，魏玛时代保守的知识分子后来在事业上起起伏伏、命运多舛，无论政治上，还是思想上。对于他们有时会支持或服务的纳粹，恩斯特·荣格和马丁·海德格尔也并不总是那么满意。尽管二人之后笔耕不辍数十年——荣格以102岁高龄于1998年去世——但他们最为人怀念的，还是魏玛时代出版的作品，即《钢铁风暴》和《存在与时间》。

除荣格外，所有这些人的职业生涯都始于一战之前。那些年纪稍轻者，或者魏玛覆灭时才刚刚起步者，或许更为成功。汉斯·摩根索和赫伯特·马尔库塞适应了他们在美国的新环境，流亡者在这个国家产生的影响最为显著。他们的思想一直都受魏玛经验的影响，但这些思想形成于美国的语境之中，在某些时刻能够抓住时代的精神，例如摩根索对美国霸权和冷战的研究，马尔库塞提出的"60年代"概念。尤其对马尔库塞而言，他对德国与美国思想的融合，使其享誉世界。马尔库塞、摩根索、陶特和布莱希特都是魏玛德国全球影响的最佳范例。

魏玛依然在对我们喃喃诉说。其辉煌的创造力，以及政治和文化上的解放性尝试，至今依然能启迪思想，使人相信更好、更人道、更有趣的生活是可能实现的。魏玛提醒我们，民主是脆弱的，社会是不稳定的结构，二者都可能在狂乱中失控。魏玛告诉我们，如果一个社会不能就政治、社会秩序和文化等根本议题达成共识，危险就会酝酿发展。民主是各种有趣的论辩和文化精神繁荣的肥沃土壤。但是，如果近乎所有的论争都成为关乎生死的问题，关乎人类生存的本质特征（从卧室中的男欢女爱，到商业世界的结构），如果每个议题都被认为具有惊天动地的重要性，如果没有为多数人拥护的支配性信仰体系，民主就行之不远。如果那个社会的权力集团总是抓住一切机会，企图颠覆和摧毁民主，民主就尤其难以为继。对民主的威胁并不总是来自境外之敌。他们或许来自内部，来自那些拥抱民主语言、使用民主机构所赋予的自由，却企图颠覆民主实质的人。魏玛提醒我们，也要警惕这些人。随之到来的，或许非常糟糕，甚至逸出我们的想象。

注 释

前 言

[1] 最近一代人的学术研究，尤其在社会与性别史和文化研究领域的研究，丰富了我们对于魏玛政治和社会的理解。在简明政治经济史方面，更早和近年的很多作品也极有价值。我在书中没有涉及这些作品的观点，而选择在注释之后加了书目说明。

第 1 章　不利的开局

[1] Friedrich Ebert, "Ansprache an die Heimkehrenden Truppen," 10 December 1918, in *Politische Reden III: 1914–1945*, ed. Peter Wende (Frankfurt am Main: Deutsche Klassiker, 1994), 94–95. 除非特别标示，通篇的英文译文都出自我本人之手。
[2] Ibid., 95.
[3] 相关数据，参见以下文献：Richard Bessel, *Germany After the First World War* (Oxford: Clarendon, 1993), 5–6, and Willibald Gutsche, Fritz Klein, and Joachim Petzold, *Der Erste Weltkrieg: Ursachen und Verlauf* (Cologne: Pahl-Rugenstein, 1985), 292。
[4] 出自 2005 年 7 月埃尔肯罗特的丹妮拉·米勒（Daniela Mueller）和 H. 阿恩特（H. Arndt）之间的书信往来，相关信息来自"Ehrenchronik unserer Gemeinde Weltkrieg 1914–1918"（手稿）和该镇上的战争纪念馆。
[5] 数据来自 ibid., 以及 *Sozialgeschichtliches Arbeitsbuch III: Materialien zur Statistik des Deutschen Reiches 1914–1945*, ed. Dietmar Petzina, Werner Abelshauser, and Anselm Faust (Munich: Beck, 1978), 27–32。
[6] *Chronik der Stadt Essen* (ms., Stadtarchiv Essen) 1917, 67, and Hubert Schmitz, "Ausgewählte Kapitel aus der Lebensmittelversorgung der Stadt Essen in der Kriegs- und Nachkriegszeit," *Beiträge zur Geschichte von Stadt und Stift Essen* 58 (1939): 135–136.
[7] *Chronik der Stadt Essen* 1919, 99, and Schmitz, "Ausgewählte Kapitel," 126–127.
[8] 与特奥·高迪希（Theo Gaudig）的一次访谈，地点埃森，1980 年 5 月 28 日。
[9] Historisches Archiv der Fried. Krupp GmbH, Werksarchiv (hereafter HA Krupp WA) 41/6–4, 6–5, and K. Wandel, "Die Arbeiterschaft der Kruppschen Gußstahlfabrik: Zur Denkschrift 'Die Firma Krupp im Weltkriege,'" (ms., n.d.), HA Krupp WA/VII/ff1105/

Kd75/table2.

[10] Alfred Döblin, *A People Betrayed. November 1918: A German Revolution*, trans. John E. Woods (New York: Fromm International, 1983), 99. 德布林从20世纪30年代开始写这部多卷本小说，最早于1948—1950年分三部分出版。

[11] 引文来自 Belinda J. Davis, *Home Fires Burning: Food, Politics, and Everyday Life in World War I Berlin* (Chapel Hill: University of North Carolina Press, 2000), 100–103。

[12] 这尊雕塑放置于伊普尔（Ypres）附近的一座德国军人墓地，这也是凯绥·珂勒惠支的儿子彼得（Peter）的埋葬地。第二次世界大战中，珂勒惠支的孙子——也叫彼得——在苏联与德国军队的交战中阵亡。这尊塑像现在坐落于柏林的新岗哨。1993年，赫尔穆特·科尔（Helmut Kohl）总理宣布《母与子》为两次世界大战受难者——包括对犹太人的大屠杀——的核心纪念物。这个决定自此争议不断，因为这似乎掩盖了大屠杀的独特性。

[13] Gunther Mai, *Das Ende des Kaiserreichs: Politik und Kriegführung im Ersten Weltkrieg*, 3rd ed. (Munich: DTV, 1997), 144.

[14] Ibid., 146.

[15] 伍德罗·威尔逊于1918年2月11日对美国国会的发言，收录于 Woodrow Wilson, *War and Peace: Presidential Messages, Addresses, and Public Papers (1917–1924)*, ed. Ray Stannard Baker and William E. Dodd (New York: Harper and Brothers, 1927), 177–184, quotation 180。

[16] Mai, *Das Ende des Kaiserreichs*, 157.

[17] Quoted in Peter Longerich, *Deutschland 1918–1933: Die Weimarer Republik. Handbuch zur Geschichte* (Hannover: Fackelträger, 1995), 50.

[18] Bessel, *Germany After the First World War*, 79.

[19] Wilhelm Berdrow, "Die Firma Krupp im Weltkrieg und in der Nachkriegszeit," 2 vols. (ms., 1936), HA Krupp, Familienarchiv Hügel IV/ E10, 287, 293.

[20] Prussia, Ministerium für Handel und Gewerbe, *Jahresberichte der preussischen Reigierungs- und Gewerberäte und Bergbehörden* (hereafter *Jahresbericht*) 1920: 656.

[21] Ibid.

[22] *Jahresbericht* 1921: 549.

[23] 例如，由埃森工兵代表会发布的传单和命令，参见 Stadtarchiv Essen Rep. 102/ Abt. I/1093。

[24] Döblin, *A People Betrayed*, 52.

[25] Erich Maria Remarque, *All Quiet on the Western Front*, trans. A. W. Wheen (German original 1928; New York: Fawcett Crest, 1975), 294.

[26] 慕尼黑的情况，参见 Martin H. Geyer, *Verkehrte Welt. Revolution, Inflation und Moderne: München 1914–1924* (Göttingen: Vandenhoeck and Ruprecht, 1998), 67–79。

[27] Ibid., 70.

[28] Ibid., 70–75, quotation 72. 英国军官去柏林视察时，也注意到了当地的舞蹈热：Gerald D. Feldman, *The Great Disorder: Politics, Economics, and Society in the German Inflation, 1914–1924* (New York: Oxford University Press, 1993), 99–102。

[29] 赖纳·马利亚·里尔克致克拉拉（Clara）的信，1918年11月7日，参见 *Weimar: Ein Lesebuch zur deutschen Geschichte 1918–1933*, ed. Heinrich August Winkler and

Alexander Cammann (Munich: C. H. Beck, 1997), 44–45。

[30] 奥斯瓦尔德·斯宾格勒，引自 ibid., 57–58。

[31] 贝蒂·朔勒姆致格尔肖姆·朔勒姆的信，1919 年 1 月 7 日，参见 ibid., 63–65。

[32] 贝蒂·朔勒姆致格尔肖姆·朔勒姆的信，1919 年 1 月 13 日，参见 ibid., 65–66。

[33] Arnold Zweig, "Freundschaft mit Freud: Ein Bericht" (1947/48) in *Arnold Zweig, 1887–1968: Werk und Leben in Dokumenten und Bildern*, ed. Georg Wenzel (Berlin: Aufbau, 1978), 103–104, quotation 103.

[34] 阿诺尔德·茨威格致海伦妮·魏尔的信，1919 年 4 月 4 日，参见 Arnold Zweig, Beatrice Zweig, Helene Weyl, *Komm her, Wir lieben dich: Briefe einer ungewöhnlichen Freundschaft zu dritt*, ed. Ilse Lange (Berlin: Aufbau, 1996), 149–151, quotation 150。

[35] Arnold Zweig, "Theater, Drama, Politik" (10 January 1921), in Wenzel, *Arnold Zweig*, 115–118, quotation 117.

[36] Max Cohen, "Rede für die Nationalversammlung vor dem Allgemeinen Kongress der Arbeiter- und Soldatenräte," 19 December 1918, in *Politische Reden III*, 97–121.

[37] Ibid., 109 (italics in the original).［英文版中表示强调的斜体文字，中文版的对应译文用着重号标示。——编者注］

[38] Ernst Däumig, "Rede gegen die Nationalversammlung vor dem Allgemeinen Kongress der Arbeiter- und Soldatenräte," 19 December 1918, in *Politische Reden III*, 122–141, quotation 122 (italics in the original).

[39] Quoted in Longerich, *Deutschland* 1918–1933, 89.

[40] Friedrich Ebert, *Rede zur Eröffnung der Verfassunggebenden Nationalversammlung*, 6 February 1919, in *Politische Reden III*, 244–253.

[41] Ibid., 246 (italics in the original).

[42] Ibid., 247–248.

[43] Margaret MacMillan, *Paris 1919: Six Months That Changed the World* (New York: Random House, 2001), 460.

[44] Ibid., 460–461.

[45] Quoted in ibid., 464.

[46] 关于引文和稍许有别的解释，参见 ibid., 463–465, and Erich Eyck, *A History of the Weimar Republic*, vol. 1: *From the Collapse of the Empire to Hindenburg's Election* (German original 1954; Cambridge: Harvard University Press, 1964), 92–95。

[47] Philipp Scheidemann, "Gegen die Annahme des Versailler Vertrages," 12 May 1919, in *Politische Reden III*, 254–271, quotation 254–255.

[48] Ibid., 255, 256, 259.

[49] Arthur Graf von Posadowsky-Wehner, "Gegen die Unterzeichnung des Friedensvertrages," 22 June 1919, in *Politische Reden III*, 272–287, quotations (in order), 273, 287, 277–278, 284–285.

[50] 例如，社会主义者代表的发言参见 Gustav Bauer, "Zur Unterzeichnung des Friedensvertrages," 22 June 1919, and Hugo Haase, "Für die Unterezeichnung des Friedensvertrages," 22 June 1919, in *Politische Reden III*, 263–271 and 288–302。

[51] Quoted in Longerich, *Deutschland 1918–1933*, 99.

[52] 关于最新的描述，参见 Macmillan, *Paris 1919*, 459–483。艾克较早的描述（Eyck,

History, 1: 80–128）依然有价值。
[53]   Quotations from Geyer, *Verkehrte Welt*, 76.

第 2 章　漫步城市

[1]   彼得·弗里切（Peter Fritzsche）给出了非常有趣却有些不同的柏林之旅，参见 *Reading Berlin 1900* (Cambridge: Harvard University Press, 1996)。
[2]   Franz Hessel, *Spazieren in Berlin* (1929), in *Sämtliche Werke in fünf Bänden*, vol. 3: *Städte und Porträts*, ed. Bernhard Echte (Oldenburg: Igel, 1999), 9.
[3]   Ibid., 103.
[4]   *Potsdamer Platz: Drehscheibe der Weltstadt*, ed. Günther Bellmann (Berlin: Ullstein, 1997), 111.
[5]   Ibid.
[6]   Franz Hessel, "Ich wähle 'Käse,'" in *Potsdamer Platz*, 103–110, quotation 110.
[7]   "Einhundertfünfzig pro Minute," *Berliner Tageblatt*, 4 September 1928, in *Potsdamer Platz*, 121–124, quotation 121–122.
[8]   Ibid., 123.
[9]   T. Koch, quoted in Alex De Jonge, *The Weimar Chronicle: Prelude to Hitler* (New York: Meridian, 1979), 125.
[10]   Hessel, *Spazieren in Berlin*, 103.
[11]   有关费利克斯·吉尔伯特的评论，参见 Felix Gilbert, *A European Past: Memoirs, 1905–1945* (New York: Norton, 1988), 58–59。
[12]   Joseph Roth, "Lebende Kriegsdenkmäler," 25 August 1920, in *Berliner Saisonbericht: Unbekannte Reportagen und journalistische Arbeiten 1920–39*, ed. Klaus Westermann (Cologne: Kiepenheuer and Witsch, 1984), 85–90, here 85.
[13]   参见 Horst Mauter, "Der Potsdamer Platz im Wandel der Zeiten," in *Potsdamer Platz*, 13–42, here 32。
[14]   Inge von Wangenheim, "Das Hinterteil der Muse," and Kurt Pomplun, "'Ach Willy, ach Willy, um sechs im Piccadilly,'" in *Potsdamer Platz*, 127–139, 167–170.
[15]   Quoted in Siegfried Kracauer, *The Salaried Masses: Duty and Distraction in Weimar Germany*, trans. Quintin Hoare (German original 1930; London: Verso, 1998), 91.
[16]   Hans Ostwald, "Alle Tische besetzt," in *Potsdamer Platz*, 57–64.
[17]   "Einhundertfünfzig pro Minute," *Berliner Tageblatt*, 4 September 1928, in *Potsdamer Platz*, 122.
[18]   Ostwald, "Alle Tische besetzt," in *Potsdamer Platz*, 59.
[19]   Ivan Goll, "The Negroes Are Conquering Europe," in *The Weimar Republic Sourcebook* (hereafter *WRS*), ed. Anton Kaes, Martin Jay, and Edward Dimendberg (Berkeley and Los Angeles: University of California Press, 1994), 559–560.
[20]   Christopher Isherwood, *Goodbye to Berlin*, in *The Berlin Stories* (1935; New York: New Directions, 1945), 14.
[21]   参见 Ilse Nicolas, "Name und Gesicht gewechselt," in *Potsdamer Platz*, 141–158, here

146。
- [22] 参见 George L. Mosse, *Confronting History: A Memoir* (Madison: University of Wisconsin Press, 2000), 8–11。
- [23] Hessel, *Spazieren in Berlin*, 26.
- [24] Ibid., 29.
- [25] Ibid., 27.
- [26] Ibid., 27–28.
- [27] Ibid., 9.
- [28] Joseph Roth, "The Orient on Hirtenstrasse" (1921), in idem, *What I Saw: Reports from Berlin 1920–1933*, ed. Michael Bienert, trans. Michael Hofmann (New York: Norton, 2003), 31–34.
- [29] Roth, "Refugees from the East" (1920), in *What I Saw*, 35–39.
- [30] Hessel, *Spazieren in Berlin*, 58.
- [31] 数据和引文来自 Adelheid von Saldern, *Häuserleben: Zur Geschichte städtischen Arbeiterwohnens vom Kaiserreich bis heute* (Bonn: J.H.W. Dietz Nachfolger, 1995), 121, 123。
- [32] 参见 ibid., 153–161。
- [33] Hessel, *Spazieren in Berlin*, 110.
- [34] Thomas Mann, "Wälsungenblut," in *Berlin erzählt: 19 Erzählungen*, ed. Uwe Wittstock (Frankfurt am Main: Fischer Taschenbuch, 1991), 7–39, quotation 19.
- [35] Ibid., 35.
- [36] Hessel, *Spazieren in Berlin*, 15–17.
- [37] Carl Zuckmayer, "Die Affenhochzeit," in *Berlin erzählt*, 111–159, quotation 144.
- [38] Hessel, *Spazieren in Berlin*, 110. "柏林房间"（Berlin room）是更大的柏林公寓中位于角落的房间。房间有一扇小窗户，可以看到庭院；还有两扇门，一扇通向公寓前部的走廊和房间，另一扇通向仆人居住区、厨房和后面的楼梯。19 世纪末，这样的格局相当流行。感谢我的同事格哈德·魏斯（Gerhard Weiss）提供以上信息，并帮忙将黑塞尔写的这些文字翻译成英文。
- [39] Ibid., 111.
- [40] Isherwood, *Goodbye to Berlin*, 3.
- [41] Ibid., 1.
- [42] Ibid., 14–15.
- [43] Hans Eisler, Erich Weinert, and Ernst Busch, "Roter Wedding," Nova recording 8 85 004.
- [44] Isherwood, *Goodbye to Berlin*, 100, 101.
- [45] Ibid., 123.
- [46] Carola Sachse, *Siemens, der Nationalsozialismus und die moderne Familie: Eine Untersuchung zur sozialen Rationalisierung in Deutschland im 20. Jahrhundert* (Hamburg: Rasch and Röhring, 1990), 122.
- [47] 参见 ibid., quotation 145, and Wilfried Feldenkirchen, *Siemens 1918–1945* (1995; Columbus: Ohio State University Press, 1999), 345–359。
- [48] 参见 Sachse, *Siemens*, 151–168, statistics 158。

[49] Hessel, *Spazieren in Berlin*, 17–18.
[50] Ibid., 18.
[51] Ludwig Finckh, "The Spirit of Berlin," in *WRS*, 414–415 (italics in the original).
[52] Wilhelm Stapel, "The Intellectual and His People," in *WRS*, 423–424.
[53] Ibid., 424–425.
[54] Joseph Goebbels, "Around the Gedächtniskirche," in *WRS*, 560–562, quotation 561–562.
[55] Erich Kästner, "Besuch vom Lande," in *Potsdamer Platz*, 119.
[56] Kurt Tucholsky, "Berlin and the Provinces," in *WRS*, 418–420.
[57] Matheo Quinz, "The Romanic Café," in *WRS*, 415–417.
[58] Harold Nicolson, "The Charm of Berlin," in *WRS*, 425–426.

第 3 章 政治世界

[1] Joseph Roth, "Kaisers Geburtstag," 20 January 1925, in *Berliner Saisonbericht: Unbekannte Reportagen und journalistische Arbeiten 1920–39*, ed. Klaus Westermann (Cologne: Kiepenheuer and Witsch, 1984), 306–309.
[2] 例如参见 "Programm der Sozialdemokratischen Partei," Görlitz, 23 September 1921, in *Deutsche Parteiprogramme seit 1861*, ed. Wolfgang Treue, 4th ed. (Göttingen: Musterschmidt, 1968), 111–116。
[3] 关于政治海报，请特别参见 *Politische Plakate der Weimarer Republik*, ed. Hessisches Landesmuseum Darmstadt (Darmstadt: Hessisches Landesmuseum, 1980), and Peter Paret, Beth Irwin Lewis, and Paul Paret, *Persuasive Images: Posters of War and Revolution from the Hoover Institution Archives* (Princeton: Princeton University Press, 1992)。
[4] "Programm der Deutschen Demokratischen Partei," 13–15 December 1919, in Treue, *Deutsche Parteiprogramme*, 135–140, quotation 136.
[5] 参见 Martin Spahn, "Die sterbende Mitte," in idem, *Für den Reichsgedanken: Historisch-politische Aufsätze 1915–1934* (Berlin: Ferd. Dümlers Verlag, 1936), 370–385, and Larry Eugene Jones, " 'The Dying Middle': Weimar Germany and the Fragmentation of Bourgeois Politics," *Central European History* 5: 1 (1972): 23–54。
[6] "Richtlinien der Deutschen Zentrumspartei," 16 January 1922, in Treue, *Deutsche Parteiprogramme*, 140–149, quotation 147.
[7] 参见 Eric D. Weitz, *Creating German Communism, 1890–1990: From Popular Protests to Socialist State* (Princeton: Princeton University Press, 1997)。
[8] "Grundsätze der Deutschen Volkspartei," 19 October 1919, in Treue, *Deutsche Parteiprogramme*, 127–135, quotations 128, 129.
[9] Ibid., 130.
[10] "Grundsätze der Deutschnationalen Volkspartei," in Treue, *Deutsche Parteiprogramme*, 120–127, quotation 122.
[11] Ibid., 120–127, quotations 122–123, 126.

[12] 关于克劳斯·特韦莱特（Klaus Theweleit）的观点，参见 *Male Fantasies*, trans. Stephen Conway in collaboration with Erica Carter and Chris Turner, 2 vols. (Minneapolis: University of Minnesota Press, 1987–1989)。

[13] 引文来自爱德华·施塔特勒（Eduard Stadtler），他是成立于1918年的民族和社会团结协会（Vereinigung für nationale und soziale Solidarität）的缔造者之一，参见 Erwin Könnemann, "Die völkische Komponente in der Ideologie rechtsextremistischer Organisationen nach der Novemberrevolution (1918–1923)," (ms., n.d.), 15–16。

[14] Quoted in ibid., 18.

[15] Quoted in ibid., 19–20.

[16] Quoted in ibid., 20.

[17] Quoted in ibid., 28.

[18] 此处与之前的引文，来自 Klaus Epstein, *Matthias Erzberger and the Dilemma of German Democracy* (Princeton: Princeton University Press, 1959), 388–389。在巴伐利亚神通广大的当权者帮助下，两名刺客逃到了匈牙利，并于1933年顺利回到纳粹德国。二战后，他们被审判和定罪，但很快就获得了假释。

[19] Joseph Wirth, "Reichstagsrede aus Anlass der Ermordung Rathenaus," 25 June 1922, in *Politische Reden III: 1914–1945*, ed. Peter Wende (Frankfurt am Main: Deutscher Klassiker, 1994), 330–341, quotations 331, 333, 341.

[20] Quoted in Erich Eyck, *A History of the Weimar Republic*, vol. 1: *From the Collapse of the Empire to Hindenburg's Election*, trans. Harlan P. Hanson and Robert G. L. Waite (German original 1954; Cambridge: Harvard University Press, 1962), 167.

[21] Ibid., 131. 金本位于1914年8月4日被废除。

[22] 此例选自 Gerald D. Feldman, *The Great Disorder: Politics, Economics, and Society in the German Inflation, 1914–1924* (New York: Oxford University Press, 1993), 225。

[23] 这是汉斯·莫姆森的观点，热情洋溢地呈现于 Hans Mommsen, *The Rise and Fall of Weimar Democracy*, trans. Elborg Forster and Larry Eugene Jones (Chapel Hill: University of North Carolina Press, 1996)。

[24] Margaret F. Stieg, "The 1926 German Law to Protect Youth against Trash and Dirt: Moral Protectionism in a Democracy," *Central European History* 23: 1 (1990): 22–56, quotation and comment 46.

[25] Luke Springman, "Poisoned Hearts, Diseased Minds, and American Pimps: The Language of Censorship in the *Schund und Schmutz* Debates," *German Quarterly* 68: 4 (1995): 408–429, quotation 415.

[26] Quoted in *Chronik des 20. Jahrhunderts: 1926*, ed. Brigitte Beier and Petra Gallmeister (Gütersloh: Chronik Verlag, 1995), 192.

[27] Stieg, "1926 German Law," 52.

[28] *Chronik des 20. Jahrhunderts: 1927*, ed. Brigitte Beier (Gütersloh: Chronik Verlag, 1986), 120.

[29] 赔款数额和偿付时间表，来自 *Chronik des 20. Jahrhunderts: 1929*, ed. Brigitte Beier (Gütersloh: Chronik Verlag, 1988), 98–99。

[30] Erich Eyck, *A History of the Weimar Republic*, vol. 2: *From the Locarno Conference to Hitler's Seizure of Power*, trans. Harlan P. Hanson and Robert G. L. Waite (German

original 1956; Cambridge: Harvard University Press, 1963), 37.
[31] Gustav Stresemann, "Rede zum Eintritt Deutschlands in den Völkerbund," 10 September 1926, in *Politische Reden III*, 466–471.
[32] Franz Hessel, *Spazieren in Berlin* (1929), in *Sämtliche Werke in fünf Bänden*, vol. 3: *Städte und Porträts*, ed. Bernhard Echte (Oldenburg: Igel, 1999), 71–72.
[33] 200 这一数字来自 Könnemann, "Völkische Komponente," 14。
[34] Uwe Lohalm, *Völkischer Radikalismus: Die Geschichte des Deutschvölkischen Schutz- und Trutz-Bundes* (Hamburg: Leibniz Verlag, 1970), 89–91.
[35] Eyck, *History*, 1: 158.
[36] 至少依据卡尔·泽韦林（Carl Severing）的说法，引自 Eyck, *History*, 1: 275。
[37] Quoted in *Chronik des 20. Jahrhunderts: 1925*, ed. Antonia Meiners (Gütersloh: Chronik Verlag, 1989), 95.
[38] 出自施特雷泽曼的日记，引自 ibid., 95。
[39] *Chronik 1926*, 68.
[40] Quoted in *Chronik 1927*, 150.
[41] *Chronik des 20. Jahrhunderts: 1928*, ed. Brigitte Beier (Gütersloh: Chronik Verlag, 1987), 12.
[42] Quoted in *Chronik des 20. Jahrhunderts: 1929*, ed. Brigitte Beier (Gütersloh: Chronik Verlag, 1988), 13.
[43] 我沿用了汉斯·莫姆森在 *The Rise and Fall of Weimar Democracy* 中的观点。
[44] Kurt Tucholsky, "Der Löw' ist los-!" in *Berlin erzählt: 19 Erzählungen*, ed. Uwe Wittstock (Frankfurt am Main: Fischer Taschenbuch, 1991), 66–70, quotations 68, 69.

第 4 章　动荡的经济和焦虑的社会

[1] Walter Rathenau, "Rede auf der Tagung des Reichsverbandes der Deutschen Industrie," 28 September 1921, in idem, *Gesammelte Reden* (Berlin: S. Fischer Verlag, 1924), 241–264, quotation 264.
[2] 将马丁·H. 盖尔（Martin H. Geyer）对通货膨胀研究的隐喻推延至整个魏玛时代，参见 *Verkehrte Welt. Revolution, Inflation und Moderne: München 1914–1924* (Göttingen: Vandenhoeck and Ruprecht, 1998)。
[3] 关于这一时期经济趋势的精彩分析，参见 Werner Abelshauser and Dietmar Petzina, "Zum problem der relativen Stagnation der deutschen Wirtschaft in der zwanziger Jahren," in *Industrielles System und politische Entwicklung in der Weimarer Republik*, ed. Hans Mommsen et al. (Düsseldorf: Droste Verlag, 1974), 57–76; Werner Abelshauser and Dietmar Petzina, "Krise und Rekonstruktion: Zur Interpretation der gesamtwirtschaftlichen Entwicklung Deutschlands im 20. Jahrhundert," in *Historische Konjunkturforschung*, ed. Wilhem Heinz Schröder and Reinhard Spree (Stuttgart: Klett-Cotta, 1980); and Detlev Peukert, *The Weimar Republic: The Crisis of Classical Modernity*, trans. Richard Deveson (New York: Hill and Wang, 1989)。
[4] 相关精彩总结，参见 Theo Balderston, *Economics and Politics in the Weimar*

Republic (Cambridge: Cambridge University Press, 2002), 19–33；对通货膨胀和战争赔偿相互交织的详细论述，参见 Gerald D. Feldman, *The Great Disorder: Politics, Economics, and Society in the German Inflation, 1914–1924* (New York: Oxford University Press, 1993)。

[5] Balderston, *Economics and Politics*, 25–26.
[6] Ibid., 20.
[7] Ibid., 27–28.
[8] Ibid., 36–53，很好概括了当时的人和近期经济史家对通货膨胀起因的争论。关于通货膨胀的起因和后果，我基本沿用了西奥·鲍尔德斯顿的分析，此外还有 Gerald D. Feldman, *The Great Disorder* 一书中的观点。
[9] 数据来自 Horst Möller, *Weimar: Die unvollendete Demokratie*, 4th ed. (Munich: DTV, 1993), 154。
[10] 表格刊印于 Feldman, *The Great Disorder*, 613。
[11] 关于费尔德曼的评价，参见 ibid., 504–507。
[12] 数据来自 ibid., 669。
[13] 参见 ibid., 782 中复制的德国统计局的官方表格。
[14] Ibid., 783.
[15] 很多事例，参见 ibid., 582–583。
[16] 德国卫生局（Reich Health office）局长向国民议会提供的证言，见于 *The German Inflation of 1923*, ed. Fritz K. Ringer (New York: Oxford University Press, 1969), 115。
[17] Quoted in Geyer, *Verkehrte Welt*, 162.
[18] Feldman, *The Great Disorder*, 546.
[19] Quoted in ibid., 548.
[20] 参见 Geyer, *Verkehrte Welt*, 130–166。
[21] 1927 年 6 月 29 日，施特雷泽曼面对诺贝尔奖委员会的发言，引自 *Chronik des 20. Jahrhunderts: 1927*, ed. Brigitte Beier (Gütersloh: Chronik Verlag, 1986), 102。
[22] 这位教授和国民议会代表格奥尔格·施赖伯（Georg Schreiber）的评价，参见 Ringer, *German Inflation*, 103–109。
[23] Hermann Kurzke, *Thomas Mann: Life as a Work of Art*, trans. Leslie Wilson (Princeton: Princeton University Press, 2002), 326–327.
[24] Geyer, *Verkehrte Welt*, 251–252.
[25] 关于经济学家莫里茨·尤利乌斯·博恩（Moritz Julius Bonn），参见 Ringer, *German Inflation*, 101。
[26] Feldman, *The Great Disorder*, 185.
[27] 尤其参见 Geyer, *Verkehrte Welt*, 243–277。
[28] Quoted in ibid., 245.
[29] Quoted in ibid., 246.
[30] Quoted in Feldman, *The Great Disorder*, 717.
[31] Quoted in ibid., 718.
[32] Ibid., 807.
[33] 这方面的重要著作有 Gerald D. Feldman, *Iron and Steel in the German Inflation, 1916–1923* (Princeton: Princeton University Press, 1977)。

[34] 偿付时间表来自 *Chronik des 20. Jahrhunderts: 1929*, ed. Brigitte Beier (Gütersloh: Chronik Verlag, 1988), 98–99。
[35] Feldman, *The Great Disorder*, 406.
[36] Ibid., 350.
[37] Ibid., 377–384.
[38] Quoted in ibid., 835.
[39] 关于农业情况的简介，参见 ibid., 839–840。
[40] Balderston, *Economics and Politics*, 80.
[41] *Sozialgeschichtliches Arbeitsbuch III: Materialien zur Statistik des Deutschen Reiches 1914–1945*, ed. Dietmar Petzina, Werner Abelshauser, and Anselm Faust (Munich: C. H. Beck, 1978), 61.
[42] Quoted in Feldman, *The Great Disorder*, 851.
[43] Ibid., 850–851.
[44] 卡洛德玛与万宝龙的广告，以及《新阵线》杂志封面的翻版，出自 Frederic V. Grunfeld, *The Hitler File: A Social History of Germany and the Nazis, 1918–1945* (New York: Random House, 1974), 43–45。
[45] *Die Gartenlaube: Illustriertes Familienblatt* 29 (21 July 1927): 4 of frontmatter.
[46] *Gartenlaube* 30 (28 July 1927): 4 of frontmatter.
[47] *Gartenlaube* 32 (11 August 1927): n.p.
[48] Hans Kropff, "Women as Shoppers," in *The Weimar Republic Sourcebook*, ed. Anton Kaes, Martin Jay, and Edward Dimendberg (Berkeley and Los Angeles: University of California Press, 1994), 660–662, quotation 660.
[49] Mary Nolan, *Visions of Modernity: American Business and the Modernization of Germany* (New York: Oxford University Press, 1994), 133.
[50] 尤其参见 ibid。
[51] Quoted in ibid., 30.
[52] Quoted in ibid., 37, 94.
[53] 很多事例，参见 ibid., 83–107。
[54] Quoted in *Chronik des 20. Jahrhunderts: 1928*, ed. Brigitte Beier (Gütersloh: Chronik Verlag, 1987), 65.
[55] 数据参见 Eric D. Weitz, *Creating German Communism, 1890–1990: From Popular Protests to Socialist State* (Princeton: Princeton University Press, 1997), 119–120。
[56] Wolfram Fischer, "Bergbau, Industrie und Handwerk 1914–1970," in *Handbuch der deutschen Wirtschafts- und Sozialgeschichte*, vol. 2, ed. Hermann Aubin and Wolfgang Zorn (Stuttgart: Ernst Klett, 1976), 805.
[57] *"Mein Arbeitstag—mein Wochenende": Arbeiterinnen berichten von ihrem Alltag 1928*, reprint, ed. Alf Lüdtke (1930; Hamburg: Ergebnisse Verlag, 1991).
[58] Ibid., 132, 133.
[59] Ibid., 46 (italics in the original).
[60] Ibid., 124–125 (italics in the original).
[61] Ibid., 130–131.
[62] Ibid., 135 (italics in the original).

[63]　Auszug aus dem Soko［Sozial Kommission］, Protokoll No. 65, 11 September 1929, Betriebsarchiv der Leuna-Werke 1340.
[64]　Quoted in Weitz, *Creating German Communism*, 120.
[65]　Quoted in ibid., 122 (italics in the original).
[66]　流亡者对20世纪50年代的美国社会学产生了重要影响。C. 赖特·米尔斯（C. Wright Mills）、大卫·理斯曼（David Riesman）等人——他们分析了美国的中产阶级，以及"匿名"社会和极权主义的危险——与埃米尔·莱德雷尔和汉斯·施派尔有着直接的关联。
[67]　Hans Speier, *German White-Collar Workers and the Rise of Hitler*, trans. idem (German original written in 1932, first published in 1977; New Haven: Yale University Press, 1986), 2, 33.
[68]　数据由以下文献计算而来：Statistisches Reichsamt, *Statistisches Jahrbuch für das Deutsche Reich* 46 (1927) (Berlin: Reimar Hobbing, 1927), 20–21。
[69]　Ibid.
[70]　Siegfried Kracauer, *The Salaried Masses: Duty and Distraction in Weimar Germany*, trans. Quintin Hoare (German original 1930; London: Verso, 1998).
[71]　Ibid., 33–44.
[72]　统计数据出自 Speier, *German White-Collar Workers*, 53。
[73]　Kracauer, *Salaried Masses*, 76–79, quotation 79.
[74]　Ibid., 79.
[75]　Quoted in ibid., 89.
[76]　Ibid., 83.
[77]　*Sozialgeschichtliches Arbeitsbuch III*, 55.
[78]　Feldman, *The Great Disorder*, 189–193.
[79]　Elizabeth Bright Jones, "Landwirtschaftliche Arbeit und weibliche Körper in Deutschland, 1918–1933," in *Ort. Arbeit. Körper: Ethnografie Europäischer Modernen*, ed. Beate Binder et al. (Münster: Waxmann, 2005), 469–476.
[80]　关于这些问题，参见 ibid.，以及伊丽莎白·布赖特·琼斯（Elizabeth Bright Jones）的其他著述："A New Stage of Life? Young Farm Women's Changing Expectations and Aspirations about Work in Weimar Saxony," *German History* 19:4 (2001): 549–570, and "Pre- and Postwar Generations of Rural Female Youth and the Future of the German Nation, 1871–1933," *Continuity and Change* 19:3 (2004): 347–365。
[81]　Balderston, *Economics and Politics*, 79–81.
[82]　例如参见 Hans Ungelehrt, *Das Ende der Arbeitslosigkeit* (Renningen: Isis-Verlag, 1932)，也许是自诩改革者出版的数千手册中的一种。通常，作者会想象一个封闭的经济体系，在此体系中，创造就业岗位的计划能够实现经费自给。生产的恢复能够增加税收，从而解决预算危机。
[83]　数据出自 Feldman, *The Great Disorder*, 849。
[84]　这里我指的是著名经济史家克努特·博尔夏特（Knut Borchardt）引发的"博尔夏特辩论"（Borchardt debate）。他认为压垮魏玛经济的是高工资和高昂的社会福利开销。关于这场争论的详情，参见 Knut Borchardt, "A Decade of Debate about Brüning's Economic Policies," in *Economic Crisis and Political Collapse: The Weimar*

Republic, 1924–1933, ed. J. Freiherr von Kruedener (New York: Berg, 1990), 99–151, and Balderston, Economics and Politics, 68–71, 93–96。当时有很多学者将危机的责任直接指向据信工资过高、效率低下的工人和公务员，其中一例参见 Peter Schlösser, Die Erwerbslosenfrage als nationales Problem (Breslau: Wilh. Gottl. Korn Verlag, 1932)。

[85] Marie Jahoda, Paul F. Lazarsfeld, and Hans Zeisel, Marienthal: The Sociography of an Unemployed Community (German original 1933; Chicago: Aldine, 1971).
[86] Ibid., 22, 26.
[87] Ibid., 66.
[88] Ibid., 76–77.
[89] Quoted in Kracauer, Salaried Masses, 57.
[90] Speier, German White-Collar Workers, 41–42.

第 5 章　建设一个新的德国

[1] Hermann Finsterlin, 3 February 1920, in The Crystal Chain Letters: Architectural Fantasies by Bruno Taut and His Circle, ed. and trans. Iain Boyd Whyte (Cambridge: MIT Press, 1985), 53.
[2] 参见 Bruno Taut: Alpine Architektur, ed. Matthias Schirren (Munich: Prestel, 2004)，这是德英双语版本，也是原版问世以来的首次再版发行，编者撰写了长篇评论。
[3] Bruno Taut, 24 November 1919, in Crystal Chain Letters, 21.
[4] Quoted in Taut, 23 December 1919, in ibid., 23–25.
[5] Wenzel Hablik, January 1920, in ibid., 37–38.
[6] Hans Scharoun (n.d.), in ibid., 42–46, quotation 45.
[7] Taut, 5 October 1920, in ibid., 154–157, quotation 155.
[8] Taut, quoted in Franziska Bollerey and Kristiana Hartmann, "Bruno Taut: Vom phantastischen Ästheten zum ästhetischen Sozial(ideal)isten," in Barbara Volkmann, Bruno Taut 1880–1938: Ausstellung der Akademie der Künste vom 29. Juni bis 3. August 1980 (Berlin: Brüder Hartmann, 1980), 15–85, quotation 60.
[9] Bruno Taut, "The Earth Is a Good Dwelling," in The Weimar Republic Sourcebook (hereafter WRS), ed. Anton Kaes, Martin Jay, and Edward Dimendberg (Berkeley and Los Angeles: University of California Press, 1994), 456–459, and idem, "A Program for Architecture," in WRS, 432–434.
[10] Adelheid von Saldern, Häuserleben: Zur Geschichte städtischen Arbeiterwohnens vom Kaiserreich bis heute (Bonn: J.H.W. Dietz Nachfolger, 1995), 121, and Barbara Miller Lane, Architecture and Politics in Germany, 1918–1945 (1968; Cambridge: Harvard University Press, 1985), 90–103, statistic 102. 芭芭拉·米勒·莱恩（Barbara Miller Lane）声称柏林大约有 14,000 套新住房是由"激进的建筑师"——就是陶特这样的现代主义者——所设计的（103）。
[11] 参见 Saldern, Häuserleben, 123–138。
[12] 关于汤姆叔叔住宅区，参见 Michael Braum, ed., Berliner Wohnquartiere: Ein Führer

durch 70 Siedlungen, 3rd ed. (Berlin: Dietrich Reimer, 2003), 130–133; Martin Wörner, Doris Mollenschott, and Karl-Heinz Hüter, *Architekturführer Berlin*, 5th ed. (Berlin: Dietrich Reimer, 1997), 430–433; Helge Pitz and Winfried Brenne, eds., *Die Bauwerke und Kunstdenkmäler von Berlin: Bezirk Zehlendorf. Siedlung Onkel Tom* (Berlin: Gebr. Mann, 1980); and Bollery and Hartmann, "Bruno Taut," 70–81。

[13] Bruno Taut, "Colour" (1931), in Pitz and Brenne, *Bauwerke und Kunstdenkmäler*, 151–156.

[14] Ibid.

[15] Ibid.,155.

[16] 实际上，陶特早期在马格德堡的活动——在他的设计下，很多建筑被刷上了涂料——引来了很多冷嘲热讽。参见 Bollerey and Hartmann, "Bruno Taut," 65–68。

[17] Braum, *Berliner Wohnquartiere*, 122–125; Wörner, Mollenschott, and Hüter, *Architekturführer Berlin*, 386–387; and Bollery and Hartmann, "Bruno Taut," 70–81.

[18] Bruno Taut, "The New Dwelling: The Woman as Creator," in *WRS*, 461–462.

[19] Ibid.; Grete Lihotzky, "Rationalization in the Household," in *WRS*, 462–465; and, generally, Saldern, *Häuserleben*, 178–188.

[20] Paolo Portoghesi, "Presentation," in Pitz and Brenne, *Bauwerke und Kunstdenkmäler*, 15–25, quotation 19.

[21] 关于莫莉·菲利普森沙龙的第一场讲座，参见 Ita Heinze-Greenberg and Regina Stephan, eds., *Erich Mendelsohn: Gedankenwelten* (Ostfildern-Ruit: Hatje Cantz, 2000), 14–20, here 14。

[22] 1919年，在菲利普森沙龙的第八场讲座，参见 ibid., 38–44, here 44。

[23] Ita Heinze-Greenberg and Regina Stephan, eds., *Luise and Erich Mendelsohn: Eine Partnerschaft für die Kunst* (Ostfildern-Ruit: Hatje Cantz Verlag, 2004), 109.

[24] Quoted in Heinze-Greenberg and Stephan, *Erich Mendelsohn: Gedankenwelten*, 7.

[25] Erich Mendelsohn, "Die internationale Übereinstimmung des neuen Baugedankens oder Dynamik und Funktion" (1923), in ibid., 48–53, here 49–50.

[26] Erich Mendelsohn, "Harmonische und kontrapunktische Führung in der Architektur" (1925), in ibid., 54.

[27] Erich Mendelsohn, "My Own Contribution to the Development of Contemporary Architecture" (lecture at UCLA, 17 March 1948), in *Eric Mendelsohn: Letters of an Architect*, ed. Oskar Beyer, trans. Geoffrey Strachan (London: Abelard Schuman, 1967), 161–174, quotation 165.

[28] Mendelsohn, "Internationale Übereinstimmung," 48–49.

[29] Erich Mendelsohn, "Das neuzeitliche Geschäftshaus" (1929), in Heinze-Greenberg and Stephan, *Erich Mendelsohn: Gedankenwelten*, 96–103, here 103.

[30] Mendelsohn, "Internationale Übereinstimmung," 48–49.

[31] Ibid., 50–51.

[32] 诺贝特·胡泽（Norbert Huse）强调了这一点，参见 "Facetten eines Baudenkmals," in *Mendelsohn: Der Einsteinturm. Die Geschichte einer Instandsetzung*, ed. idem (Stuttgart: Karl Krämer, 2000), 14–27, here 21–23。

[33] 或许门德尔松是这样宣称的，参见 "My Own Contribution to the Development of

Contemporary Architecture," 166。

[34] Erich Mendelsohn, "The International Consensus on the New Architectural Concept, or Dynamics and Function" (1923), in *Erich Mendelsohn: Complete Works of the Architect: Sketches, Designs, Buildings*, trans. Antje Fritsch (German original 1930; Princeton: Princeton Architectural Press, 1992), 22–34, here 33; 稍有不同的版本，Mendelsohn, "My Own Contribution to the Development of Contemporary Architecture," 166 and 172。

[35] Huse, "Facetten eines Baudenkmals," 23–24, and Mendelsohn, "My Own Contribution to the Development of Contemporary Architecture," 166–167.

[36] 保罗·韦斯特海姆，引自 Huse, "Facetten eines Baudenkmals," 24–25。

[37] 尤其参见 Huse, *Mendelsohn*。按照今天的标准，门德尔松使用的钢材数量不足以筑成合格的钢筋混凝土，参见 Gerhard Pichler, "Die Baukonstruktion, oder: Warum bleib der Einsteinturm ein Pflegefall?" in Huse, *Mendelsohn*, 91–101, here 96。

[38] 关于设计和建筑的分析，参见 Tilo Richter, *Erich Mendelsohns Kaufhaus Schocken: Jüdische Kulturgeschichte in Chemnitz*, ed. Evangelischer Forum Chemnitz (Leipzig: Passage-Verlag, 1998), 67–93, including Mendelsohn's own comments, 80–81, and Mendelsohn, "My Own Contribution to the Development of Contemporary Architecture," 168。

[39] 参见 Mendelsohn, "Neuzeitliches Geschäftshaus"。

[40] Mendelsohn, "International Consensus," 28.

[41] 埃里克·门德尔松致路易丝·门德尔松的信，1924 年 11 月 5 日，参见 Beyer, *Eric Mendelsohn: Letters of an Architect*, 71–74, and Mendelsohn's homage, "Frank Lloyd Wright" (1926), in Heinze-Greenberg and Stephan, *Erich Mendelsohn: Gedankenwelten*, 83–86。

[42] Quoted in Lane, *Architecture and Politics*, 45.

[43] Walter Gropius, *The New Architecture and the Bauhaus* (London: Faber and Faber, 1935), 52.

[44] Walter Gropius, "Program of the Staatliches Bauhaus in Weimar," in *WRS*, 435–438, quotation 436.

[45] Ibid., 435.

[46] Walter Gropius, "The Theory and Organization of the Bauhaus" (1923), in *Bauhaus 1919–1928*, ed. Herbert Bayer, Walter Gropius, and Ise Gropius, rev. ed. (1938; New York: Museum of Modern art, 1975), 20–29, quotation 27.

[47] Gropius, *New Architecture and the Bauhaus*, 26–29。此处，格罗皮乌斯所指为住宅，但这一点同样适用于其他类型的现代建筑。

[48] Ibid., 43–44.

[49] Gropius, "Theory and Organization of the Bauhaus," 20.

[50] Quoted in Lane, *Architecture and Politics*, 67.

[51] Gropius, *New Architecture and the Bauhaus*, 85.

[52] Gropius, "Theory and Organization of the Bauhaus," 20.

[53] 对于将工厂的方法应用于建筑工地，格罗皮乌斯表示称赞，参见 *New Architecture and the Bauhaus*, 34–43。

[54] Quoted in Dennis Sharp, *Bauhaus, Dessau: Walter Gropius* (London: Phaidon, 1993), 25–26.
[55] Mendelsohn, "Internationale Übereinstimmung," 51.
[56] Ibid., 52.
[57] Mendelsohn, "My Own Contribution to the Development of Contemporary Architecture," 167.
[58] Edgar Wedepohl, "The Weissenhof Settlement," in *WRS*, 466–468.
[59] Marie-Elisabeth Lüders, "A Construction, Not a Dwelling," in *WRS*, 468–469.
[60] 更大范围的讨论，参见 Lane, *Architecture and Politics*, 69–86。
[61] 参见 ibid., 125–147, quotation 136–137。
[62] Quoted in ibid., 138.
[63] Quoted in ibid., 139.
[64] Paul Schultze-Naumburg, in Walter Gropius and Paul Schultze-Naumburg, "Who is Right? Traditional Architecture or Building in New Forms," in *WRS*, 439–445, quotation 445.
[65] Braum, *Berliner Wohnquartiere*, 134–137, and Wörner, Mollenschott, and Hüter, *Architekturführer Berlin*, 191.
[66] Saldern, *Häuserleben*, 184–185，基于很多口述史研究，强调这些新住宅以往居住者（有的至今仍住在那里）的正面回忆。
[67] Brochure, "Die Europäische Mittelmeerakademie" (1933), in Heinze-Greenberg and Stephan, *Erich Mendelsohn: Gedankenwelten*, 126–133.
[68] 节选自路易丝·门德尔松未出版的自传，参见 "My Life in a Changing World," in Heinze-Greenberg and Stephan, *Luise and Erich Mendelsohn: Eine Partnerschaft*, 95–98, 110–113。

第 6 章　声音和图像

[1] 关于乌尔施泰因的印刷厂，参见 Peter Fritzsche, *Reading Berlin 1900* (Cambridge: Harvard University Press, 1996), 211–212。
[2] 这张照片是桑德最著名的作品之一。
[3] 关于胶卷的历史以及徕卡相机的采用，我参考的是 S. F. Spira, with Eaton S. Lothrop, Jr., and Jonathan B. Spira, *The History of Photography as Seen through the Spira Collection* (New York: Aperture, 2001), 96–109, 146–165。
[4] Walter Benjamin, "The Work of Art in the Age of Mechanical Reproduction" (1936), in idem, *Illuminations*, ed. Hannah Arendt, trans. Harry Zohn (New York: Schocken, 1968)，这篇文章是关于现代世界中艺术图像可复制性的革命性和问题性的经典论述。
[5] 数据来自 Maud Lavin, *Cut with the Kitchen Knife: The Weimar Photomontages of Hannah Höch* (New Haven: Yale University Press, 1993), 51, 55。
[6] 参见 Vicki Baum, *Es war alles ganz anders: Erinnerungen* (Berlin: Ullstein, 1962)。
[7] 这些事例来自 *BIZ* 36: 1–51 (2 January–18 December 1927) and the *AIZ* (1928–1932).

[8]   Lavin, *Cut with the Kitchen Knife*, 56.
[9]   关于达达主义的影响，参见 Krisztina Passuth, *Moholy-Nagy*, trans. Éva Grusz et al. (London: Thames and Hudson, 1985), 19–21。后来，他还受到了埃尔·利西茨基等苏联构成主义者的影响。
[10] László Moholy-Nagy, *Painting, Photography, Film*, trans. Janet Seligman (German original 1925; Cambridge: MIT Press, 1967), 17.
[11] Andreas Haus, *Moholy-Nagy: Photographs and Photograms*, trans. Frederic Samson (New York: Pantheon, 1980), 64.
[12] 显然莫霍伊-纳吉至少还拍摄了四幅类似的照片，参见 ibid., 66。
[13] László Moholy-Nagy, "Photographie ist Lichtgestaltung," *Bauhaus* II/I (1928), in Passuth, *Moholy-Nagy*, 302–305。这一英译本将篇名译为 "Photography is Creation with Light"，但其他人更为准确地使用了 "manipulation" 一词。例如，该文略有区别的另一版译文，参见 Haus, *Moholy-Nagy*, 47–50。
[14] Moholy-Nagy, *Painting, Photography, Film*, 34.
[15] Ibid., 45. 他也会严词批判那些在摄影中模仿绘画的人，参见他对艾尔弗雷德·施蒂格利茨（Alfred Stieglitz）所拍摄的一幅相片的评论，"New York," from 1911："印象主义或摄影的胜利被人误解了。摄影师已经成了画家，而不是以摄影的方式使用相机。" Ibid., 49.
[16] Edward Steichen, *The Family of Man* (1955; New York: Museum of Modern art, 1997).
[17] August Sander, *Antlitz der Zeit: Sechzig Aufnahmen deutscher Menschen des 20. Jahrhunderts* (1929; Munich: Schirmer/Mosel, 2003).
[18] Quoted in Robert Kramer, "Historical Commentary," in *August Sander: Photographs of an Epoch* (New York: Aperture, 1980), 24, 27.
[19] 参见 Sibyl Moholy-Nagy, "Moholy-Nagy: The Chicago Years" (lecture to the Museum of Contemporary Art, Chicago, May 1969), in *Moholy-Nagy: An Anthology*, ed. Richard Kostelanetz (New York: Da Capo, 1970), 22–26。
[20] *Die Chronik Bibliothek des 20. Jahrhunderts: 1926*, ed. Brigitte Beier and Petra Gallmeister (Gütersloh: Chronik Verag, 1995), 24.
[21] Erich Mendelsohn, "My Own Contribution to the Development of Contemporary Architecture" (lecture at UCLA, 17 March 1948), in *Eric Mendelsohn: Letters of an Architect*, ed. Oskar Beyer, trans. Geoffrey Strachan (London: Abelard Schuman, 1967), 168. 这座建筑的外观至今依然可见，现在是邵宾纳剧院，柏林选帝侯路堤上一家著名的剧院。但建筑的内部没能逃过二战中的轰炸。
[22] 参见 Jost Hermand and Frank Trommler, *Die Kultur der Weimarer Republik* (Munich: Nymphenberger, 1978), 261–298。
[23] Siegfried Kracauer, *From Caligari to Hitler: A Psychological History of the German Film* (Princeton: Princeton University Press, 1947).
[24] 关于这一转变，参见彼得·盖伊（Peter Gay）的经典之作 *Weimar Culture: The Outsider as Insider* (New York: Harper and Row, 1968)。
[25] 两处引文出自 Hermand and Trommler, *Kultur der Weimarer Republik*, 276。
[26] Ibid., 278.
[27] Quoted in Martin H. Geyer, *Verkehrte Welt. Revolution, Inflation und Moderne:*

München 1914–1924 (Göttingen: Vandenhoeck and Ruprecht, 1998), 75.
[28] 数据出自 Heinrich August Winkler, *Der Schein der Normalität: Arbeiter und Arbeiterbewegung in der Weimarer Republik 1924 bis 1930* (Berlin: J.H.W. Dietz Nachf., 1988), 138–139。
[29] Franz Hessel, *Spazieren in Berlin* (1929), in *Sämtliche Werke in fünf Bänden*, vol. 3: *Städte und Porträts*, ed. Bernhard Echte (Oldenburg: Igel, 1999), 131.
[30] *"Mein Arbeitstag—mein Wochenende": Arbeiterinnen berichten von ihrem Alltag 1928*, reprint, ed. Alf Lüdtke (1930; Hamburg: Ergebnisse Verlag, 1991), 21.
[31] Ernst Weiß, "Audio Technologie in Berlin bis 1943: Mikrophon," in *50 Jahre Stereo-Magnetbandtechnik: Die Entwicklung der Audio Technologie in Berlin und den USA von den Anfängen bis 1943*, ed. Audio Engineering Society (Darmstadt: Berlebach, 1993), 37–54, here 44.
[32] Klaus Harder, "Audio Technologie in Berlin bis 1943: Verstärker," in ibid., 73–102, here 90.
[33] Ibid., 91.
[34] Inge Marßolek and Adelheid von Saldern, eds., *Zuhören und Gehörtwerden*, vol. 1: *Radio im Nationalsozialismus. Zwischen Lenkung und Ablenkung* (Tübingen: Edition Diskord, 1998), 13.
[35] Carsten Lenk, *Die Erscheinung des Rundfunks: Einführung und Nutzung eines neuen Mediums 1923–1932* (Opladen: Westdeutscher Verlag, 1997), 14.
[36] Quoted in ibid., 65.
[37] Johannes R. Becher, "Radio—Wunder der Alltäglichkeit!" (1933), in *Radio-Kultur in der Weimarer Republik: Eine Dokumentation*, ed. Irmela Schneider (Tübingen: Gunter Narr, 1984), 58–59.
[38] Lenk, *Erscheinung des Rundfunks*, 108–114.
[39] Quoted in ibid., 79.
[40] Quoted in ibid., 76.
[41] Quoted in ibid., 13.
[42] Quoted in ibid., 118.
[43] Quoted in Christopher Hailey, "Rethinking Sound: Music and Radio in Weimar Germany," in *Music and Performance during the Weimar Republic*, ed. Bryan Gilliam (Cambridge: Cambridge University Press, 1994), 13–36, quotation 14.
[44] Kate Lacey, *Feminine Frequencies: Gender, German Radio, and the Public Sphere, 1923–1945* (Ann Arbor: University of Michigan Press, 1996), 28.
[45] Winfried B. Lerg, *Rundfunkpolitik in der Weimarer Republik* (Munich: DTV, 1980), 524.
[46] Quoted in Laccy, *Feminine Frequencies*, 51.
[47] Quoted in ibid., 41–42.
[48] Quoted in ibid., 43.
[49] Lerg, *Rundfunkpolitik*, 389–394.
[50] 参见 Lacey, *Feminine Frequencies*, 57–95。
[51] Joachim-Felix Leonhard, ed., *Programmgeschichte des Hörfunks in der Weimarer*

Republik, vol. 1 (Munich: DTV, 1997), 454–466.

[52] 例如，参见 Theodor Csokor, "Mein Hörspiel 'Ballade von der Stadt'" (1928), in Schneider, *Radio-Kultur*, 156–157。

[53] Leopold Jessner, "Rundfunk und Theater" (1929), in Schneider, *Radio-Kultur*, 163–170.

[54] Quoted in Hailey, "Rethinking Sound," 13, 14.

[55] 参见 ibid., especially 32–36。

[56] Robert Hill, "'Overcoming Romanticism': On the Modernization of Twentieth-Century Performance Practice," in Gilliam, *Music and Performance*, 37–58.

[57] Arno Schirokauer, "Kunst-Politik im Rundfunk" (1929), in Schneider, *Radio-Kultur*, 86–91, quotation 86.

[58] Franz Rosenzweig, "The Concert Hall on the Phonograph Record" (1928–1929), in *Cultural Writings of Franz Rosenzweig*, ed. and trans. Barbara E. Galli (Syracuse, NY: Syracuse University Press, 2000), 116–152, here 116–117.

[59] 这是瓦尔特·本雅明同样会强调且更有哲学深度的一点；在1936年的文章《机器复制时代的艺术作品》（"The Work of Art in the Age of Mechanical Reproduction"）中，他将这一点归纳为现代性的标志性特征之一。

[60] Joseph Roth, "Radiophon," 22 March 1922, in idem, *Berliner Saisonbericht: Unbekannte Reportagen und journalistiche Arbeiten 1920–39*, ed. Klaus Westermann (Cologne: Kiepenheuer and Witsch, 1984), 185–187.

[61] Joseph Roth, "Alte und neue Photographien," 14 September 1929, in *Berliner Saisonbericht*, 323–325.

第 7 章　文化和大众社会

[1] 恩斯特·布洛赫致卡罗拉·彼得科夫斯卡的信，1931年4月9日，参见 Ernst Bloch, *Das Abenteuer der Treue: Briefe an Karola 1928–1949*, ed. Anna Czajka (Frankfurt am Main: Suhrkamp, 2005), 88–94, here 89–91。

[2] Hans Jonas, *Erinnerungen*, ed. Christian Wiese (Frankfurt am Main: Insel, 2003), 82–83.

[3] 又参见经典著作 Peter Gay, *Weimar Culture: The Outsider as Insider* (New York: Harper and Row, 1968)。

[4] Sigmund Freud, *Civilization and Its Discontents*, trans. and ed. James Strachey (German original 1930; New York: W. W. Norton, 1961).

[5] Hermann Kurzke, *Thomas Mann: Life as a Work of Art*, trans. Leslie Wilson (Princeton: Princeton University Press, 2002), 16, 55–56, and passim.

[6] Ibid., 217–220 and passim.

[7] Thomas Mann, "Von Deutscher Republik," 15 October 1922, in *Politische Reden III: 1914–1945*, ed. Peter Wende (Frankfurt am Main: Deutsche Klassiker, 1994), 342–383.

[8] 关于沃尔夫·勒佩尼斯（Wolf Lepenies）如何演绎了诺瓦利斯和惠特曼的这一主题，参见他的重要著作 *The Seduction of Culture in German History* (Princeton:

[9] 参见 Fritz Ringer, *Decline of the German Mandarins: The German Academic Community, 1890–1933* (Cambridge: Harvard University Press, 1969)。
[10] Jonas, *Erinnerungen*, 101.
[11] Thomas Mann, *The Magic Mountain*, trans. John E. Woods (New York: Knopf, 1995), 390. 德语原文与英语译文稍有差别:"Der Glaube ist das Organ der Erkenntnis und der Intellekt sekundär."见 Thomas Mann, *Der Zauberberg* (Frankfurt am Main: Fischer Taschenbuch Verlag, 1991), 545。"Organ"比"vehicle"的含义更为有力和亲密。
[12] *Magic Mountain*, 322. 德语原文还是更为有力,更有诗意:

> Das "Du" unter Fremden, das heißt unter Personen, die einander von Rechtes wegen "Sie" nennen, ist eine widerwärtige Wildheit, ein Spiel unter dem Urstande, ein liederliches Spiel, das ich verabscheue, weil es sich im Grunde gegen Zivilisation und entwickelte Menschlichkeit richtet—sich frech und schamlos dagegen richtet. Ich habe Sie auch nicht "Du" genannt, bilden Sie sich das nicht ein! Ich zitierte eine Stelle aus dem Meisterwerk Ihrer Nationalliteratur. Ich sprach also poetischerweise. (Mann, *Zauberberg*, 452–453)

需要注意的是,塞滕布里尼使用的名词"Menschlichkeit"和短语"das ich verabscheue"在英语译文中都消失了。
[13] Mann, *Magic Mountain*, 337–338.
[14] Ibid., 487 (italics in the translation). 德文为:"Der Mensch soll um der Güte und Liebe willen dem Tode keine Herrschaft einräumen über seine Gedanken." (*Zauberberg*, 679)
[15] Quoted in *Die Chronik Bibliothek des 20. Jahrhunderts: 1928*, ed. Brigitte Beier (Gütersloh: Chronik Verlag, 1987), 142.
[16] 我参考了 Jürgen Schebera, *Kurt Weill: An Illustrated Life*, trans. Caroline Murphy (New Haven: Yale University Press, 1995), 89–102。
[17] Quoted in ibid., 101–102.
[18] Ibid., 111–112.
[19] Ibid., 114. 该书作者指的是歌曲《恶之教典》("Moritat von Mackie Messer"),但这个观点可以推而广之。
[20] 歌词出自 *The Threepenny Opera*, RIAS Berlin Sinfonietta, London cd 430 075-2。
[21] 歌词出自 *Ute Lemper Sings Kurt Weil*, London cd NL 425 204-2。首场演出之后,这首歌才被纳入戏剧制作之中。
[22] Quotations from Schebera, *Kurt Weill*, 117–118.
[23] 数据出自 ibid., 120。
[24] John Willett, *The Theatre of Bertolt Brecht: A Study from Eight Aspects*, 2nd ed. (London: Methuen, 1959), 78.
[25] 参见 ibid., 168–187。
[26] Quoted in ibid., 170.
[27] Quoted in Schebera, *Kurt Weill*, 111–112.
[28] Siegfried Kracauer, "The Mass Ornament," in idem, *The Mass Ornament: Weimar Essays*, ed. and trans. Thomas Y. Levin (Cambridge: Harvard University Press, 1995),

75–86, quotation 75–76.

[29] Ibid., 76.

[30] Siegfried Kracauer, "Girls and Crisis," in *The Weimar Republic Sourcebook*, ed. Anton Kaes, Martin Jay, and Edward Dimendberg (Berkeley and Los Angeles: University of California Press, 1994), 565–566.

[31] Ibid.

[32] Kracauer, "Mass Ornament," 84.

[33] Ibid., 75.

[34] 参见 Ringer, *Decline of the German Mandarins*。

[35] Siegfried Kracauer, "The Little Shopgirls Go to the Movies," in idem, *Mass Ornament*, 291–304.

[36] Ibid., 295.

[37] Ibid., 300.

[38] Martin Heidegger, *Being and Time*, trans. John Macquarrie and Edward Robinson (German original 1927; New York: Harper and Row, 1962), 22.［中译文参见（德）海德格尔著、陈嘉映、王庆节译：《存在与时间》（中文修订第二版），商务印书馆，2018年，第4页。——译者注］

[39] Exod. 3: 14. 关于这一点，参见 George Steiner, *Martin Heidegger* (1978; Chicago: University of Chicago Press, 1987), 61–63。

[40] 理查德·沃林（Richard Wolin）强调海德格尔思想中的源初性成分，并做出了评论，参见 *Heidegger's Children: Hannah Arendt, Karl Löwith, Hans Jonas, and Herbert Marcuse* (Princeton: Princeton University Press, 2001)。

[41] 相关评论又参见 Dorothea Frede, "The Question of Being: Heidegger's Project," in *The Cambridge Companion to Heidegger*, ed. Charles Guignon (Cambridge: Cambridge University Press, 1993), 42–69, here 54–56, 66。

[42] Heidegger, *Being and Time*, 98–100.

[43] Ibid., 105.［中译文参见（德）海德格尔著、陈嘉映、王庆节译：《存在与时间》（中文修订第二版），第98页。——译者注］

[44] Ibid., 106.

[45] Ibid., 27. 又参见 Steiner, *Martin Heidegger*, 70–71。［中译文参见（德）海德格尔著、陈嘉映、王庆节译：《存在与时间》（中文修订第二版），第10页。——译者注］

[46] Heidegger, *Being and Time*, 33.［中译文参见（德）海德格尔著、陈嘉映、王庆节译：《存在与时间》（中文修订第二版），第16页。——译者注］

[47] Ibid., 150.［中译文参见（德）海德格尔著、陈嘉映、王庆节译：《存在与时间》（中文修订第二版），第148页。——译者注］

[48] Ibid., 154.［中译文参见（德）海德格尔著、陈嘉映、王庆节译：《存在与时间》（中文修订第二版），第153页。——译者注］

[49] Ibid., 156.［中译文参见（德）海德格尔著、陈嘉映、王庆节译：《存在与时间》（中文修订第二版），第155页。——译者注］

[50] Ibid., 164. 在这条以及其他引文中，我删除了英译本置于括号中的德语原文字词。

[51] Ibid., 164–165.［中译文参见（德）海德格尔著、陈嘉映、王庆节译:《存在与时间》（中文修订第二版），第163—164页。——译者注］

[52] Steiner, *Martin Heidegger*, 93–95.
[53] Ibid., 105–107.
[54] Ibid., 24–25.［中译文参见（德）海德格尔著，陈嘉映、王庆节译：《存在与时间》（中文修订第二版），第 7 页。——译者注］
[55] 海德格尔致伊丽莎白·布洛赫曼的信，1918年6月15日，引自 Wolin, *Heidegger's Children*, 211.［中译文参见尹树广、黄惠珍编：《生活世界理论：现象学、日常生活批判、实践哲学》，黑龙江人民出版社，2004年，第235页。——译者注］
[56] 正因为这一点，很多批评家将他的哲学与其对民族社会主义的政治支持联系了起来，参见 Steiner, *Martin Heidegger*, xxxiii–xxxiv, 以及 Wolin, *Heidegger's Children*, 176–177 中引用的恩斯特·卡西尔（Ernst Cassirer）的话和沃林的相关评价。
[57] 参见 Steiner, *Martin Heidegger*. 但对海德格尔的民族社会主义政治更为尖锐、彻底的批评，参见在20世纪80年代引起了"海德格尔论战"的两本重要著作：Hugo Ott, *Martin Heidegger: Unterwegs zu seiner Biographie* (Frankfurt am Main: Campus Verlag, 1988), and Victor Farias, *Heidegger and National Socialism*, trans. Paul Burrell and Dominic Di Bernardi (Philadelphia: Temple University Press, 1989)。更新的著作，参见 Wolin, *Heidegger's Children*, and Charles Bambach, *Heidegger's Roots: Nietzsche, National Socialism, and the Greeks* (Ithaca: Cornell University Press, 2003)。两本书不同程度地认为，海德格尔的哲学与其对民族社会主义的忠诚之间存在联系。海德格尔关于此争议性话题的著述和评论，可参见 *Martin Heidegger and National Socialism: Questions and Answers*, ed. Günther Neske and Emil Kettering, trans. Lisa Harries and Joachim Neugroschel (New York: Paragon House, 1990)。
[58] 其中罕见的一个例子，参见他在括号中对《人生哲学》（*Lebensphilosophie*）的评判："（这个词就好像说植物的植物学）." *Being and Time*, 72.
[59] Maud Lavin, *Cut with the Kitchen Knife: The Weimar Photomontages of Hannah Höch* (New Haven: Yale University Press, 1993), 74–75, and Ernst Bloch, *The Utopian Function of Art and Literature*, trans. Jack Zipes and Frank Mecklenburg (Cambridge: MIT Press, 1988).
[60] Tristan Tzara, "Dada Manifesto," 23 March 1918, http://www.391.org/manifestos/tristantzara_dadamanifesto.htm［27 June 2005］.
[61] 赫希的情人——也是一名达达主义者——古斯塔夫·豪斯曼（Gustav Hausmann）宣扬女性解放，包括女性的性解放，但有时却殴打赫希。参见 Lavin, *Cut with the Kitchen Knife*, 25–27.
[62] 甚至在赫希的早期作品《美丽的女孩》（*Das schöne Mädchen*，1919—1920）中，穿泳衣的女孩似乎被科技产品所包围。她的头部被灯泡取代，光彩夺目的钟表象征合理化的工厂世界，能规范和宰制可见的所有人。有别于赫希在其他早期作品中描绘的充满活力的女性，这幅作品中的女孩只是坐着，并受到美国拳击手吉姆·杰弗里斯（Jim Jeffries）和杰克·约翰逊（Jack Johnson）的重拳攻击。参见 Maria Makela, "The Misogynist Machine: Images of Technology in the Work of Hannah Höch," in *Women in the Metropolis: Gender and Modernity in Weimar Culture*, ed. Katharina von Ankum (Berkeley and Los Angeles: University of California Press,

1997), 106–127, here 114–116。

[63] 或许，她未出版的剪贴簿更是如此，尽管这本剪贴簿中还包含了标准更多元的影星和运动员的图像。参见 Lavin, *Cut with the Kitchen Knife*, 71–121。

[64] 例如，参见 ibid., 151–155 的相关讨论。

[65] Siegfried Kracauer, *From Caligari to Hitler: A Psychological History of the German Film* (Princeton: Princeton University Press, 1947).

第 8 章　身体和性爱

[1] Theodoor H. van de Velde, *Die vollkommene Ehe* (Leipzig: B. Konegen, 1926)。接下来的两卷为 *Die Abneigung in der Ehe*〔Sexual Tension in Marriage〕(Leipzig: B. Konegen, 1928) 和 *Die Fruchtbarkeit in der Ehe und ihre wunschgemässe Beeinflussung*〔Fertility and Sterility in Marriage: Their Voluntary Promotion and Limitation〕(Leipzig: B. Konegen, 1929)。

[2] Th. H. van de Velde, *Ideal Marriage: Its Physiology and Technique*, rev. ed., trans. Stella Browne (German original 1926; New York: Random House, 1930).

[3] "Van de Veldes Rezept: 'Erotisierung der Ehe,'" *Vossische Zeitung* 47 (24 February 1928): 5–6. 又参见 "Der vollkommene Ehemann: Dr. Th. Van de Velde am Votragspult," *Berliner Tageblatt* 92 (23 February 1928, evening edition): 4。经过扩充后，他出版了自己的演讲稿：Th. H. van de Velde, *Die Erotik in der Ehe: Ihre ausschlaggebende Bedeutung* (Stuttgart: Benno Konegen, 1928)。这本书肯定了爱欲的重要性，但缺乏《理想的婚姻》一书中明确的性爱技术指导。

[4] *Vossische Zeitung* 47 (24 February 1928): 5.

[5] Ibid., 6.

[6] 这方面的关键著作，参见 Atina Grossmann, *Reforming Sex: The German Movement for Birth Control and Abortion Reform, 1920–1950* (New York: Oxford University Press, 1995)。

[7] Velde, *Ideal Marriage*, 1, 2.

[8] Ibid., 7–8.

[9] Ibid., 7–8, 9.

[10] Ibid., 115; also, Th. H. van de Velde, *Sexual Tensions in Marriage: Their Origin, Prevention and Treatment*, trans. Hamilton Marr (German original 1928; New York: Random House, 1931), 78–79.

[11] Velde, *Ideal Marriage*, 159.

[12] Velde, *Sexual Tensions in Marriage*, 99.

[13] Ibid., 100.

[14] Ibid., 181.

[15] Ibid., 192.

[16] Ibid., 151–158, 26–39.

[17] Ibid., 250.

[18] Ibid., 148.

[19] Ibid., 190.
[20] 参见 Wilhelm Reich, "The Imposition of Sexual Morality" (1932), in Wilhelm Reich, *Sex-Pol: Essays 1929–1934*, ed. Lee Baxandall, trans. Anna Bostock et al. (New York: Random House, 1966), 123–124。赖希努力融合马克思主义与弗洛伊德主义, 还公然鼓吹性爱, 因此很少有人与之为伍。他还卷入了与各色人等的纠纷之中, 其中包括魏玛德国的道德警察、他从业的精神病学同行、共产主义同志——他们于 1932 年将他开除出党。
[21] Max Hodam, *Sex Life in Europe: A Biological and Sociological Survey*, trans. J. Gibbs (German original 1929; New York: Gargoyle Press, 1932), 17–18.
[22] 例如参见 Ludwig Levy-Lens, "Vorwort," in *Sexual-Katastrophen: Bilder aus dem modernen Geschlechts- und Eheleben*, ed. idem (Leipzig: A. H. Payne, 1926), ix–x。
[23] Grossmann, *Reforming Sex*, 68–69.
[24] Reich, "Imposition of Sexual Morality," 94, 95.
[25] Ibid., 93.
[26] Ibid., 111.
[27] Magnus Hirschfeld, *Sexualpathologie: Ein Lehrbuch für Ärtzte und Studierende*, 3 vols. (Bonn: A. Marcus and E. Webers Verlag, 1920–1921).
[28] Ibid, 3: 327.
[29] Grossmann, *Reforming Sex*, statistic 14.
[30] *Die Chronik Bibliothek des 20. Jahrhunderts: 1926*, ed. Brigitte Beier and Petra Gallmeister (Gütersloh: Chronik Verlag, 1995), 124.
[31] 数据出自 Grossmann, *Reforming Sex*, 4, 101–102。
[32] Ibid, 15.
[33] Elsa Herrmann, "This Is the New Woman," in *The Weimar Republic Sourcebook* (hereafter *WRS*), ed. Anton Kaes, Martin Jay, and Edward Dimendberg (Berkeley and Los Angeles: University of California Press, 1994), 206–208, quotation 207.
[34] 参见 Eric D. Weitz, *Creating German Communism, 1890–1990: From Popular Protests to Socialist State* (Princeton: Princeton University Press, 1997), 188–232。
[35] "Mein Arbeitstag—mein Wochenende": Arbeiterinnen berichten von ihrem Alltag 1928, reprint, ed. Alf Lüdtke (1930; Hamburg: Ergebnisse Verlag, 1991), 18.
[36] Ibid., 46.
[37] *Die Frau von Morgen: Wie wir sie wünschen*, ed. Friedrich M. Huebner (Leipzig: E. A. Seemann, 1929).
[38] Stefan Zweig, "Zutrauen zur Zukunft," in *Die Frau von Morgen*, 7–17, quotation 8.
[39] Ibid., 8–9.
[40] Ibid., 9.
[41] Ibid., 11.
[42] Ibid., 14.
[43] Alexander Lernet-Holenia, "Die Frau aller Zeiten," in *Die Frau von Morgen*, 103–108, quotation 103, 106–108.
[44] Axel Eggebrecht, "Machen wir uns nichts vor: Ein aufrichtiger Brief," in *Die Frau von Morgen*, 109–126, quotation 121.

[45] Ibid.
[46] Ibid., 122.
[47] Siegfried Kracauer, "Girls and Crisis," in *WRS*, 565–566.
[48] "Die Magie der männlichen Schönheit," *Berliner Illustrirte Zeitung* 36: 26 (26 June 1927): 1059–1061.
[49] 参见 David Bathrick, "Max Schmeling on the Canvas: Boxing as an Icon of Weimar Culture," *New German Critique* 51 (1990): 113–137。
[50] Hans Surén, *Der Mensch und die Sonne* (Stuttgart: Dieck and Co., 1925), 14–17. 这一段，我采用了 *WRS*, 678–679 中的英文译文（我把译文中的"exalt"改成了"exult"）。后面则是我自己的译文。
[51] 关于一些精选的短语，参见 Surén, *Der Mensch und die Sonne*, 5, 28, 34, 78–80, 82。
[52] Ibid., 184–187.
[53] Alice Gerstel, "Jazz Band," and Katharina Rathaus, "Charleston: Every Age Has the Dance It Deserves," in *WRS*, 554–555 and 558–559, quotations 554 and 558.
[54] Grete Ujhely, "A Call for Sexual Tolerance," in *WRS*, 710–711, quotation 711.
[55] Siegfried Kracauer, *The Salaried Masses: Duty and Distraction in Weimar Germany*, trans. Quintin Hoare (German original 1930; London: Verso, 1998), 95.
[56] Ibid.
[57] D. Titius, "Evangelisches Ehe- und Familienleben und seine Bedeutung in der Gegenwart," in *Verhandlungen des ersten Deutschen Evangelischen Kirchentages 1924*, ed. Deutschen Evangelischen Kirchenausschuß (Leipzig: Reichardt, 1924), 85–103, quotation 86 (italics in the original).
[58] Ibid.
[59] Priest and professor Heinrich Weber, in *Die 68. Generalversammlung der Deutschen Katholiken zu Freiburg im Breisgau 28. August bis 1. September 1929*, ed. Sekretariat des Lokalkomitees (Freiburg im Breisgau: Verlagsbuchhandlung Herder and Co., n.d.), 105.
[60] *Verhandlungen des ersten Deutschen Evangelischen Kirchentages 1924*, 95.
[61] Ibid., 88.
[62] Ibid., 88, 89.
[63] 参见报纸上有关此次会议的报道，例如 "68. Generalversammlung der Deutschen Katholiken," *Germania* 398 (28 August 1929, morning edition): 1–2; "Der Freiburger Katholikentag," *Germania* 404 (31 August 1929): 5–7; "Der Freiburger Katholikentag," *Germania* 406 (1 September 1929, morning edition): 9–11; "Glanvoller Abschluß in Freiburg," *Germania* 407 (2 September 1929, morning edition): 7–10; and "Rettung der christlichen Familie," *Germania* 408 (3 September 1929, morning edition): 7–10。
[64] *68. Generalversammlung der Deutschen Katholiken*, 72, 80.
[65] *Verhandlungen des ersten Deutschen Evangelischen Kirchentages 1924*, 91.
[66] Ibid., 97.
[67] 如会议最终决议之一所述: *68. Generalversammlung der Deutschen Katholiken*, 85。
[68] Ibid., 226–227 (italics in the original).

[69] "Guidelines of the German Association for the Protection of Mothers," in *WRS*, 697–698.

[70] Robert Musil, "Die Frau gestern und morgen," in *Die Frau von Morgen*, 91–102, quotation 100–101.

[71] Joseph Roth, "Kaisers Geburtstag," 20 January 1925, in *Berliner Saisonbericht: Unbekannte Reportagen und journalistiche Arbeiten 1920–39*, ed. Klaus Westermann (Cologne: Kiepenheuer and Witsch, 1984), 306–309.

[72] 参见 Klaus Theweleit, *Male Fantasies*, trans. Stephen Conway in collaboration with Erica Carter and Chris Turner, 2 vols. (Minneapolis: University of Minnesota Press, 1987–1989)。

[73] 参见 Detlev Peukert, *The Weimar Republic: The Crisis of Classical Modernity*, trans. Richard Deveson (New York: Hill and Wang, 1989), and David F. Crew, *Germans on Welfare: From Weimar to Hitler* (New York: Oxford University Press, 1998)。

[74] Hilde Walter, "Twilight for Women?" in *WRS*, 210–211, quotations 211.

第9章 右翼的革命和反革命

[1] 若要管窥有关保守的革命者的大量文献，参见 Walter Kurt Sontheimer, *Antidemokratisches Denken in der Weimarer Republik: Die politische Ideen des deutschen Nationalismus zwischen 1918 und 1933* (Munich: Nymphenburger Verlagshandlung, 1964); Walter Struve, *Elites against Democracy: Leadership Ideals in Bourgeois Political Thought in Germany, 1890–1933* (Princeton: Princeton University Press, 1973); Jeffrey Herf, *Reactionary Modernism: Technology, Culture, and Politics in Weimar and the Third Reich* (New York: Cambridge University Press, 1984); 还有拉里·尤金·琼斯（Larry Eugene Jones）的一些论文，包括 "Edgar Julius Jung: The Conservative Revolution in Theory and Practice," *Central European History* 21: 2 (1988): 142–174。

[2] "Biographical Note," in Oswald Spengler, *Today and Destiny: Vital Excerpts from "The Decline of the West" of Oswald Spengler*, ed. Edwin Franden Dakin (New York: Alfred A. Knopf, 1940), 355. 有关评论界的评价，又可参见 H. Stuart Hughes, *Oswald Spengler: A Critical Estimate* (New York: Charles Scribner's Sons, 1952), 89–97。

[3] Hans Jonas, *Erinnerungen* (Frankfurt am Main: Insel Verlag, 2003), 150. 斯宾格勒的回信中充满了溢美之词，称约纳斯是唯一懂得他所谓何意之人。

[4] 阿诺尔德·茨威格致海伦妮·魏尔的信，1920年1月22日，参见 Arnold Zweig, Beatrice Zweig, Helene Weyl, *Komm her, Wir lieben Dich: Briefe einer ungewöhnlichen Freundschaft zu dritt*, ed. Ilse Lange (Berlin: Aufbau-Verlag, 1996), 175–179, quotation 178。

[5] Spengler, *Today and Destiny*, 28–29. 关于他对种族这一概念的理解，参见 162。

[6] Oswald Spengler, *Preußentum und Sozialismus* (Munich: C. H. Beck, 1920), 53.

[7] Spengler, *Today and Destiny*, 32–38, and idem, *Preußentum und Sozialismus*, 12.

[8] 例如参见 *Decline of the West*, 1: 363。又参见 Hughes, *Oswald Spengler*, 123。

[9] Spengler, *Preußentum und Sozialismus*, 12.
[10] Ibid., 29.
[11] Quotation in Joachim Fest, *Hitler: Eine Biographie* (1975; Berlin: Ullstein, 2004), 636.
[12] Ernst Jünger, *Copse 125: A Chronicle from the Trench Warfare of 1918* (London: Chatto and Windus, 1930), ix, 2.
[13] Ibid., 9.
[14] Ibid., quotations 28–30.
[15] 例如，参见 ibid., 125, 106–124, and 202–264.
[16] Ibid., 50, 57.
[17] 关于暴力的分析，参见 Klaus Theweleit, *Male Fantasies*, trans. Stephen Conway in collaboration with Erica Carter and Chris Turner, 2 vols. (Minneapolis: University of Minnesota Press, 1987–1989), and Omer Bartov, *Murder in Our Midst: The Holocaust, Industrial Killing, and Representation* (New York: Oxford University Press, 1996)。
[18] 例如参见 *Verhandlungen des ersten Deutschen Evangelischen Kirchentages 1924*, ed. Deutschen Evangelischen Kirchenausschuß (Leipzig: Reichardt, 1925), 109, and *Die 68. Generalversammlung der Deutschen Katholiken zu Freiburg im Breisgau 28. August bis 1. September 1929*, ed. Sekretariat des Lokalkomitees (Freiburg im Breisgau: Verlagsbuchhandlung Herder and Co., n.d.), 94–95。
[19] *68. Generalversammlung der Deutschen Katholiken*, 206–218, quotation 206.
[20] Ibid., 206.
[21] Ibid., 206–208.
[22] Dr. Simons, in *Verhandlungen des dritten Deutschen Evangelischen Kirchentages 1930*, 247.
[23] 例如参见 Paul Althaus, "Kirche und Volkstum," in *Verhandlungen des zweiten Deutschen Evangelischen Kirchentages 1927*, ed. Deutschen Evangelischen Kirchenausschuß (Wittenberg: Herrose and Ziemsen, 1927), 204–224。
[24] Ibid., 216, 298.
[25] Ibid., 224–225.
[26] Ibid., 211.
[27] Adolf Hitler, *Mein Kampf*, trans. Ralph Manheim (Boston: Houghton Mifflin, 1943), 57.
[28] Ibid., 325.
[29] 参见 Martin H. Geyer, *Verkehrte Welt. Revolution, Inflation und Moderne: München 1914–1924* (Göttingen: Vandenhoeck and Ruprecht, 1998), 278–318。
[30] 参见 Ulrich Herbert, *Best: Biographische Studien über Radikalismus, Weltanschauung und Vernunft, 1903–1989* (Bonn: J.H.W. Dietz Nachfolger, 1996)。我对贝斯特的描述就是根据这本令人印象深刻的传记。
[31] Quoted in ibid., 48.
[32] Ibid., 74–76, quotations 75.
[33] *Nazism 1919–1945: A Documentary Reader*, vol. 1: *The Rise to Power, 1919–1934*, ed. Jeremy Noakes and Geoffrey Pridham (Exeter: University of Exeter Press, 1983), 49.
[34] Ibid., 53–54.

[35] William Sheridan Allen, *The Nazi Seizure of Power: The Experience of a Single German Town, 1930–1935* (Chicago: Quadrangle Books, 1965), 25, 31, 40. 在第一版中，艾伦使用了化名"Thalburg"指代这个镇子。很快，记者们就发现这是诺德海姆（Nordheim），于是他在之后的版本中就改用诺德海姆了。
[36] Quoted in ibid., 25.
[37] 关于艾伦的描述，参见 *Nazi Seizure*, 117–119, 以及嫁给了军官的汉堡上层中产阶级主妇路易丝·索尔米茨的日记，Noakes and Pridham, *Nazism*, 74。
[38] Allen, *Nazi Seizure*, 70–71.
[39] Quoted in ibid., 73.
[40] Quoted in Noakes and Pridham, *Nazism*, 51.
[41] Quoted in ibid., 129.
[42] Betty Scholem–Gershom Scholem, *Mutter und Sohn im Briefwechsel 1917–1946*, ed. Itta Shedletzky (Munich: C. H. Beck, 1989), 273–280, quotation 270.

第 10 章　魏玛遗产：一个全球视角

[1] Bertolt Brecht, untitled, in *Gedichte 5: Gedichte und Gedichtfragmente 1940–1956*, in *Werke*, 15: 46 (Frankfurt am Main: Suhrkamp, 1993), 46.
[2] 库尔特·魏尔致阿尔贝特·魏尔（Albert Weill）和埃玛·魏尔（Emma Weill）的信，洛杉矶，1943 年 11 月 5 日，参见 *Kurt Weill: Briefe an die Familie (1914–1950)*, ed. Lys Symonette and Elmar Juchem (Stuttgart: J. B. Metzler, 2000), 387–389, quotation 388。
[3] 库尔特·魏尔致丽塔·魏尔（Rita Weill）的信，洛杉矶，1944 年 1 月 12 日，参见 ibid., 390–392, quotation 391。
[4] Quoted in Erhard Bahr, *Weimar on the Pacific: German Exile Culture in Los Angeles and the Crisis of Modernism* (Berkeley and Los Angeles: University of California Press, 2007), 21–22.
[5] "Greek Crisis is 'like the Weimar Republic,'" *Daily Telegraph*, 5 October 2012, http://www.telegraph.co.uk/finance/financialcrisis/9591004/Greek-crisis-is-like-the-Weimar-Republic.html.
[6] Patrick J. Buchanan, "The Weimar Solution," 23 March 2009, http://buchanan.org/blog/pjb-the-weimar-solution-1480.
[7] 例如参见 Buchanan, "Pat Buchanan's Bizarro History," 30 October 2011, http://freethoughtblogs.com/dispatches/2011/10/31/pat-buchanans-bizarro-history 中的引文。
[8] *The New York Times*, arts section, 17 July 2007. 又参见 Eric D. Weitz, "Not Just a Cabaret, Old Friend," *The New York Times*, New York and region section, 29 July 2007。
[9] Quoted in Christoph Frei, *Hans J. Morgenthau: An Intellectual Biography* (Baton Rouge: Louisiana State University Press, 2001), 17.
[10] 关于各种事件，包括与父亲的冲突，参见 ibid., 16–22。
[11] Ibid., 96–99.

[12] Ibid., 24.

[13] Ibid., 37–43.

[14] 关于这场学术危机，参见 Fritz Ringer, *The Decline of the German Mandarins: The German Academic Community, 1890–1933* (Cambridge: Harvard University Press, 1969)。

[15] 参见 Frei, *Hans J. Morgenthau*, 44–61。

[16] Hans Morgenthau, *La notion du "politique" et la théorie des différends internationaux* (Paris: Recueil Sirey, 1933), esp. 24–64, and idem, *La réalité des normes en particulier des normes du droit international: Fondements d'une théorie des normes* (Paris: Félix Alcan, 1934).

[17] Morgenthau, *La notion du "politique,"* 64.

[18] Morgenthau, "Théorie des sanctions internationales," 810, quoted in Frei, *Hans J. Morgenthau*, 140.

[19] 关于国际冲突，参见 Morgenthau, *La notion du "politique,"* 43–53, 77–85。接着，摩根索在第一部分大段引用了卡尔·施米特及其著名的作为政治标志的敌友之分，但又批评了施米特的概念很不充分。

[20] Morgenthau, *La notion du "politique,"* 61. 我用的是弗赖（Frei）的英文译本，*Hans J. Morgenthau*, 131。

[21] Morgenthau, *La notion du "politique,"* 68.

[22] 参见 Georg Simmel, *Conflict and the Web of Group-Affiliations* (New York: Free Press, 1955)。这本书的第一部分是齐美尔 1908 年《争执》（"Der Streit"）这篇文章的译文。

[23] 摩根索致塞缪尔·马吉尔（Samuel Magill）的信，1962 年 1 月 5 日，引自 Frei, *Hans J. Morgenthau*, 108。关于摩根索与尼采，参见 ibid., 99–113。

[24] "Über die Herkunft," 10, in Frei, *Hans J. Morgenthau*, 126. 又参见 128。

[25] Quoted in Frei, *Hans J. Morgenthau*, 184.

[26] Hans J. Morgenthau, *Scientific Man vs. Power Politics* (Chicago: University of Chicago Press, 1946), 29.

[27] Ibid., 121.

[28] Ibid., 9–10.

[29] Ibid., 219–222.

[30] 摩根索定义了政治中根植于控制欲的"恶"之维度，参见 ibid., 194–196。

[31] Hans J. Morgenthau, *Politics among Nations: The Struggle for Power and Peace* (New York: Alfred A. Knopf, 1948), 13.

[32] Ibid., 13.

[33] Ibid., 17.

[34] Ibid., 21.

[35] Ibid., 75.

[36] Ibid.

[37] Ibid., 76–77, generally 73–79. 实际上，他在随后的段落中又引用了这个德国的事例。

[38] Ibid., 402.

[39] Ibid., 431–445.
[40] Ibid., 438–443.
[41] Willam E. Scheuerman, *Hans Morgenthau: Realism and Beyond* (Cambridge: Polity, 2009). 肖伊尔曼强调摩根索的思想形成于魏玛共和国左翼法律社会学的环境之中。
[42] Morgenthau, *Politics among Nations*, 172–173.
[43] Morgenthau, *La notion du "politique,"* 69–70.
[44] 这是蒂姆·B. 米勒（Tim B. Müller）重要论著中的观点，参见 *Krieger und Gelehrte: Herbert Marcuse und die Denksysteme im Kalten Krieg* (Hamburg: Hamburger Edition, 2010)。另外参见一篇马尔库塞的访谈，"Revolution or Reform: Herbert Marcuse and Karl Popper," trans. Mark Goldberg and Jack Zipes, in *University Review* (1969): 11–13, 37–38, quotation 12。
[45] Herbert Marcuse, "Contributions to a Phenomenology of Historical Materialism (1928)," *Telos* 4 (1969): 1–32, quotation 21.
[46] 关于这一方法的一个批评视角，尤其参见 Richard Wolin, *Heidegger's Children: Hannah Arendt, Karl Löwith, Hans Jonas, and Herbert Marcuse* (Princeton: Princeton University Press, 2001)。
[47] Marcuse, "Contributions to a Phenomenology," esp. 11 and 16. 又参见 Wolin, *Heidegger's Children*, 144。
[48] Marcuse, "Contributions to a Phenomenology," 14.
[49] Quoted in Wolin, *Heidegger's Children*, 146, from "Über die konkrete Philosophie," *Archiv für Sozialwissenschaft und Sozialpolitik* 62 (1929): 120.
[50] Herbert Marcuse, *Reason and Revolution* (1941; Boston: Beacon, 1960), from the new preface, "A Note on Dialectic," x.
[51] 它们首先在莫斯科由马克思-列宁主义学院（Institute for Marxism-Leninism）院长达维德·梁赞诺夫（David Ryazanov）出版。英文版于 1961 年问世，由著名的法兰克福学派成员和魏玛流亡者埃里希·弗洛姆编辑和撰写引言，参见 *Marx's Concept of Man* (New York: F. Ungar, 1961)。
[52] Herbert Marcuse, "On the Philosophical Foundation of the Concept of Labor" (1933), *Telos* 16 (1973): 9–37.
[53] Ibid., 14–15.
[54] 尽管马尔库塞对《1844 年经济学哲学手稿》只提供了一个模糊的引注（参见 ibid., 32, n. 37），但该文大部分篇幅都是对马克思所描述的异化过程的改编。对体现了过去、现在和将来时间的劳动的讨论，读起来像是对海德格尔有关家具匠人（cabinetmaker）论述的改编。参见 ibid., 25–26。
[55] Ibid., 16–17 (including n. 17), 25.
[56] 关于法兰克福学派的历史，尤其参见 Martin Jay, *The Dialectical Imagination: A History of the Frankfurt School and the Institute for Social Research, 1923–1950* (Boston: Little, Brown and Company, 1973); Rolf Wiggershaus, *Die Franfurter Schule: Geschichte, theoretische Entwicklung, politische Bedeutung* (Munich: C. Hanser, 1986); and Thomas Wheatland, *The Frankfurt School in Exile* (Minneapolis: University of Minnesota Press, 2009)。

[57] 关于在洛杉矶的流亡者，参见 Bahr, *Weimar on the Pacific*。
[58] 在有关马尔库塞的大量文献中，尤其参见 Douglas Kellner, *Herbert Marcuse and the Crisis of Marxism* (Berkeley and Los Angeles: University of California Press, 1984)。
[59] Herbert Marcuse, "Some Social Implications of Modern Technology" (1940), in *Technology, War and Fascism: Collected Papers of Herbert Marcuse*, vol. 1, ed. Douglas Kellner (London: Routledge, 1998), 41–66.
[60] Ibid., 41–42.
[61] Ibid., 42.
[62] Ibid., 44 and 44–45.
[63] Ibid., esp. 53–55.
[64] Ibid., 64.
[65] Marcuse, "State and Individual under National Socialism" (ms., 1942) in Marcuse, *War, Technology and Fascism*, 69–88, here 83.
[66] Ibid., 83–84.
[67] Ibid., 85.
[68] Ibid., 88.
[69] Herbert Marcuse, *Eros and Civilization: A Philosophical Inquiry into Freud* (Boston: Beacon, 1955), 180–196. 又参见 Wolin, *Heidegger's Children*, 156–161 的相关讨论。
[70] Friedrich Schiller, *On the Aesthetic Education of Man: A Series of Letters*, trans. Reginald Snell (New York: Frederick Ungar, 1965), Fifteenth Letter, 80.
[71] Ibid., Second Letter, 26.
[72] Herbert Marcuse, *One-Dimensional Man: Studies in the Ideology of Advanced Industrial Society* (Boston: Beacon, 1964).
[73] Ibid., 13.
[74] Ibid., 24–48.
[75] Ibid., 73.
[76] Ibid., 74.
[77] Ibid., 79–84.
[78] Ibid., 123–143, 论及辩证法。
[79] Ibid., 230–231.
[80] "Will Teach in Fall, Marcuse Vows," *Los Angeles Times*, 26 July 1968, in Sidney Hook Papers, Box 143, Folder 10, Hoover Institution Archives (hereafter, HIA).
[81] "Marcuse Defines His New Left Line," *The New York Times Magazine*, 27 October 1968, and letters, 11 November 1968.
[82] "The Sayings of Marcuse," *The Economist*, 25 May 1968, in Christopher T. Emmet Papers, Box 44, HIA.
[83] Ibid.
[84] "La Mort d'Herbert Marcuse," *Le Matin*, 32 July 1979, in Claude Paillat Papers, Box 43, Folder 7, HIA.
[85] 亚伯拉罕·布伦伯格（Abraham Brumberg）致伯特伦·沃尔夫的信，1958年12月29日，以及其他文献，参见 Bertram Wolfe Papers, Box 40, Folder 13, HIA。

[86] 悉尼·胡克致 B. 西尔弗（B. Silver）的信，纽约，1969 年 1 月 24 日，参见 Sidney Hook Papers, Box 143, Folder 10, HIA。
[87] From *Pravda*, noted in Sidney Hook Papers, 2 August 1968, Box 143, Folder 10, HIA.
[88] "Will Teach in Fall, Marcuse Vows."
[89] Bernd Nicolai, *Moderne und Exil: Deutschsprachige Architekten in der Türkei 1925–1955* (Berlin: Verlag für Bauwesen, 1998), 10–11.
[90] 关于这些事件最为全面的历史，参见 Taner Akçam, *The Young Turks' Crime against Humanity: The Armenian Genocide and Ethnic Cleansing in the Ottoman Empire* (Princeton: Princeton University Press, 2012)。
[91] 数据来自 Nicolai, *Moderne und Exil*, 100。
[92] Ibid., 21–42.
[93] Ibid., 23–24.
[94] Quoted in ibid., 34.
[95] Ibid., 34.
[96] Ibid., 103–104.
[97] Bruno Taut, *Houses and People of Japan*, 2nd ed. (1937; Tokyo: Sanseido, 1958), 53.
[98] Quoted in Kurt Junghanns, *Bruno Taut 1880–1938* (Berlin: Henscheverlag Kunst und Gesellschaft, 1970), 94.
[99] Taut, *Houses and People of Japan*, 130–131.
[100] Ibid., 146.
[101] Ibid., 148.
[102] Ibid., 223–224.
[103] Ibid., 198–199.
[104] Ibid., 307.
[105] Junghanns, *Bruno Taut*, 94.
[106] Ibid., 92–96.
[107] Nicolai, *Moderne und Exil*, 133–134.
[108] Ibid., 104–106.
[109] 参见 ibid., 105–106。
[110] 陶特致上野伊三郎的信，1938 年 11 月 6 日，引自 ibid., 140。
[111] 瓦格纳致格罗皮乌斯的信，1937 年 8 月 17 日，引自 ibid., 147。
[112] 对于布劳耶后期作品更为正面的评价，参见 William H. Jordy, "The Aftermath of the Bauhaus in America: Gropius, Mies, and Breuer," in *The Intellectual Migration: Europe and America, 1930–1960*, ed. Donald Fleming and Bernard Bailyn (Cambridge: Belknap Press of Harvard University Press, 1969), 485–543。
[113] Junghanns, *Bruno Taut*, 98–99.
[114] Nicolai, *Moderne und Exil*, 161–190.
[115] Ibid., 196.
[116] Quoted in Thomas Rimer, "Berlin in Tokyo: Senda Koreya, Brecht, Shakespeare" (lecture at Center for Japanese Studies, UCLA International Institute, 10 April 2006), www.international. ucla.edu/japan.
[117] 关于凭借记忆重构这场戏剧，参见 Uchino Tadashi, "Political Displacements:

Toward Historicizing Brecht in Japan, 1932–1938," in *The Brecht Sourcebook*, ed. Carol Martin and Henry Bial (London: Routledge, 2000), 185–205, here 191。
[118]　Rimer, "Berlin in Tokyo."
[119]　Ibid.
[120]　Ibid.
[121]　布莱希特的拥护者埃里克·本特利（Eric Bentley）在明尼苏达大学教书时做了如此评价。转引自 Kim H. Kowalke, "*The Threepenny Opera* in America," in *Kurt Weill: The Threepenny Opera*, ed. Stephen Hinton (Cambridge: Cambridge University Press, 1990), 78–119, here 97。
[122]　参见 Foster Hirsch, *Kurt Weill on Stage: From Berlin to Broadway* (New York: Knopf, 2002), 323–333。
[123]　Virgil Thomson, "Two Shows," *Herald Tribune*, 21 March 1954.
[124]　Brooks Atkinson, "A Triumph of Style," *The New York Times*, 11 March 1954. 另外参见他随后的专栏文章，"Made with Music," *The New York Times*, 21 March 1954。
[125]　Kowalke, "*The Threepenny Opera* in America," 79.
[126]　http://en.wikipedia.org/wiki/Bobby_Darin, 17 December 2012.
[127]　Kowalke, "*The Threepenny Opera* in America," 108–109.
[128]　Quoted in ibid., 114.
[129]　Rimer, "Berlin in Tokyo."
[130]　参见 John Fuegi, et al., eds., *Brecht in Asia and Africa. The Brecht Yearbook* 15 (Hong Kong: University of Hong Kong, 1989)中的多个章节；Martin and Bial, *Brecht Sourcebook*; and Tadashi Uchino, *Crucible Bodies: Postwar Japanese Performance from Brecht to the New Millenium* (London: Seagull, 2009)。
[131]　参见 Uchino, "Political Displacements," in *Crucible Bodies*, 194–199。
[132]　Franz Neumann, "The Social Sciences," in idem et al., *The Cultural Migration: The European Scholar in America* (Philadelphia: University of Pennsylvania Press, 1953), 19.

结　语

[1]　Felix Gilbert, *A European Past: Memoirs, 1905–1945* (New York: Norton, 1988), 65.
[2]　Ibid., 67–68.

书目说明

有关魏玛德国的文献浩如烟海,此处无意面面俱到,只列出了一些重要的作品,作为深入阅读的引导。对于英文文献,我掌握的资料比较有限。

任何研究魏玛德国的历史学家都必须掌握三本名著:Peter Gay, *Weimar Culture: The Outsider as Insider* (New York: Harper and Row, 1968);Detlev Peukert, *The Weimar Republic: The Crisis of Classical Modernity*, trans. Richard Deveson (New York: Hill and Wang, 1989);Hans Mommsen, *The Rise and Fall of Weimar Democracy*, trans. Elborg Forster and Larry Eugene Jones (Chapel Hill: University of North Carolina Press, 1996)。多年前,我在本科期间的一门德国历史课上接触到了《魏玛文化》(*Weimar Culture*)这本书,之后又多次阅读。这一直以来都是一部辛辣、雄辩的著作,作者与很多魏玛流亡知识分子——在20世纪50年代与60年代,他们依然活跃——有所接触,这丰富和影响了这部著作。关于一战后德国社会面临的多重交织的危机,德特勒夫·波伊克特(Detlev Peukert)的《魏玛共和国》(*The Weimar Republic*)提供了非常精准而复杂的分析。汉斯·莫姆森(Hans Mommsen)的《魏玛民主之兴衰》(*The Rise and Fall of Weimar Democracy*)为这个命运多舛的共和国书写了最具洞察力的政治史。

The Weimar Republic Sourcebook, ed. Anton Kaes, Martin Jay, and Edward Dimendberg (Berkeley and Los Angeles: University of California Press, 1994)是一本极好的一手资料汇编,甚至超越了相关的德文编

著。此书是加利福尼亚大学出版社推出的"魏玛和现在：德国文化批评"（Weimar and Now: German Cultural Criticism）系列丛书之一种。该丛书已经出版了很多种，大多（当然不是全部）属于文化研究。另一本相当重要的一手资料汇编是 *Nazism 1919–1945*, vol. 1: *The Rise to Power, 1919–1934*, ed. Jeremy Noakes and Geoffrey Pridham (Exeter: Exeter University Publications, 1983)，系四卷中之首卷。

  Erich Eyck, *A History of the Weimar Republic*, trans. Harlan P. Hanson and Robert G. L. Waite, 2 vols. (German original 1954–1956; Cambridge: Harvard University Press, 1962–1963)，至今依然很值得一读。埃里克·艾克是一位重要的自由派政治人物，也是一名历史学家。他的这部两卷本著作文采斐然，栩栩如生地刻画了历史事件。查尔斯·梅尔（Charles Maier）的 *Recasting Bourgeois Europe: Stabilization in France, Germany, and Italy in the Decade after World War I* (Princeton: Princeton University Press, 1975) 是历史政治经济学领域的经典之作。对于任何想要理解魏玛德国的政治与经济之间复杂互动关系的人来说，杰拉尔德·D. 费尔德曼（Gerald D. Feldman）的很多作品，包括 *The Great Disorder: Politics, Economics, and Society in the German Inflation, 1914–1924* (New York: Oxford University Press, 1993)，都是必读书。西奥·鲍尔德斯顿（Theo Balderston）在 *Economics and Politics in the Weimar Republic* (Cambridge: Cambridge University Press, 2002) 中提供了更为简洁和有用的概览。理查德·贝塞尔（Richard Bessel）的 *Germany After the First World War* (Oxford: Clarendon, 1993) 是研究军队复员的重要文献。戴维·亚伯拉罕（David Abraham）的 *The Collapse of the Weimar Republic: Political Economy and Crisis*, 2nd ed. (New York: Holmes and Meier, 1986)，一直都是研究共和国末期的重要文献。玛丽·诺兰（Mary Nolan）的 *Visions of Modernity: American Business and the Modernization of Germany* (New York: Oxford University Press, 1994)，是研究合理化和美国化运动的重要著作。

以下三本涉及现代德国政治史漫长过程的编著都有关于魏玛时代的章节：*In Search of a Liberal Germany*, ed. Konrad Jarausch and Larry Eugene Jones (Oxford: Berg, 1990); *Between Reform, Reaction, and Resistance: Studies in the History of German Conservatism from 1789 to 1945*, ed. Larry Eugene Jones and James Retallack (Oxford: Berg, 1993); *Between Reform and Revolution: German Socialism and Communism from 1840 to 1990*, ed. David E. Barclay and Eric D. Weitz (Providence: Berghahn, 1997)。Hans Mommsen, *From Weimar to Auschwitz*, trans. Philip O'Connor (Princeton: Princeton University Press, 1991)，收录了汉斯·莫姆森的多篇重要文章。有关不同于莫姆森的方法，参见 William L. Patch, *Heinrich Brüning and the Dissolution of the Weimar Republic* (New York: Cambridge University Press, 1998)。彼得·弗里切（Peter Fritzsche）的 "Did Weimar Fail?" *Journal of Modern History* 68: 3 (1996): 629–656，以学术的方式讨论了事关共和国命运的很多重要问题。福尔克尔·R.贝格哈恩（Volker R. Berghahn）在 *Modern Germany: Society, Economy, and Politics in the Twentieth Century*, 2nd ed. (Cambridge: Cambridge University Press, 1987) 中，对魏玛做了富有洞见的分析。伊恩·克肖（Ian Kershaw）的重要传记 *Hitler, 1889–1936: Hubris* (New York, 1999) 的第一卷，是必不可少的读物。杰夫·埃利（Geoff Eley）的很多作品都有对魏玛政治和社会的重要洞见，例如 *Forging Democracy: The History of the Left in Europe, 1850–2000* (New York: Oxford University Press, 2002) 和 *From Unification to Nazism: Reinterpreting the German Past* (Boston: Allen and Unwin, 1986)。

在重要政治潮流方面，埃里克·D.韦茨（Eric D. Weitz）的 *Creating German Communism, 1890–1990: From Popular Protests to Socialist State* (Princeton: Princeton University Press, 1997)和唐娜·哈施（Donna Harsch）的 *German Social Democracy and the Rise of Nazism* (Chapel Hill: University of North Carolina Press, 1993)，是对左翼重要的重新评

价。斯特凡·贝格尔（Stefan Berger）在 *The British Labour Party and the German Social Democrats, 1900–1931* (Oxford: Oxford University Press, 1995) 中，做了重要的比较研究。拉里·尤金·琼斯（Larry Eugene Jones）的 *German Liberalism and the Dissolution of the Weimar Party System, 1918–1933* (Chapel Hill: University of North Carolina Press, 1988)，是研究自由主义的重要文献。与于尔根·法尔特（Jürgen Falter）的德文著作一样，托马斯·奇尔德斯（Thomas Childers）的 *The Nazi Voter: The Social Foundations of Fascism in Germany, 1919–1933* (Chapel Hill: University of North Carolina Press, 1983)，详细展现了纳粹如何获得社会各个阶层的支持。奇尔德斯的文章 "The Social Language of Politics: The Sociology of Political Discourse in the Weimar Republic," *American Historical Review* 95 (1990): 331–358，也很有启发性。朱莉娅·斯尼林格（Julia Sneeringer）就女性在魏玛政治中的角色撰写了重要的研究著作，即 *Winning Women's Votes: Propaganda and Politics in Weimar Germany* (Chapel Hill: University of North Carolina Press, 2002)。罗伯特·G. 莫勒（Robert G. Moeller）的 *German Peasants and Agrarian Politics, 1914–1924* (Chapel Hill: University of North Carolina Press, 1986)，是研究魏玛初期乡村生活和政治的重要文献。谢利·巴拉诺夫斯基（Shelley Baranowski）的 *The Sanctity of Rural Life: Nobility, Protestantism, and Nazism in Weimar Prussia* (New York: Oxford University Press, 1995)，探究了宗教、乡村生活和保守政治之间的互动关系。

阿蒂娜·格罗斯曼（Atina Grossmann）的 *Reforming Sex: The German Movement for Birth Control and Abortion Reform, 1920–1950* (New York: Oxford University Press, 1995)，是研究魏玛时期性与家庭政治化的最重要作品。科内莉·厄斯本（Cornelie Usborne）的 *The Politics of the Body in Weimar Germany: Women's Reproductive Rights and Duties* (Ann Arbor: University of Michigan Press, 1992)，也能给读者以收获。*When Biology Became Destiny: Women in Weimar and Nazi Germany*, ed. Renate

Bridenthal, Atina Grossmann, and Marion Kaplan (New York: Monthly Review Press, 1984) 中，收录了当时具有开创性的论文，这些文章至今依然重要，多数作者之后在这些议题上继续开拓，写成了专著。米歇尔·穆顿（Michelle Mouton）的 *From Nurturing the Nation to Purifying the Volk: Weimar and Nazi Family Policy, 1918–1945* (New York: Cambridge University Press, 2007)，以 1933 年为分界线，探讨了家庭政策在地方层面的施行，是一部重要的著作。之前，贝琳达·J. 戴维斯（Belinda J. Davis）的 *Home Fires Burning: Food, Politics, and Everyday Life in World War I Berlin* (Chapel Hill: University of North Carolina Press, 2000)，是研究女性激进主义的重要文献。伊丽莎白·布赖特·琼斯（Elizabeth Bright Jones）的诸多论文揭示了女性在农业中鲜为人知的经验，值得重视："A New Stage of Life? Young Farm Women's Changing Expectations and Aspirations about Work in Weimar Saxony," *German History* 19: 4 (2001): 549–570 和 "Pre- and Postwar Generations of Rural Female Youth and the Future of the German Nation, 1871–1933," *Continuity and Change* 19: 3 (2004): 347–365，等等。克劳斯·特韦莱特（Klaus Theweleit）不循常规却堪称经典的研究著作 *Male Fantasies*, trans. Stephen Conway in collaboration with Erica Carter and Chris Turner, 2 vols. (Minneapolis: University of Minnesota Press, 1987–1989)，对于理解激进右翼的性别意识形态是关键之作。

戴维·F. 克鲁（David F. Crew）的 *Germans on Welfare: From Weimar to Hitler* (New York: Oxford University Press, 1998) 和洪英孙（Young-Sun Hong）的 *Welfare, Modernity, and the Weimar State, 1919–1933* (Princeton: Princeton University Press, 1998)，是研究社会福利的两部重要文献。康拉德·贾劳施（Konrad Jarausch）的 *The Unfree Professions: German Lawyers, Teachers and Engineers, 1900–1950* (New York: Oxford University Press, 1990)，是研究这些重要群体的主要著作。威廉·谢里登·艾伦（William Sheridan Allen）的 *The Nazi Seizure of Power: The Experience* of a Single German Town, 1930–1935 (Chicago: Quadrangle Books, 1965），是研究纳粹迅速崛起的开拓性文献，至今依然有价值。鲁迪·科沙尔（Rudy Koshar）的 Social Life, Local Politics, and Nazism: Marburg, 1880–1935 (Chapel Hill: University of North Carolina Press, 1986)，也是之后探讨纳粹如何赢得支持的重要文献。彼得·弗里切（Peter Fritzsche）的 Reading Berlin 1900 (Cambridge: Harvard University Press, 1996)，是一部重要的文化和社会史著作，其跨度要比标题中的"1900"更为宽广。

弗里茨·K. 林格（Fritz K. Ringer）的 The Decline of the German Mandarins: The German Academic Community, 1890–1933 (Cambridge: Harvard University Press, 1969)，一直都是研究大学教师（professoriat）这一德国社会极重要群体的最杰出文献。杰弗里·赫夫（Jeffrey Herf）的 Reactionary Modernism: Technology, Culture, and Politics in Weimar and the Third Reich (Cambridge: Cambridge University Press, 1984)，多年来好评如潮，可谓实至名归。理查德·沃林（Richard Wolin）的 Heidegger's Children: Hannah Arendt, Karl Löwith, Hans Jonas, and Herbert Marcuse (Princeton: Princeton University Press, 2001)，对理解海德格尔的吸引力至为重要。沃尔特·斯特鲁韦（Walter Struve）的 Elites against Democracy: Leadership Ideals in Bourgeois Political Thought in Germany, 1890–1933 (Princeton: Princeton University Press, 1973)，依然很有价值。

与迈克尔·布伦纳（Michael Brenner）的 The Renaissance of Jewish Culture in Weimar Germany (New Haven: Yale University Press, 1996)一样，芭芭拉·米勒·莱恩（Barbara Miller Lane）的 Architecture and Politics in Germany, 1918–1945 (1968; Cambridge: Harvard University Press, 1985) 也做出了很多贡献。瓦尔特·拉克尔（Walter Laqueur）的 Weimar: A Cultural History, 1918–1933 (London: Weidenfeld and Nicolson, 1974)，是一部百科全书式的著作。彼得·杰拉维奇（Peter Jelavich）的 Berlin Cabaret (Cambridge: Harvard University Press, 1993)——以及约翰·威

利特（John Willett）的诸多著述，包括 *The Theatre of Bertolt Brecht: A Study from Eight Aspects*, 2nd ed. (London: Methuen, 1959)——是理解魏玛蓬勃的戏剧世界的关键之作。帕特里斯·佩特罗（Patrice Petro）的 *Joyless Streets: Women and Melodramatic Representation in Weimar Germany* (Princeton: Princeton University Press, 1989)；玛丽亚·塔塔尔（Maria Tatar）的 *Lustmord: Sexual Murder in Weimar Germany* (Princeton: Princeton University Press, 1995)；理查德·W. 麦考密克（Richard W. McCormick）的 *Gender and Sexuality in Weimar Modernity: Film, Literature, and "New Objectivity"* (New York: Palgrave, 2001)，都是文化和性别研究的重要文献。芭芭拉·麦克洛斯基（Barbara McCloskey）的 *George Grosz and the Communist Party: Art and Radicalism in Crisis, 1918 to 1936* (Princeton: Princeton University Press, 1997)，是一部重要的著作。W. L. 古茨曼（W. L. Guttsman）的 *Workers' Culture in Weimar Germany: Between Tradition and Containment* (New York: Berg, 1990)，是讨论与劳工政党有关的各类大型文化运动的重要文献。

致　谢

这本书的写作旷日持久，有很多人需要感谢。明尼苏达大学人文学院的阿尔舍姆和夏洛特·奥哈内西安（Arsham and Charlotte Ohanessian）讲席教授岗位为我的研究和写作提供了丰富资源。明尼苏达大学历史系也为我的研究工作提供了极具启发性和吸引力的环境。过去八年中，我从同事——那些研究兴趣与我相近者，以及相去甚远者——那里获益匪浅。我很幸运，三位明尼苏达大学优秀的研究生——丹尼尔·米勒（Daniele Mueller）、埃里克·劳比内克（Eric Roubinek）和爱德华·斯奈德（Edward Snyder）——担任了我的研究助手。伊丽莎白·琼斯（Elizabeth Jones）、玛丽·乔·梅恩斯（Mary Jo Maynes）和杰克·宰普斯（Jack Zipes）阅读了整部书稿，加里·科恩（Gary Cohen）和安娜·克拉克（Anna Clark）阅读了部分章节。我从他们的反馈意见中收获很大，感谢他们的付出。格哈德·魏斯就一些非常困难的翻译问题提供了帮助。普林斯顿大学出版社邀请的三位匿名评审人提供了认真而深入的意见，在本书写作的最后阶段发挥了很大作用。卡罗尔（Carol）、列弗（Lev）和本（Ben）始终不离不弃，即使我消失不见了，无论是去了柏林，还是躲进了书房。在图像方面，卡罗尔的天赋对我帮助很大。

埃尔温·坎内曼（Erwin Könnemann）教授和博士是我取之不竭的知识和书目之源。每次去布兰肯堡（Blankenburg）或哈雷（Halle）去见他和他的家人，离开的时候，我都会带着一堆书和新想法。关于魏玛及其他问题，我还从马丁·盖尔和托马斯·林登贝格尔（Thomas Lindenberger）那里受益很多。我们曾经多年同在跨大西洋德国研究夏季学院（Trans-Atlantic Summer Institute in German Studies）——这个学院是由明尼苏达大学德国与欧洲研究中心（Center for German and European Studies）、波兹坦的当代史中心（Zentrum für Zeithistorische Forschung）和慕尼黑大学共同赞助的——教书，我从中获得了很大的启发。

　　能与普林斯顿大学出版社再次合作，我倍感荣幸。劳伦·莱波（Lauren Lepow）是一位出色的文字编辑，整个出版团队都富于创新、行事高效。我特别要感谢历史类编辑布丽吉塔·范·莱因贝格（Brigitta van Rheinberg）。这本书源于好几年前我们之间的一次电子邮件往来和电话交谈。一直以来，我们就魏玛德国的很多问题展开了讨论和争辩。布丽吉塔逐字逐句阅读了我的书稿，有时还不止一遍。她一直都是最支持我的编辑和最敏锐的读者。这本书如果有任何成绩的话，都是她的高标准和尖锐批评的结果。当然，如有错误，都是我的责任。

索 引

（索引页码为英文版页码，即本书边码）

A

abortion 堕胎 302, 303, 304, 324; paragraph 218 第 218 条 304
Academy of Fine arts (Turkey) 美术学院（土耳其）387, 391, 394
Adorno, Theodor 西奥多·阿多诺 270, 295, 365, 379–382, 383, 385
Affinghausen 阿芬豪森 346
Africa 非洲 211, 237
African Americans 非裔美国人 49–51, 140, 322
Africans 非洲人 95, 140, 286, 290, 292, 321
agriculture 农业 159–161
Alaska 阿拉斯加 208, 233, 237
Alexanderplatz 亚历山大广场 51, 57, 58, 180. 又见 Berlin; Döblin, Alfred: *Alexanderplatz*
alienation 异化 215, 230, 249, 269, 272, 273, 283, 377, 378, 384, 397
Allgemeine Elektrizitäts Gesellschaft (AEG) 通用电力公司 74–75, 78, 150
Allies 协约国 2, 5, 13, 22, 26, 29, 32, 34, 35, 36, 37, 101, 103, 105, 109, 110, 116, 134–135, 144, 162, 167, 337; and reparations 和战争赔款 130, 132–133, 141
All Quiet on the Western Front《西线无战事》见 Remarque, Erich Maria: *All Quiet on the Western Front*
Alsace 阿尔萨斯 32, 37
Alsace-Lorraine 阿尔萨斯-洛林 35, 109
Alt-Bayern 老拜仁酒馆 48
Althaus, Paul 保罗·阿尔特豪斯 340–341, 342
American government 美国政府 见 United States of America
Amsterdam 阿姆斯特丹 245, 366
Anarchy 无政府主义 175, 202
Anatolia 安纳托利亚 38, 387, 389, 391, 394
Anhalter Bahnhof 安哈尔特火车站 44, 46–48, 111, 207; architecture of 建筑 47–48
Ankara 安卡拉 361, 387–390, 395–398; University of Ankara 安卡拉大学（见 Taut, Bruno: Literature Faculty building）
anti-Semitism 反犹主义 59, 83, 107, 111, 123–124, 151, 283, 320–321, 364, 365–366, 379; and politics 和政治 94, 97–98; as used by the Right 为右翼所使用 334, 340, 343, 357
A People Betrayed《遭背叛的民族》见 Döblin, Alfred: *A People Betrayed*
Aquinas, St. Thomas 圣托马斯·阿奎那 276
Arabic language 阿拉伯语 335
Arbeiter-Illustrierte-Zeitung (AIZ)《工人画报》211–212, 214

Architecture 建筑 42, 48, 61–63, 67, 169–206, 215, 227, 230, 263, 270, 293, 302, 331, 359, 362; baroque style 巴洛克式 196; classical style 古典式 196; expressionism 表现主义 169, 170; functionalism 功能主义 193–194, 199, 203; Gothic style 哥特式 185; humanism 人文主义 183; public housing developments 公共住房区 175–183, 302, 362; Renaissance 文艺复兴式 196; Victorian style 维多利亚式 182. 又见 Berlin: architecture
Arendt, Hannah 汉娜·阿伦特 252
Argentina 阿根廷 250
Aristotle 亚里士多德 276
Armenians 亚美尼亚人 389
armistice 停战 25, 111. 又见 World War I: armistice
Armstrong, Louis 路易斯·阿姆斯特朗 398–399
army 军队 见 German army
art 艺术 51, 54, 64, 140, 169–170, 173, 188, 194, 283, 285, 292, 295, 298, 340, 357, 362, 364; abstract style 抽象风格 202, 214; New Objectivity 新客观主义 170, 183, 196, 223, 229–230, 289, 362. 又见 photography: as art
article 231《凡尔赛和约》第 231 条 见 Versailles Peace Treaty: article 231
Aryans 雅利安人 314, 344, 368
Asia 亚洲 147, 286
Asians 亚洲人 95, 290, 292
Assyrians 亚述人 389
Atatürk, Mustafa Kemal 穆斯塔法·凯末尔·阿塔图尔克 389
Athens 雅典 65, 196, 283
Atkinson, Brooks 布鲁克斯·阿特金森 398, 399
Auschwitz 奥斯威辛 284
Australia 澳大利亚 360
Austria 奥地利 17, 35, 36, 164, 238, 387, 388
Austro-Prussian war of 1866 1866 年普奥战争 118

B

Babelsberg Studios 巴伯尔斯贝格电影制片厂 227, 275
Baden 巴登 77
Baden, Max von 马克斯·冯·巴登 15, 16, 18, 19
Baden-Baden 巴登-巴登 66, 263
Bad Harzburg 巴特哈尔茨堡 348
Baeck, Leo 利奥·拜克 59
Baghdad Railway 巴格达铁路 388
Baker, Josephine 约瑟芬·贝克 51
Balázs, Béla 鲍拉日·贝洛 233
Balderston, Theo 西奥·鲍尔德斯顿 132
Baltic Sea 波罗的海 66

bankruptcy 破产 见 economy: bankruptcy

Barr, Alfred H., Jr. 小艾尔弗雷德·H. 巴尔 205, 388

Barsha, Leon, house 利昂·巴沙住宅 387–388

Bauhaus 包豪斯 170, 187, 194–205, 215, 226. 又见 Gropius, Walter

Baum, Vicki 维吉·鲍姆 212

Bavaria 巴伐利亚 18, 48, 97, 99, 364

Becher, Johannes R. 约翰内斯·R. 贝歇尔 239

Beckmann, Max 马克斯·贝克曼 1

The Beggar's Opera《乞丐歌剧》264

Behrens, Peter 彼得·贝伦斯 74, 202

Being and Time《存在与时间》见 Heidegger, Martin: *Being and Time*

Belgium 比利时 15, 20, 34, 37, 202; boundaries of with Germany 和德国的边界 109; and reparations 和战争赔款 102–103, 135, 141, 143

Belluschi, Pietro 彼得罗·贝卢斯基 205

Benjamin, Walter 瓦尔特·本雅明 270, 271

Berg, Alban 阿尔班·贝尔格 262

Berkeley 伯克利 364

Berlin 柏林 18, 19, 29, 32, 34, 41–79, 81, 102, 111, 115, 139, 141, 147, 157, 184, 186, 189, 193, 202, 204, 207, 214, 216, 220, 221, 226–227, 230–232, 236–237, 239, 240, 241, 250, 262, 266, 267, 269, 272, 275, 286, 293, 297, 305, 307, 312, 323, 345, 360, 362, 363, 391, 396–397, 402, 404; architecture in 建筑 42, 43, 53–54, 170, 175–181; Blaschkoallee 布拉什科大道 180; Britz 布里茨 177, 179–181, 183, 193, 203, 205; Buckow 布科 205; Capitol-Filmpalast 国会电影宫 227; Comic Opera 喜歌剧院 41; Dahlem 达勒姆 63; Dragonerstraße 龙骑兵街 58; Friedrichstraße 腓特烈大街 50, 54, 61, 180; Fritz-Reuter-Allee 弗里茨–罗伊特大道 179; Gedächtniskirche 威廉皇帝纪念教堂 78; Gloria-Filmpalast 格洛丽亚电影宫 227; government district 政府驻地 46–47, 57; Grenadierstraße 步兵街 58; Grunewald 格鲁内瓦德 63, 67, 78, 178; Halensee 瀚蓝斯湖 43; Hallesches Tor 哈雷门地铁站 51, 72, 73; Havel 哈弗尔河 204; housing developments in 住宅区 61–63; intellectual life in 思想生活 77; Jewish district of 犹太人区 57–61, 78; Krumme Lanke 克鲁默兰克湖 67, 178; Leipziger Platz 莱比锡广场 52; Leipzigerstraße 莱比锡大街 46, 52, 61; leisure in 休闲 48–52, 66–70; *Mietskaserne* 廉租简易房 71, 176; Museum Island 博物馆岛 57; Neukölln 新克尔恩区 179; New Synagogue 新犹太会堂 59; Nikolassee 尼古拉湖 231; Oranienburgerstraße 奥拉宁堡大街 59; Philharmonie 柏林爱乐音乐厅 41, 50, 174, 242, 297; politics in 政治 46, 70, 73; Prenzlauerberg 普伦茨劳尔贝格区 203; radio tower in 广播塔 211, 216; Rudow 鲁多 205; Siemensstadt 西门子城 73–75; slums in 贫民窟 41; Staatsoper 国家歌剧院 242; Stadtmitte 市中心站 54; State Opera 国家歌剧院 41; Tauentzienstraße 陶恩沁恩大街 43, 55; Theater am Schiffbauerdamm 造船工人大街剧院 262; Tiergarten 蒂尔加滕公园 54; transportation in 交通 44–48; Wassertorstraße 水闸街 72; Wedding 威丁区 70–73, 78, 346, 347; West Berlin 西柏林 174, 205; West End 西区 64; Wilhelmstraße 威廉大街 41, 46, 47; Wittenbergplatz 维滕贝格广场 43; Zehlendorf 采伦多夫 63, 177, 179, 201. 又见 Alexanderplatz; Potsdamerplatz; Wansee

Berlin Dom 柏林大教堂 41, 57
Berliner Illustrirte Zeitung (BIZ)《柏林画报》211–214, 246, 313
Berlin, Isaiah 以赛亚·柏林 373
Berliner Tageblatt《柏林日报》45, 49, 118
Berlin modern 柏林的现代 77–79
Berlin: Symphony of the City《柏林：城市交响曲》1, 230–231
Berlin Symphony Orchestra 柏林交响乐团 174
Best, Werner 维尔纳·贝斯特 344–345. 又见 National Socialist German Workers Party
Bismarck, Otto von 奥托·冯·俾斯麦 72, 84, 89, 108, 360
Bismarck on the Rhine 莱茵河畔的俾斯麦雕像 188
Black Forest 黑森林 4, 283, 293
Blitzstein, Marc 马克·布利茨坦 398, 399
Bloch, Ernst 恩斯特·布洛赫 251, 252, 294
Blochmann, Elisabeth 伊丽莎白·布洛赫曼 282
The Blue Angel《蓝天使》228
Bochum 波鸿 18
Bolshevik Revolution 十月革命 见 Russian Revolution of 1917
Bolsheviks 布尔什维克 见 Bolshevism
Bolshevism 布尔什维主义 27, 28, 29, 34, 39, 95, 98, 103, 201, 321, 329
Bourbons 波旁 37
Bowles, Sally 萨莉·鲍尔斯 52
boxing 拳击 208, 238, 244, 267, 287, 312, 314, 323
Brandenburg 勃兰登堡 69
Brandenburg Gate 勃兰登堡门 42, 115
Braunschweig 不伦瑞克 18
Brazil 巴西 254, 362
Brecht, Bertolt 贝尔托·布莱希特 1, 57, 235, 253, 262–269, 271, 274, 284, 286, 293–295, 314, 361, 380, 397–400, 407, 408; and communism 和共产主义 262. 又见 *Threepenny Opera*
Bremen 不来梅 18, 240
Brest-Litovsk Treaty《布列斯特-立陶夫斯克和约》20
Breuer, Marcel 马塞尔·布劳耶 395, 407
Briand, Aristide 阿里斯蒂德·白里安 109, 110
Britain 英国 见 Great Britain
Broadway 百老汇 367
Brockdorff-Rantzau, Ulrich von 乌尔里希·冯·布罗克多夫-兰曹 34, 35, 37
Brooklyn College 布鲁克林学院 366
Bruck, Arthur Moeller van den 阿图尔·默勒·范·登·布鲁克 336
Brüning, Heinrich 海因里希·布吕宁 122–123, 162–164, 350–354, 356
Buber, Martin 马丁·布伯 59, 270, 365
Buchanan, Patrick J. 帕特里克·J. 布坎南 363
Buchenwald 布痕瓦尔德 360

Budapest 布达佩斯 3
Buddhist 佛教的 396
Buenos Aires 布宜诺斯艾利斯 364

C

Cabaret 卡巴莱 50, 262, 268, 271
Cabinet of Dr. Caligari《卡里加里博士的小屋》1, 228–229
Café Josty 约斯提咖啡馆 44, 49, 56
cafés 咖啡馆 46
California 加利福尼亚 211, 246, 361, 380, 387–388, 391
Cambrai 康布雷 13
cameras 照相机 见 photography: cameras
cancer 癌症 46
Capalbo, Carmen 卡门·卡帕尔博 399
capitalism 资本主义 27, 107, 147, 241, 251, 263, 272–273, 280, 296, 303, 322
capitalists 资本家 28, 57, 112, 346
Catholic Center Party 天主教中央党 20, 31, 84, 91, 99, 101, 103, 104, 122, 142, 343, 352, 357; and Great Depression 和大萧条 162; and religion 和宗教 89
Catholic Church 天主教会 3, 107; as part of established Right 作为当权右翼的部分 331, 332, 334, 339–340; and sex 和性 323–326, 327, 330
Catholicism 天主教 20, 46, 77, 89, 254, 277, 342–343, 350, 357, 386, 406
Caucasus 高加索 38
censorship 审查制度 15, 23, 106–108, 208, 298, 364
Center Party 中央党 见 Catholic Center Party
Chaplin, Charlie 查理·卓别林 208, 228, 232–233, 249; *The Gold Rush*《淘金记》232–234
Charleston dance style 查尔斯顿舞 312, 322
Chase, Stanley 斯坦利·蔡斯 399
Chemnitz 开姆尼茨 186, 189, 190–192, 390
Chicago 芝加哥 49, 50, 226; University of Chicago 芝加哥大学 366, 371
China 中国 211, 212, 245
Christianity 基督教 59, 90, 95, 96, 171, 242, 258, 266, 277, 316, 326, 339, 343; and race 和种族 340–341; and sex 和性 299, 302, 324–325, 329, 377
cinema 电影院 见 film
city 城市 4
City College（纽约）城市学院 366, 386–388
City University of New York 纽约城市大学 366
class 阶级 68, 98, 157, 304, 343
Clemenceau, Georges 乔治·克列孟梭 33, 35
Coburg 科堡 364
Cohen, Max 马克斯·科恩 29

Cohen, Morris Raphael 莫里斯·拉斐尔·科恩 386–387
Cold War 冷战 371–372, 377, 379, 397–400, 408
collective bargaining 集体谈判 32
College for the Scientific Study of Judaism 犹太教科学研究学院 见 Hochschule für die Wissenschaft des Judentums
Colman, Ronald 罗纳德·科尔曼 314
Cologne 科隆 109, 170, 222, 223; Cologne Cathedral 科隆大教堂 238, 248
colonies 殖民地 见 German Empire: colonies of
Colorado 科罗拉多 380
Columbia University 哥伦比亚大学 379
communism 共产主义 2, 5, 38, 41, 46, 72, 73, 77, 78, 85, 90–92, 96–97, 99, 102, 112, 126–127, 223, 251, 252, 273, 286, 307, 321, 337, 343, 344, 345, 347, 360, 361, 375–387; and abortion 和堕胎 304; and the body 和身体 318; and film 和电影 232–234; and inflation 和通货膨胀 141–142; as opponent of the republic 与共和国对立 331, 356; and *Threepenny Opera* 与《三分钱歌剧》266
Communist Party (KPD) 德国共产党 30, 70–71, 82, 90–92, 93, 123, 126, 155, 327, 335, 343, 345, 347, 349, 352, 374, 397, 404–405; demonstrations by 示威 111–112; and photography 和摄影 211–212; *Rote Fahne*《红旗报》72（又见 *Arbeiter-Illustrirte-Zeitung*）; and radio 和广播 239–240, 243, 364
Communists 共产党人 见 communism
Compiègne 贡比涅 20
Condillac 孔狄亚克 400
Confessions of St. Augustine 圣奥古斯丁的《忏悔录》251
Congo 刚果 37
conservatism 保守主义 46
constitution 宪法 见 Weimar Constitution
Constitutional Convention 制宪会议 见 Weimar Constitution: Constitutional Convention
consumption 消费 54–57, 131, 146–149, 166, 189–191, 203, 322, 349
Copse 125《125 号小树林》见 Jünger, Ernst: *Copse 125*
Cotton Club 棉花俱乐部 313
Coudenhove-Kalergi, Richard 理查德·康登霍维-凯勒奇 204
Councils 代表会 17–18, 23, 27–28, 29, 30, 90, 298, 374; General Congress of the Workers and Soldiers Councils 工兵代表会大会 28, 29, 30
Crosby, Bing 平·克劳斯贝 361
culture 文化 251–297
Cuno, Wilhelm 威廉·古诺 140–141

D

Dadaism 达达主义 214, 285–293; Dada Manifesto of 1918 1918 年达达主义宣言 285
dance 舞蹈 50, 204, 312, 364
Darin, Bobby 巴比·达林 265, 399

Darwinism 达尔文主义 98, 336
Däumig, Ernst 恩斯特·多伊米希 30
Dawes, Charles G. 查尔斯·G. 道威斯 104, 143–145
Dawes Plan 道威斯计划 95, 104, 143
democracy 民主 27, 29, 34, 84, 90, 92, 100, 105, 107, 125, 127, 129, 144, 298, 354, 357, 363–368
democratic socialists 社会民主党人 33. 又见 Social Democratic Party
demonstrations 示威 见 protests
Denmark 丹麦 344
department stores 百货商场 131, 146–147, 156, 158, 190–192
depression 大萧条 见 economy: depression
Dessau 德绍 198–199, 201, 205, 402
Detroit 底特律 149
Deutsch, Felix 费利克斯·多伊奇 150, 151
Deutsche Bank 德意志银行 388
Deutsches Museum 德意志博物馆 238
Deutschvölkische Schutz- und Trutzbund 德国民族主义保护与反抗联盟 98, 113. 又见 radical Right: paramilitary units of
Devres, Ragip, house 拉吉普·德夫雷斯别墅 387–388, 390–391
Dewey, John 约翰·杜威 400
Dix, Otto 奥托·迪克斯 328
Döblin, Alfred 阿尔弗雷德·德布林 10, 22, 42, 57, 223; *Alexanderplatz* 亚历山大广场 57; *A People Betrayed*《遭背叛的民族》10, 22
Dolchstosslegende 背后捅刀的传闻 见 stab-in-the-back legend
dollar 美元 见 United States of America: dollar currency of
The Doors 大门乐队 263
Dostoevsky, Fyodor 费奥多尔·陀思妥耶夫斯基 24
Dresden 德累斯顿 201

E

Eastman, George 乔治·伊士曼 209
Eastman Kodak 伊士曼柯达公司 209, 211
East Prussia 东普鲁士 118, 120, 159, 333
Ebert, Friedrich 弗里德里希·艾伯特 7, 19, 37, 127, 141, 289; and Constitutional Convention 和制宪会议 31–32; and Revolution of 1918 和 1918 年革命 27–28
Economic and Philosophic Manuscripts of 1844 (Marx)《1844 年经济学哲学手稿》(马克思) 377–378, 384–385
Economic Consequences of the Peace《〈凡尔赛和约〉的经济后果》见 Keynes, John Maynard: *The Economic Consequences of the Peace*
economic crisis 经济危机 见 economy

The Economist《经济学人》386

economy 经济 1, 4, 5, 32, 83, 89, 91, 94, 102, 104, 127, 129–168, 170, 328, 329, 332, 340, 349, 359; and bankruptcy 和破产 2; and currency 和货币 131; and debt 和债务 101; and depression 和大萧条 2, 70, 129, 130, 131, 350, 356; and German industry 和德国工业 132; and loans 和贷款 101; and modernization 和现代化 130; postwar readjustment in 战后调整 129; and rationalization 和合理化 130, 131, 149–155, 157; and revaluation 和货币升值 145; stabilization of 稳定 142, 145–146, 161, 168. 又见 Great Depression; inflation

education 教育 105, 274, 293, 326, 327, 334

Eggebrecht, Axel 阿克塞尔·埃格布雷希特 232, 310–311

Egli, Ernst 恩斯特·埃格利 387–391, 393, 396, 400

Ehrenburg, Ilya 伊利亚·爱伦堡 198

Einstein, Albert 阿尔伯特·爱因斯坦 186–187, 204, 241, 362

Eisenstein, Sergei 谢尔盖·爱森斯坦 232–234; *The Battleship Potemkin*《战舰波将金号》232–234, 275

Eisler, Hans 汉斯·艾斯勒 70

Eisner, Kurt 库尔特·艾斯纳 99

elections 选举 见 Reichstag: and elections

electoral law 选举法 见 Weimar Constitution: electoral law

Elkenroth 埃尔肯罗特 8

Emergency Committee for German Scholars Abroad 德国海外学者紧急委员会 366

English language 英语 67

Enlightenment 启蒙运动 59, 256, 339, 380

Entente 协约国 29, 31, 32, 100

Erzgebirge mountains 厄尔士山脉 111

Erzberger, Matthias 马蒂亚斯·埃茨贝格尔 20, 99, 100, 101, 110, 127, 144, 333

Essen 埃森 9, 18, 21, 111

established Right 当权右翼 5, 97, 99, 100, 101, 105, 126, 331; and National Socialist German Workers Party 和民族社会主义德意志工人党 342, 349, 357; as opponents of the Republic 与共和国对立 332–334

European Mediterranean Academy 欧洲地中海学院 203–204

European Union 欧盟 363

existentialism 存在主义 362

expressionism 表现主义 27, 186, 191, 229, 283, 298, 403

extreme Right 极右翼 见 radical Right

Eyck, Erich 埃里克·艾克 110, 116

F

Faith Healers《信仰治疗师》见 Grosz, George: *The Faith Healers*

fascism 法西斯主义 46, 77, 97, 336, 382, 389, 396

fashion 时尚 54–57. 又见 women: and fashion

Faust《浮士德》360
Federal Reserve Bank (U.S.) 联邦储备银行（美国）363
Feldman, Gerald 杰拉尔德·费尔德曼 144
Fellini, Federico 费德里科·费里尼 214; *La Dolce Vita*《甜蜜的生活》214
Ferdinand, Franz 弗朗茨·斐迪南 37
film 电影 2, 26–28, 82, 204, 207–209, 226–237, 238, 270, 271, 272, 275, 295, 308, 312, 314, 331; movie theaters 电影院 41, 42, 46, 207, 226–228, 236, 267; and sound 和声音 234–235
Finckh, Ludwig 路德维希·芬克 75
Finsterlin, Hermann 赫尔曼·芬斯特林 169
food rationing 食物配给制 38
Ford, Henry 亨利·福特 149–151, 240, 272
Ford automobile factories 福特汽车工厂 149–150
Fordism 福特主义 378
Foreign Office 外交部 41
"Fourteen Points" 十四点原则 见 Wilson, Woodrow: "Fourteen Points"
fox-trot 狐步舞 312
Fraenkel, Ernst 恩斯特·弗伦克尔 365
franc 法郎 见 France: franc currency of
France 法国 20, 21, 33, 34, 46, 48, 51, 64, 109, 115, 144, 145, 167, 203, 238, 285, 294, 344, 345, 386; boundaries of with Germany 和德国的边界 109; colonies of 法国的殖民地 321; franc currency of 法郎 134, 139; and reparations 和战争赔款 102–103, 135, 141, 143; Vichy France 维希法国 366
Franconia, Upper 上弗兰肯 364
Franco-Prussian War of 1870–1871 1870—1871 年的普法战争 118
Frankfurt am Main 美因河畔法兰克福 176, 239, 269, 270, 365
Frankfurter Zeitung《法兰克福报》270
Frankfurt School 法兰克福学派 295. 见 Institute for Social Research
Die Frau von Morgen: Wie wir sie wünschen《明天的女人：我们希望她如何》309
Freiburg 弗赖堡 251, 294, 295, 362, 374, 375, 402
Freiburg University 弗赖堡大学 284, 361
Freikorps 志愿军 97, 99. 又见 radical Right: paramilitary units of
Freiligrath, Ferdinand 费迪南德·弗赖利格拉特 30
French Revolution 法国大革命 34, 283
Freud, Sigmund 西格蒙德·弗洛伊德 254, 368; *Civilization and Its Discontents*《文明与缺憾》254
Freundlich, Erwin Finlay 埃尔温·芬利·弗罗因德利希 187; *The Fundamentals of Einstein's Gravitational Theory*《爱因斯坦引力理论的基本原理》187
Friedrich, Caspar David 卡斯帕·大卫·弗里德里希 246
Friedrich Wilhelm 腓特烈·威廉 57
Fromm, Erich 埃里希·弗洛姆 365, 379, 381

G

Die Gartenlaube: Illustriertes Familienblatt《凉亭：家庭画报》147, 148
Gassett, Ortega y 奥尔特加·伊·加塞特 280
Gay, John 约翰·盖伊 264
Geiger, Theodor 特奥多尔·盖格尔 155
General Congress of the Workers and Soldiers Councils 工兵代表会大会 见 Councils: General Congress of the Workers and Soldiers Councils
general strike 总罢工 见 protests: general strike
Geneva 日内瓦 110, 366, 367, 379
Geneva Convention《日内瓦公约》109
George, David Lloyd 大卫·劳合·乔治 33, 35
George, Stefan 斯特凡·格奥尔格 338
German army 德国军队 15, 16, 20, 26, 28, 34, 92, 94, 115–116, 118, 120, 127, 272, 331, 344, 353, 357, 361; and the body 和身体 321; demobilization of 解散 20–21, 131; and paramilitary organizations 和准军事组织 336; and politics 和政治 88, 98, 121, 359; and radio usage 和使用广播 208; in World War I 和一战 13
German Association for the Protection of Mothers 德国母亲权益保护协会 326
German Chamber Music Festival 德国室内乐节 263
German College for Politics 德国政治学院 295
"German day" 德国日 114
German Democratic Party (DDP) 德国民主党 84, 85, 89, 101, 103, 110, 115, 116; and social welfare 和社会福利 85; and women 和女性 88
German Empire 德意志帝国 17, 33, 37, 125, 127, 171, 250, 298, 312, 332, 333; colonies of 殖民地 35, 51
German National People's Party (DNVP) 德意志民族人民党 36, 92, 94–99, 104, 120, 121, 342, 343, 359; *Kreuzzeitung*《十字报》99; *Oletzkoer Zeitung*《奥莱茨科报》99
German navy 德国海军 16–17
German People's Party (DVP) 德意志人民党 31, 92, 94, 101, 104–105, 124, 141
Gershwin, George 乔治·格什温 262
Gerstel, Alice 阿莉塞·格斯特尔 322
Geßler, Otto 奥托·格斯勒 115, 118
Gestapo 盖世太保 407
Gilbert, Felix 费利克斯·吉尔伯特 364, 403–404
globalization 全球化 130, 232, 272
Gockeln, Josef 约瑟夫·戈克尔恩 326
God 上帝 173, 174, 201, 238, 276, 324–326, 329, 340
Goebbels, Joseph 约瑟夫·戈培尔 76, 344–346, 348, 353. 又见 National Socialist German Workers Party
Goering, Hermann 赫尔曼·戈林 343, 356
Goethe, Johann Wolfgang von 约翰·沃尔夫冈·冯·歌德 246
Göttingen 哥廷根 362

government 政府 27
Gramsci, Antonio 安东尼奥·葛兰西 378
Great Britain 大不列颠 3, 16, 17, 20, 29, 33, 34, 37, 38, 46, 52, 64, 107, 118, 132, 138, 141, 143, 145, 153, 164, 179, 204, 205, 232, 249, 294, 335, 345; pound sterling currency of 英镑 134, 139
Great Depression 大萧条 122–123, 144–145, 155, 159, 161–166, 167, 168, 304, 332, 342, 345, 349, 352, 358; psychological effects of 心理影响 165–166
Greece 希腊 42, 52, 65, 244, 314, 392; ancient Greece 古希腊 316, 317, 401
Greek language 希腊语 277, 283
Greek tragedy 希腊悲剧 361
Groener, Wilhelm 威廉·格勒纳 19
Gropius, Walter 瓦尔特·格罗皮乌斯 1, 170, 183, 186, 194–205, 215, 388, 391, 395, 407; Pan-American Building 泛美大厦 205
Grosz, George 乔治·格罗兹 1, 13, 314, 328; *The Faith Healers*《信仰治疗师》13
Grünberg, Carl 卡尔·格林贝格 379
Gutenberg, Johannes 约翰内斯·古腾堡 247

H

Haase, Hugo 胡戈·哈泽 99, 127
Hablik, Wenzel 文策尔·哈布利克 174
Habsburg dynasty 哈布斯堡王朝 57
Hamburg 汉堡 18, 107, 140, 176, 239, 240, 305
Hamlet《哈姆雷特》397
Hamm 哈姆 111
Hannover 汉诺威 346
Harlem 哈莱姆 313
Harvard 哈佛 205, 367, 391, 407
Harz Mountains 哈茨山脉 77
Hauptmann, Elisabeth 伊丽莎白·豪普特曼 264
Hauptmann, Gerhart 格哈特·霍普特曼 255
Haus Vaterland 祖国大厦 48–49, 52, 56
Havel 哈弗尔河 70
Havenstein, Rudolf von 鲁道夫·冯·哈芬史坦 141
health insurance 健康保险 见 social welfare
Heartfield, John 约翰·哈特菲尔德 126, 285, 314
Hebrew 希伯来语 58
Hegel 黑格尔 271, 276, 376, 377, 378, 385, 386, 402, 403, 407
Heidegger, Martin 马丁·海德格尔 1, 232, 251–253, 269–270, 274, 275–285, 293–295, 335, 374–376, 382, 386; *Being and Time*《存在与时间》271, 275–284, 293–294, 374–376, 377–378, 402, 407; Dasein 此在 276, 278–281; and Jews 和犹太人 252, 283; and

National Socialist German Workers Party 民族社会主义德意志工人党 252, 281
Heidelberg 海德堡 402
Heine, Heinrich 海因里希·海涅 29
Helfferich, Karl 卡尔·赫弗里希 144–145
Herald Tribune《先驱论坛报》398
Hermand, Jost 约斯特·赫尔曼德 232
Herrmann, Elsa 埃尔莎·赫尔曼 307; *So ist die neue Frau*《这就是新女性》307
Hertzka, Emil 埃米尔·赫茨卡 263
Hess, Rudolf 鲁道夫·赫斯 343
Hessel, Franz 弗朗茨·黑塞尔 42, 43, 64–65, 74, 75, 271; on cinema 论电影 236–237; on consumerism 论消费主义 55–57; on demonstrations 论示威 111–112
Heydrich, Reinhard 莱因哈德·海德里希 343, 344
Hilferding, Rudolf 鲁道夫·希法亭 406–407
Hindemith, Paul 保罗·亨德密特 204
Hindenburg, Paul von 保罗·冯·兴登堡 14, 15, 289; as president of the republic 作为共和国总统 118–121, 162, 243, 350–354, 356–358, 360
Hirschfeld, Magnus 马格努斯·赫希菲尔德 300, 303–304, 385; *Sexual pathologie: Ein Lehrbuch für Ärtzte und Studierende*《性病理学：给医生和学生的教程》303–304
Hitler, Adolf 阿道夫·希特勒 20, 70, 82, 92, 98, 204, 229, 332, 334, 336, 339, 340, 342, 345, 365; and chancellorship 和总理 356–360; and election campaigns 和竞选运动 347–348; *Mein Kampf*《我的奋斗》341; and presidential election of 1932 和 1932 年总统选举 353, 354; and putsch (1923) 和政变（1923）116, 237, 342, 351; and rise to power 和上台 342–343. 又见 National Socialist German Workers Party; Third Reich
Höch, Hannah 汉娜·赫希 1, 253, 274, 284–295, 402; *The Bride*《新娘》290; *Cut with the Kitchen Knife Dada through the Last Weimar Beer Belly Cultural Epoch of Germany*《用达达厨刀切开德国最后的魏玛啤酒肚文化时代》287; *Dada-Ernst*《达达-恩斯特》287; *Love in the Bush*《丛林之爱》290; *Monument II: Vanity*《纪念碑 II：虚荣》290; *The Peasant Wedding Couple*《婚礼上的农民夫妇》290; and race 和种族 289–292
Hochschule für die Wissenschaft des Judentums 犹太教科学研究学院 59
Hodann, Max 马克斯·霍丹 302, 303
Hofbräuhaus 宫廷啤酒馆 237
Hofmiller, Josef 约瑟夫·霍夫米勒 24
Högg, Emil 埃米尔·赫格 201
Hohenstein 霍恩施泰因 120
Hohenzollern dynasty 霍亨索伦王朝 42, 48, 81, 94, 118
Holland 荷兰 见 Netherlands
Hollywood 好莱坞 208, 226, 275, 307
Holy Roman Empire 神圣罗马帝国 333
homelessness 无家可归 47
homosexuality 同性恋 见 sex: homosexuality
Hook, Sidney 悉尼·胡克 386–387
Hoover, Herbert 赫伯特·胡佛 144, 163

Horkheimer, Max 马克斯·霍克海默 294, 365, 379–382, 383, 385
Houses and People of Japan《日本的房屋与人》见 Taut, Bruno: *Houses and People of Japan*
Hugenberg, Alfred 阿尔弗雷德·胡根贝格 104, 121, 359; and Universal Film Company 和乌发电影公司 228–229
humanism 人文主义 257–258
Humboldt, Wilhelm von 威廉·冯·洪堡 255
Hungary 匈牙利 17, 54, 214
Husserl, Edmund 埃德蒙德·胡塞尔 283
hyperinflation 恶性通货膨胀 见 inflation: hyperinflation

I

Ihering, Herbert 赫伯特·伊赫林 262
imperial Germany 帝制德国 见 German Empire
Independent Social Democratic Party (USPD) 独立社会民主党 19, 27, 30, 236
India 印度 37, 302
inflation 通货膨胀 66, 91, 101–103, 130, 131, 132–145, 146, 161, 163, 167, 342; hyperinflation 恶性通货膨胀 2, 102–103, 111, 122, 129, 134, 136–140, 142, 147, 167–168, 350, 358, 365, 406; social implications of 社会影响 139–140
Institute for Sexual Research 性学研究所 303
Institute for Social Research 社会研究所 295, 365, 374, 378–382, 384
Ireland 爱尔兰 37, 345
Isaburo, Ueno 上野伊三郎 395
Isherwood, Christopher 克里斯托弗·伊舍伍德 42, 50–52, 65, 66, 67, 70, 72–73, 74
İsmet Paşa Institute 伊斯梅特帕夏学校 390
Israel 以色列 362
Italy 意大利 17, 34, 48, 98, 167, 207, 238, 254, 257, 366, 386, 389

J

Jackson Girls 杰克逊女孩 272–273
Jahoda, Marie 玛丽·雅霍达 164
Japan 日本 171, 204, 205, 211, 302, 361, 362, 380, 391–394, 395, 396–398, 399–400, 407
jazz 爵士 46, 49–51, 112, 207, 209, 238, 262, 264, 268, 269, 283, 284, 312; and sex 和性 322
Jessner, Leopold 利奥波德·耶斯纳 244
Jesuit 耶稣会会士 258
Jews 犹太人 2, 20, 26, 38, 39, 41, 57–61, 76, 78, 85, 88, 95, 96–98, 100, 103, 106–107, 111, 124–125, 141, 168, 201, 258, 262, 270, 274, 283–284, 293, 314, 320, 340, 357, 360, 362, 379, 389; and antiparamilitary organizations 和准军事反对组织 59, 112; and the body 和身体 321, 329; and inflation 和通货膨胀 139–140; Orthodox Judaism 犹太教正统

派 57; and photography 和摄影 214; and politics 和政治 94; and the Right 和右翼 333, 337, 341, 343, 344, 346; reform Judaism 犹太教改革派 57, 59. 又见 anti-Semitism; Berlin: Jewish district of

Jogiches, Leo 列奥·约基希斯 99

Johnson, Lyndon 林登·约翰逊 372

Jonas, Hans 汉斯·约纳斯 251–252, 256, 282, 335

Jung, Edgar 埃德加·容 334

Jungdeutsche Ordnen 青年德意志骑士团 120

Jünger, Ernst 恩斯特·荣格 98, 114, 334, 338–339, 341, 403, 407; *Copse 125*《125 号小树林》114, 338; *Storm of Steel*《钢铁风暴》114, 338, 367

K

Kahn-Freund, Otto 奥托·卡恩–弗罗因德 365

kaiser 皇帝 见 Wilhelm II

Kaiserreich 帝国 见 German Empire

Kandinsky, Wassily 瓦西里·康定斯基 195, 202

Kansas City 堪萨斯城 49, 50; University of Kansas City 堪萨斯城大学 366

Kant, Immanuel 伊曼努尔·康德 276, 335, 372, 386

Kapp, Wolfgang 沃尔夫冈·卡普 94, 116

Kapp Putsch 卡普政变 91, 101, 332

Kästner, Erich 埃里克·克斯特纳 77

Kellogg-Briand Pact《凯洛格–白里安公约》109, 121

Kelsen, Hans 汉斯·凯尔森 366

Kempinski Haus 凯宾斯基大厦 45

Keynes, John Maynard 约翰·梅纳德·凯恩斯 38, 163; *The Economic Consequences of the Peace*《〈凡尔赛和约〉的经济后果》38

Kiel 基尔 16, 17, 18

Kiel Mutiny 基尔兵变 16–18

Kissinger, Henry 亨利·基辛格 364

Klee, Paul 保罗·克利 195

Knopf, Alfred A. 艾尔弗雷德·A. 克诺夫 335

Koblenz 科布伦茨 114

Kollwitz, Käthe 凯绥·珂勒惠支 11, 126; *Mother and Son*《母与子》11

Kölnische Illustrierte Zeitung《科隆画报》211

Koreya, Senda 千田是也 396–397, 399–400

Korsch, Karl 卡尔·科尔施 376, 377

Kracauer, Siegfried 西格弗里德·克拉考尔 1, 155, 156–158, 165–166, 229, 231, 253, 269–275, 279, 284, 293–296, 313; and the body 和身体 322–323; *From Caligari to Hitle*《从卡里加里到希特勒》295; "Girls and Crisis"《女孩和危机》272–273; "The Little Shopgirls Go to the Movies"《商店里售货的小姑娘看电影》275; "The Mass

Ornament"《大众饰物》271–274; and modernity 和现代性 270–271; and rationalized labor 和劳动合理化 271; *The Salaried Masses*《雇员们》156

Kreuzzeitung《十字报》见 German National People's Party: *Kreuzzeitung*

Kropotkin, Peter 彼得·克鲁泡特金 175

Krupp munitions factory 克虏伯军工厂 9, 21, 155

Kulturkampf 文化斗争 89

Kurfürstendamm 选帝侯路堤 43, 46, 50, 55, 58, 180, 236

Kurzke, Hermann 赫尔曼·库尔茨克 254

L

Lang, Fritz 弗里茨·朗 235, 249

Latin America 拉丁美洲 399

Lausanne 洛桑 144

Law to Protect Youth from Trashy and Filthy Writings《保护青少年免受劣质肮脏作品侵害法案》见 Reichstag: and Law to Protect Youth from Trashy and Filthy Writings

Lazarsfeld, Paul 保罗·拉扎斯菲尔德 164

League of Nations 国际联盟 35, 109, 110

Le Corbusier 勒·柯布西耶 183, 200, 202, 203, 388, 395

Lederer, Emil 埃米尔·莱德雷尔 155

Left 左翼 82, 83, 92, 100, 103, 105, 125, 263, 264, 363, 374, 386, 389, 404–405

legal positivism 法律实证主义 367

leisure 休闲 41. 又见 Berlin: leisure in

Leitz 徕茨 211; and Leica camera 和徕卡相机 211

Lenin, Vladimir 弗拉基米尔·列宁 71

Lennon, John 约翰·列侬 269

Lenya, Lotte 罗特·莲娜 263, 398, 399

Lernet-Holenia, Alexander 亚历山大·莱尔内特–霍勒尼亚 310

lesbians 女同性恋 50

Leuna chemical works 洛伊纳化工厂 155

liberalism 自由主义 46, 111, 257, 270

liberals 自由主义者 26, 33, 51, 89, 105, 112

Liebknecht, Karl 卡尔·李卜克内西 19, 31, 99, 127, 184, 237; and Bruno Taut 和布鲁诺·陶特 173–174; and World War I 和一战 8

Linden Cabaret 菩提树歌厅 50

Lissitzky, El 埃尔·利西茨基 221

literature 文学 27

Locarno 洛迦诺 110, 111; "spirit of Locarno" 洛迦诺精神 109, 111; treaties of《洛迦诺公约》95, 109, 342

Locke, John 约翰·洛克 382, 400

London 伦敦 66, 78, 79, 101, 133, 240, 245, 264, 265

London Conference 伦敦会议 143
London Ultimatum 伦敦最后通牒 132–133, 144
Lorelei 罗蕾莱山岩 48
Lorre, Peter 彼得·罗 235
Los Alamos, New Mexico 洛斯阿拉莫斯，新墨西哥州 362
Los Angeles 洛杉矶 1, 363, 379, 380, 387–388, 391
Los Angeles Times《洛杉矶时报》386
Lübeck 吕贝克 254, 256
Ludendorff, Erich 埃里希·鲁登道夫 14, 15, 19, 118, 120
Lukács, Georg 卢卡奇·格奥尔格 270, 376, 377
Luna Park 月亮乐园 323
Lutheran Church 路德宗教会 见 Protestant Church
Luxemburg, Rosa 罗莎·卢森堡 31, 99, 127; and World War I 和一战 8

M

M《M 就是凶手》235–236
Madrid 马德里 366
magazines 杂志 286, 312
Magdeburg 马格德堡 175
Magic Mountain 魔山 见 Mann, Thomas: *Magic Mountain*
Malevich, Kasimir 卡西米尔·马列维奇 285
Malinowski, Bronislaw 布罗尼斯拉夫·马林诺夫斯基 302
Mann, Thomas 托马斯·曼 1, 42, 64, 107, 139, 140, 253–262, 268, 274, 279, 284, 285, 293–296, 368, 401, 402, 407; Awarded Nobel Prize for Literature 诺贝尔文学奖获得者 253; and Bildung 和自我修养 255, 259, 295; *Buddenbrooks*《布登勃洛克一家》253, 256–258, 296; *Death in Venice*《魂断威尼斯》253–254; *Dr. Faustus*《浮士德博士》258; *Magic Mountain*《魔山》1, 256, 259–262, 271, 293–294; "Mario and the Magician"《马里奥和魔术师》258; *Reflections of an Unpolitical Man*《一个不关心政治者的观察》254–255; *Wälsungenblut*《韦尔松恩之血》64; and World War I 和一战 254, 260
Mannheim, Karl 卡尔·曼海姆 365, 380
Mao Tse-Tung 毛泽东 , 386
Marburg 马堡 251, 294, 402
Marc, Franz 弗朗茨·马尔克 202
Marcuse, Herbert 赫伯特·马尔库塞 364, 365, 374–387, 400, 407–408; *Eros and Civilization*《爱欲与文明》378; *One-Dimensional Man*《单向度的人》364, 375, 376, 378, 383, 384–386; *Reason and Revolution*《理性和革命》377
Marcuse, Ludwig 路德维希·马尔库塞 361
Marx, Karl 卡尔·马克思 71, 147, 271, 280, 376, 377, 378, 382, 384–385, 386
Marx, Wilhelm 威廉·马克思 142, 243
Marxism 马克思主义 见 communism

索引　493

mass society 大众社会 1, 252, 295–296, 363
Matin, Le《晨报》386
May, Ernst 恩斯特·迈 176, 202
McCarthyism 麦卡锡主义 398–400
McCartney, Paul 保罗·麦卡特尼 269
media 媒体 82
Mein Arbeitstag, mein Wochenende《我的工作日，我的周末》153, 307
Memel 梅默尔 35
Mendelsohn, Erich 埃里克·门德尔松 1, 52, 62, 147, 170, 184–194, 195–205, 216, 227, 228, 263, 387, 388, 390, 394, 401, 402, 407; and Blue Rider Group 和"蓝色骑士"组织 202; Columbus House 哥伦布大楼 1, 52, 62, 78, 186, 189; Einstein Tower 爱因斯坦塔 170, 186–189, 191, 193, 203, 205, 401; Mosse publishing house 莫斯出版社 193; and revolution 和革命 184; Schocken department stores 朔肯百货公司 1, 56, 170, 186, 189–193, 203, 205, 389; Universum movie palace 宇宙电影宫 186, 227; and Workers Council for Art 和艺术工作者委员会 184
Mendelsohn, Luise 路易丝·门德尔松 204
Mendelssohn, Moses 摩西·门德尔松 59, 363
Menschen am Sonntag《星期天的人们》230–232
Metropolis《大都会》1, 228
Mexico 墨西哥 361, 407
MGM 米高梅电影公司 228
microphones 麦克风 82, 237–238, 250
middle classes 中产阶级 23, 29, 66, 67, 82, 92, 105, 107, 209, 231, 259, 270, 307, 341, 344, 347, 365; and consumption 和消费 146–147; Federation of White-Collar Employee Unions 白领雇员工会联合会 165; and Great Depression 和大萧条 165–166; and hyperinflation 和恶性通货膨胀 137–138, 145; and National Socialist German Workers Party 和民族社会主义德意志工人党 343; and union membership 和工会成员 159; white-collar workers 白领工人 155–159, 166, 176
Middle East 中东 59, 251
Mies van der Rohe, Ludwig 路德维希·密斯·凡·德·罗 183, 395
Minnesota 明尼苏达 395, 398
Mirabeau, Honoré-Gabriel Riqueti, comte de 奥诺雷–加百列·里克蒂，米拉波伯爵 115
Mississippi River 密西西比河 50
modernism 现代主义 48, 52, 63, 67, 176–178, 183, 185–186, 188, 194, 196, 199–201, 204, 227, 244, 359, 362, 367
modernity 现代性 4, 42, 50, 62, 74, 106, 170, 186, 198, 202, 205, 209, 216, 232, 248, 249, 261, 268, 281, 293, 322, 329; and art 和艺术 285–286, 289, 291, 331; and philosophy 和哲学 269–270, 271–272, 279, 283, 284
Moholy-Nagy, László 莫霍伊–纳吉·拉斯洛 195, 214–222, 223, 226, 230, 234, 249, 263, 289, 402; "Boats in the Old Port of Marseilles"《马赛旧港的船只》220; Gesamtwerk 完整作品 215; "New Year's Morning"《新年的早晨》216; photograms 物影照片 221; radio tower 广播塔 216

Molière 莫里哀 397
monarchism 君主主义 94
morality 道德 50, 94, 132, 135, 235–236, 267, 358; and sex 和性 298, 303, 310, 311, 325–326, 327, 328, 329
Morgenthau, Hans J. 汉斯·J. 摩根索 364–374, 375, 377, 400, 407–408; *Politics among Nations*《国家间政治》364, 367, 370–373; *Scientific Man vs. Power Politics*《科学人对抗权力政治》369–370
Moscow 莫斯科 221, 226
Mosse, Rudolf 鲁道夫·莫斯 53
Mother and Son《母与子》见 Kollwitz, Käthe: *Mother and Son*
Mount Fuji 富士山 392, 393
movie theaters 电影院 见 film: movie theaters
Mozart, Wolfgang von 沃尔夫冈·冯·莫扎特 262
Mühsam, Erich 埃里希·米萨姆 25
Münchner Illustrierte Presse《慕尼黑画报》211
Münchner Neueste Nachrichten《慕尼黑最新新闻报》24
Munich 慕尼黑 4, 18, 24, 25, 139, 202, 236, 239, 240, 254, 293, 362, 402
Museum of Modern Art 现代艺术博物馆 205, 221
museums 博物馆 41, 42, 388
music 音乐 26, 49–51, 140, 204, 207, 246, 262
Musil, Robert 罗伯特·穆齐尔 328

N

Napoleon 拿破仑 34
nationalism 民族主义 94, 97, 133, 257, 337, 348
National Socialist German Workers Party (NSDAP) 民族社会主义德意志工人党 2, 5, 28, 38, 70, 73, 76, 78, 92, 97, 102, 104, 115, 120, 122–126, 156, 221, 261–262, 281, 321, 332–334, 337–360, 362, 365, 366, 375, 380, 381, 401; and agitation 和骚动 345, 347, 349, 353; and art 和艺术 204–205, 223, 291; and the body 和身体 318; as coalition of the Right 作为右翼联盟 332, 342, 349; and election campaigns 和竞选运动 347; and inflation 和通货膨胀 141–142; language used by 用语 334; and mobilization 和动员 346–347; and racial ideology 和激进思想 226; and radio 和广播 243, 250; and Reichstag elections of 1932 1932 年国会选举 356; and rise to power 和上台 342–343; and social welfare 和社会福利 348; Sturm Abteilung (SA) 纳粹党冲锋队 347; and use of technology 和使用技术 348; *Völkischer Beobachter*《人民观察家报》266; and youth 和青少年 342, 348–349. 又见 Hitler, Adolf
Nazi Germany 纳粹德国 164, 295, 368, 370–371, 373, 377, 381–382, 383, 389, 391, 396
Nazis 纳粹 见 National Socialist German Workers Party (NSDAP)
Neher, Caspar 卡斯帕·内尔 264
Neipperg, Abbot Adalbert von 修道院院长阿达尔贝特·冯·奈佩格 325
Netherlands 尼德兰 58, 81, 116, 139, 202, 203, 204, 258, 294, 297, 366, 388

Die Neue Linie《新阵线》147
Neumann, Franz 弗朗茨·诺伊曼 25, 365, 379, 381, 400
Neutra, Richard 理查德·诺依特拉 387–388, 391, 400
New England 新英格兰 149
New Objectivity 新客观主义 403
New Orleans 新奥尔良 49, 50
newspapers 报纸 280, 284, 286, 308
New York 纽约 58, 78, 79, 149, 205, 208, 209, 221, 253, 364, 379, 398–400; Grand Central Terminal 中央火车站 205
The New York Times《纽约时报》386, 398
Nicolson, Harold 哈罗德·尼科尔森 78
Nietzsche, Friedrich 弗里德里希·尼采 186, 199, 254, 255, 368, 370, 373
Nobel Peace Prize 诺贝尔和平奖 110, 111
North Sea 北海 16, 69
North Sea blockade 封锁北海 20, 38, 132
Noske, Gustav 古斯塔夫·诺斯克 17, 31
Novalis 诺瓦利斯 255
nudism 裸体主义 2, 314, 364
Nuremberg 纽伦堡, 189

O

Odessa 敖德萨 233, 237
Oletzkoer Zeitung《奥莱茨科报》见 German National People's Party: *Oletzkoer Zeitung*
Oncken, Hermann 赫尔曼·翁肯 140
Onkel Toms Hütte 汤姆叔叔的小屋 61–63, 67, 74, 177, 179, 181, 183, 201, 203
opera 歌剧 50, 64, 207
Oppenheimer, J. Robert J. 罗伯特·奥本海默 362
Oranienburger Synagogue 奥拉宁堡犹太会堂 见 Berlin: New Synagogue
Orientalism 东方学 290, 397
Orlando, Vittorio 维托里奥·奥兰多 33–34
Orthodox Judaism 犹太教正统派 见 Jews: Orthodox Judaism
Orwell, George 乔治·奥威尔 280
Ostwald, Hans 汉斯·奥斯特瓦尔德 49–50
Ottoman Empire 奥斯曼帝国 389, 390, 391, 395–396
Ozenfant, Amédée 阿梅德·奥占芳 203

P

Pabst, G. W. G. W. 帕布斯特 266, 398

Pacific Ocean 太平洋 302
Palestine 巴勒斯坦 58, 204, 205, 360, 361, 362, 394
Palitzsch, Otto Alfred 奥托·阿尔弗雷德·帕利奇 240
Papen, Franz von 弗朗茨·冯·帕彭 123, 164, 353–354, 357, 359
paramilitary units 准军事组织 见 radical Right: paramilitary units of
Paramount 派拉蒙影业公司 228
Paris 巴黎 3, 33, 34, 51, 54, 55, 66, 78, 79, 133, 208, 221, 232, 240, 364, 379, 386
parliament 议会 见 Reichstag
pensions 退休金 见 social welfare
Pepusch, John Christopher 约翰·克里斯托弗·佩普施 264
Petrograd 彼得格勒 见 St. Petersburg
Philippson, Molly 莫莉·菲利普森 184
philosophy 哲学 269–284, 292, 295, 331, 361
phonograph 留声机 207, 237–238, 245, 312
photograms 物影照片 221–222
photography 摄影 26, 204, 207–226, 234, 245, 247–249, 263, 312; as art 作为艺术 212–214; cameras 相机 209, 211, 361
photomontage 摄影蒙太奇 284–286, 361
physicists 物理学家 362
physiocrats 重农主义者 377
Picasso, Pablo 巴勃罗·毕加索 77
Piccadilly 皮卡迪利 见 Haus Vaterland
Pietà《圣母恸子图》见 Kollwitz, Käthe: *Mother and Son*
Piotrkowska, Karola 卡罗拉·彼得科夫斯卡 251
Piscator, Erwin 埃尔温·皮斯卡托 267
Plato 柏拉图 276
pogroms 大屠杀 58, 97
Poland 波兰 41, 58, 88, 333; boundaries of with Germany 与德国的边界 109
politics 政治 81–127, 132, 169, 334, 351, 357–359, 364; and activism 和激进主义 82, 111–112; and assassinations 和暗杀 82, 99–101, 141, 333; and the body 和身体 318, 320–321, 328; and propaganda 和宣传 144–145, 320, 334, 344–345, 349, 351; and radio 和广播 243; and religion 和宗教 89; and technology 和技术 82
Politics among Nations《国家间政治》见 Morgenthau, Hans J. : *Politics among Nations*
Pollack, Friedrich 弗里德里希·波拉克 379
Popert, Hermann 赫尔曼·波佩尔特 107
pornography 色情文学 106
Posadowsky-Wehner, Arthur Graf von 阿图尔·格拉夫·冯·波萨多夫斯基–魏纳 36–37
Posen 波森 35
postmodernism 后现代主义 362
Potsdam 波茨坦 186, 188
Potsdamer Platz 波茨坦广场 42–46, 50–52, 54, 56, 62, 72, 77, 186, 188, 236; and presidential election of 1932 和 1932 年总统选举 353. 又见 Berlin
Potsdamer train station 波茨坦火车站 44

pound sterling 英镑 见 Great Britain: pound sterling currency of
poverty 贫穷 71
proletariat 无产阶级 见 working class
propaganda 宣传 见 politics: and propaganda
Protestant Church 新教教会 3, 41, 63, 107; as part of established Right 作为当权右翼的部分 331, 332, 334, 339–343; and race 和种族 340–341; and sex 和性 323–326, 327, 330
Protestantism 新教 89, 94, 254
protests 抗议 23, 29, 42, 91, 97, 103, 104, 105, 111, 133, 141, 183, 298, 363, 373; general strike 总罢工 18; political demonstrations 政治示威 82; and World War I 和一战 10. 又见 politics: and activism
Proudhon, Pierre-Joseph 皮埃尔-约瑟夫·蒲鲁东 175
Prussia 普鲁士 36, 39, 42, 46, 57, 58, 65, 79, 84, 98, 112, 256, 337, 353, 354, 356, 363; and militarism 和军国主义 115, 118, 272, 313; nobility of 贵族 94; Prussian Statistical Office 普鲁士统计局 134; suffrage law in 选举权法 16
Prussian Academy of Arts 普鲁士艺术协会 204
Prussian Herrenhaus 普鲁士贵族院 53
Pschorr-Haus 普朔尔大楼 46
public housing 公共住房 2

Q

Quinz, Matheo 马特奥·昆茨 77

R

race 种族 51, 105, 151, 201, 226, 290–292, 314; as used by the Right 为右翼所用 333, 336, 338, 341–342, 344–345
racism 种族主义 51, 82, 151, 290
radical Right 激进右翼 5, 31, 83, 94–101, 104, 125–126, 146, 357; as opponents of the republic 与共和国敌对 332–334; paramilitary units of 准军事组织 30, 38, 97–101, 112–117, 120, 328, 332, 342; and violence 和暴力 338–339
radical Left 激进左翼 8, 28, 85, 374, 404; Spartakus 斯巴达克同盟 26
radio 无线电（广播）4, 36, 82, 209, 237–250, 308, 312; and World War I 和一战 208
railroads 铁路 47–48, 102, 272
Rathaus, Katharina 卡塔琳娜·拉陶斯 322
Rathenau, Walter 瓦尔特·拉特瑙 100, 110, 111, 127, 129, 333
Raumer, Hans von 汉斯·冯·劳默尔 140
Ray, Man 曼·雷 221
"Realism" "现实主义" 366–367, 369–374
Red Front Fighters 红色阵线战士 见 communism

reform Judaism 犹太教改革派 见 Jews: reform Judaism
refugees 难民 58
Reich, Wilhelm 威廉·赖希 302, 378, 385
Reich Chancellery 德国总理府 41
Reich Crystal Night 水晶之夜 60
Reich Interior Ministry 德国内政部 241
Reich Main Security Office of the SS 党卫队国家安全部 344
Reich Post Ministry 德国邮政部 53, 241
Reichsbank 德意志帝国银行 134, 141, 143; and Great Depression 和大萧条 162; and inflation 和通货膨胀 135, 140
Reichsbanner 德国国旗社 见 Social Democratic Party: Reichsbanner
Reichsmark 德国马克 101, 146
Reichstag 德国议会 8, 15, 16, 31, 33, 82, 90, 97, 100, 109, 122–123, 126–127, 144, 350, 352, 356; and election of 1928 和1928年选举 104, 121; and election of 1930 和1930年选举 351; and elections 和选举 29; and elections of 1932 和1932年选举 123, 356; and enabling act 和授权法案 141; and Law to Protect Youth from Trashy and Filthy Writings 和《保护青少年免受劣质肮脏作品侵害法案》106–108; and radio 和广播 243; and reparations 和战争赔款 133, 143
Reichstag building 议会大厦 19
Reichswehr 国防军 见 German army
Reims 兰斯 13
Remarque, Erich Maria 埃里希·玛利亚·雷马克 22, 126, 338; *All Quiet on the Western Front*《西线无战事》22, 126, 338
Rentenbank 地产抵押银行 142
Rentenmark 地产抵押马克 103, 141, 146
reparations 战争赔款 3, 35–36, 38, 83, 101–104, 129–130, 134–135, 143–145, 167, 298; and inflation 和通货膨胀 132; passive resistance to 对战争赔款的消极抵抗 102, 135, 141; policy of fulfillment 履行和约政策 105, 109, 133
Reuter, Ernst 恩斯特·罗伊特 382
revolution 革命 2, 3, 24, 26, 27–28, 30, 31, 39, 48, 92, 96–97, 103, 112, 120, 122, 129, 131, 133, 141, 212, 214, 286, 289, 294, 296, 337, 359–360, 402–403; and art 和艺术 169, 171, 173–175, 184, 202; conservative revolutionaries 保守的革命者 334, 344; and consumption 和消费 147; German Revolution of 1918 1918年德国革命 16–19, 29, 41, 160, 167, 336, 358, 374, 385, 394, 402; Right Counterrevolution 右翼反革命 358–359; and sex 和性 298, 304, 305, 311–312, 322, 328; and youth 和青少年 24–25
Rheinland-Pfalz 莱茵兰-普法尔茨 8
Rhineland 莱茵兰 29, 48, 109, 141, 321, 342, 345
Rhine River 莱茵河 20, 48, 147
Ricardo, David 大卫·李嘉图 377
Richter, Paul 保罗·里希特 314
Right 右翼 5, 38, 82, 84, 100, 103–106, 108, 110, 111, 112–117, 125, 126, 141, 145, 167, 201, 234, 330, 331–360, 363, 404, 405; and glorification of violence 和美化暴力 338–339;

and Great Depression 和大萧条 161; language used by 用语 334; and reparations 和战争赔款 101–103; and war 和战争 336; and Weimar Coalition 和魏玛联盟 92, 94–95; and World War I 和一战 332. 又见 established Right; radical Right
Rilke, Rainer Maria 赖纳·马利亚·里尔克 24, 25
Rimer, Thomas 托马斯·赖默 397, 399
Rockefeller Foundation 洛克菲勒基金会 364
Rockettes 火箭女郎俱乐部 313
Rohe, Mies van der 密斯·凡·德·罗 195, 200, 202
Röhm, Ernst 恩斯特·罗姆 343
Romania 罗马尼亚 285
Romanische Café 罗曼咖啡馆 77, 78, 306
romanticism 浪漫主义 255, 256, 314
Rome 罗马 196, 211, 364, 386; ancient Rome 古罗马 316
Rosenzweig, Franz 弗朗茨·罗森茨威格 245
Rote Fahne《红旗报》见 Communist Party: *Rote Fahne*
Roth, Joseph 约瑟夫·罗特 42, 58, 81, 124, 249, 328; on electrified sound transmission 论电声传播 247–248
Rousseau, Jean-Jacques 让-雅克·卢梭 382
royal palace 皇宫 19, 237
Ruhr 鲁尔区 102–103, 135, 140, 143, 145, 152, 321, 349
Russia 俄国（苏俄、苏联）20, 21, 29, 41, 58, 78, 95, 98, 118, 120, 198, 212, 331, 363. 又见 Soviet Union
Russian Revolution of 1905 1905 年俄国革命 17, 233
Russian Revolution of 1917 1917 年俄国革命 17, 27, 38, 83, 112
Ruttmann, Walter 瓦尔特·鲁特曼 230, 249

S

Saar 萨尔 35
sailors councils 水兵代表会 见 Councils
The Salaried Masses《雇员们》见 Kracauer, Siegfried: *The Salaried Masses*
Salomé 莎乐美俱乐部 50
Samaras, Antonis 安东尼斯·萨马拉斯 363
Sander, August 奥古斯特·桑德 209–210, 214, 221–226, 247, 249; *Antlitz der Zeit*《我们时代的面孔》223; "Man of the Twentieth Century"《20 世纪的人类》223; "Young Farmers on the Way to a Dance"《舞会路上的农场青年》210
Saxe-Weimar 萨克森-魏玛 195
Saxony 萨克森 159, 161
Scapa Flow 斯卡帕湾 37
Scharoun, Hans 汉斯·夏隆 174, 175
Schebera, Jürgen 于尔根·舍贝拉 264, 265

Scheidemann, Philipp 菲利浦·谢德曼 19, 36, 184
Scheuerman, William 威廉·肖伊尔曼 372
Scheunenviertel 谷仓区 见 Berlin: Jewish district of
Schiller, Friedrich 弗里德里希·席勒 383–384, 386
Schinkel, Karl Friedrich 卡尔·弗里德里希·申克尔 52, 65
Schirokauer, Arno 阿尔诺·席罗考尔 245
Schlachtensee 施拉赫滕湖 67–68, 178. 又见 Berlin
Schleicher, Kurt von 库尔特·冯·施莱歇尔 123, 164, 357
Schmeling, Max 马克斯·施梅林 244, 314
Schmidt, Paul 保罗·施密特 110
Schmitt, Carl 卡尔·施米特 334
Schocken, Salman 扎尔曼·朔肯 156. 又见 Mendelsohn, Erich: Schocken department stores
Scholem, Betty 贝蒂·朔勒姆 26, 360
Scholem, Gershom 格尔肖姆·朔勒姆 59, 360
Scholem, Werner 维尔纳·朔勒姆 360
Schönberg, Arnold 阿诺尔德·勋伯格 244, 262
Schultze-Naumburg, Paul 保罗·舒尔策-瑙姆堡 201
Schund und Schmutz 垃圾和污秽 89, 106–107, 147
Schütte-Lihotzky, Margarete 玛格丽特·许特-利霍茨基 182, 388
Schwarzer Kater 黑猫餐厅 50
Schwitters, Kurt 库尔特·施维特斯 285
Scientific Man vs. Power Politics《科学人对抗权力政治》见 Morgenthau, Hans J. : *Scientific Man vs. Power Politics*
Seeckt, Hans von 汉斯·冯·塞克特 116, 118
Seldte, Franz 弗朗茨·塞尔德特 359
sex 性 41, 76, 106, 260, 265, 272, 290, 297–330, 331, 357, 363–364, 378, 383, 385, 401, 404; and birth control 和节育 302, 305; and consumption 和消费 147, 148; homosexuality 同性恋 76, 300–301, 304, 305, 364; prostitution 卖淫 302
Sexual Catastrophes《性灾难》302
Shakespeare, William 威廉·莎士比亚 397
Shanghai 上海 208, 211
shell shock 炮弹休克 9
Siemens 西门子 73–75, 78; and paternalism 和家长式管理 73–75
Siemensstadt 西门子城 见 Berlin: Siemensstadt
Simmel, Georg 格奥尔格·齐美尔 270, 294, 368
Sinzheimer, Hugo 胡戈·辛茨海默 365
Siodmak, Robert 罗伯特·西奥德马克 249
Slavs 斯拉夫人 76, 139, 333
Smith, Adam 亚当·斯密 377
Social Democratic Party (SPD) 社会民主党 19, 20, 26, 30, 31, 37, 70, 75, 89, 91, 105, 112, 120, 121, 122, 126, 141–142, 156, 167, 168, 195, 298, 304, 327, 343, 346–347, 349, 350, 357, 365, 374, 388, 404, 406; and the body 和身体 320; and creation of republic 和建立

共和国 85; and economic rationalization 和经济合理化 151–152; and elections of 1932 和 1932 年选举 353; and Great Depression 和大萧条 162–163, 352; and paramilitary units 和准军事组织 97; and radio 和广播 241; Reichsbanner 德国国旗社 347; and reparations 和战争赔款 103–104; and revolution of 1918 和 1918 年革命 17–18, 27–28, 29; and social welfare 和社会福利 84; *Vorwärts*《前进报》26; and World War I 和一战 15

Social Democrats 社会民主党人 见 Social Democratic Party

socialism 社会主义 2, 29, 46, 85, 95, 98, 99, 105, 111, 127, 160, 167, 173, 184, 202, 308, 318, 325, 337, 347, 357, 364

social welfare 社会福利 2, 82, 84, 89, 103, 108–109, 123, 136, 142, 152, 157, 308, 331, 348, 352; and Great Depression 和大萧条 163–164; unemployment insurance 失业保险 2, 108–109, 122, 135–136, 164, 350, 352; welfare payments 福利金 135; welfare state 福利国家 127

Socrates 苏格拉底 276, 281

soldiers councils 士兵代表会 见 Councils

Solmitz, Luise 路易丝·索尔米茨 359

South Africa 南非 362, 399

sovereignty 主权 36, 110, 367

Soviet Union 苏联 91, 104, 112, 115, 118, 212, 275, 285, 384, 386, 387, 397; and propaganda 和宣战 232–234

Spa 斯帕 20, 101

Spa Conference (1920) 斯帕会议（1920）101

Spahn, Martin 马丁·施潘 334

Spain 西班牙 59, 254, 361, 366

Spanish Civil War 西班牙内战 366

Spartakus 斯巴达克同盟 见 radical Left: Spartakus

"Speak Low"《低声细语》361

Speier, Hans 汉斯·施派尔 155

Spengler, Oswald 奥斯瓦尔德·斯宾格勒 25, 98, 334–339, 341; *The Decline of the West*《西方的没落》334–336; *Preußentum und Sozialismus*《普鲁士主义与社会主义》336

"spirit of Weimar" "魏玛精神" 32

Spree River 施普雷河 50

stab-in-the-back legend 背后捅刀传说 2, 20, 98, 333

Stahlhelm 钢盔团 114–115, 120, 121, 359–360. 又见 radical Right: paramilitary units of

Stalinism 斯大林主义 362

Stapel, Wilhelm 威廉·斯塔佩尔 76

Steichen, Edward 爱德华·史泰钦 221

Steiner, George 乔治·斯坦纳 284

St. Goar 圣戈阿 48

Stinnes, Hugo 胡戈·施廷内斯 101, 144–145

St. John's Abbey 圣约翰修道院 395–396

Stockholm 斯德哥尔摩 110

Storm of Steel《钢铁风暴》见 Jünger, Ernst: *Storm of Steel*
storm troopers 纳粹党冲锋队 见 National Socialist German Workers Party
Stowe, Harriet Beecher 哈丽雅特·比彻·斯托 61, 177
St. Petersburg 圣彼得堡 1, 3, 112; Winter Palace 冬宫 112
Strauss, Richard 理查德·施特劳斯 262
Stresemann, Gustav 古斯塔夫·施特雷泽曼 104, 110, 111, 118, 121, 127, 142, 156, 349, 350; and inflation 和通货膨胀 138; and reparations 和战争赔款 105, 109, 141
strikes 罢工 见 protests
Stuttgart 斯图加特 170, 176, 189, 200; Weissenhof Siedlung 白院聚落 200
submarines 潜艇 16
Supreme Military Command 最高军事指挥部 14
Surén, Hans 汉斯·苏伦 314, 316–321; *Der Mensch und die Sonne*《人与太阳》314
Swabia 施瓦本 75
Swiss Alps 瑞士阿尔卑斯山 171–172, 246, 256, 257, 296
Swiss franc 瑞士法郎 见 Switzerland: Swiss franc currency of
Switzerland 瑞士 110, 112, 204, 388; Swiss franc currency of 瑞士法郎 139
Sydney 悉尼 1
syphilis 梅毒 302

T

Tannenberg Monument 坦能堡纪念碑 120
Taut, Bruno 布鲁诺·陶特 24, 62, 169–183, 186, 191, 193–198, 200–205, 216, 263, 361, 388, 390, 391–396, 400, 407, 408; *Alpine Architecture*《阿尔卑斯山的建筑》171–173, 178, 183, 362, 391–392, 393; Carl Legien housing development 卡尔·莱吉恩住宅项目 203; "Crystal Chain" "水晶链" 169, 171–175; on socialism 论社会主义 175; Der Sturm gallery 风暴美术馆 202; *Houses and People of Japan*《日本的房屋与人》391–394; Literature Faculty building 文学系大楼 395–396; Workers Council for Art 艺术工作者委员会 171; World War I 一战 8, 170–171. 又见 architecture: public housing developments; Berlin: Britz; Onkel Toms Hütte
taxes 税收 57, 108, 122, 129, 132–133, 135, 162–164, 169, 350
tenements 廉租公寓 41, 57, 62–63
Thalburg 塔尔堡 346–348
Thälmann, Ernst 恩斯特·台尔曼 243
theater 戏剧 26, 50, 204, 331
Third Reich 第三帝国 5, 28, 333, 336, 337, 344, 345, 358–360, 363. 又见 National Socialist German Workers Party
Thomson, Virgil 维吉尔·汤姆森 398
Threepenny Opera《三分钱歌剧》1, 57, 235, 262–269, 271, 293–295, 397–400, 407
Thuringia 图林根 286
Tietz 蒂茨 53, 78

Tiller Girls 踢乐女孩 50, 272–274
Tillich, Paul 保罗·田利克 365
Titius, D. D. 蒂蒂乌斯 324
Tokyo 东京 232, 364
Toller, Ernst 恩斯特·托勒尔 24, 267
Tolstoy, Leo 列夫·托尔斯泰 202
Tönnies, Ferdinand 斐迪南·滕尼斯 294
totalitarianism 极权主义 280, 367, 370, 377, 381, 384–385
trade unions 工会 28, 30, 84, 104, 108, 123, 129, 132, 149, 153, 168, 176, 235, 326, 357
transportation 交通 61, 66, 272, 280. 又见 Berlin: transportation in
Treaty of Versailles 《凡尔赛和约》见 Versailles Peace Treaty
Trianon Palace Hotel 特里亚农宫酒店 35
Trobriand Islands 特罗布里恩群岛 302
Troika 三子星大厦 51
Trommler, Frank 弗兰克·特罗姆勒 232
Tuberculosis 结核病 136, 256
Tucholsky, Kurt 库尔特·图霍夫斯基 50, 77, 124
Turkey 土耳其 20, 21, 49, 205, 251, 361, 362, 387–391, 392, 393, 394–396, 407
turnip winter 芜菁之冬 见 World War I: and food shortages
Tzara, Tristan 特里斯唐·查拉 285

U

Uhu《雕鸮》290
Ullstein publishing house 乌尔施泰因出版社 211, 212, 246, 286, 290, 314
Ulmer, Edgar 埃德加·乌默 249
unemployment 失业 32, 83, 95, 104, 107–109, 122, 134, 136, 142, 152, 164, 350, 363; and Great Depression 和大萧条 161, 166. 又见 social welfare: unemployment insurance
unemployment insurance 失业保险 见 social welfare: unemployment insurance
United States Congress 美国国会 15
United States of America 美国 19, 20, 29, 33, 34, 46, 58, 82, 130, 164, 177, 194, 202, 205, 215, 244, 245, 262, 295, 297, 314, 361, 362, 363, 366, 369, 370–375, 377, 379, 380–382, 384, 386, 387, 391, 395, 398, 399, 400, 407–408; and consumption 和消费 191; cultural influences of 文化影响 49–51, 52, 207, 238, 269, 272, 286, 312; dollar currency of 美元 134, 139, 163; and economic rationalization 和经济合理化 149–151, 155; and film 和电影 232–235; and German reconstruction 和德国的重建 104, 109, 146; and Great Depression 和大萧条 121–122, 163–164; and photography 和摄影 209, 211; and reparations 和战争赔款 133, 141, 143–144; and stock market crash of 1929 和 1929 年股市崩溃 161, 164, 349; and World War I armistice 和一战停战 15, 16
Universal Film Company (UFA) 乌发电影公司 228–229, 235
Universal publishing house 环球音乐出版社 263

universities 大学 1, 92, 127, 195, 214, 295, 331, 341, 359, 366
Unter den Linden 菩提树下大街 50
Upper Franconia 上弗兰肯 77
Upper Silesia 上西里西亚 35, 37
USPD 独立社会民主党 见 Independent Social Democratic Party
utopia, utopianism 乌托邦，乌托邦思想 2, 112, 148, 169–170, 172, 174, 175, 177, 183, 194, 196, 215, 216, 221, 275, 285, 345, 366, 367–368, 369, 370, 373–374, 375, 377, 383, 386
Uzcudun, Paolino 保利诺·乌斯库敦 244

V

Velde, Theodoor Hendrik van de 特奥多尔·亨德里克·范·德·维尔德 202, 297, 298–302; *Ideal Marriage*《理想的婚姻》297, 299–302
Verdi, Giuseppe 朱塞佩·威尔第 262
Versailles 凡尔赛 34, 35; Hall of Mirrors 镜厅 37
Versailles Peace Treaty《凡尔赛和约》1–2, 35–37, 38, 83, 89, 92, 95, 98, 99, 100, 122, 123, 144, 145, 266, 333, 334, 336, 345, 350, 358; article 231 第 231 条 35–37, 38; and limits on German military 对德国军事的限制 115
Victory Column 胜利柱 42, 115
Vienna 维也纳 3, 34, 48, 54, 164, 196, 263, 391; Marienthal 马林塔尔 164–165
Vietnam War 越南战争 372
Volk 民族 30, 316, 347
Völkerschauen 活人展览 51, 290
Völkischer Beobachter《人民观察家报》见 National Socialist German Workers Party: *Völkischer Beobachter*
Vorwärts《前进报》见 Social Democratic Party: *Vorwärts*.
Vossische Zeitung《福斯日报》150, 297

W

wages 工资 30, 132, 133–134, 135, 139, 154
Wagner, Martin 马丁·瓦格纳 175, 179, 181, 193, 202, 205, 361, 388, 391, 394, 395, 407
Wagner, Richard 理查德·瓦格纳 215
Walter, Hilde 希尔德·瓦尔特 329
Wannsee 万湖 42, 67–70, 78, 323
war 战争 2, 26–27, 29, 31, 39, 66, 109, 120, 126, 131, 136, 140, 145, 146, 147, 296, 314; and art 和艺术 169, 184, 285, 294; and the Right 和右翼 336, 338–339; total war 总体战 350; war debt 战争债务 144; war-wounded 战争伤员 47, 83, 328
"war guilt clause" 战争罪责条款 见 Versailles Peace Treaty: article 231
Weber, Max 马克斯·韦伯 25, 270, 294, 368, 372

Wedekind, Frank 弗兰克·韦德金德 24

Weill, Kurt 库尔特·魏尔 1, 57, 245, 251, 253, 262–269, 271, 274, 284, 286, 293–295, 375, 397–400, 407. 又见 *Threepenny Opera*

Weimar (city) 魏玛（城市）32, 201, 383

Weimar Coalition 魏玛联盟 31, 89, 92, 101, 103, 124, 126, 304; and creation of republic 和建立共和国 84–85. 又见 Right: and Weimar Coalition

Weimar Constitution《魏玛宪法》32–33, 37, 83, 89, 107, 125, 298, 302, 331, 351, 352, 363; article 48 第48条 122–123, 163, 351; Constitutional Assembly 制宪议会 88; Constitutional Convention 制宪会议 31–33, 36, 37; electoral law 选举法 33; and suffrage 和选举权 84

Wertheim 韦特海姆 53, 56, 156

West Berlin 西柏林 见 Berlin: West Berlin

Westermann, Franz 弗朗茨·韦斯特曼 150

western front 西线 13

Westerwald 韦斯特林山 226

Westheim, Paul 保罗·韦斯特海姆 188

West Prussia 西普鲁士 35

Wetzlar 韦茨拉尔 211

Weyl, Helene 海伦妮·魏尔 26

Whitman, Walt 沃尔特·惠特曼 255, 256

Wiene, Robert 罗伯特·维内 229

Wijdeveld, Hendricus Theodorus 亨德里克斯·特奥多鲁斯·韦德弗尔德 202, 203

Wilder, Billy 比利·怀尔德 249

Wild West Bar 狂野西部酒吧 49

Wilhelm I 威廉一世 118

Wilhelm II 威廉二世 8, 14, 16, 18, 19, 34, 36, 39, 41, 81–82, 94, 116, 118, 182, 250, 289, 388; family of 家族 116

Wilhelmina Germany 威廉皇帝的德国 见 German Empire

Willett, John 约翰·威利特 267

Wilson, Woodrow 伍德罗·威尔逊 15, 20, 32, 33, 34, 35, 37; "Fourteen points" 十四点原则 15, 16

Wintergarten Theater 冬季花园剧院 50

Wirth, Joseph 约瑟夫·维尔特 100

Wolfe, Bertram D. 伯特伦·D. 沃尔夫 386

Wolff, Theodor 特奥多尔·沃尔夫 118

women 女性 2–3, 23, 38, 49, 50, 51–52, 63, 72, 78, 107, 136, 139, 173, 182, 287, 289, 318, 331, 349, 361; and agriculture 和农业 160; and consumption 和消费 55–57, 147–149; and demobilization 和军队解散 21; and economic rationalization 和经济合理化 152–154; and fashion 和时尚 54–57; and Great Depression 和大萧条 165, 352; new woman 新女性 286, 298, 305, 307–311, 320, 327, 328, 329; and politics 和政治 82, 85, 89, 90–91, 97, 126–127; and radio 和收音机 242; and sex 和性 300, 301, 303, 304, 322–323, 326; and social welfare 和社会福利 108; women's suffrage 女性选举权 31, 88, 126;

and work 和工作 131; as white-collar workers 作为白领工人 157–158; and World War I 和一战 9, 10–11, 13. 又见 German People's Party

workers' accident insurance 工伤保险 见 social welfare

workers councils 工人代表会 见 Councils

Workers Samaritan League 工人互助联盟 308

working class 工人阶级 30, 31, 42, 55, 58, 70–75, 97, 98, 103, 104, 108, 167, 183, 307, 343; and consumption 和消费 146; and economic rationalization 和经济合理化 152; factory labor 工厂劳动 131; and family life 和家庭生活 154–155; German Revolution of 1918 1918 年德国革命 18, 25, 26; and inflation 和通货膨胀 136, 139, 142, 146; and politics 和政治 82, 85, 89, 90–92. 又见 Berlin: Wedding

working conditions 工作环境 30, 153

World Economic Crisis 世界经济危机 见 economy: Great Depression

World War I 一战 1–3, 34, 37, 47, 48, 51, 55, 70, 73, 91, 99, 103, 111, 115, 118, 120, 126–127, 129, 133, 155, 166, 179, 194, 202, 211, 214, 222, 249, 296, 304, 312, 321, 328, 335, 342, 344, 358, 389, 402, 403, 406; and agriculture 和农业 159; and armistice 和停战 14, 16, 20–21, 98; and art 和艺术 169, 284, 286; and demobilization 和军队解散 8, 16, 20–22; and film 和电影 226; and food shortages 和食物匮乏 9; and philosophy 和哲学 282; postwar politics 战后政治 83, 130; and the Right 和右翼 332, 333, 337–339; veterans of 老兵 114–115, 343. 又见 protests: and World War I; women: and World War I

World War II 二战 108, 203, 205, 221, 226, 239, 375, 379

Wright, Frank Lloyd 弗兰克·劳埃德·赖特 194, 202

Würzburg 维尔茨堡 239

Y

Yiddish 意第绪语 57, 58

Young, Owen D. 欧文·D. 杨格 109

Young Plan 杨格计划 96, 109, 144, 333

youth 青少年 24–25, 106–107, 155, 342; and politics 和政治 85, 89, 105, 347. 又见 revolution: and youth

Z

Zeisel, Hans 汉斯·采泽尔 164

Zuckmayer, Carl 卡尔·楚克迈尔 64

Zweig, Arnold 阿诺尔德·茨威格 26, 27, 335

Zweig, Stefan 斯蒂芬·茨威格 309–311, 312